CALLWEY

PAULA BOSCH

DEUTSCHER WEIN DEUTSCHE KÜCHE

TIM RAUE

CALLWEY

INHALT

INHALT

Deutscher Wein und Deutsche Küche?, fragte mich ein Freund recht offenherzig, ob ich mir bei diesem Titel denn sicher sei und es mir vielleicht nicht noch einmal überlegen wolle. Verständlich ist die Frage, denn „deutsch" stand bisher weder beim Wein noch in der Küche für das rasend Interessante, die große Überraschung oder Innovation. Wohl deshalb gibt es auch noch kein Buch zu diesem erst mal allgemein gehaltenen Thema, auch wenn Unmengen von Artikeln und Empfehlungen dazu existieren, welchen Typ Wein man wozu trinken kann oder sollte. Warum habe ich mich trotzdem zu diesem Titel entschlossen? Weil ich die deutsche Weinwelt im Gegensatz zu ihrem ehemals und teils auch heute noch eher beschaulichen Image für sehr spannend und innovativ halte. Damit meine ich nicht, dass sie jedem Trend hinterhechelt. Sondern, dass man es in Deutschland verstanden hat, aus den Fehlern vergangener Zeiten zu lernen und eine teilweise wenig ruhmreiche Vergangenheit nicht nur hinter sich zu lassen, sondern ins Gegenteil zu verkehren. Die deutschen Winzer sind längst international erfahren und verstehen die Erfolgsrezepte anderer Weinproduzenten, allen voran Frankreich als ihr Vorbild. Sie kopieren aber nicht, sondern interpretieren und entwickeln ihren eigenen, authentischen Stil. So ist eine spezifisch deutsche Vielfalt entstanden, die heute international gesucht und anerkannt ist. Mit den besten Rieslingen von Mosel und Nahe, aus der Pfalz, Rheinhessen oder dem Rheingau erhalten sie weltweit als die Spitzenproduzenten dieser Rebsorte uneingeschränkten Beifall. Und mit ihren Spätburgundern ziehen sie eindeutig nach. Diesen, wenn man so will, „emanzipierten Modernisierungsprozess" findet man auch in der deutschen Küche. Nicht die reflexartige Abkehr vom angeblich langweiligen deutschen Essen, sondern die Fähigkeit, das Typische zu bewahren und so kreativ zu erneuern, dass man die einheimischen Gerichte unzweifelhaft wiedererkennt – aber auch die Zeit, in der sie gekocht wurden.

Und so verwundert es nicht, dass ich mich sehr schnell von der Idee begeistern ließ, die „Deutsche Küche" für dieses Buch von Tim Raue neu interpretieren zu lassen. Tim hat mich schon oft mit seiner Fähigkeit beeindruckt, vordergründig revolutionäre Aromenkombinationen im Mund zu einem Gefühl von „So und nicht anders muss es schmecken" zusammenspielen zu lassen. Wein für eine solche Küche auszusuchen, macht besonders viel Spaß.

Die Auswahl der Winzer für dieses Buch habe ich vor dem Hintergrund der deutschen Weinerfolgsgeschichte in den letzten 30 Jahren getroffen. Weinmacher, deren Erfolge ich miterleben konnte, Winzer, die ihre elterlichen Betriebe teils total umgekrempelt oder aber auf deren Erfolgen aufgebaut haben. Sie haben mit ihrem hohen Ausbildungsniveau und dem Wissen darüber, was sich in der Welt des Weines bewegt, für frischen Wind und hohe Qualität gesorgt. Auch junge Talente, die mit den Erfahrungen ihrer Väter im Kopf neue Ziele im Visier haben, oder ganz Mutige, ohne jede familiäre Bindung an den Wein, die bei Null angefangen haben. Natürlich kenne ich viel mehr als die Betriebe, die ich hier beschreiben konnte, und auch diese anderen wären ein Buch wert – der Stoff würde sogar für ein paar Bücher ausreichen. Auch daran sieht man, was „Erfolgsgeschichte des deutschen Weines" wirklich bedeutet.

Essen und Wein, genau betrachtet die Kombinationen von einem bestimmten Wein mit einem bestimmten Essen, sind ganz besondere Erfahrungen, Erkenntnisse und Abenteuer zugleich. Zu besonderen Erlebnissen werden alle diese Genussmomente erst in Gesellschaft, im Kreis von Freunden oder Gleichgesinnten, zu Hause oder im Restaurant, wo man zusammen probiert, was passt, und schmeckt, was nicht. Da gibt es Hochs und manchmal auch Tiefs mit weniger gelungenen Wein-Speisen-Kombinationen, und auch daraus lernt man. Deshalb habe ich die hier vorgestellten Gerichte vor Ort mit unterschiedlichen Weinen ausprobiert und habe mich bei der Auswahl auch von meiner langjährigen Berufserfahrung leiten lassen. Welche Rebsorte oder welcher Typ Wein mir zu dem Gericht besonders schmeckt, bleibt aber Geschmackssache. Deshalb handelt es sich hier grundsätzlich um meine persönlichen Empfehlungen, nicht um starre Regeln. Ich bin immer noch davon überzeugt, dass der Geschmack eine sehr individuelle Angelegenheit ist, und ich nur Vorschläge machen und sie begründen kann. Was Ihnen schmeckt, sollten Sie selbst ausprobieren. Das Spiel der Verkostung soll jedem Leser selbst überlassen bleiben. „Deutscher Wein und Deutsche Küche" soll dafür eine Anregung sein.

In diesem Sinne wünsche ich viel Vergnügen bei der Lektüre, beim Kochen und beim Wein probieren.

PAULA BOSCH

Deutsche Küche – als gebürtiger Berliner begleitet mich dieses Thema seit meiner frühen Kindheit. Und doch hat mein professioneller Weg mich in Richtung Asien geführt. Trotz allem trug ich schon seit langem den Wunsch in mir, die deutsche Küche aus ihrem „Dornröschenschlaf" zu erwecken. Schließlich gibt es ganz wunderbare deutsche Gerichte – allerdings sind die meisten davon besonders üppig und schwer. Und genau das wollte ich ändern.

Hans Georg Näder hat mir diesen Traum erfüllt, indem er mich 2013 darum bat, ein gastronomisches Konzept für das Bötzow Areal in Berlin-Mitte zu kreieren. Er wünschte sich, dass sein neues Restaurant und das alte Brauhaus auf dem Gelände zueinander passen und Gäste jeden Alters und jeder Herkunft dort willkommen sind. Wichtig war ihm außerdem, in der großen Halle, in der sich das La Soupe Populaire befindet, stets eine Kunstaustellung mit Werken aus seiner Sammlung zu zeigen. Das La Soupe Populaire sollte eine Verbindung aus Kunst und Kulinarik werden.

Für mich war aufgrund der Geschichte des Areals schnell klar, dass ich dort deutsche Küche anbieten muss. Und ich entschied mich daher für ein Konzept, bei dem ein Teil der Speisekarte meine Idee einer zeitgemäßen deutschen Küche aufgreift und der andere Teil auf die dort ausgestellte Kunst eingeht. Hans Georg Näder gab mir dafür eine Carte Blanche, wofür ich ihm sehr dankbar bin. Ich wiederum konnte meinen langjährigen Wegbegleiter Michael Jaeger als Küchenchef für das Projekt gewinnen. Mit meinen Ideen und seiner Umsetzung war es uns schnell möglich, sowohl das Berliner als auch internationales Publikum zu überzeugen. Und nachdem wir das offizielle Staatsbankett zu Ehren des Besuchs des amerikanischen Präsidenten Barack Obama in Berlin im Sommer 2013 mit einem Vier-Gänge-Menü aus dem La Soupe Populaire timraue bekochen durften, ist das Restaurant Wochen im Voraus ausgebucht.

Dank Hans Georg Näder und Michael Jaeger konnte ich meine Vorstellungen einer zeitgemäßen deutschen Küche also tatsächlich umsetzen. Dieses Buch bedeutet nun einen weiteren Meilenstein für Michael Jaeger und mich, denn gemeinsam haben wir dafür Gerichte aus Deutschland rezeptiert, die alle im Stil des La Soupe Populaire zubereitet werden. Sie sind technisch auf der Höhe der Zeit und zeichnen sich durch ihre schlichte Präsentation und die Würzung aus: Säure von Zitrusfrüchten und Essigen, Süße von Früchten und ein Hauch Schärfe finden sich in den Gerichten ebenso wie herbale Noten von frischen Kräutern.

TIM RAUE

TR

Die Auswahl der Weine für dieses Buch habe ich auf der Basis von Besuchen von Weingütern, Weinmessen wie der ProWein, von einzelnen Verkostungen des VDP und der Mainzer Weinbörse, Besuchen in Restaurants, Vinotheken und Weinfachhändlern sowie unzähligen für diesen Zweck bestellten Probeflaschen getroffen. Bei der Bestellung in den Weingütern habe ich die Auswahl auf 3–6 Flaschen pro Betrieb beschränkt und grundsätzlich die Entscheidung darüber, welche Weine dafür in Frage kommen könnten, den Weingütern selbst überlassen. In einigen Fällen habe ich selbst die eine und andere Flasche dazu gesteuert.

Ein großer Teil der in diesem Buch vorgestellten Winzer ist Mitglied im VDP, dem Verband der deutschen Prädikatsweingüter. Das mag auf den ersten Blick irritieren, ist aber bei meiner Auswahl reiner Zufall, weil ich mich, wie schon erwähnt, in erster Linie für langjährige Wegbegleiter in meiner Tätigkeit als Sommelier entschieden habe.

Diese Vereinigung deutscher Spitzenweingüter hat mittlerweile ihr 100-jähriges Bestehen gefeiert und kann mit Stolz darauf zurückblicken, was man dank zahlreicher Aktivitäten in der ganzen Welt für sich, die Vereinsmitglieder, aber auch insgesamt für den deutschen Wein erreicht hat. Der Verband hat inzwischen 199 Mitglieder – die natürlich nicht immer gleicher Meinung sind –, und daher gibt es bei den 13 deutschen Anbaugebieten auch immer noch unterschiedliche Regelungen in der Qualitätshierarchie und der daraus resultierenden drei- oder vierstufigen Qualitätspyramide. Dazu kommt noch die Namensgebung all der Winzer, die nicht im VDP organisiert sind, und das ist die große Mehrheit im Deutschen Weinbau.

Diese Vielfalt ist selbst für Experten manchmal schwierig zu durchschauen, für weininteressierte Laien kann sie schnell zu Verwirrung führen. Ich habe mich deshalb für den Mut zur Lücke entschieden und bei den Weinbezeichnungen manche Hinweise weggelassen, die strenggenommen zum Regelwerk gehören, dem Leser aber keine unbedingt nötige Zusatzinformation geben.

Zum besseren Verständnis der VDP-Klassifikation hier die Qualitätspyramide:

Grundsätzlich gilt: An der Spitze der VDP-Qualitätspyramide GROSSE LAGE stehen die GROSSEN GEWÄCHSE, die per Definition immer trocken ausgebaut sind und deshalb den Zusatz „trocken" nicht benötigen.

Die Prädikate Kabinett, Spätlese, Auslese, Beerenauslese, Trockenbeerenauslese, Eiswein sind bei Weinen aus GROSSEN LAGEN den restsüßen Weinen vorbehalten.

Bei allen anderen Qualitätsstufen sind die Weine im Buch nur mit Rebsorte und Name des Weingutes bzw. Ortes gekennzeichnet, dies gilt auch für Nicht-VDP-Winzer. Die Bezeichnungen Ortswein, Gutswein, Erste Lage, habe ich zum einfacheren Verständnis weggelassen.

Trockene Weine aus diesen Qualitätsstufen tragen immer den Zusatz „trocken", oder, wenn vorhanden, die Prädikatsstufe.

Falls nichts anderes angegeben, handelt es sich bei den genannten Weinen immer um Qualitätswein.

Zur Preisorientierung habe ich ein 5-stufiges Model verwendet. Diese Prädikatskategorien sind auf der Grundlage von Informationen der Weingüter und des Einzelhandels entstanden, sie sind unverbindlich.

€ –10 Euro
€€ 10–15 Euro
€€€ 15–25 Euro
€€€€ 25–40 Euro
€€€€€ 40 plus Euro

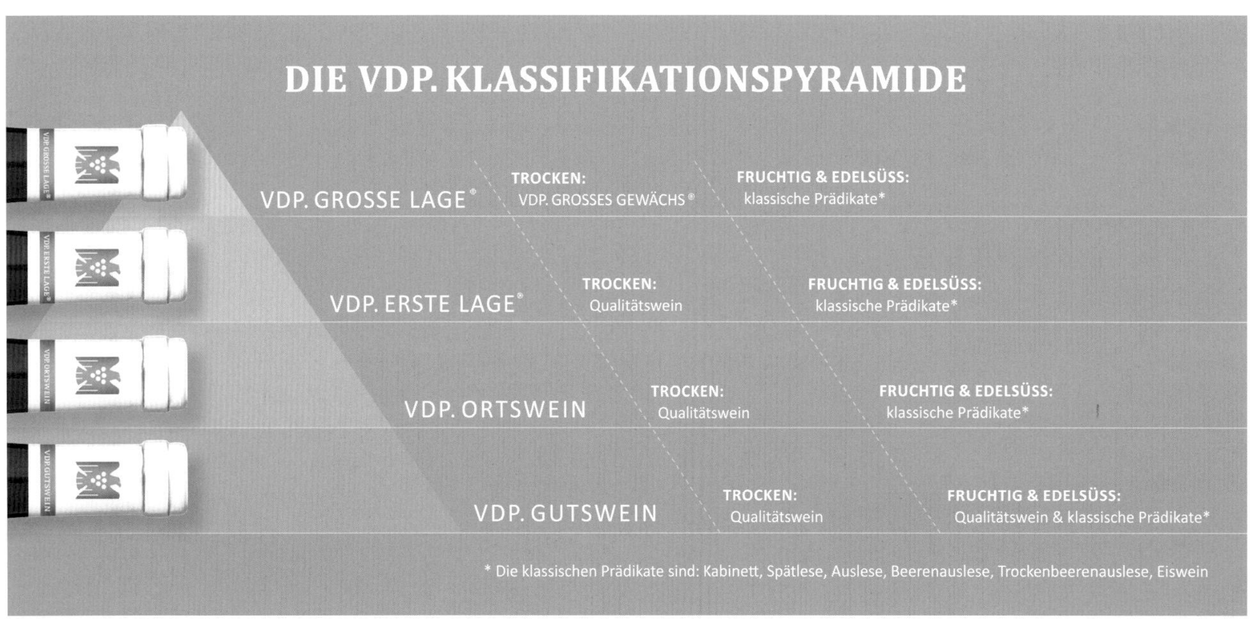

SAUVIGNON BLA

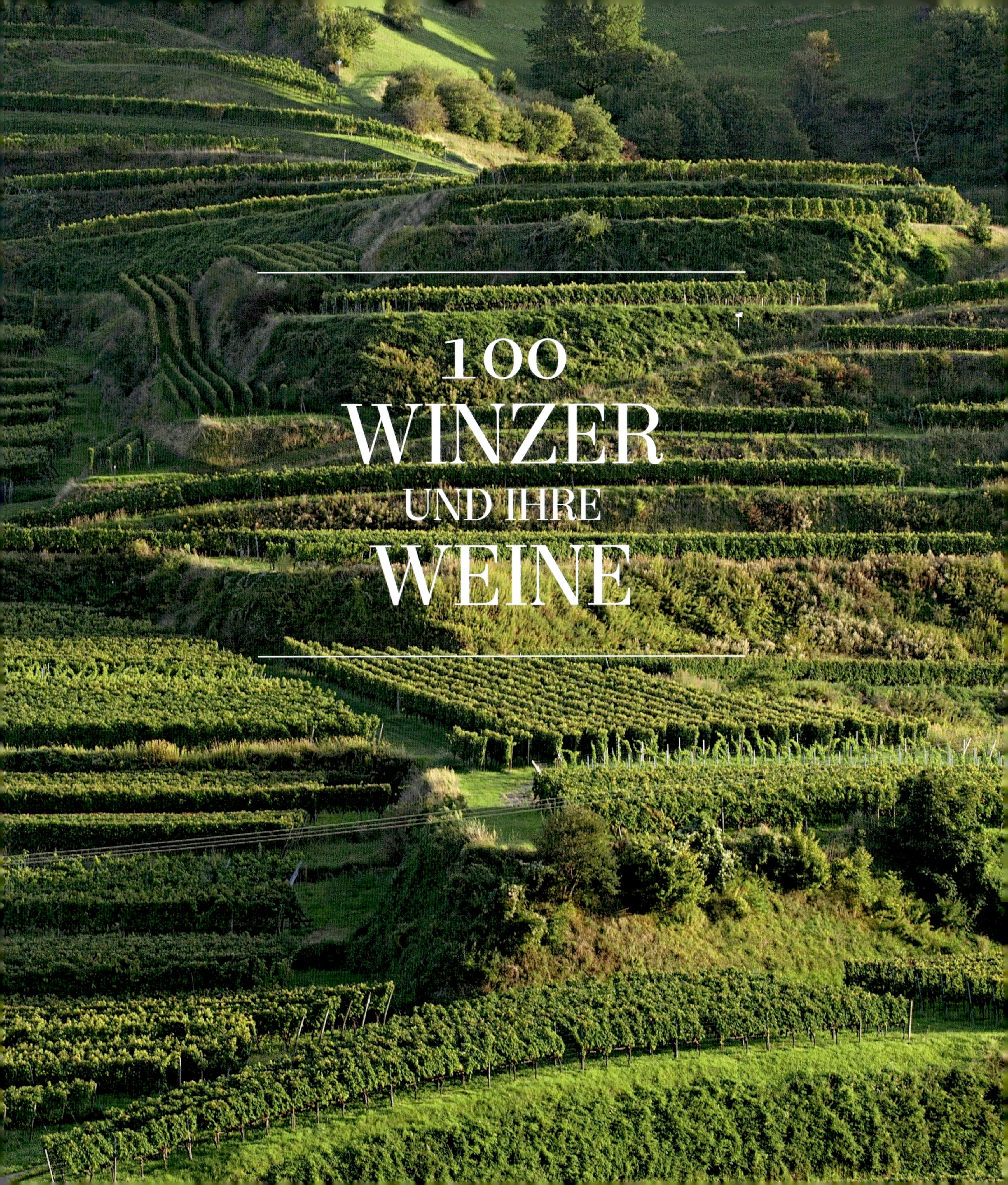
100
WINZER
UND IHRE
WEINE

LAGE – AHR

Im Nordwesten vom Ahrgebirge begrenzt im Schutz der Eifel

564 ha Gebiet

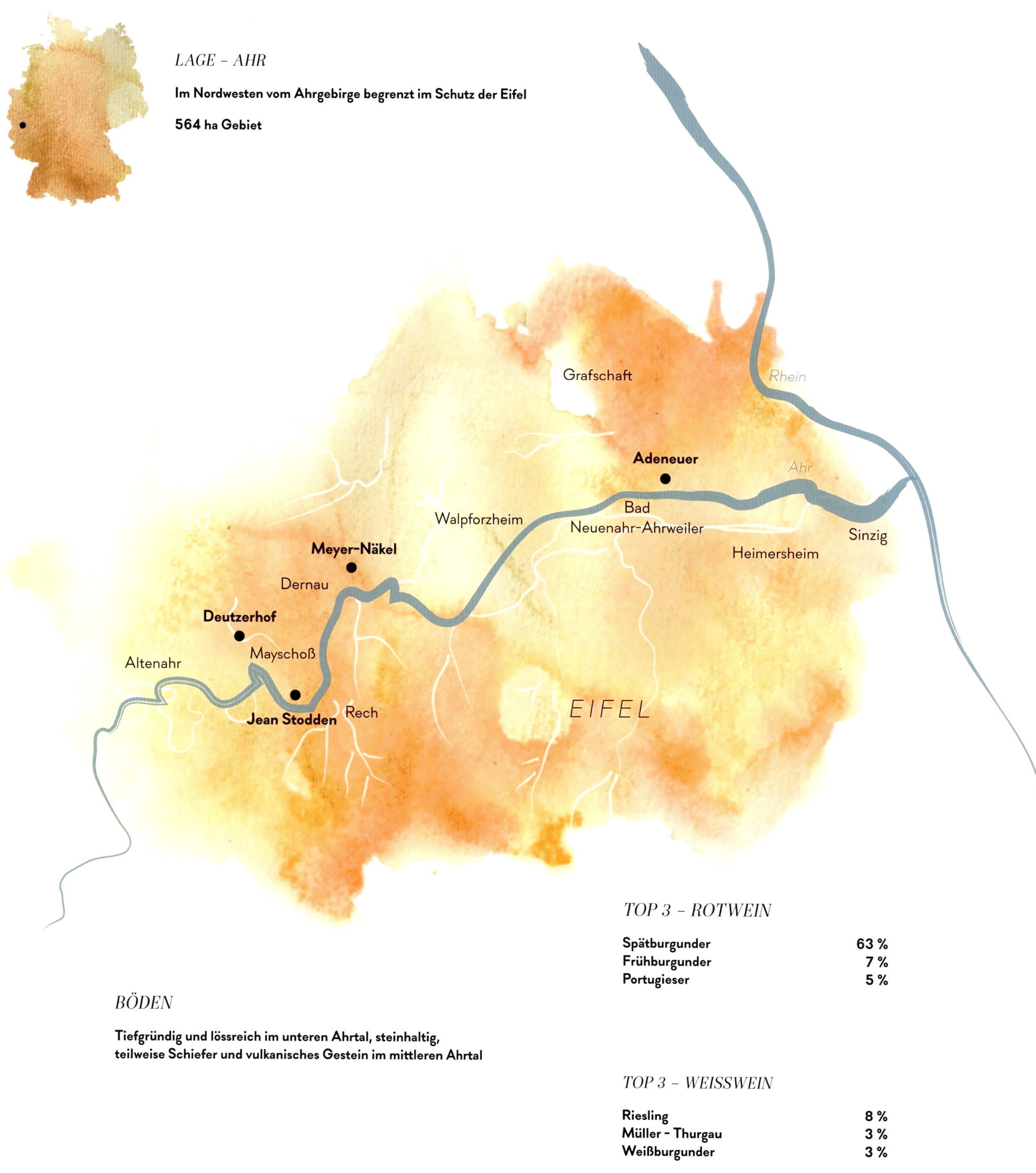

TOP 3 – ROTWEIN

Spätburgunder	**63 %**
Frühburgunder	**7 %**
Portugieser	**5 %**

BÖDEN

Tiefgründig und lössreich im unteren Ahrtal, steinhaltig, teilweise Schiefer und vulkanisches Gestein im mittleren Ahrtal

TOP 3 – WEISSWEIN

Riesling	**8 %**
Müller - Thurgau	**3 %**
Weißburgunder	**3 %**

AHR

Die Ahr ist in erster Linie als Fluss, genauer gesagt als linker Nebenfluss des Rheins bekannt, der hinsichtlich seiner Reichweite von 89 Kilometern und der Ausrichtung West/Südwest nach Ost/Nordost wenig Beachtung findet. Interessanter scheint hingegen, dass sie von ihrer Quelle in der Vulkaneifel bis zum Endziel Rhein die bedeutendsten Weinorte, Altenahr, Mayschoß, Rech, Dernau, Walporzheim bis Heimersheim durchquert. Auf diesem Wege schlängelt sich die Ahr teils durch eine bizarre, nahezu alpine, felsige Berglandschaft, die mit ihren romantischen Ecken an Schönheit in Deutschlands Weinregionen nicht zu übertreffen ist.

Entlang dieses Flusses zieht sich das gleichnamige, gerade mal knapp 560 Hektar große Weinanbaugebiet „Ahr", welches geologisch wie topografisch in die Obere Region zwischen Altenahr und Marienthal sowie in die Untere Region von Walporzheim bis Heimersheim eingeteilt wird. Klimatisch betrachtet, ist trotz der extrem nördlichen Lage die Landschaft im gemäßigten Mittel zu sehen, die Nähe der Kölner Bucht und die Enge des Tals sorgen für mikroklimatische Bereiche, in denen sich die Reben besonders wohlfühlen. Die Bodenstruktur des Ahrtals ist geprägt vom Schiefer, der als Wärmespeicher ungeahnte Dimensionen erreicht. Grauwacke, Sandstein, Silit und Ton sind mit von der Partie. Wie auch an der Mosel sind diese Gesteinsformationen in Millionen von Jahren entstanden und die Basis für den speziellen Weinanbau hier an der Ahr.

Diese Region ist die Rotweinecke Deutschlands. 84 Prozent der Rebfläche sind mit roten Rebsorten bepflanzt, den größten Teil davon, 356 Hektar, belegt der Spätburgunder. Die Ergebnisse, das heißt die Referenzweine, zählen zu den besten in Deutschland. Das war aber nicht immer so, sondern hat sich erst in den letzten 30 Jahren entwickelt. In diesen drei Jahrzehnten erlebte das romantische Ahrtal mit dem großen, dicht bevölkerten Einzugsgebiet des nahen Ruhrpott und der Nähe der Grenze zu den Niederlanden einen enormen Ansturm von zahlreichen Tagesausflüglern. In Heerscharen per Bus angekarrt, um im „ach so idyllischen" Rotweinparadies Deutschlands zu wandern, die herrliche Umgebung zu genießen und nebenbei ein köstliches Rotweinchen, möglichst billig, in einer der zahlreichen Touristenschwemmen zu trinken. Am liebsten süß und süffig leicht wurde gern mit dünn gleichgesetzt, vom Anspruch besonderer Qualität war hier weniger die Rede. Das ging lange gut, denn in diesem von der Natur gesegneten Landstrich, dem schmalen und engen Tal in seiner malerischen, wilden Schönheit hatte man neben diesen Vorzügen nicht mehr viel zu bieten.

Der Weinbau war neben dem Tourismus die wichtigste Einnahmequelle. Die Qualität der Weinberge und ihre Spitzenlage wurden weniger als wertvolles Geschenk der Natur, denn als Ort der Strapazen und mühevollen Arbeit gesehen. Die Tatsache, dass die Steil- und Steilstlagen denen der Mosel mehr oder weniger in nichts nachstanden, änderte an der Situation erst mal gar nichts. Die Weinbauern schufteten unentwegt, teils in atemberaubend gefährlichen Lagen, um dann das Endprodukt zu Spottpreisen zu verkaufen. Die Einnahmen genügten kaum zum Leben. Auf diesen Erkenntnissen basierte vermutlich auch die Gründung der ersten Winzergenossenschaft weltweit, die 1868 in Mayschoß ihren Anfang nahm. Eine kleine Gruppe von Winzern erkannte damals schon die Möglichkeit, dass man gemeinsam besser und kostengünstiger vorankommen kann. Dennoch musste mehr geschehen, die Frage war nur, was? Faktisch war die Region als Ziel für den Tourismus bestens geeignet, und die zahlreichen, nahen Großstädte hatten reichlich Potenzial – somit gab es genügend Kundschaft mit Interesse für bessere Qualität im Bereich Genuss. Es ging also allein darum, sie aufmerksam zu machen und dahingehend zu erziehen, ein Gefühl für guten Weingeschmack und Qualität zu entwickeln.

Unter den Rotweinwinzern zeigte sich zunächst keiner, der dieser Aufgabe gewachsen war. Die Zeit war noch nicht reif für einen Winzer wie Werner Meyer-Näkel, der Jahre später einen neuen Weg einschlug. Diesem Quereinsteiger und Autodidakten in der Weinszene verdankt die ganze Region Ahr nach 1982 eine Wiederentdeckung. Auch wenn seine anspruchsvollen Ziele hinsichtlich der Qualität der Weinregion Ahr noch nicht vollständig erreicht sein mögen: Nach einer so wechselvollen Historie kann die Weinbaugeschichte der Gegenwart als sehr erfolgreich gewertet werden. Die größten Veränderungen zeigen sich derzeit in der Stilistik der Weine aus der Zeit nach 2010. Erfreulich viele Betriebe präsentieren hier, was an der Ahr inzwischen alles machbar ist. Leider ist es mir aus Platzgründen nicht möglich, über sie alle zu schreiben, wohl aber zu einer Weinreise oder Weinprobe anzuregen.

Meyer-Näkel

DERNAU, AHR (VDP)

Die heutige Erfolgsgeschichte des Weinguts Meyer-Näkel beruht auf vielen schlaflosen Nächten, wie mir Werner Näkel erzählte. Für Werner fing die Story 1982 an, als die Übergabe des nur 1,5 Hektar kleinen Weinbaubetriebs anstand. Der '82er war ganz nebenbei ein legendärer Weinjahrgang, aber leider nur im Bordeaux. Werner Näkel musste eine Entscheidung treffen, ob er denn nach seinem zehn Jahre zurückliegenden Ausstieg wieder im elterlichen Betrieb anfangen wollte oder nicht. Seinen gesicherten Arbeitsplatz im Staatsdienst als Lehrer für Sport und Mathematik aufzugeben, fiel ihm angesichts der unattraktiven wirtschaftlichen Situation im deutschen Weinbau Anfang der 80er Jahre nicht leicht. Die Aussichten an der Ahr waren noch schlechter. Dennoch, seine Begeisterung und Faszination für den Wein ließen ihm keine Ruhe, und so wagte er den Ausstieg, tauschte gesichertes Einkommen und Ferien mit der Arbeit in dem Miniweingut in Dernau.

Die ersten Lehrjahre, seine sogenannte Schnupperzeit, waren dann auch voller Überraschungen und Versuche mit neuen Praktiken im Ausbau der Weine. Ein berühmtes Beispiel dafür sind die neuen 225-Liter-Eichenholzfässer, die sogenannten Barriques, eine in Frankreich alltägliche Methode, die in Deutschland damals noch so gut wie keiner kannte. Bis die ersten Ergebnisse trinkbar waren, hat es Jahre der Erfahrung gebraucht. Nicht nur der Vater musste von den Neuerungen überzeugt werden, sondern auch die Kundschaft mit ihrem gewohnten Geschmacksprofil. Und dann waren da noch die gesetzlichen Vorschriften bei der Etikettierung der Flaschen, die sich als bedeutende Stolpersteine in der Praxis auf dem Weg nach oben erwiesen. Die höheren Alkoholwerte

Das Ahrtal mit dem Winzerdorf Dernau und seinen Weinbergen

waren mit den damaligen Verordnungen ebenso wenig vereinbar wie der Eichenholzton. Auch erinnere ich mich noch an meine ersten von Hand beschrifteten Näkelschen Flaschen, fein säuberlich mit güldenem Stift. Nicht nur die Weine, schon allein die schlanken, langen Schlegelflaschen machten besonderen Eindruck bei mir und den Gästen. Ich habe die Rotweine der guten Qualität wegen gekauft und die Gäste des Düsseldorfer Victorian Restaurants sicher auch, wenn auch der eine oder andere mit der gestylten Flasche bei seinen Gästen mächtig angegeben hat. Nach den ersten Jahren des riskanten Experimentierens und der Frage, ob denn die Kunden mit den neuen Weinen zufrieden sind, hat Näkel erkannt, dass die schon vom Vater geschätzten trockenen Roten viele Freunde hatten und dass alles gut war, solange auch er auf Qualität setzte. Die wenigen Flaschen waren immer ausverkauft.

Meyer-Näkel entschied sich zur Vergrößerung und kaufte Meter für Meter, Stück für Stück, Terrasse für Terrasse in besten Lagen von all jenen, denen die Arbeit in diesen teils gefährlich steilen Weinbergen zu viel und zu anstrengend war. 18 Hektar sind es mittlerweile, und wer weiß, vielleicht kommt noch mehr dazu. Die Handarbeit ist eine echte Plackerei, lohnt sich aber. Keine Auszeichnung, keine Lobeshymne, kein Preis fehlt dieser rheinischen Frohnatur; einige schmücken die Wände seiner Probierstuben oder den Keller: Erster deutscher Rotweinpreis 1989, Winzer des Jahres 2004, Kollektion des Jahres 2008, Lebenswerk Winzer 2011. Stolz ist er schon darauf, aber noch viel glücklicher macht Werner Näkel, dass ihm seine Frau Claudia zur Seite steht, dass seine beiden Töchter Meike und Dörte im Betrieb arbeiten und weiterführen, was er begonnen hat. Die Mädels engagieren sich im Weingut, der Vater kümmert sich um Projekte, wie die Beteiligung am Weingut Kloster Marienthal oder seine langjährigen Vorhaben in Portugal und Südafrika, da er sehr gern reist. Und um die gestiegene Flaschenzahl der Jahresproduktion macht er sich immer noch keine Sorgen, sie findet heute wie früher reißenden Absatz.

Werner Näkel mit seiner Familie

BESTE LAGEN / REBSORTEN

Dernauer Pfarrwingert, Neuenahrer Sonnenberg, Walporzheimer Kräuterberg / Spätburgunder, Frühburgunder, Riesling, Weißburgunder

WEINE

● 2013 Blauschiefer
Spätburgunder, trocken
€€€
Zartes Sauerkirschrot, fein blumig; kleine rote Früchte, von Walderdbeere, Preiselbeere, Sauerkirsche, Bühler Zwetschgen. Noch frische, jugendliche Säure, Spuren von Schiefernoten. Kernig, saftig, fleischiger schöner Trinkfluss mit feinkörnigem Tannin. Etwas kühler bei 15 bis 16 Grad zu gegrilltem Fisch, Würsteln oder Fleisch, auch im Sommer ein Rotweingenuss.

● 2013 Spätburgunder „G"
trocken
€€€€
Helles Ziegelrot, feinwürzig im Duft mit noch frischen Süßholznoten, Vanillearomen. Exotisch, aromatisch, auch viel frische Frucht, insbesondere Waldbeeren. Sehr fordernd im Trinkfluss, gute Balance von Fruchtsäure, Tannin und Alkohol, mit feinem Druck und sehr ansprechender Struktur beziehungsweise Figur.

● 2012 Dernauer Pfarrwingert
Spätburgunder, Großes Gewächs
€€€€€
Karmesinrot, leicht lila zum Glasrand hin. Ausgesprochen reiche, duftige Nase von roten Rosen, Malven. Reife Früchte von Himbeere, Hagebutte, Wassermelone, süßen Kirschen, Erdbeeren. Getrocknete Kräuter der Provence, feine Süßholznoten, Vanille. Im Mund total frisch, feine Mineralität und leichte Salzigkeit. Zahlreiche, feinkörnige Tannine, samtiger Charakter mit sehr angenehmer, leichter Bitternote im ausdrucksstarken Nachklang. Erstaunlich viel Klasse für den doch nicht großartigen Jahrgang.

● 2012 Walporzheimer Kräuterberg
Spätburgunder, Großes Gewächs
€€€€€
Helles Ziegelrot, mit leichtem Karminrot im Kern. Macht seinem Namen alle Ehre und das vom ersten Eindruck in der Nase. Kräuter der Provence, insbesondere Lavendel und Rosmarin. Im Mund sehr reich, stoffig, vielschichtig, leicht pfeffrig. Ganz feines, leicht gekörntes Tannin, viel Druck, Tiefe und sehr gute Länge, eine Aromabombe mit viel Zukunft. Insgesamt ein großer Burgundertyp, wie der etwas leichter wirkende Pfarrwingert, mit internationaler Charakteristik. Für meine Vorstellung entsprechen die beiden Großen Gewächse einer neuen Klasse deutscher Rotweine, für die eine Klassifikation noch gesucht beziehungsweise gefunden werden muss.

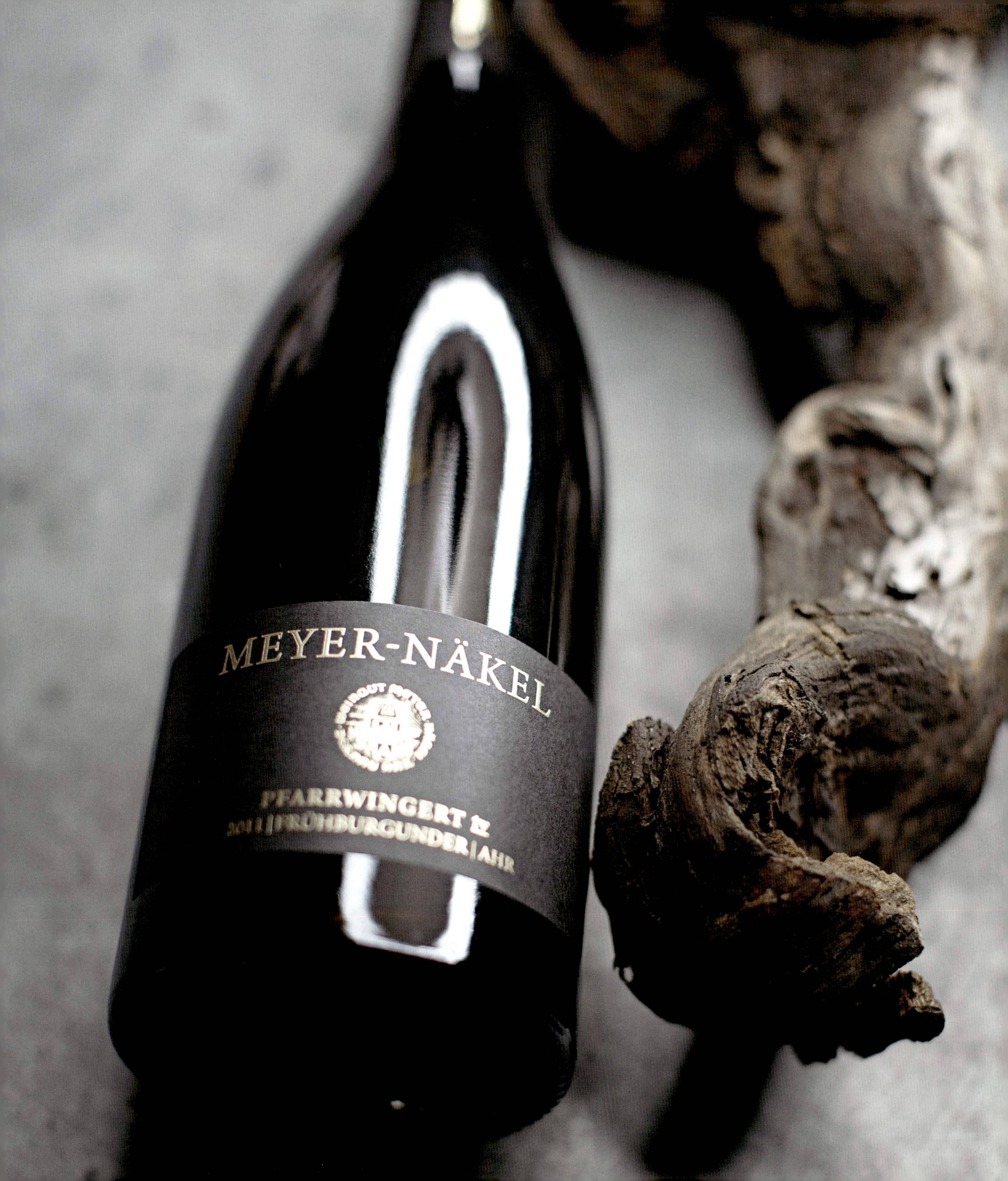

MEYER-NÄKEL
PFARRWINGERT
FRÜHBURGUNDER | AHR

Jean Stodden

RECH, AHR (VDP)

Alexander Stodden habe ich schon auf vielen Weinproben getroffen, lange bevor er die Verantwortung für das elterliche Weingut übernommen hat. Er war damals schon einer der zurückhaltenden, überlegten, ja sogar ruhigen Charakterköpfe unter den jungen, nachfolgenden Stars der neuen Generation Weinmacher. Er stand nicht an der Seite des erfolgreichen, stets hart arbeitenden Vaters, um sich in dessen Glanz zu sonnen, nein, er hat mitgearbeitet und ganz erheblich zu diesem Erfolg mit beigetragen. Die Schufterei in den 6,5 Hektar besten felsigen und steilen Lagen war für ihn ebenso selbstverständlich wie die Aufgaben im Keller. Vier Große Gewächse auf der kleinen Fläche, in den steilen Lagen zu produzieren, ist eine Meisterleistung. Alexander liebt die neuen Eichenfässer, die er ausschließlich für seine Rotweine verwendet. Mit seinem ersten Jahrgang in eigener Regie, 2004, präsentierte er einen großartigen Rotwein mit dem Namen „Next Generation". Noch heute wird er daran gemessen, was nicht mit jedem Jahrgang so ganz selbstverständlich gelingen mag. Die üblichen Maßnahmen zur Qualitätsgarantie, beginnend mit dem frühen Rebschnitt zur Ertragsregulierung, der grünen Lese, der entsprechenden Pflege im Weinberg, dem richtigen Lesezeitpunkt und dann die folgenden Arbeiten im Keller sind entscheidende Voraussetzungen für das Gelingen. Gepaart mit umfassendem Wissen und glücklichen Händen entstehen so regelmäßig erstklassige Rotweine, die dem Weingut Jean Stodden ebenso oft höchste Auszeichnungen garantieren. Zu finden sind die Weine nur in Spitzenadressen; sie zählen in Deutschland ohne Frage zu den Top-Spätburgundern.

Alexander Stodden

BESTE LAGEN / REBSORTEN

Recher Herrenberg, Dernauer Hardtberg, Ahrweiler Rosenthal, Neuenahrer Sonnenberg / Spätburgunder, Frühburgunder, Riesling

WEINE

● **2012 Herrenberg**
Frühburgunder, Großes Gewächs
€€€€
Ein reifes, vielleicht sogar frühreifes Geschöpf. Sein Bukett ist im Vordergrund mit viel Terroir, Schiefer und Tannenholz ausgestattet. Im Zentrum kleine rote Früchte wie Walderdbeere, Aronia, Himbeere. Der Geschmack fein und doch komplex, in sich geschlossen mit einer herrlichen Dichte, prägnantes, nahezu seidiges Tannin. Im Abgang ausgeprägte Länge sowie viel Zug mit Biss und Schliff. Macht Riesenspaß in seiner Frische und Jugend.

● **2012 Sonnenberg**
Spätburgunder, Großes Gewächs
€€€€€
Der Sonnenberg hat durch die Löss- und Lehmböden einen ganz anderen Stil als die Pinots von den Schieferböden. Mein erster Eindruck in der Nase war geprägt von noblen Aromen feinster Waldbeeren und das bestens gereift. Auch florale Noten mit kräuterwürzigem Duft sind zu erkennen. Entgegengesetzt zum Herrenberg im Gaumen sehr kompakt, fest, viel satter Gerbstoff, straff mit feinem Holzton, Dichte und viel Noblesse im festen, langen Druck. Noch ein Kind, an dem man sich aber lange freuen kann.

● **2012 Herrenberg**
Spätburgunder, Großes Gewächs
€€€€€
In der Nase wie im Mund ein ausgeprägter reifer Fruchtcharakter, der so schön nur in großen Jahrgängen entsteht. Mit mehr Luft und Flaschenreife zeigt sich viel rote Frucht in schönstem Outfit. Fein, duftig, Eleganz versprühend. Im Geschmack Vollmilchschokolade, helle Tabakblätter. Noch etwas straffes Tannin, dabei aber saftig und gut strukturiert. Trinkt sich jetzt schon vorzüglich, was aber nicht bedeutet, dass ihm ein paar Jahre Reife schaden würden.

● **2012 Spätburgunder „Alte Reben"**
trocken
€€€€€
Wurzeln bis in die Hölle. Alte Reben ja, denn die hier sind noch von der Oma, müssten um 1913 bis 1915 gepflanzt worden sein, natürlich wurzelecht. Die jüngsten Stöcke stammen aus dem Jahr 1951. Der Duft ist zunächst reduziert, wird dann aber opulent, schmeichlerisch aromatisch. Himbeere, Malvenblüten, Rosen, Gartenkräuter. Kopfnoten von gerösteten Haselnüssen, Brioche, Brotrinde. Hier kommt Burgund in der feinsten Note durch – Eleganz und Raffinesse spielen ihr eigenes Spiel. Kraft und Druck bis ins Unendliche. Ein Anflug von Schiefer, Süßholz, Gewürznelke. Ein erstklassiger Pinot Noir.

Jean Stodden
2011
Spätburgunder JS
AHR

J.J. Adeneuer

AHRWEILER, AHR (VDP)

Zu meinem Quartett der Spitzenproduzenten für Rotweine von der Ahr zählt ohne Zweifel seit Jahren das Weingut J.J. Adeneuer der Brüder Frank und Marc in Ahrweiler. Mit seiner über 500-jährigen Weingutgeschichte ist Adeneuer einer der ältesten Betriebe an der Ahr. Hier werden auf nur 12,5 Hektar konsequent Spätburgunder allerbester Qualität erzeugt. Die Aufsteiger der Region wurden schon mit zahlreichen Auszeichnungen für ihre großartigen Rotweine belohnt. Seit der Übernahme durch die beiden Geschwister wurde viel investiert und verändert, von der Kellertechnik über Barriquefässer bis in die Weinberge. Stetig ging es bergauf, und das nicht nur dank der Monopollage, der Walporzheimer Gärkammer, die mit einer schwindelerregenden Hangneigung von 60 Prozent und 0,68 Hektar Fläche als Europas kleinste Einzellage gilt. Auf einer Tour habe ich mir dieses Paradestück angesehen, mich von dem abenteuerlichen Arbeitsplatz überzeugen lassen. Ich bleibe beim Wein trinken – machen müssen ihn andere. Zum Portfolio der Adeneuers gehören außerdem feinste Spätburgunder-Gewächse aus den Toplagen Sonnenberg, Kräuterberg, Rosenthal. In einem guten Sortiment deutscher Rotweine sollten diese Tropfen auf keinen Fall fehlen.

Die Brüder Frank und Marc Adeneuer

BESTE LAGEN / REBSORTEN

Walporzheimer Gärkammer (Alleinbesitz) und Kräuterberg, Ahrweiler Rosenthal, Neuenahrer Sonnenberg / Spätburgunder, Frühburgunder, Dornfelder

WEINE

● **2013 J. J. Adeneuer N°2**
Spätburgunder, trocken
€€€
Heller, klarer Duft von roten Beeren, Heckenrosen, Malvenblüten. Dazu eine feine Holznote als Würze im Hintergrund. Insgesamt zeigt der noch sehr jugendliche Spätburgunder eine reife Frucht mit packender Säure, die aber beide noch etwas Zeit zur Reife benötigen. Feingliedrige Tannine bei mittelkräftiger Textur und enormer Würzigkeit im Abgang. Auch etwas kühler ein Genuss zu Pasta mit Tomaten.

● **2011 J.J. Adeneuer N°1**
Spätburgunder, trocken
€€€
Hier beim zunächst zwei Jahre älteren Wein geht der Duft mehr in die gereifte Art von dunklen Trockenfrüchten wie Rosinen, Pflaumen, Heidelbeeren, Zwetschgen, sogar Lakritze ist mit im Spiel. Entfaltet sich auch im Gaumen entsprechend reif, weich, sanft und fein im Trunk. Einen Tick kräftiger, salziger und mineralischer als die N°2.

● **2013 Walporzheimer Gärkammer**
Spätburgunder, Großes Gewächs
€€€€€
Herrlich frisch und fruchtig, wenn auch noch nicht sehr opulent im Duft, was der Jugend des Weines geschuldet ist. Dennoch bleibt der erste Eindruck primär fruchtbetont, Sauerkirsche, rote Johannisbeere. Die Würze und das Kräuterbukett begleitet ein lebendiges Tannin mit straffer Säure, welche den noch sehr jugendlichen Wein saftig-frisch halten und eine gute Zukunft versprechen.

● **2011 Walporzheimer Gärkammer**
Spätburgunder, Großes Gewächs
€€€€€
Der herausragende Jahrgang bietet auch hier alles an Frucht, Säure, Fülle und Harmonie. Angefangen beim opulenten Duft von Wiesenkräutern im Sommer, hellroten Früchten von Erdbeere bis Himbeere oder einem zarten Veilchenduft. Neben Mandeln und Vanilletönen feine Holzaromatik, die sehr schön eingebunden ist. Feingliedriges und zartes Tannin, eher filigran, aber mit viel Ausdruck im langen Nachklang. Macht seiner Lage im wahrsten Sinne des Wortes alle Ehre.

Deutzerhof

MAYSCHOSS, AHR (VDP)

Wer heute die Geschichte des Weinguts Deutzerhof – sie beginnt 1574 – auf dessen Homepage liest, wird angesichts der Story immer neugieriger, was in den 440 Jahren Geschichte der Familien Cossmann und Hehle noch alles passiert ist oder unternommen wurde. Bis der Betrieb endlich so stand, wie Wolfgang Hehle, der ehemalige Inhaber, es sich bis zu seinem frühen Tod 2013 vorgestellt hat, war viel zu tun. Beispielhaft hat der ehemalige Steuerberater den Deutzerhof seines Schwiegervaters, der ihn ins Thema Wein einwies, in die Spitze der Ahrtal-Weingüter geführt. Seine intensive Naturverbundenheit, sein rigoroses Streben nach Qualität, sein großes Interesse an noch Besserem waren wohl die Grundlagen seines Schaffens. Leider bin ich ihm nie begegnet, seine Weine begleiten mich aber auch in Zukunft, denn sein Freund und Kellermeister Hans-Jörg Lüchau, der in seinem früheren Leben Sommelier war, führt mit sehr viel Gespür und Einfühlungsvermögen weiter, was ihm sein Freund anvertraut hat. Die Jahrgänge 2013 und 2014 warten schon in den Kellern des Deutzerhofes.

BESTE LAGEN / REBSORTEN

Altenahrer Eck, Mayschosser Mönchberg, Neuenahrer Kirchtürmchen / Spätburgunder, Riesling, Frühburgunder, Dornfelder

WEINE

● **2014 Toujours**
Spätburgunder Rosé, trocken
€

Endlich mal wieder ein Rosé, der nicht nur seiner schönen rosaroten Farbe wegen ansprechend wirkt oder gar begeistert. Mit „Toujours 2014“ hat Hans-Jörg Lüchau einen Rosé mit ernsthaftem Charakter geschaffen, einen Wein, den man ernst nehmen darf, der sich ideal zu vielerlei Speisen kombinieren lässt. Seine zarte Aromatik steht im Moment (März 2015) noch hinter der ausgeprägten

rotfruchtigen, Himbeere-, Johannisbeere- und Sauerkirschnote. Fein balancierte Fruchtsäure. Hier schmeckt man die Auslesequalität der Trauben, die als Mostabzug gewonnen wurden.

● **2013 Grand Duc**
Spätburgunder, trocken
€€€€

Uralte, wurzelechte Spätburgunderreben auf den Schieferböden der Südsteillage Heimersheimer Landskrone sind die Basis für den Grand Duc. Die kleintraubige Beerensorte in dieser Lage, vermutlich aus Burgund importiert, wurde von Wolfgang Hehle geschätzt und ganz traditionell vermehrt. Der Grand Duc, ein in neuen Allier-Eichenfässern ausgebauter, noch viel zu junger Rotwein, zeigt alles, was einen sehr guten Wein letztendlich ausmacht: rotfruchtige Aromen, Erdbeere, Himbeere, teils Wiesenkräuter – hier von der getrockneten Art. Kernige Gerbstoffe, kantig, aber mit sehr feinem Schliff, Zug und Druck am Gaumen. Eher schlank, rassig, mit Rückgrat und frischem Kern. Braucht noch ein paar Jahre Zeit und dann Luft zur Entwicklung.

● **2012 Altenahrer Eck**
Spätburgunder, Großes Gewächs
€€€€€

Die über 200 Meter hohe massive Schieferwand dieser Einzellage ist gewissermaßen der Einstieg in die Welt der Weinberge in Steilstlagen mit 60 Prozent plus Hangneigung. Was hier im Weinberg passiert, ist alpine Höchstleistung für Mensch und Rebstock. Die hohen Weinbergmauern und Schieferscherben speichern die Wärme der Sonne, was die Wurzeln der Rebstöcke in die Tiefe treibt. Dazu die kleinbeerigen Trauben aus genetisch wertvoller Abstammung; das reduziert die Erntemengen ganz natürlich. Hier wird nur Allerbestes eingebracht, da staunen selbst die größten Meister aus Burgund.

Welch herrlicher Erdbeer-, Cassis-, Zwetschgenduft! Bitterschokolade mit extrem ausgeprägter Mineralik, saftige Sauerkirschen, knallige Säure. Reif und zahlreich die feinen Gerbstoffe, konzentrierter, eleganter Geschmack im Mund. Mineralik pur und das trotz der unglaublichen Jugend. Lang, lebendig, warm und reich sein Abgang.

Das Weingut Deutzerhof

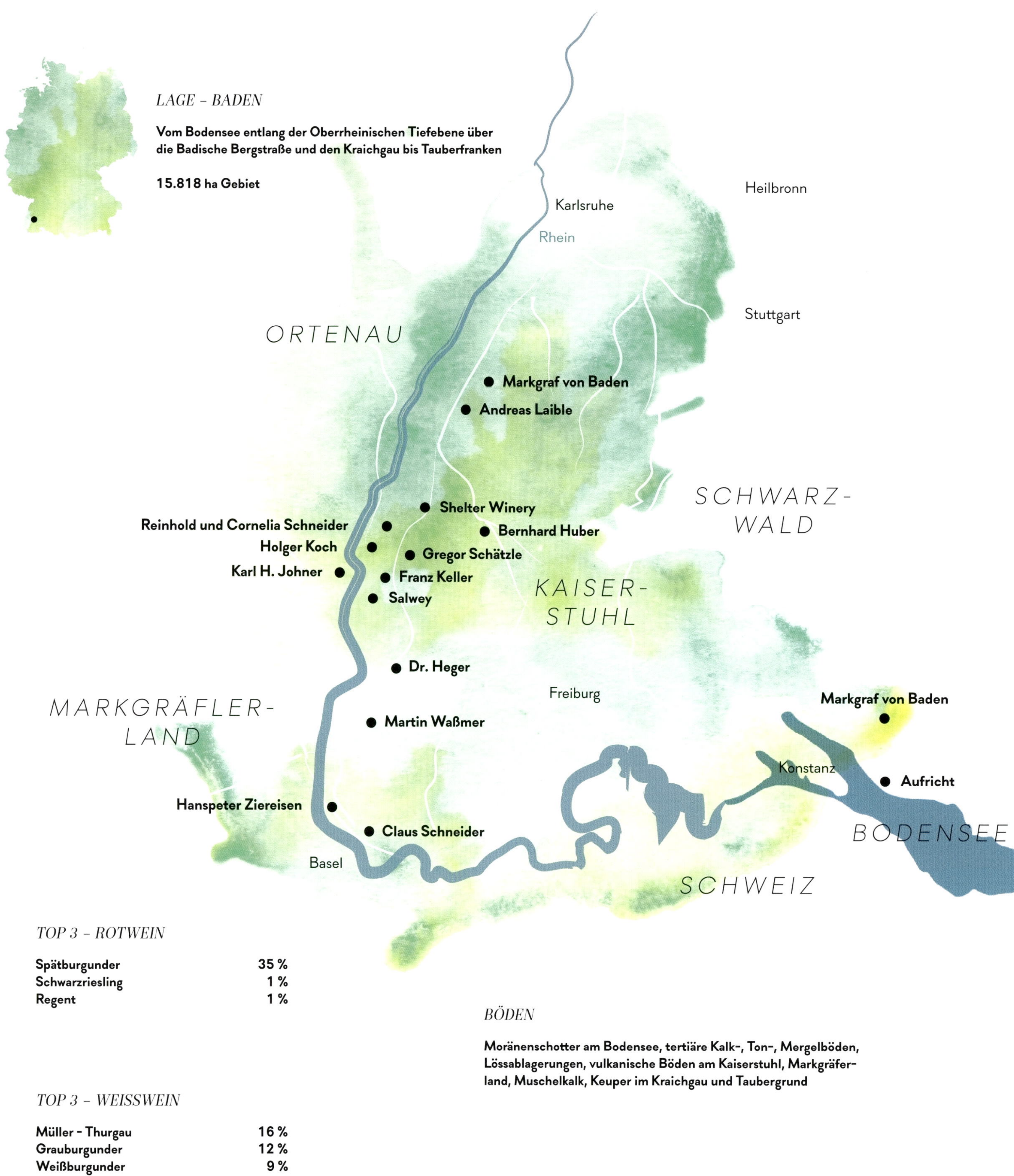

LAGE – BADEN

Vom Bodensee entlang der Oberrheinischen Tiefebene über die Badische Bergstraße und den Kraichgau bis Tauberfranken

15.818 ha Gebiet

TOP 3 – ROTWEIN

Spätburgunder	**35 %**
Schwarzriesling	**1 %**
Regent	**1 %**

TOP 3 – WEISSWEIN

Müller - Thurgau	**16 %**
Grauburgunder	**12 %**
Weißburgunder	**9 %**

BÖDEN

Moränenschotter am Bodensee, tertiäre Kalk-, Ton-, Mergelböden, Lössablagerungen, vulkanische Böden am Kaiserstuhl, Markgräferland, Muschelkalk, Keuper im Kraichgau und Taubergrund

BADEN

Mit einer Gesamtrebfläche von 16 000 Hektar ist Baden unter den 13 Weinanbaugebieten Deutschlands das drittgrößte. Baden genießt mit seiner Lage und Ausrichtung jedoch als einziges deutsches Weingebiet in der Europäischen Union eine Sonderstellung: Es wurde innerhalb der EU-Weinbauzonen der Kategorie B zugeteilt, zu der auch die Champagne in Frankreich zählt. Das kommt daher, weil Baden naturgemäß von der Sonne verwöhnt ist und aus diesem Grunde die dafür nötigen höheren Öchslegrade liefern kann. Die wärmsten Orte mit den meisten Sonnenstunden in Deutschland findet man hier im Kaiserstuhl. Auf einer Länge von 400 Kilometern zieht sich die Region in Nord-Süd-Richtung größtenteils an der französischen Grenze entlang, von der Tauber bis zum Bodensee. In den neun verschiedenen Bereichen findet man nicht nur komplett unterschiedliche Klimaverhältnisse, auch die Bodenformationen unterscheiden sich – was erklärt, warum in den einzelnen Regionen die Rebsorten-Varietäten teils stark schwanken.

Am Bodensee in der Überzahl sind Müller-Thurgau und Spätburgunder, die in den Steillagen am Seeufer durch die Wasserspiegelung reichlich Sonne abbekommen. Im Kaiserstuhl zwischen Freiburg und dem Rheintal erhebt sich ein Vulkankegel, dessen Terrassen sich für Grau- und Weißburgunder, ganz besonders aber für Spätburgunder eignen. Der Pinot Noir, wie er im nahen Frankreich genannt wird, dominiert hier auch die anderen Rebsorten. Das Markgräflerland hat als Spezialität den Gutedel, und in der Ortenau, direkt am Fuß des Schwarzwaldes, ist der Riesling der König. Die Böden variieren von Moränenschotter am Bodensee über Löss, Kalk, Ton, Mergel und Vulkangestein im Kaiserstuhl und Markgräflerland bis hin zu Muschelkalk mit Keuper im Kraichgau sowie Taubergrund. Die Spezialitäten und Unterschiede in den Rebsorten, die aber keineswegs als Monokulturen zu betrachten sind, gibt es teils auch in den übrigen Gebieten, aber eben nicht mit dem gleichen Geschmack. Und gerade diese Vielfalt macht die Weinregion Baden für mich in Deutschland zum persönlichen Favoriten. Ich liebe das badische Weinland mit seiner Sortenvielfalt sehr, die kulinarischen Genüsse und Möglichkeiten sind hier so vielfältig und zahlreich wie sonst nirgendwo in Deutschland. Baden hat auch einen kleinen französischen Touch, wenn es um Genuss und Lebensqualität geht. Eine durchaus charmante Mischung.

Dazu kommen die unendlichen touristischen Attraktionen in den wichtigsten Städten von Aschaffenburg, Heidelberg, Karlsruhe, Baden-Baden, Offenburg, Freiburg bis hinüber zum Bodensee mit Meersburg und Konstanz. Auf der ganzen Länge Kunst, Kultur, Sport, Freizeit und purer Genuss in herrlichen, von Natur aus schönen Landschaften.

Wo viel Licht ist, gibt es natürlich auch Schatten, und das selbst in Baden. Hier binden sich, beispielsweise im Gegensatz zu Deutschlands größter Weinregion Rheinhessen, nach wie vor sehr viel mehr Betriebe an die örtlichen großen Genossenschaften und liefern dort ihre Trauben ab. Ist in Baden der Weinbau und sein Geschäft weniger attraktiv als an der Mosel oder in Württemberg? Da frage ich mich angesichts der Situation, wo ist, wo bleibt „The next Generation"? Mir fehlt hier im Vergleich mit anderen Gebieten der Nachwuchs, der sich engagiert. Muss man sich darüber Sorgen machen? Mit diesen Gedanken möchte ich nicht den Eindruck erwecken, ich sei in irgendeiner Form gegen Genossenschaftsbetriebe eingestellt. Im Gegenteil, seit Jahrzehnten serviere, schreibe und spreche ich gerne über einzelne Weine aus ganz unterschiedlichen Betrieben und Regionen. Das Problem liegt hier nur in einzelnen Strukturen, mal wird mit Topselektionen gearbeitet und man präsentiert, was machbar ist, und mit dem nächsten Führungswechsel verschwindet das Interesse an diesen Qualitätssegmenten wieder – es fehlt die kontinuierliche Entwicklung. Das ergibt für mich keinen Sinn und macht die Betriebe dieser Art uninteressant, was sehr schade ist. Damit gehen unzählige Kilo wunderbarer Trauben verloren, die auch die Qualität für einen erstklassigen Wein hätten. Darum ermuntere ich zu mehr Mut, die Selbstständigkeit zu wagen. Die Zeichen stehen gut.

Hecklinger Schlossberg

Bernhard Huber

MALTERDINGEN, BREISGAU, BADEN (VDP)

Immer noch kann ich es nicht glauben, dass Bernhard Huber nicht mehr unter uns ist, er nicht mehr in seinem Keller und in den Weinbergen steht, er nicht mehr mit seinen Gedanken dem Wein und seinen Rebstöcken so nahe ist, wie es nur wenige Weinmacher in ihrem Leben gewesen sind. Bernhard Huber hat der Weinwelt, den Weinfreunden und Weingenießern aber etwas Unsterbliches hinterlassen: Unser Andenken an ihn und den Respekt vor seiner großen Kunst, seinen Weinen. Ich schätzte ihn als Mensch und Weinmacher gleichermaßen, seine Weine tragen die Ruhe in sich, die stets von diesem sehr besinnlichen Menschen ausging. Alle seine Weine hatten Vorbilder, Ideale in seinem Kopf, und bevor er dieses Ziel nicht erreicht hatte, gab er keine Ruhe. Er hat nach Burgundern in ihrer Vollendung gesucht, und wenn er sie gefunden hatte, war er motiviert für seine nächsten Ziele.

Auf einer Studienfahrt nach Chambolle-Musigny beispielsweise entdeckte er, dass die Böden aus Muschelkalkverwitterungen denen in seiner Heimat glichen. Das Klima stimmte auch, so suchte er noch nach den richtigen Reben und Klonen für die Weingärten seines Vaters. 1987 hat er dann im elterlichen Betrieb mit seiner Frau Barbara beschlossen, die erstklassigen Trauben aus den vielen kleinsten und weit verstreuten Parzellen nicht mehr in die örtliche Genossenschaft abzuliefern, sondern sie selbst im eigenen Keller zu verarbeiten – das hatte er schließlich gelernt. So wurde anfangs, wie bei vielen Kollegen auch, an allen Ecken und Enden improvisiert. Bernhards Weine fanden reißenden Absatz, wurden hochgelobt und ausgezeichnet: so sein erster Versuch mit dem Barrique-Ausbau, ein 1988er Spätburgunder, der beim deutschen Rotweinpreis im Magazin *Vinum* gleich den ersten Platz belegte. Es folgten zehn turbulente Jahre des An- und Umbauens; jede Ecke, jeder Raum wurde einer neuen Bestimmung zugeführt, von der Garage bis zum Kartoffelkeller. Bei einem meiner Besuche, wohl Anfang 2000, war die neue Kellerhalle fertig. Ruhig, über den nächsten Schritt nachdenkend, zeigte mir Bernhard Huber stolz seinen prächtigen Keller; ich fühlte mich mehr wie bei *Opus One* in Kalifornien denn wie im Markgräflerland. Die Qualität seiner Weine, besonders der Spätburgunder und Chardonnay,

waren von diesem Zeitpunkt an nicht mehr zu bremsen. In ihnen lebten Hubers Leidenschaft und Vision, sie schwingen heute noch in ihnen fort auf dem Weg ihrer Reife, Entwicklung, Ruhm und Anerkennung. Die Spätburgunder vom Schlossberg und darin besonders die alte Gewanne „Wildenstein" waren ganz sicher seine Erfüllung, seine Weinziele. In Deutschland stehen sie für die Spitze, unangefochten für die besten Rotweine des Landes. Barbara Huber führt mit ihrem Sohn weiter, was noch lange nicht vollendet ist. Der Meister hat noch ein weiteres Stück im Schlossberg gekauft, das jetzt ganz nach den Huber'schen Regeln bearbeitet werden muss, bis es Spitzenweine liefern wird. Mit 28 Hektar und 180 000 Flaschen sind die Tage ausgefüllt, ein Full-Time-Programm, und dann kommt noch die Vermarktung – das will geschafft sein, auch wenn alles längst läuft wie am Schnürchen.

Alle Weine und Sekte, die ich hier vorstellen darf, sind noch von Bernhard Huber gemacht, das heißt gekeltert und ausgebaut. Dafür danke ich seiner Frau Barbara herzlichst, die mir diese Verkostungsliste zusammen- und zur Verfügung gestellt hat.

Barbara und Bernhard Huber

BESTE LAGEN / REBSORTEN

Malterdinger Bienenberg, Bombacher Sommerhalde, Hecklinger Schlossberg, Wildenstein / Spätburgunder, Chardonnay, Weißburgunder u. a.

WEINE

✳ 2008 Blanc de Blancs
Sekt, Brut nature
€€€

Feine Hefearomatik mit frischem Brioche, Toast und Haselnuss verbunden, das kann man in der Champagne auch nicht besser; zu diesem Preis schon gar nicht. Hier stimmt alles, von der feinperligen Mousseux bis zur perfekten Säure im Spiel mit der Frucht. Mundfüllend, cremig, sanfte Perlage, alles ist bestens balanciert, alles am richtigen Platz. Davon trinkt man sehr gerne ein, zwei Gläser mehr.

✳ 2005 Schlossberg Rosé
Sekt, Brut nature
€€€

Helles Lachsrosé. Dezenter Duft von Walderdbeeren, Himbeere, auch hier frisches Brioche, Nussbutter. Reiche, sehr feinperlige Mousseux. Ausgewogen im ganzen Charakter mit frischem Geschmack, guter Säure, harmonischer Fülle und druckvollem Abgang. Dazu ein Teller Nudelsalat mit Kaviar à la Gualtiero Marchesi, und die Welt ist in Ordnung.

○ 2012 Chardonnay „Barrique"
trocken
€€€

Als Kostprobe okay, aber noch ein Kandidat für den Keller, wo er unbedingt die nächsten drei bis vier Jahre verbringen sollte. Zeigt schon durchaus burgundische Anlagen, aber von allen noch nicht genug. Vor allem sein Duft, das Bukett, ist noch sicher wie eine Bank verschlossen. Selbst ein paar Tage mit Sauerstoff können daran noch nicht viel ändern. Leichte, frische Apfelfrucht und Honigmelone, dazu Säure und Kraft, die bestens mit der Frucht ausbalanciert ist – das ist spürbar, aber noch nicht ganz am Ziel. Was hier für ein Feuerwerk fehlt, ist Zeit der Reife.

○ 2013 Malterdinger, Auxerrois
Kabinett, trocken
€€

Auxerrois, eine Spielart des Weißburgunders, steht im Malterdinger Bienenberg auf einer meterdicken Lössauflage. Für mich ist das der Auxerrois schlechthin. Alte Reben, Pflanzjahr 1954, sind zwar alleine keine Garantie für Qualität, aber bei geringen Erntemengen doch eine sehr gute Voraussetzung. Feinste weiße Blütenaromatik, Akazien, Kastanien, strahlend, brillant und klar. Reife Birne, Banane, ganz feine Burgunderart mit strahlender Frische im zarten Körper. Springend, leicht im Mund, federnd im Abgang, ein graziler Charakter mit erstaunlichen Fesseln, immer wieder gut, immer wieder ein großer Genuss.

● 2012 Malterdinger Bienenberg
Spätburgunder, „R", Großes Gewächs
€€€€€

Wenn auch noch in der ersten Phase seiner Entwicklung, zeigt er doch wunderschöne blumige Noten, kühle, aber feinste Fruchtansätze. Ich habe acht Tage lang die angefangene Flasche immer wieder probiert – der Wein hat sich wunderschön entwickelt und blieb dabei immer noch taufrisch. Ein Potpourri roter Beeren, allesamt reif und süßlich im Duft. Eine fein ziselierte Fruchtsäure umspielt die Zunge, delikat und tänzerisch die satten Tannine, das Holz nur im Hintergrund spürbar, frisch bis zum letzten Tropfen – ich freu' mich schon auf die nächste Flasche.

● 2009 Bombacher Sommerhalde
Spätburgunder, „R" Großes Gewächs
€€€€€

Nur große Pinot Noir haben einen derartig feinen ausgeprägten Duft. Zu Anfang lässt sich dieser noch bitten, sich doch von seiner schönsten Seite zu zeigen. Aber dann legt er los mit einem Feuerwerk fruchtiger, blumiger, balsamischer und gleichzeitig sehr mineralischer Noten. Das edle Holz schwebt über dem Ganzen, aromatisiert, komplettiert ohne zu dominieren. Feine Tabakwürze im noch feineren Geschmack, der mit frischer Säure, schmelzig-zartem Tannin den Mund auskleidet und dann druckvoll, bestimmend ihn wieder verlässt. Noch ist er nicht auf dem für einen „R" typischen Höhepunkt (bedeutet so viel wie Reserve und eine extra Selektion), aber den kann man – immer wieder probierend – abwarten. In einem großen Jahrgang gewachsen, von einem genialen Winzer gemacht.

BADEN
Huber
2012er
Grauer Burgunder
trocken
Deutscher Qualitätswein · A.P. Nr. 472 19 13
Gutsabfüllung
Weingut Bernhard Huber
Heimbacher Weg 19, D-79364 Malterdingen
75 cl
13 % vol

Dr. Heger

IHRINGEN, KAISERSTUHL, BADEN (VDP)

Das Weingut Dr. Heger ist bei Kennern wie Weinliebhabern gleichermaßen für seine erstklassigen Weine aus den beiden Bestlagen Ihringer Winklerberg sowie Achkarrer Schlossberg weltbekannt. Joachim Heger und seine Frau Silvia teilen sich mit wenigen 1a-Weinmachern die Spitze auf der Qualitätspyramide der deutschen Weingüter. 1935 wurde vom Landarzt Dr. Max Heger durch den Kauf brachliegender Parzellen im Ihringer Winklerberg das Fundament des Weinguts Dr. Heger gelegt und ausgebaut, welches dann von seinem Sohn Wolfgang bis in die 1960er Jahre weitergeführt wurde. In dritter Generation leitet Joachim Heger nun das Weingut, das er beharrlich in Deutschlands oberste Liga geführt hat. Zusätzlich gründete er das Weinhaus Heger, mit dem er mit weiteren Traubenlieferanten einfachere Alltagsweine ohne Lagenbezeichnungen produzieren kann. Vor zwei Jahrzehnten kam das Weingut Fischer dazu, und 2004 wurden in Breisach die Gebrüder Müller übernommen.

Kennerkreise sind sich einig, dass Joachim Heger Burgundersorten wie Weißburgunder und Grauburgunder besonders gut kann. Selbst die Erzeugung von Spitzenrotweinen aus Spätburgundertrauben wurde ihm jetzt endlich sogar im *Gault Millau* 2013 bestätigt. Die Anerkennung kommt zwar spät, aber nicht zu spät. Wenn das ewige Gerücht tatsächlich stimmen sollte, dass die Weine vom permanenten Nichtstun nicht nur in deutschen Weinkellern großartig gelingen, ja dann wäre folgerichtig auch die Qualität der Hegerschen Burgunder in all den Jahren ausschließlich von der Lage bestimmt. Dass die Lagen Ihringer Winklerberg und auch der Achkarrer Schlossberg zu den allerbesten in Deutschland zählen, ist zweifelsfrei so und damit wäre auch die Klasse der Weine erklärt. Das ist aber nicht alles. Joachim Heger hat sein Handwerk gründlich gelernt, dennoch grübelt er bis zum heutigen Tag darüber nach, was er vielleicht bei welchem Wein noch besser machen könnte. Nach über 30 Jahren Praxis vermute ich, dass das wenig sein wird, vielleicht das Wetter, aber das macht bekanntlich ein anderer. So beeinflusst der Faktor Zeit am Ende häufig Hegers Tun und Lassen, und damit werden dann auch seine Weine erstklassig, und zwar nicht nur die Burgunder, sondern alle weißen und roten Sorten! Mit seinen Weinen hat Joachim Heger mir und vielen meiner Kollegen schon vor einem viertel Jahrhundert deutschen Wein in die Hände gelegt, den wir Sommeliers unseren Gästen stolz präsentiert haben – so, als wär's ein Stück von uns. Dafür danke ich an dieser Stelle Joachim.

Dass Heger nicht nur Burgunder kann, hat er mir mit seinen beiden 2014er Rieslingen, Große Gewächse aus den beiden Paradelagen, demonstriert. Der Achkarrer zeigt sich sehr exotisch in der Aromatik, fein mit dezent angehauchter Restsüße, dennoch trocken mit peppiger Säure und ganz viel Genuss, während der Winklerberg bonedry mit sehr großer Vielfalt in seiner Mineralität dicht, tief und komplex zu überzeugen wusste. Aus der gleichen Lage hatte er noch einen Silvaner eingepackt, der ganz klar und eindeutig in seinem Duft für diese Rebsorte steht: Steinobst, Kirschkern, kräutrige Noten, frischgepflückter Champignon mit vegetalen Ansätzen.

Wenn der Meister durch die alte Muskatelleranlage geht und Reben mit seinen Blicken streichelt, wohlwissend, dass sie doch ein paar Jahre mehr auf dem Buckel haben als er – sie wurden nämlich 1951 gepflanzt –, bekommen seine Augen einen ganz besonderen Glanz. Edelsüß oder trocken ausgebaut, mir macht dieser Wein immer großes Trinkvergnügen, da werden Nase wie Gaumen ohne Ende gekitzelt. Die wundervolle blumige Nase, sie erinnert an einen Strauß Rosen, gereifte Trauben, Cavaillonmelone, Pfirsich und so weiter, so eindeutig Muskateller, Jahr für Jahr zuverlässig wie Chanel N°5 – ich mag das sehr gerne. Mit Spargel und Sauce Hollandaise wird der Werktag zum Sonntag.

BESTE LAGEN / REBSORTEN

Ihringer Winklerberg, Achkarrer Schlossberg / Spätburgunder, Grauburgunder, Weißburgunder, Riesling, Chardonnay, Silvaner, Muskateller

Ihringer Winklerberg

WEINE

○ **2014 Ihringer Winklerberg**
Grauburgunder, trocken
€€€

Besser geht Grauburgunder nicht. Opulente, fruchtbetonte, breitgefächerte Nase. Frischgebackenes Brot, weiße Blüten, gelbe, reife Früchte, Banane, Ananas. Ausgewogenes Spiel, gut balanciert im Gaumen und wunderbare Frische durch die quicklebendige Säure, die den Wein lange im Nachspiel singen lässt.

○ **2014 Ihringer Winklerberg**
Weißburgunder, trocken
€€€

In der Nase weiße Blüten, opulente, fein duftende Aromatik. Banane, Birne, Quitte, Honigmelone. Saftig, mundwässernd, viel Spannung. Große Dichte, reichhaltige Textur, viel Schmelz, weich. Im Abgang enorm frische Frucht und Säure. Ein ganz wunderbarer, ausgewogener Wein.

○ **2013 Ihringer Winklerberg**
Chardonnay, trocken, Barrique
€€€€

Wer hat denn da Pate gestanden? Sicher ein ganz gutes Vorbild aus Burgund. Die wunderbar erfrischende Säure ist im Mund auf der Stelle schmeckbar, verleiht dem an sich sahnig, karamellig-weichen Geschmacksbild als Kontrast die Frische. Im Moment ja noch viel Eiche, aber der Wein kann Jahre im Keller reifen, bis er seine burgundischen Gene voll und ganz zum Vorschein bringt. Ein großer Chardonnay.

● **2012 Ihringer Winklerberg**
Spätburgunder, Großes Gewächs, Barrique
€€€€€

Wie war das noch mal? In Deutschland gibt es keine oder nur wenig sehr gute Pinot Noir, Spätburgunder, ach nein, keine wirklich guten Rotweine! Na dann probieren Sie doch mal diesen. Er hat schon stark ausgeprägte Aromen von kleinen roten Früchten wie Sauerkirschen, Preiselbeeren, Hagebutten, Aroniabeeren und roten Ribiseln. Im Gaumen süße, reife Frucht, leicht gewürzt mit Pfeffer, Muskat und Wacholder. Reifes, samtiges Tannin, herrlicher Trinkfluss, Spaß ohne Ende, bis die Flasche leer ist.

● **2012 Ihringer Winklerberg „Häusleboden"**
Spätburgunder, Großes Gewächs, Barrique
€€€€€

Erster Eindruck im großzügig ausgestatteten Bukett sind Erdbeere, Himbeere, Kirschkonfitüre und pfeffrige Töne. In der Nase deutlich süßer und reifer als der Vorgänger aus dem gleichen Jahr. Im Mund zeigen sich dann aber seine wahre Größe und Qualität. Nix mit Schmusewein, sondern deutlich mehr Gerbstoff, Säure, Mineralität und Druck. Ausgeprägte Länge, die sich sehr trocken präsentiert und dabei Fleisch und die Kraft des Weins nicht verstecken kann.

Dieser Wein darf derzeit (2015) nur zu Versuchszwecken geöffnet werden. Er hat sehr viel verstecktes Potenzial, braucht viel Geduld und Zeit. Seine Fans müssen warten, mindestens drei bis vier Jahre.

Fritz Keller und Gärständer (rechtes Bild) im neuen Weinkeller

Franz Keller

VOGTSBURG, KAISERSTUHL, BADEN (VDP)

Wenn ich die Erfolgsgeschichte des Weinguts Franz Keller und die seiner Gastronomie so betrachte, bin ich voller Bewunderung und kann dem heutigen Inhaber Fritz Keller, der in einer seiner Nebenbeschäftigungen auch noch Präsident des FC Freiburg ist, nur allerhöchsten Respekt entgegenbringen. Gemeinsam haben wir schon 1991 für einen Fachschulunterricht für Sommeliers gekämpft, der dann 1992 dank seiner größten Bemühungen in der Heidelberger Hotelfachschule als Bildungsgang in Vollzeitform eingerichtet wurde. Im vergangenen Jahr 2014 hat er sein topmodernes Kellergebäude inklusive eines weiteren Gastrobetriebs und von Weinverkaufsräumen eingeweiht. Der VDP hat ihn in seinen ehrenwerten Kreis aufgenommen, und so gehört das Weingut heute offiziell zur Traubenelite Deutschlands. Kellers Weinkonzept für die Supermarktkette Aldi ist längst Programm, und auch seine Neider haben sich daran gewöhnt. In den Sternen steht die Frage, was jetzt noch alles kommt – für Keller und seine Familie steht sicher die Konsolidierung der Qualität im Vordergrund. Der neue Weinkeller trägt die ersten Früchte der wesentlich leichteren, schnelleren, besseren Verarbeitung des Traubenmaterials. Jetzt können sie in ihrer ganzen Größe zeigen, was im oder hinter dem *Schwarzen Adler* von Oberbergen steckt. Im berühmten Sternerestaurant arbeitet übrigens seit Jahren mit größter Kompetenz und Leidenschaft Melanie Wagner als Sommelière. Beneidenswert, welche Schätze unter ihrer Obhut stehen und die sie täglich servieren kann. In der gehobenen Gastronomie ist das Weingut ein bisschen Synonym für die Oberbergener Baßgeige, deren Verbreitung und Bekanntschaft Franz Keller senior in die Wege geleitet hat.

Es ist so ziemlich genau 30 Jahre her, dass sich die badischen Weinbauern davon überzeugen ließen, ihren Ruländer unter dem Etikett Grauburgunder und damit wesentlich erfolgreicher zu verkaufen. Initiiert hat das damals Franz Keller, der Vater von Fritz. Er wollte den Erfolg des einfachen, nicht mal billigen Pinot Grigio aus Italien nicht mehr so einfach hinnehmen. Unter dem Synonym Grauburgunder hat er von einem Jahrgang auf den anderen seine Baßgeige verkauft. Die Kundschaft glaubte an eine neue Weinsorte und war dankbar und zufrieden. Der Gesetzgeber aber, von neidischen Kollegen aufmerksam gemacht, verwarnte Keller und zwang ihn zur Umetikettierung. Nur wenige Jahre später standen deutsche Grauburgunder auf den besten Weinkarten des Landes. Und auch Fritz Keller schaut darauf, dass das so bleibt und seine Baßgeige in der Qualität immer mit dabei ist.

BESTE LAGEN / REBSORTEN

Oberbergener Baßgeige, Pulverbuck, Achkarrer Schloßberg / Grauburgunder, Spätburgunder, Weißburgunder

WEINE

○ **2014 Oberbergener Baßgeige**
Grauburgunder, trocken
€€

Ein Mittelfeldspieler mit guten Anlagen und ohne Schnickschnack. Feinduftig mit frischer Haselnuss, Kokosraspeln, Ananassorbet bis Pfirsich und Quitte. Mit Schmelz, Grip und Frische der modernen Pinot-Grigio-Variante. Durch seine säurearme, aber körper- und extraktreiche Art lässt er sich wunderbar zu edlen Fischen oder hellem Geflügel kombinieren. Froschschenkel in Knoblauch wären dazu ein kleines Fest.

○ **2013 Achkarrer Schloßberg**
Grauburgunder „A", Großes Gewächs
€€€€

Wenn man diesen Wein in Höchstform trinken möchte, muss man ihm noch etwas Zeit zur Entwicklung gönnen. Zum Zeitpunkt der Probe war er doch noch sehr frisch in seinen Röst- und Holznoten. Frisch gebackenes Brot, Brioche, gebrannte Haselnüsse, Mandeln, Kokosnuss. Ein Hauch Ananas verleiht ihm die Exotik. Die Säure ist stramm, gibt Zug, Länge und ordentlich Potenzial. Ein Backhendl nicht nur aus der exzellenten Küche des Hauses, im Ganzen gebraten, wäre dazu ideal.

● **2013 Franz Anton**
Spätburgunder, trocken
€€€

Helles Kirschrot, rubinroter Glanz. Aromatisches Bukett weit gefasst. Preiselbeeren, rote Johannisbeere, Sauerkirsche, dazu Waldboden, Pfeffer, die feine Vanillewürze vom Holzausbau. Feines, kompaktes, straffes Tannin mit Biss und Frische. Die Leichtigkeit in seinem Trinkfluss und das Fruchtspiel sind seine Pluspunkte. Kann wunderbar mit Fischen, die gebraten oder gegrillt wurden, dazu Gemüsepfanne, Grillhähnchen oder einfach mal ein Teller Pasta mit einem Fleischragout.

HOLGER
HOLGER KOCH
weingut
Pinot Noir ★★★
2013

Das Weingut Holger Koch. Der Winzer mit seiner Frau Gabriele.

Holger Koch

VOGTSBURG, KAISERSTUHL, BADEN

Meine ersten Gespräche mit Holger Koch signalisierten mir ganz schnell: Hier denkt einer, bevor er weitere Schritte unternimmt. Der weiß ganz genau, was er im Weinberg und Keller erreichen will oder machen muss, um genau das in die Flasche zu bringen, was er mir anschließend zum Probieren einschenkt. Vor etwa 15 Jahren hat Holger die weniger als zwei Hektar Weinberge seiner Eltern in Bickensohl, im Südwesten des Kaiserstuhls, übernommen und sich entschlossen, daraus das Beste zu machen. Kein geringer Anspruch, aber mit seiner Frau Gabriele und den Eltern ist es ihm in wenigen Jahren gelungen, Weine auszubauen, über die man spricht – insbesondere Pinot Noir. Nicht nur im Kaiserstuhl, die Weine stehen auch auf den erstklassigen Weinkarten des Landes. Das Weingut umfasst heute 7,5 Hektar, und die Neupflanzungen mit ausgesuchten alten Burgunderklonen, kleinbeerig und ertragsschwach, sind bald erwachsen und tragen inzwischen beste Früchte. Gedüngt wird organisch, auf Herbizide wird komplett verzichtet. Damit gelingt es Holger Koch, feinste, reinrassige und tiefsinnige Weine herzustellen. Keine Monster, vor denen man sich duckt, sondern Trinkweine für den Alltag ebenso wie für den besonderen Anlass.

BESTE LAGEN / REBSORTEN

Bickensohler Katzenloch, Halbuck, Eichbuck / Spätburgunder, Grauburgunder, Weißburgunder

WEINE

○ **2014 Grauburgunder**
trocken
€

Ein Grauburgunder, wie ich ihn mag. Nicht so opulent und doch kompakt, duftig, klar und trocken, mit Klasse und Pep. Keine muffigen Noten aus der Spontanvergärung, sondern von reifen Früchten wie Birne, Mirabelle, Pfirsich, Quitten. Sehr schöne Saftigkeit, konzentriert, gehaltvoll mit tiefgründigem Charakter, großer Länge und Schmelz am Gaumen. Auf der Homepage steht: „Trinkvergnügen auf hohem Niveau" – das kann ich unterstreichen.

● **2013 Pinot Noir*****
trocken, Selection Holzfass
€€€

Die hohe Luftfeuchtigkeit im Sommer verlangte viel Aufwand in den Weinbergen, die Erträge wurden dezimiert, die Erntemengen waren klein, aber mit sehr zufriedenstellendem Ergebnis. So zeigte sich auch die Selection Pinot aus dem Holzfass. Die einladende Nase ist zunächst mal rot- und blaubeerig, insgesamt facettenreich und auch feinwürzig vom Holz. Die dichte, festgewebte Struktur hat Grip, eine süßliche, fleischige Textur mit straffem Tannin, das lang am Gaumen bleibt und verbunden ist mit süßem Extrakt. Ein Backhendl wäre dazu ganz sicher ein großer Genuss.

Salwey

OBERROTWEIL, KAISERSTUHL, BADEN (VDP)

Salwey. Immer trocken. Immer Burgunder. Mit dieser Information beginnt Konrad Salwey seinen gelungenen, informativen und hervorragend geschriebenen Internetauftritt. Nachdem das verheißungsvolle Probenpaket pünktlich bei mir eingetroffen war, war ich schon sehr neugierig auf Konrads neuen Jahrgang. In einem kurzen Gespräch habe ich erklärt, warum und wofür ich die Flaschen benötigte, und die unten beschriebenen Weine wurden mir als Signum-Beispiele für das Weingut Salwey zugeschickt. Also ab ins Kühlhaus, und zwei Tage später ging es los. Jahrelang habe ich mit Wolf-Dietrich Salwey, Konrads Vater, bestens zusammengearbeitet. Es gab natürlich auch Meinungsverschiedenheiten, dickköpfig waren wir ja beide. Aber keine Kollektion von ihm hatte mich auf Anhieb so restlos begeistert wie diese Serie von Konrad, heute am Sonntag Vormittag, weitab vom G7-Gipfel. Was ich hier im Glas habe, sind Gipfelstürmer von „The next Generation" – zwar in unterschiedlichen Preissegmenten, aber einer so gut oder noch besser als der andere. Die Großen Gewächse sind von ganz besonderem Schmelz und tiefgründiger Eleganz. Hut ab, Herr Salwey!

BESTE LAGEN / REBSORTEN

Oberrotweiler Henkenberg, Eichberg, Kirchberg / Grauburgunder, Weißburgunder, Spätburgunder

WEINE

○ **2014 Grauburgunder**
Kabinett, trocken
€

Grauburgunder, so schreibt Konrad, ist das Flaggschiff des Hauses. Ich sage, wenn wir mehr von solchen Schiffen hätten, dann stünde keine einzige Flasche Pinot Grigio mehr auf unseren deutschen Weinkarten. Das ist ein Weinfreund in jeder Beziehung. Nach Hause kommen, Schuhe weg, einmal Salwey Grauburgunder und alles ist gut. Begeistert schon mit seinem Duft, als stünde man unter einem blühenden Quittenbaum, blumig, duftig, fruchtig, klar und frisch. Ganz nach dem Motto: Nimm mich! Und dann der Geschmack, herrlich und voller Ausdruck in seiner Klarheit, saftigen Frische von Granny Smith, Grapefruit und prallen Weintrauben. In bester Balance mit sich und hoffentlich seinem Genießer für drei bis vier Jahre.

○ **2013 Oberrotweiler Eichberg**
Grauburgunder, Großes Gewächs
€€€€

Das ist dann die Champions League der Grauburgunder. Vermutlich nicht jedermanns Wein, da hätte ich Wolf-Dietrichs Kommentar sehr gerne gehört. Für mein Weinverständnis ist das ein Signum-Wein, einer, der die Handschrift des Winzers vorbildlich präsentiert. Charaktervoll, nicht vordergründig, tief, reich und sehr komplex. Ein kräftiger Wein, voller

Aromen und Geheimnisse, mit dem notwendigen Schuss an Frische, die nicht nur zum nächsten Schluck anregt, sondern auch zum Nachdenken, wie der Winzer diesen Wein wohl gemacht hat. Ich empfehle unbedingt eine Kiste für den Keller. Wozu trinken? Mir wurde gebuttertes Schwarzbrot mit frisch geräuchertem Aal und frischem Kren serviert – das hat geschmeckt, Treffer, Tor!

○ **2013 Oberrotweiler Kirchberg Weißburgunder, Großes Gewächs**
€€€€
Auch ein vorbildliches Exemplar für seine Rebsorte, wenn auch nicht so blumig vordergründig wie viele Pinot Blanc. Hier präsentieren sich zwei starke Typen, der Weinberg mit seinem Terroir und der Meister, der das Ganze umgesetzt hat. 80 Prozent der 4,5 Hektar Gesamtfläche des Kirchbergs, dessen Untergrund vulkanischen Ursprungs ist, bewirtschaftet die Familie Salwey heute. Das sind nicht ganz zehn Prozent vom ganzen Weinbergsbesitz. Die Frische und Mineralität in diesem Wein begeistert mich. Aromatischer Duft, stark geprägt von Salbei, Rosmarin, ein Hauch Thymian und kleinblättriges Basilikum. Gereifte gelbe Früchte, Fleur de Sel, der leicht salzige Charakter an den Lippen, rundum köstlich. Mit einer Schüssel voller Krabben, Aioli, etwas Baguette – es kann doch so schön sein in deutschen Landen.

● **2012 Oberrotweiler Kirchberg Spätburgunder, Großes Gewächs**
€€€€€
Durchaus ein Wein, über den man diskutieren kann, weil er schon vom ersten Schluck weg schmeckt. Die einen sagen: zu wenig Pep, zu früh reif, einfach gestrickt, zu schmackig. Ich sage: Was von Anfang an gut riecht und gut schmeckt, kann nicht simpel sein. Mit der entsprechenden Portion Säure, Gerbstoff, Fleisch, Alkohol und Zeit wird daraus ein sehr guter Wein. Ich lag mit dieser Ansicht nie verkehrt. Deshalb genießen Sie den Duft der frischen, roten Früchte und Beeren des Sommers, Himbeere, Erdbeere, Sauerkirsche. Etwas Brotkruste und Tabak. Lassen Sie sich vom sanften und weichen Geschmack, seinem angenehmen Trinkfluss einfach jetzt schon verwöhnen und vergessen Sie nicht, ein paar Flaschen wegzulegen.

Bei der Rotweingewinnung, die Rappen werden aus dem Fass entfernt.

Konrad Salweg bei der Faßweinprobe.

WEINGUT
Reinhold & Cornelia
SCHNEIDER
BADEN
Ruländer
PRÄDIKATSWEIN - TROCKEN
A.P.NR. 354 11 14
SPÄTLESE
★★★
GUTSABFÜLLUNG
REINHOLD UND CORNELIA SCHNEIDER
D-79346 ENDINGEN AM KAISERSTUHL

Reinhold und Cornelia Schneider

ENDINGEN, KAISERSTUHL, BADEN

Weiße und rote Burgundersorten sind im Weingut Schneider in Endingen die Hauptsache. Damit haben Cornelia und Reinhold Schneider ihren Betrieb 1981 gegründet und aufgebaut. Sie hatten ihre eigenen Vorstellungen vom Wein, im Anbau ebenso wie im Ausbau. Unbeirrt folgten sie ihren Ideen, wie beispielsweise nur die allerbesten Lagen wie Schöneberg und Engelsberg auf die Etiketten zu schreiben, die Böden wurden mit Buchstaben auf der Etikette rechts unten signalisiert – C steht für Löss, R für Vulkanverwitterung. An den Qualitätsstufen wird auch für trockene Weine festgehalten, und die traditionelle Rebsorte Ruländer bleibt Ruländer. Nicht jeder Weinfreund weiß heute noch um die Gleichheit eines Ruländers mit dem Grauburgunder, und ich freue mich immer wie ein Schneekönig, wenn ich Schneiders Ruländer trinken darf. Abgeschafft hat man diese Bezeichnung, weil Pinot Grigio ja viel besser klingt. Grauburgunder ist der gleiche Wein, soll aber leichter und frischer sein als der angestaubte Ruländer, was oft nicht zutrifft, dennoch feiert er große Erfolge. Bei Schneiders gibt es viel Ruländer im Glas und das für einen fairen Preis. Den Löwenanteil in der Produktion hat hier aber der Spätburgunder. Einige der Topweine kommen erst Jahre später auf den Markt.

BESTE LAGEN / REBSORTEN

Schöneberg, Engelsberg / Spätburgunder, Weißburgunder, Chardonnay, Ruländer, Sauvignon Blanc

WEINE

○ **2013 Weißburgunder „Trio"**
Spätlese, trocken
€€

Die Bezeichnung Trio steht ganz klein rechts unten in der Ecke des Etiketts. Damit ist auf die drei Bodentypen, von denen die Trauben stammen, hingewiesen. Gute Idee, denn so ist die Kundschaft informiert oder fragt danach. Als Typ Weißburgunder ist der Wein bestens gelungen, denn er ist rundum ansprechbar – ein Wein, mit dem man von vornherein Freude hat. Jung und frisch geblieben ist dieser 2013er bis heute – immerhin Anfang Juni 2015. Frisch gemähte Wiese, wunderbar im Duft, und das setzt sich im Geschmack fort. Köstliche Frische, anregend, durchaus eckig, aber nicht kantig. Sommerlich frisch, herrlich zum Beispiel zu Pellkartoffeln mit Kräuterquark.

○ **2013 Ruländer „R"**
Spätlese, trocken
€€

Der etwas verschnörkelte, nahezu barocke Typ Ruländer ist trocken ausgebaut ein sehr guter Begleiter für viele Teller in der deutschen Küche. Ein idealer Partner, der leider unterschätzt und verkannt wird. Dabei ist er so reich und vielschichtig, voller Aromen ganz reifer Früchte, von Banane bis zu Walnüssen, Mango, Papaya, Waldhonig. Der Geschmack macht in seiner Persönlichkeit irre viel Freude, weil seine Rundungen erlaubt sind, seine Fülle irgendwie auch erfüllend ist. Dabei hat der Wein durchaus Frische und wirkt mehr belebend denn ermüdend, was so viele Besserwisser vom Ruländer ja gerne behaupten.

● **2010 Engelsberg**
Spätburgunder, trocken
€€€€

Diese Flasche lag schon etwas in meinem Keller und schaute mich immer wieder fragend an: Willst du mich nicht endlich befreien? Nein, ich wollte nicht, bis heute (Anfang Juni 2015). Jetzt steht er neben dem 2011er Schöneberg, und ich frage mich, welcher von den beiden der bessere ist. Einen Favoriten habe ich nicht, aber zum baldigen Trinkvergnügen eignet sich der etwas zartere, vielleicht leichtere Charakter des Engelsbergs doch besser. Die reifen, kleinen roten und blauen Früchte von Walderdbeere, Hagebutte, Heidelbeere und Himbeere bieten einen perfekten Auftritt. Von der Himbeere kommt wohl die ausgeprägte, fruchtige Note. Die Gerbsäure und Frische im Gaumen unterstreichen den exotischen Touch, den deutlichen Biss und geben dem Wein eine wunderbare finessenreiche Länge.

Morgenstimmung im Kaiserstuhl

Blick auf die Schelinger Weinberge und den Kaiserstuhl

Gregor Schätzle

VOGTSBURG, KAISERSTUHL, BADEN

Die Weine aus dem nur 13 Hektar großen Familienweingut Schätzle aus Vogtsburg im Kaiserstuhl waren mir nicht unbekannt, aber ich muss gestehen, für den Tipp, die Weine der jungen Franziska Schätzle noch mal zu probieren, bin ich dankbar. Die agile Weinmacherin zählt zu der „Neuen Generation" von Winzern, die mit ihrem umfangreichen Weinwissen die Führung des elterlichen Betriebs übernommen haben. Franziskas Expertise basiert auf Praktika im In- und Ausland, sie war auf den Weinhochschulen in Geisenheim und Dijon, praktizierte im Burgund ebenso wie in renommierten Betrieben des Bordelais, Spanien und Neuseeland. Was mir auf der *ProWein*, Deutschlands größter Weinmesse in Düsseldorf, so auf die Schnelle zum Probieren eingeschenkt wurde, war auf den ersten Eindruck sehr gut. Frisch, blitz-blank, jugendlich, mit eigenem Stil, der sich besonders durch eine sehr vordergründige und im Kaiserstuhl nicht selbstverständliche Säurestruktur auszeichnete. Weine, die auf mich wie ihre Schöpferin wirkten: jung, fröhlich, frisch und unkompliziert, dennoch mit ernsthafter Tiefe.

BESTE LAGEN / REBSORTEN

Schelinger Kirchberg, Oberbergener Baßgeige / Grauburgunder, Spätburgunder, Chardonnay, Weißburgunder u. a.

WEINE

○ **2014 Schelinger Weißburgunder trocken**
€

Der Weißburgunder hat wie der Grauburgunder in der gleichen Qualitätsstufe eine ausgeprägte, blumige, fruchtige Aromatik, die eingangs viel verspricht, aber im Mund in dieser noch sehr jungen Entwicklungsphase momentan recht reduziert wirkt. Ich bin mir sicher, dass mehr Zeit und Reife die zwei Wilden auf der Flasche in die gewünschte Balance bringen wird. Im Gaumen sehr anregende Ansätze wie die dezente Mineralität, reizvolle Saftigkeit mit ausgeprägter Fruchtsäure, die dem Wein auch eine gewisse Spannung verleiht.

● **2012 Schelinger Kirchberg „RS" Spätburgunder, trocken, Barrique**
€€€€

RS – die Reserve Schätzle – steht hier für die besten, selektionierten Trauben aus den Schelinger Terrassen. Dieser Spätburgunder ist in der diesjährigen Kollektion ganz sicher der beste Wein im Hause Schätzle. Das Vulkangestein kommt in diesem Qualitätsbereich im Duft und Geschmack besonders schön zum Ausdruck. Das helle Rubin- bis Ziegelrot weckt mit dem ausgeprägten rotfruchtigen Aroma der Sauerkirsche eine positive Erwartungshaltung, welche dann auch erfüllt wird. Der kräftige Alkohol, 14 Volumenprozent, ist erstaunlich gut eingebunden, verleiht dem Geschmack lediglich mehr Stoffigkeit, und der lange Ausbau im Eichenfass hat hier die Aufgabe bestens erfüllt, mehr Dichte und Komplexität zu geben. Der Trinkfluss ist ein großes Pinotvergnügen – ohne jegliche Anstrengung.

SCHÄTZLE
Kirchberg
SPÄTBURGUNDER
2012 RS
KAISERSTUHL

Andreas Laible

DURBACH, ORTENAU, BADEN (VDP)

Weinlage Durbacher Plauelrain

Im Weingut Andreas Laible produzieren inzwischen Senior und Junior Laible gemeinsam die höchstprämierten Rieslinge in Baden. Der sehr ehrgeizige Ausnahmewinzer Andreas Laible schafft es schon seit vielen Jahren, aus seinen Rieslinglagen trockene Weine zu produzieren, die Bezeichnungen von Edelsteinen wie im Falle seines Achats durchaus berechtigt tragen. Junior Andreas hat die Leitung des 7,8 Hektar großen Familienbetriebs übernommen, während sein Bruder Alexander ein eigenes Weingut aufgebaut hat. Die Toplage ist der Plauelrain, ein steiler Hang aus felsigem Granit – Verwitterungsboden, Gneis und Porphyr, mit bis zu 80 Prozent Steigung, weshalb er nur manuell bearbeitet werden kann. Für die Laibles ist das nichts Ungewöhnliches. Hier ist alles bis ins Detail von eigener Hand entstanden – einschließlich des Wohnhauses der Familie, des Kellers und der Nebengebäude. Die alten Reben des Klingelbergers, so nennt man hier den Riesling, kommen aus Anlagen mit über 50 Jahre alten Rebstöcken. Diese Weine sind regelmäßig von einer schier unglaublichen Aromatik und Finesse. Das Sortiment neben dem Riesling kann sich sehen lassen, besonders die Burgunder, und bietet bis in die höchsten Qualitätsstufen wunderbare Weine. Zu erwähnen sind hier die Traminer, Gewürztraminer und Scheureben im edelsüßen Bereich. Meine Weinkarten waren regelmäßig mit Weinen von Andreas Laible bestückt, und ich war damit stets sehr zufrieden.

Andreas Leible und seine Frau Petra

BESTE LAGEN / REBSORTEN

Durbacher Plauelrain, Durbacher Ölberg / Riesling, Spätburgunder, Weißburgunder, Grauburgunder, Traminer, Muskateller u. a.

WEINE

○ **2013 Durbacher Plaurelrain „Steinrassel" Riesling, trocken**
€€

Die Gewanne Steinrassel wird zur Unterscheidung im System des VDP verwendet. Erste Lage ist und bleibt aber nach wie vor der bekannte Durbacher Plauelrain, trocken ausgebaut. Feinduftig, verhalten in der Frucht, verlangt nach Zeit im Glas. Blitzblank und klare, sehr schöne Aromatik. Erinnert an einen Strauß Goldregen, Kamillenblüten, gelbe Rosen und Ginster. Saftig, mit viel Birne und Honig, stramme, aber reife Säure, die dem ganzen Wein eine tolle Länge und feinen Nachdruck im Abgang gibt. Feinnervig und noch etwas zu jung.

○ **2013 Durbacher Plaurelrain „Am Bühl" Riesling, Großes Gewächs**
€€€

Diesen Wein habe ich viel zu früh getrunken, das heißt probiert. Zum Glück habe ich hier vor einem Fehlurteil einen Tag gewartet und dann noch einmal verkostet. So zeigte der Wein eine große Ausstrahlung von reifen Aprikosen, Birnen, Cavaillonmelone, Kaktusfeige, Kapstachelbeere, und das in konzentrierter Art. Eine klare, geschliffene Säure sorgt für den Feinschliff. Angenehme Länge, fester Druck am Gaumen, viel Nerv im Abgang. Dennoch scheint mir die Differenz vom Großen Gewächs zum einfacheren Steinrassel nicht so groß, wie der Name vermuten lässt.

○ **2013 Durbacher Plauelrain Traminer, Auslese**
€€

Woran auch immer es liegen mag: Ich liebe die Traminer von Anderas Laible mit ihrer ungebrochenen Brillanz, Delikatesse und glockenklaren Noten von gelben Rosenblüten – und verwelkten Blättern, Flieder, Kastanien oder Apfelblüten. Eine verführerische Rebsorte, wenn auch nicht einfach in der Herstellung; aber wenn einer Traminer versteht, dann ist das Laible. Nie aufdringlich, nie dick geschminkt, von allem viel, aber keineswegs zu viel. Spielerisch und ebenso verführerisch, fein und doch gewaltig, mit unvergesslicher Schönheit. Köstlich mit Erdbeeren oder gebratener Gänseleber mit einem Marillenkompott.

Shelter Winery

KENZINGEN, BREISGAU, BADEN

Silke Wolf und Hans-Bert Espe mit ihrem Hund

Hans-Bert Espe und Silke Wolf haben gemeinsam in Geisenheim Önologie studiert und sind nach ihrem Studium auf unterschiedlichen Routen durch die Welt des Weines gereist. Man traf sich wieder im Breisgau, um sich kurz vor der ersten Weinlese 2003 eine eigene Shelter (Unterkunft) einzurichten. Auf dem verlassenen kanadischen Flughafengelände in Lahr sahen sie in ehemaligen, grasbewachsenen Bunkern eine geeignete Unterkunft, die sie für den Start ihres ersten Jahrgangs nutzen konnten. Die Idylle dauerte nicht lange, widrige Umstände zwangen zum Bau einer eigenen Shelter, in der sie ganz nach ihren Philosophien ihre Weine keltern und ausbauen konnten. Mit 1,6 Hektar gekaufter Rebfläche haben sie angefangen, heute sind es fünf, die zu 90 Prozent mit Spätburgunder und der Rest mit Chardonnay bepflanzt sind. Sie liegen ziemlich verstreut in den Gemeinden in Malterdingen, Kenzingen, Hecklingen, Bombach und Nordweil. Alles, was in den Weingärten von Hand gemacht werden muss, erledigen die beiden selbst, die übrigen Arbeiten sind outgesourced. Die Weinlese erfolgt drei- bis viermal am Tag händisch in kleinen Kisten, um den Prozess zu beschleunigen. Chardonnay wird mit 50 Prozent Ganztraubenpressung verarbeitet, die malolaktische Gärung und Reifung finden im Holzfass statt. Die Spätburgundertrauben werden vor der Einmaischung von den Stielen befreit, ebenfalls in neuen 228-Liter-Barriques ausgebaut und dann unfiltriert abgefüllt. Pumpen und Filter sucht man in diesem Keller vergebens. Klingt alles einfach, mehr oder weniger traditionell, aber ganz so easy ist es nicht – das Geheimnis liegt auch bei der Shelter Winery im Detail.

BESTE LAGEN / REBSORTEN

Malterdinger Bienenberg, Bombacher Sommerhalde / Spätburgunder, Chardonnay

WEINE

○ **2014 Chardonnay**
trocken
€€
Erster Eindruck in der Nase: Butterscotch und Karamell pur. Ganz, ganz fein mit Spuren von Salz und Nussbutter. Cremig, sanft im Mund mit feiner, stoffiger Textur. Viel Spiel, Frucht und Tiefe. Der Wein tanzt förmlich vor lauter Frische auf der Zunge, wenn auch er noch etwas gerbstoffbetont schmeckt. Die Holztöne sind sehr gut eingebunden. Insgesamt nicht so schwer wie viele Barrique-Chardonnay-Varianten, eher auf der saftig-frischen Seite. Für Einsteiger in diese Weinkategorie bestens geeignet. Dazu ein Backhendl mit Kopfsalat oder Nudeln in einer Pilzrahmsauce oder Gebratene Steinpilze und Kartoffelrösti.

● **2013 Spätburgunder**
trocken
€
Vielversprechende, weitgefasste, aromatische Nase. Frisch, rotbeerig, Himbeere, Johannisbeere, Walderdbeere, wunderbar und klar definiert. Im Gaumen knackig frisch, lebendig und mit sanftem Grip, Zug und Biss im feinen Nachspiel. Für den Preis wahnsinnig gut.

● **2013 Pinot Noir**
trocken
€€€€
Was für eine Nase, welch überraschender Duft! Zimt, Nelke, Wacholder, Lakritze, Vanille und Spuren vom Holzfassausbau. Duftet in Summe eher wie ein Rotwein für etwas kühlere Tage, schmeckt aber dann umso verblüffender frisch, saftig, speckig und sehr geschmeidig. Mit seiner Dichte und breitgefächerten Würze vermittelt dieser Pinot nicht nur Trinkvergnügen, sondern durchaus eine Ernsthaftigkeit in seiner Klasse. Der Wein steht für höchstes Trinkniveau zum bestmöglichen Preis. Bestens zu einem Bœuf à la mode.

Hanspeter Ziereisen

EFRINGEN-KIRCHEN, MARKGRÄFLERLAND, BADEN

Das Weingut ist ganz im Süden Deutschlands gelegen, nahe der Grenzen zu Schweiz und Elsass. Es zählt geografisch zur großen Weinregion Baden, und wenn die Grenzen enger gezogen werden, sind wir im Markgräflerland. Hier im familiengeführten, 16 Hektar zählenden Weingut denke ich neben den wunderbar schmeckenden Weinen – vom einfachen Gutedel, der Superbombe Jaspis Gutedel 104, Alte Reben bis zu den genialen Spätburgundern Tschuppen, Schulen, Rhini oder Jaspis – genauso gerne an das wöchentlich selbstgebackene Steinofenbrot, den geräucherten Speck und die hausgemachten Würste, eine einfache, aber unvergessliche Vesper. Bei Ziereisens beginnt für mich das Wein- und Schlaraffenland Baden. Und hier wachsen die Reben, aus denen Hanspeter und Edeltraud großartige, charaktervolle Weine keltern, die zum Teil in Deutschland das Privileg der Alleinstellung genießen.

Alle Weine von Ziereisen wachsen im Efringer Ölberg, die er auf den Etiketten nicht erwähnt. Stattdessen werden alte Gewann-Bezeichnungen wie Rhini, Schulen etc. verwendet und die Weine dann als Landweine deklariert. An erster Stelle steht bei den weißen Sorten der Gutedel, der für diese Rebsorte reichlich unkonventionell erzeugt wird: Ertragsreduzierung im Weinberg, lange Maischestandzeiten, lange Hefelager oder auch der Holzfassausbau. Alles geschieht im Dienst der Qualität. Im Weinberg passiert alles, im Keller nichts, was überflüssig wäre, und so sind die Weine in jedem Jahrgang Ergebnisse der Jahreszeiten und ihrer sorgfältigen Pflege in den Weingärten. Dass alles in Handarbeit gemacht wird, versteht sich von selbst, ebenso die Kompromisslosigkeit des Meisters im Keller. Spontanvergärung, Ausbau und Reife in Barriques aus heimischer Eiche zweijährig gereift, unfiltriert auf die Flasche gefüllt, das ist hier Programm. Ohne solche Individualisten, solche starken Charaktere wie Hanspeter Ziereisen wäre unsere deutsche Weinszene ärmer.

REBSORTEN

Spätburgunder, Gutedel, Weißburgunder, Grauburgunder, Syrah u. a.

WEINE

○ **2012 Gutedel „Steingrüble"**
trocken, ungefiltert
€

Der etwas andere Gutedel der Ziereisens ist ernsthafter als die vielen ausdruckslosen Beispiele, ohne jegliche Frucht und Charakter, die man gleich nach dem Frühstück zu sich nehmen könnte. Feinste Hefe und frisch gebackenes Brot mit frischer Haselnuss beflügeln die Nase. Die leicht zitronigen Töne von Limette und Grapefruit erfrischen das Ganze. Erstaunlich knackige Textur für einen gereiften Gutedel. Unvorstellbare Kraft und doch sprunghafte Leichtigkeit, und das nach 22 Monaten Fassreife. Von wegen Vesperwein!

○ **2012 Gutedel 10^4**
trocken
€€€€€

Was hier im zweiten Jahrgang als Gutedel angeboten wird, haben bislang selbst in der Schweiz, wo die Traditionsorte als Chasselas bekannt sind, nur ganz wenige Winzer in ähnlicher Qualität in die Flasche gebracht. Im Duft mit großer Vielschichtigkeit und enormer Konzentration. Ganz wunderbare Aromatik, viele stoffige Noten. Nüsse und Pilze, zum Beispiel Champignons, Steinpilze. Mineralität ohne Ende, angefangen bei Feuerstein. Auch die cremige Textur macht Spaß. Langes Finale, wirkt etwas wie auf der Maische vergoren. Noch viel zu jung, aber mit Zukunft. Die Fakten überzeugen: Der 2. Jahrgang, 800 Flaschen, alte Reben, 40-jährige Parzelle, alte Korbpresse, 20 Stunden Presszeit. Dann 650 Liter alte Holzfässer mit wilden Hefen vergoren. 22 Monate im Fass auf der Hefe. Dann ohne Filtrierung abgefüllt. Ich freue mich auf eine gereifte Flasche.

● **2010 „Jaspis" Spätburgunder „Alte Reben"**
trocken, unfiltriert
€€€€€

Granatrot, Blütennoten von Hagebutte und Kirsche. Aromen von kleinen, reifen, roten Früchten und Beeren wie Aronia, Preiselbeere und Sauerkirsch. Auch Blüten wie Heckenrosen und Lavendel. Im Mund ausgeprägte würzige Art, fast zart und cremig das feine Tannin, das hinter der strahlenden Frucht und Frische steht. Ein lebendiger, saftig frischer Rotwein, der 22 Monate im Fass und dann noch einmal 2,5 Jahre in der Flasche reifte. Leicht gekühlt jetzt schon herrlich zu trinken.

● **2012 „Jaspis" Syrah**
trocken, unfiltriert
€€€€€

Tiefdunkles Kirschrot, satt bis zum Kern – mit einer gewaltigen, präsenten Aromatik glänzt er im Glas. Die Würze von Kardamom, getrockneten Provencekräutern, schwarzen und grünen Pfeffernoten, Lakritze, Wacholderbeeren und Kümmelsamen wirkt keineswegs schwülstig oder aufdringlich. Keine Marmeladentöne, aber dennoch viel schwarzbeerige Frucht. Die kühle, mineralreiche Textur erscheint eher schlank und rassig, sehnig wie ein Rennpferd, das leichtfüßig zum ganz großen Rennen am Start steht. Ich bin sicher, dass es dieses Rennen gewinnt, nicht heute, nicht morgen, aber in vier bis fünf Jahren ist der Erfolg gewiss. Wohl dem, der noch ein paar Flaschen im Keller hat!

Karl H. Johner

BISCHOFFINGEN, MARKGRÄFLERLAND, BADEN

Als Karl Heinz Johner mit seiner Frau Irene 1985 sein gleichnamiges Weingut in Bischoffingen gründete, wurde er ob seines Tuns von vielen Winzern der Region skeptisch beobachtet. Der schöne Neubau am Ortseingang wirkte nicht nur imposant, er weckte auch die Neugier von Kunden und Kollegen. Zurecht natürlich, denn der stets fröhliche Johner hatte nach jahrelangen Aufenthalten im Ausland vieles gesehen, gelernt und einiges davon für gut empfunden, was er jetzt daheim ausprobieren wollte. Die Burgundersorten aus seinem Sortiment, Spät-, Grau- und Weißburgunder sowie Chardonnay waren für den Ausbau in neuen Eichenfässern geeignet. Den so genannten Barriqueausbau kannte man in Deutschland zu dieser Zeit gar nicht, wenn auch schon einige Jungwinzer in Frankreich gewesen waren und sich darüber informiert hatten.

Johner war lange genug unterwegs, um zu wissen, dass das die richtige Richtung ist – seinen Ruf als Revoluzzer verteidigte er mit Erfolg. Schnell zählte er zur deutschen Avantgarde, er hat in den besten Restaurants seine Weine persönlich vorgestellt, auch bei mir im *Tantris* in München. Eine unvergessliche Probe. Er ließ danach ein paar Flaschen da und sagte mir, wenn die Weine mir schmeckten, solle ich doch ins Weingut kommen und alles besichtigen, mit einer angeschlossenen Kellerprobe, versteht sich. Das habe ich gemacht – und zwar öfters. Die Weine zählten von nun an zu meinen ständigen Begleitern, die Cuvée Weißer Burgunder und Chardonnay war ein Renner. Seine Pinot Noir präsentierten damals, Anfang der Neunziger, einen frischen, fruchtigen Spätburgunderstil, wie man ihn in Deutschland nur vom Hörensagen kannte. Johner liebte die französischen Vorbilder, da wollte er hin. Die Gäste waren von dem neuen Stil seiner Chardonnay und Spätburgunder entweder restlos überzeugt oder sie hassten ihn. Eine faire Preispolitik und der gezielte Verkauf – man kann das auch Zuteilung nennen – von Frau Irene spielten für den Erfolg ebenfalls keine unwesentliche Rolle.

Es gibt keinen Biowein, aber umweltschonende Bearbeitung der Vulkanverwitterungsböden, Verzicht auf Herbizide etc. – vieles, was über die gängigen Anforderungen hinausgeht. Junior Patrick hat längst die Verantwortung für Keller und Weinberge mit übernommen, jetzt geht es für alle etwas leichter. 2001 engagierten die Johners sich in Neuseeland, und ich war gerade vor Ort, als ein neuer Weingarten für Sauvignon Blanc angelegt wurde. Der Wein wird dort wie hier hoch geschätzt. Ich zähle ebenfalls zu den Liebhabern, auch wenn ich Jahre damit zubrachte, mich gegen ihren Schraubverschluss zu wehren.

BESTE LAGEN / REBSORTEN

Bischoffinger Steinbuck / Blauer Spätburgunder, Weiß- und Grauburgunder, Chardonnay, Sauvignon Blanc

WEINE

○ **2014 Sauvignon Blanc**
trocken
€€€
Nein, dieser Sauvignon ist eben nicht nur blumig, grasig, grün vegetal, das ist kein schriller Überflieger. Er ist sehr gut, stimmig und sehr schön in der Balance von Frucht, Säure und Körper. Im Detail heißt das: Holunderblüten, ganz dezente Cassisnote, Pfirsichkompott, Kräuter, besonders Kerbel und kleinblättriges Basilikum. Und dann im Gaumen eine super Stimmung, Party, alle sind da. Die Säure, der straffe Körper, keine athletische Textur, aber mit Raffinesse, was will man mehr? Vielleicht noch ein wenig Zeit und Geduld, der Wein wird es Ihnen danken.

○ **2013 Grauer Burgunder „SJ"**
trocken
€€€€
Ganz dezente Exotik wie Ananas, reife Mango, dazu gesellt sich etwas Würze vom Holz und Vanille, im Mund ist der Wein reich und weich, mit tiefer, vielschichtiger Struktur. Er wirkt komplex, mineralisch, sehr frisch mit seiner perfekt balancierten Säure. Ein gewaltiger und zugleich sehr feiner Grauburgunder. Davon träumt mancher Weinmacher in Italien.

○ **2011 Chardonnay „SJ"**
trocken
€€€€
Cavaillonmelone, Butterscotch, helles Karamell, Kokosmilch, frische Haselnuss und frisch geerntete Champignons. Ein Kuss von Exotik steht ihm gut und gibt dem Wein ein gewisses internationales Format, das mich an französische Burgunder oder kalifornische Chardonnay guter Herkunft denken lässt.

● **2011 Blauer Spätburgunder „SJ"**
trocken
€€€€€
Die Lagencuveé aus dem Oberrotweiler Eichberg und Bischoffinger Steinbuck ist im 2011 besonders gut gelungen. Floral im Duft, Rosen, Kirsche, Rote Bete. Ganz feine Röstnoten, ein Touch Lakritze, Schokolade, Kaffee, Tabak. Feinkörniges Tannin, süß und reif, verdeckte Bitternoten, die an dunkle Schokolade denken lassen. Sehr animierend, voller Genuss. Sicher ein moderner Typ mit seiner vollen Frucht, aber ein sehr guter.

Martin Waßmer

BAD KROTZINGEN, MARKGRÄFLERLAND, BADEN

Der überaus bescheidene und sehr erfolgreiche Winzer Martin Waßmer wollte ursprünglich einmal Koch werden. Seinen ersten Weinjahrgang brachte er 1997 auf den Markt; in weniger als zehn Jahren hat er mit seiner Familie das Weingut mit inzwischen knappen 30 Hektar Rebfläche aufgebaut. Man besitzt in den Ortschaften Schlatt, Lauffen und Auggen beste Lagen mit teils uralten Rebbergen. Steillagen, Filetstücke, wie sie sich nur ein Kenner mit viel Leidenschaft und Liebe zum Wein in sein Portfolio holt, verlangen gnadenlose Höchstleistung vom Rebstock wie vom Winzer. Bestes Beispiel: der Dottinger Castellberg, ein Kulturdenkmal an sich. Die Erhaltung dieser Terrassenlage hat Martin Waßmer sehr viel Geld, Schweißperlen und Enthusiasmus abverlangt. Aber seine Leidenschaft und Begeisterung für diesen Weinberg ist so groß, die hält ein Leben lang, egal was kommt. Und aus dem einst nebenbei landwirtschaftlich engagierten Winzer mit Spargel, Erdbeeren und Tannenbäumen wurde eine ernst zu nehmende Winzerpersönlichkeit, deren Weine nicht nur auf den besten Weinkarten des Landes stehen, sondern auch im nahen Elsass in der *Auberge de l'Il*, wo Serge Dubs, ein Weltmeister unter den Sommeliers, Waßmers Weine zu schätzen weiß.

Höchste Bewertungen der nationalen und internationalen Fachpresse sind für Waßmer sicher von großer Bedeutung, aber die Zufriedenheit seiner Kundschaft ist ihm weitaus wichtiger. So prüft er Jahr für Jahr, Tag für Tag seine Reben, Trauben und Weine im Keller, ohne große Worte, sondern nachdenklich, mal sehr, aber auch mal weniger zufrieden. Waßmers Ansprüche sind sehr hoch, egal wo er is(s)t und trinkt, er wünscht sich das Maß aller Dinge, daran orientiert er sich. Und so hört er auch genau zu, wenn man über seine Weine spricht, wohlwissend, was er eingeschenkt hat. Und wenn wie bei einer guten Suppe eine Prise Salz als i-Tüpferl fehlt, dann wird das beim nächsten Mal korrigiert. Totalausfälle wie 2012, wo Hagel die ganze Ernte im Castellberg zerstörte, bleiben hoffentlich einmalig.

Im Rebsortenspiegel überwiegt der Spätburgunder mit zwei Dritteln der Rebfläche. So stehen dann jährlich sechs verschiedene Pinot Noir auf der Preisliste, vom einfachen badischen Spätburgunder bis zum GC, was nichts anderes als Grand Cru bedeutet und Qualitäten auf Augenhöhe mit den französischen Vorbildern signalisiert. Die kommen dann aus dem Schlatter Maltesergarten und Dottinger Castellberg mit Minierträgen von 20 Hektolitern pro Hektar. In der Summe sind das um die Tausend Flaschen, die händisch nummeriert und signiert werden. Hier wachsen aber auch die Chardonnay- und Grauburgunderreben für die gleiche Qualitätsstufe. Das große Angebot in der Preisliste macht deutlich, wie gut die Waßmers auch in der Basis aufgestellt sind. Vom regionalen Gutedel, Muskateller, Scheurebe bis Weißburgunder oder trockenen Gewürztraminer. Die stets ausverkauften Sekte fehlen in keinem Jahr in meinem Keller. Würde man mit den begehrten Michelinsternen Weingüter bewerten, ich würde zweifellos derzeit die Höchstnote geben.

BESTE LAGEN / REBSORTEN

Schlatter Maltesergarten, Dottinger Castellberg, Auggener Letten, Laufener Altenberg / Spät-, Weiß- und Grauburgunder, Sauvignon Blanc u. a.

WEINE

○ **2014 Markgräfler Sauvignon Blanc „SW" Spätlese, trocken**
€€€
Mehr Tiefe und Konzentration als ganz viele deutsche Sauvignons, mit 95° Öchsle hat der Wein einfach mehr Saft, mehr Kraft und auch Fleisch. Macht sich jetzt schon super. Neben den üblichen Sauvignonaromen, grüne Noten von Bohnen, Erbsen, Kerbel und Salatgurke in feinster Ausführung. Geht mit der vegetalen Note eher in die Linie eines großen weißen Bordeaux. Dezentes Holz ist noch vorhanden, verlangt etwas mehr Zeit. Im Mund überzeugt Frische pur mit gereiften gelben Früchten, wie Pfirsich, Marille und Co. Die Säure ist in ihrer Präsenz sehr schön. Einfach köstlich im Trunk, wenn auch noch sehr jung.

Martin Waßmer im Dottinger Castellberg

○ **2013 Dottinger Castellberg „GC"**
Chardonnay, trocken
€€€€€
Reifes Strohgelb, die prächtige Nase mit ihren Haselnuss-, Nougat-, Kokosnoten wirkt im ersten Eindruck sehr animierend. Eine ausgeprägte Exotik, die schrittweise ans Licht kommt – Ananas, Mango, Zitrustöne, Vanille- und feine Holzaromen –, präsentiert das bemerkenswerte Aromenpotenzial dieses großen Chardonnay, der aber Zeit für seine Entwicklung braucht. Der Gaumen ist frisch durch eine präsente Säure, enorme Mineralität, Extrakt und Schmelz reichen sich die Hand. Kommt seinen Vorbildern aus Burgund schon sehr nahe. Langatmig mit wunderschönem Nachspiel, das sich buttrig, sahnig in die Länge zieht. Dazu einfach ein paar Krebse und Aioli. Es darf auch Hummer oder Languste sein.

○ **2013 Dottinger Castellberg „GC"**
Grauer Burgunder, trocken
€€€€
Reifes Honiggelb signalisiert auf den ersten Blick einen mächtigen Wein der barocken, pausbackigen Art wie einen Grauburgunder der alten Schule oder kalifornischen Stils. Walnussschale, geröstete Haselnuss, Vanille und Mandeln. Reife Ananas, Spalten einer frischen Kokosnuss. Cremig, mit enormer Dichte und Fülle. Bei all der Reife steht eine erstaunliche Salzigkeit und Säure als Puffer für Frische dazwischen. Riesen Kraftpotenzial in seiner Harmonie und grandiosen Vielschichtigkeit. Wird allerdings noch deutlich von neuen Holznoten dominiert. In ein paar Jahren ein ganz exotischer Wein, der viele Kenner verblüffen wird.

● **2010 Schlatter Maltesergarten**
Spätburgunder, trocken
€€
Spätburgunder aus Waßmers wichtigster Lage, dem Maltesergarten, als Selektionswein. In der Nase entdecke ich Waldbeeren, Cassis, Brombeeren. Blumige Varianten von Malven und Rosen, Lilien. Im Gaumen erst süßliche, ganz reife Schattenmorellen, dann Kakao, beste Bitterschokolade, Lakritze, Unterholz. Reife, aber feste und satte Tannine begleiten den rauchigen Ton und trockenen Nachhall im langen Finale. Ein klasse Wein, der in der Welt der Burgunder sehr gut bestehen kann, auf dem Preisniveau sowieso.

Claus Schneider

WEIL AM RHEIN, MARKGRÄFLERLAND, BADEN

Meiner langjährigen Freundin Sonja Höferlin aus Freiburg verdanke ich immer wieder einen guten Tipp, wo es besondere Weine oder aufstrebende Weingüter in Baden gibt. So auch die Bekanntschaft mit dem Weingut Claus Schneider im Markgräflerland. Auf solche kleinen Perlen in der Szene wird man meistens durch Kontakte aufmerksam gemacht, denn sobald sie von der Presse entdeckt sind, ist das mit dem „Geheimtipp" schnell vorbei. Der kleine Familienbetrieb der Schneiders besitzt zehn Hektar, die überwiegend mit Burgunder bepflanzt sind, allen voran Spätburgunder. Da wir hier aber im Markgräflerland sind, steht gleich an nächster Position der weiße Gutedel, der in der nahen Schweiz auch als Chasselas bekannt ist. Der gelernte Weinbautechniker Claus Schneider übernahm 1982 den Betrieb der Eltern, seine Frau Susanne stammt ebenfalls aus einer traditionellen Winzerfamilie. Die Weine sind grundsätzlich alle durchgegoren und profitieren von einem besonders langen Hefelager. Der Spätburgunder liegt mindestens zwölf Monate in großen Holzfässern oder in neuen Barriques. Ich probierte eine durchweg homogene Linie, die mich immer wieder überzeugte. Weine für alle Tage, den kleinen und großen Durst. Handwerklich perfekt und das zu sehr fairen Preisen.

BESTE LAGEN / REBSORTEN

Weiler Schlipf / Spätburgunder, Gutedel, Weißburgunder, Grauburgunder

WEINE

○ **2013 Weiler Schlipf Gutedel „CS"**
trocken
€
Der Gutedel gilt übrigens als älteste bekannte von Menschen in Kultur genommene Rebsorte. Sein höchstes Attribut im Geschmacksbild ist seine Neutralität. Hier mit leicht nussiger, buttriger, zart hefiger Art ist er im Alltag

vielseitig genießbar, ganz besonders als erstes Glas zum Apero oder einer kleinen Mahlzeit oder Vesper zwischendurch.

○ **2013 Weiler Schlipf Weißer Burgunder „CS"**
trocken
€€
Mit der Nase in diesem Glas Weißburgunder hat man den Eindruck, mitten in einer Frühlingswiese zu stehen. Weiße Blüten, Gräser, Kräuter und Frische im Duft, der die Nase betört. Wirkt irgendwie filigran und zart, bleibt aber mit der kompakten Säure erfrischend im Gaumen, erweckt gleichzeitig die Lust und den Wunsch nach einem weiteren Schluck. Kristallklar und transparent, ein herrlicher Wein für den alltäglichen Genuss.

● **2011 Weiler Schlipf Pinot Noir „CS***"**
trocken, Barrique
€€€€
Mit der anspruchsvolleren Version des im Barrique ausgebauten Spätburgunders, der auch als Pinot Noir bekannt ist, strebt man hier burgundische Vorbilder an. Mir scheint, dass die feminine Linie eines Chambolle-Musigny hier Pate stand. Das Bukett strahlt feinblumig, fruchtig mit dezenter, rauchiger Holzwürze. Verwelkte Rosenblätter, Waldbeeren, Lorbeer, schwarzer Pfeffer, Milchschokolade. Noch leicht strenges Tannin, das heißt mit Biss im mittelkräftigen, feingestrickten Körper, der nahezu aristokratisch wirkt.

Meersburger Sängerhalde im Abendrot

Aufricht

MEERSBURG, BODENSEE, BADEN

Auf einer Besichtigungstour durch das Weingut Aufricht sagte Manfred Aufricht irgendwann ganz nebenbei: „Wir arbeiten dort, wo andere ihren Urlaub verbringen" – fast so, als wolle er meine Schwärmerei ob der schönen Lage direkt am Bodensee noch unterstreichen. Die Weinberge machen nur wenige Meter vor dem See halt; nur ein schmaler Weg trennt sie vom Wasser. Von der großzügigen Terrasse des Weinguts hat man einen wunderbaren Blick über den See bis hinüber zu den Schweizer Bergen. Könnten die Reben sich auf dem sandigen Lehmboden der Meersburger Sängerhalde unterhalten, würden sie sich vermutlich begeistert über ihren Seeblick äußern. Das ist die Paradelage des 35 Hektar großen Familienbetriebs, in dem inzwischen drei Generationen unter einem Dach wohnen. Der rüstige 90-jährige Senior Josef, er hat den Betrieb gegründet, hat mir vor über 20 Jahren bei der Bestellung einer Probeflasche für einen Artikel im SZ-Magazin geantwortet: „Nehmen Sie doch einen Karton mit zwölf Flaschen, ich verspreche Ihnen, der Wein ist sehr gut." Danach bin ich den Aufrichts treu geblieben. Mal trinke ich den Grauburgunder besonders gerne, mal hat es mir eine der selteneren Sorten wie gelber Burgunder oder Auxerrois angetan, und in diesem Jahr finde ich den Rosé Spätburgunder besonders köstlich. Das große Geschenk der Natur wird hier von den beiden Brüdern Manfred und Robert seit nunmehr 30 Jahren gehegt und gepflegt. Die Burgundersorten, egal ob weiß oder rot, haben es ihnen besonders angetan. Damit konnten sie beim internationalen Grauburgunder-Symposium in den letzten zwei Jahren den ersten Platz belegen und mit dem 2011 „Spätburgunder Isabel 3 Lilien", der wie alle Weine mit den drei Lilien mit Naturhefen vergoren und im Holz ausgebaut wird, waren sie ebenfalls an der Spitze. Im modern gestalteten, rundum verglasten Verkaufsraum können die Besucher probieren und dann entscheiden, was in die Kartons gelegt werden soll.

BESTE LAGEN / REBSORTEN

Meersburger Sängerhalde / Spät-, Grau- und Weißburgunder, Auxerrois, Müller-Thurgau, Muskateller, Sauvignon Blanc u. a.

WEINE

○ **2014 Meersburger Sängerhalde 1 Lilie, Grauburgunder, trocken**
€€
Sie suchen einen Weißwein für alle Fälle, von A wie Apero bis Z wie Zucchini oder einfach so und für den besonderen Moment? Dann ist dieser Grauburgunder, Pinot Grigio, wie man ihn in Italien nennt, genau richtig. Feiner Duft von Mandelblüten, Birnenquitten, frisch gebackenes Brot, Butterkuchen. Lebendig frischer Gaumen, perfekte Balance, ein Trinkvergnügen.

○ **2014 Scheurebe „ob dem See" 470 ü. M. trocken**
€€
Wenn Sie Sauvignon Blanc eigentlich mögen, er Ihnen aber oft etwas zu laut und fruchtig ist, er seinen Duft zu dick aufträgt, dann versuchen sie es mal mit dieser Scheurebe. Sie hat von allem etwas weniger – Cassis, Holunderblüten, Tomatenblätter, Basilikum, Spargel. Im Mund frisch, animierend, aromatisch mit zarter Säure. Ein Sprung ins Wasser oder eine Hallo-Wach-Tablette könnten nicht erfrischender sein.

● **2014 Spätburgunder Rosé trocken**
€
Was wäre eine Reise an oder um den Bodensee ohne Roséwein! Diese alte Tradition, Weißherbst zu trinken, ist nicht vorbei, wir nennen das Kind nur bei einem neuen Namen: Rosé. Der herrliche fruchtig-frische Duft von Himbeeren, Walderdbeere und Rosen macht schon sehr neugierig. Trinkt man dann nach dem ersten Dufterlebnis, ist alles vorbei, die Flasche gehört Ihnen. Saftig, dem Gaumen schmeichelnd, einfach gut.

Markgraf von Baden

SALEM, BODENSEE / DURBACH, ORTENAU, BADEN

Die Macht der Klöster und des Konstanzer Konzils (1414–1418) waren wohl maßgeblich dafür verantwortlich, dass der Bodenseeraum in der damaligen Zeit als Mittelpunkt der abendländischen Welt betrachtet wurde. Das gigantische Schloss Salem, einst die reichste Abtei Süddeutschlands, ist heute Sitz des Markgrafen von Baden.

Seine beiden Weingüter Schloss Salem und Schloss Staufenberg mit ihren beachtlichen 135 Hektar Rebfläche werden seit 1998 von seinem ältesten Sohn, Bernhard Prinz von Baden, verwaltet. Ihr Hauptsitz befindet sich in Schloss Salem, zu dem inzwischen auch die Weingärten „Gailinger Schloss Rheinburg" am Hochrhein gehören. Die Rheinburger Weinberge wurden ehemals von der Familie O.P. Gross gepflegt, als wären sie Rosenbeete. Das Schloss Staufenberg in der Ortenau wirkt dagegen mit seinen 25 Hektar eher klein und überschaubar. Hier werden hauptsächlich Rieslinge und Spätburgunder erzeugt, als Spezialität sei der seit 1830 gepflanzte Sauvignon Blanc erwähnt, dessen Setzlinge vom Château d'Yquem aus Bordeaux stammen. Der Betrieb am See steht für Müller-Thurgau, der dank des Alters der Reben ordentliche Qualitäten bringt, sowie weiße und rote Burgundersorten.

Der Wärmespeicher Bodensee sorgt mit seinen riesigen Wassermassen für ideale Temperaturschwankungen – sehr zum Segen der Rebstöcke. Dazu kommen Höhenunterschiede von 400 bis 530 Meter über dem Meeresspiegel und die überdurchschnittlichen Sonnenstunden, so ganz nach dem Werbeslogan „Badischer Wein – von der Sonne verwöhnt".

BESTE LAGEN / REBSORTEN

Meersburger Chorherrnhalde, Gailinger Schloss Rheinburg, Birnauer Kirchhalde, Bermatinger Leopoldsberg, Durbacher Schlossberg / Müller-Thurgau, Riesling, Spätburgunder, Sauvignon Blanc, Weiß- und Grauburgunder

WEINE

○ **2014 Birnauer**
Müller-Thurgau, trocken
€

Die Birnauer Ortsweine wurden vor der Aufnahme in den VDP als Birnauer Kirchhalde verkauft, was mehr als logisch war, stehen die Reben doch genau in dieser herrlichen Lage, direkt neben der schönsten Barockkirche des Bodensees. Unter ihr liegen geräumige Weinkeller. Weinbautradition gibt es hier seit 800 Jahren, und selbst der Müller-Thurgau gedeiht inzwischen gut, die Reben sind längst volljährig und die Erträge nicht mehr so gewaltig. Sein Bukett ist verspielt, mit einem feinen Apfel- und Muskatton. Die peppige Säure und der würzige, fetzige Charakter passen bestens zum Apero oder einer reichhaltigen Vesper am See. Auch ein Bodenseefelchen – einfach in Butter gebraten – fühlt sich in guter Gesellschaft.

○ **2014 Durbacher Schlossberg Klingelberger 1782**
Riesling, trocken
€€€

Auf dem Durbacher Schlossberg wachsen die Reben auf felsigen Granitverwitterungsböden. Klingelberger ist der heimische Name für Riesling, der hier seit 1782 angebaut wird. Der 2014er duftet wie ein Korb voller grüner Bananen, reifer Mirabellen und Äpfel. Attraktives Säurespiel am Gaumen, viele frische Spitzen im klaren und eindrucksvollen Geschmack. Die Dichte und Fülle bei aller Frische schmeckt ganz wunderbar. Ein Sommerhit nicht nur oben auf der Schlossterrasse.

Bernhard Prinz von Baden

LAGE - FRANKEN

Zwischen Aschaffenburg und Schweinfurt an den südwärts gerichteten Talhängen des Mains und seiner Nebenflüsse

6.124 ha Gebiet

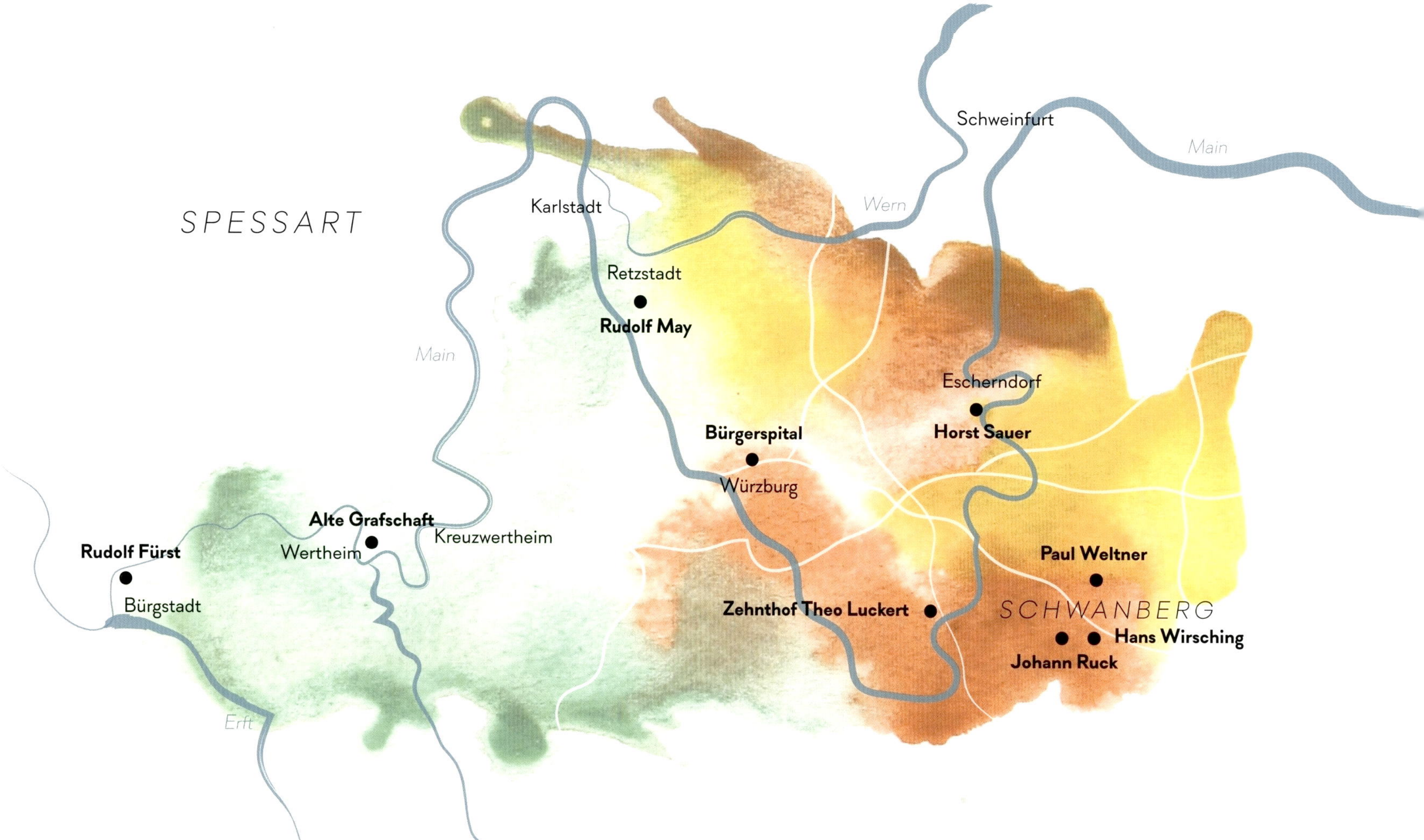

SPESSART
Schweinfurt
Main
Wern
Karlstadt
Retzstadt
Rudolf May
Main
Escherndorf
Horst Sauer
Bürgerspital
Würzburg
Alte Grafschaft
Wertheim
Kreuzwertheim
Rudolf Fürst
Bürgstadt
Paul Weltner
Zehnthof Theo Luckert
SCHWANBERG
Hans Wirsching
Johann Ruck
Erft
Tauber

TOP 3 – ROTWEIN

Domina	**6 %**
Spätburgunder	**4 %**
Dornfelder	**2 %**

BÖDEN

Verwitterungsböden des Urgesteins, Buntsandsteins im Mainviereck in Unterfranken / Spessart, Lehm-, Löss-, Muschelkalkböden im Maindreieck bei Wertheim und Miltenberg, Keuperböden im Bereich Steigerwald

TOP 3 – WEISSWEIN

Müller-Thurgau	**28 %**
Silvaner	**23 %**
Bacchus	**12 %**

FRANKEN

Das Herz des fränkischen Weinlandes, Würzburg mit seiner Residenz und der mittelalterlichen Festung Marienberg, die weit über die Stadt hinaus zu sehen ist, kennt man aus dem gewöhnlichen Schulunterricht, dazu bedarf es keiner Weinkenntnisse. Die Frage nach der geografischen Lage der Weinregion Franken können dann schon sehr viel weniger Befragte beantworten. Dabei ist das noch relativ einfach. Das Deutsche Weininstitut gibt Aufschluss: Zwischen Aschaffenburg und Schweinfurt an den südwärts gerichteten Talhängen des Mains und seinen Nebenflüssen. Ich ergänze mit ein paar Ortsnamen wie Bamberg, Bürgstadt, Miltenberg, Iphofen, Escherndorf und Volkach. So weit, so gut. Von Ost nach West wären es Steigerwald und Spessart und von Nord nach Süd die Rhön und das Taubertal. Aktuell sind das nur ca. 6000 Hektar Rebfläche, eine Kleinigkeit geradezu, wenn man sie mit den gigantischen 100 000 Hektar aus dem Mittelalter vergleicht, als Franken das größte Anbaugebiet des Kaiserreichs war.

Die geschützten Lagen an den Hängen des Steigerwaldes und entlang des Mains sind für die Qualität der Trauben ebenso wichtig wie die mineralstoffreichen Böden von Buntsandstein, verwittertes Urgestein des Mainvierecks und Unterfrankens oder des Spessarts, die schweren Lehm- oder leichten Löss- und Muschelkalkböden nebst Keuper im Steigerwald. Das ist Frankens Unterwelt, und darauf stehen allen voran Müller-Thurgau, Silvaner, Riesling, Scheurebe, Bacchus, Spätburgunder, Domina oder Regent und Co. Die typischste, wenn auch lange verschmähte Sorte ist der Silvaner, der oft vom ertragreichen und weniger sensiblen Müller-Thurgau in den Schatten gestellt worden war.

Frankenweine wurden lange als einfache Trinkweine mit deutlichem Hang zur Plörre betrachtet – nur wenige Winzer hatten es geschafft, sich ein eigenes Image zu schaffen. Die fränkische Küche neigt ja auch zur Richtung rustikaler, kräftig-deftiger Art, daran richten sich dann die Wünsche hinsichtlich der flüssigen Begleitung – und die gibt es bekanntlich neben den fränkischen Weinen in bester Qualität auch unter den fränkischen Bieren. Das Jammertal ist seit der Jahrhundertwende 2000 durchlaufen, die Krise und die schweren Zeiten sind vergessen. Die Zukunft der Weine Frankens hat längst begonnen. Franken ist vielleicht heute noch nicht so „in" wie Württemberg oder Rheinhessen, das mag an der Lautstärke der Werbetrommeln liegen. Die Qualität der Weine jedenfalls stimmt. Dafür haben die Väter des Nachwuchses von heute gesorgt. „The next Generation" hat das Ausbildungsstadium hinter sich, jetzt geht es ans Eingemachte. Die Zukunft lebt mit ihnen, und es sind nicht wenige. Ihre Weine stehen auf vielen tollen Weinkarten von Sylt bis an die Schweizer Grenze, und in Weinbars von der Ahr bis nach Württemberg werden ihre Weine neben den ganz großen Gewächsen aus Rheinhessen, der Pfalz oder auch von Baden ausgeschenkt. Ein schönes Gefühl zu wissen, dass es weitergeht, für mich und ganz sicher auch für den fränkischen Weinbau.

Weingut Fürst in der Weinlage Centgrafenberg

Rudolf Fürst

BÜRGSTADT AM MAIN, FRANKEN (VDP)

Wenn Weinfreaks, wo auch immer auf der Welt, über Frankenweine, insbesondere über rote, diskutieren, sind es mit Sicherheit – wenn nicht sogar an erster Stelle – die Weine von Paul Fürst aus Bürgstadt. Er ist ein Pionier in der deutschen Rotweinszene, die Mitte der 80er Jahre ihren Anfang nahm. Die Fürstlichen Qualitäten damals waren auch der Tatsache geschuldet, dass nach Fertigstellung des neuen Gutsgebäudes 1979, mitten in der Weinlage Centgrafenberg, im Keller effizienter und besser gearbeitet werden konnte. Aufwändige Handarbeit und geringe Erträge im Weinberg verstehen sich hier von selbst.

Die besten Spätburgunder von Paul Fürst, der seit 2007 von seinem Sohn Sebastian unterstützt wird, zählen, seitdem der deutsche Rotwein in der Weinwelt wahrgenommen wird, zur Oberliga, meistens standen und stehen sie bei großen Verkostungen an der Spitze. Es sind nicht die fruchtsüßen, tiefen, vollfruchtigen, mächtigen oder gar gewichtigen Weine. Wer den feinen Stil bevorzugt, Noblesse und Reintönigkeit schätzt, Frische, Frucht und Eleganz den kräftigen Tönen dieser Welt vorzieht, der hat mit den Früh- und Spätburgundern einzigartige Rotweine aus Deutschland im Keller. Sie werden häufig mit Großen Gewächsen aus Burgund in einem Atemzug genannt. Preise, Auszeichnungen und Awards gibt es sehr viele, sie wirken aber keineswegs inflationär, nein, man kann sich mit den drei Fürsten, Monika, Paul und Sebastian, ganz einfach darüber freuen.

Die wichtigste Lage im Weingut, der Centgrafenberg mit elf Hektar, ist eine reine Südlage, die vom Kleinklima des Talkessels Miltenberg profitiert. Auf Buntsandstein, Verwitterungsböden mit unterschiedlichen Lehmanteilen stehen Riesling und Silvaner. Früh- und Spätburgunderreben nehmen ab, da es hier zu warm ist. Auf den Klingenberger

Paul Fürst mit seinem Sohn Sebastian

Schlossberg hat man vor einem Jahrzehnt beste Pinotklone gepflanzt und die Trockenmauern repariert. Ein Filetstückchen im Portfolio der Familie, das dem berühmten Hunsrück qualitativ langsam auf die Pelle rückt.

Nachdem ein neues Kelterhaus und ein Verkostungsraum ihrer Bestimmung übergeben wurden, ist etwas Ruhe eingekehrt im Hause Fürst. Gelassen kann die Familie so der Zukunft entgegenblicken und ihre Spitzenposition in Franken erhalten. So, wie ich Paul Fürst kenne, wird ihm das auch gelingen. Die 2014er Weißweinkollektion zeigt sich insgesamt sehr gut. Der Riesling „pur mineral" macht seinem Namen alle Ehre. Das 2012er Große Gewächs aus dem Centgrafenberg hat mit seinem anspruchsvollen, fruchtsüßen Charakter und delikatem Säurespiel eine ganz eigene Persönlichkeit. Die beiden Spätburgunder Großen Gewächse aus dem Schlossberg und Hunsrück hatte ich leider nicht zur Verkostung.

BESTE LAGEN / REBSORTEN

Bürgstadter Centgrafenberg, Hunsrück, Volkacher Karthäuser, Klingenberger Schlossberg / Spätburgunder, Riesling, Weißburgunder, Silvaner, Frühburgunder u. a.

WEINE

○ **2014 Bürgerstadter Centgrafenberg Riesling, trocken**
€€€
Die besten Parzellen im Centgrafenberg sind mit Riesling und Silvaner bepflanzt. Die steinreichen Böden sind dafür wie geschaffen und verleihen den Weinen sehr intensive Mineralität. In diesem Riesling tobt das pure Leben. Die weitgefasste, duftende Blumigkeit macht Appetit auf mehr. Hier zeigt sich ausgeprägt Kernobst, Apfel, Birne, Quitte, Sternfrucht.

○ **2013 Weißburgunder „pur mineral" trocken**
€€
Unter der Linie „pur mineral", die zur Basis zählt, werden die drei Rebsorten Silvaner, Riesling und Weißburgunder angeboten. Sie alle wachsen in steinigen Böden, von Hand bearbeitet und trocken ausgebaut. Mich begeistert der Duft des inzwischen vollerblühten Weißburgunders, ein echter Sommerwein! Frischer Blütenduft, in erster Linie Apfelblüten und Akazien. Grünfleischige Galiamelonen, viel Apfel, Birnenschnitze. Frische, weiche Säure, fein, stoffig mit Zug und Druck im Abgang. Einfach gut.

● **2013 Bürgerstadter Centgrafenberg Frühburgunder, trocken**
€€€€
Im letzten Jahrgang noch als „R" bekannt, fällt diese Bezeichnung nun den Namensgebungsstatuten des VDP zum Opfer. Der Wein und seine Qualität bleiben aber erhalten. Frühburgunder ist laut Fürst eine dem Spätburgunder verwandte Sorte, die etwas früher reift und nicht ganz so tief und voll ist wie der Spätburgunder. Dieser ist im Duft faszinierend fruchtig und rauchig zugleich, Malvenblüten, Hagebutte, Granatapfel. Das feine Holzfass lässt hier grüßen. Saftig, straffes Säuregerüst, mittlere Intensität, verlangt nach Reife in der Flasche, insgesamt gut gemacht.

● **2013 Bürgerstadter Centgrafenberg Spätburgunder, Großes Gewächs**
€€€€€
Die Farbe ist nicht sehr dunkel, sondern eher ein helles Rubin, Hagebuttenrot, strahlend, blitzblank. Der Duft bleibt zunächst dezent fruchtig mit Süßkirsche und Himbeere, präsentiert dann seinen Holzausbau mit feiner Vanille und Eichennote. Eigentlich noch viel zu jung. Zarter Schmelz von Vollmilchschokolade, Lakritze, Zimt. Frisches Säurekorsett. Die Tannine sind nahezu seidig, reif und fein, engmaschig und verleihen dem Wein eine feste Textur. Gutes Potenzial, braucht seine Zeit.

FÜRST
CENTGRAFENBERG
FRÜHBURGUNDER
2013

Echerndorf am Main mit seinen Weinlagen

Horst Sauer mit Tochter Sandra

Horst Sauer

ESCHERNDORF, FRANKEN (VDP)

Über das Weingut Horst Sauer in Escherndorf ist schon viel geschrieben worden – nicht verwunderlich bei den vielen Ehrungen. Die Auszeichnungen der letzten Jahre sprechen für sich: International Wine Challenge in London - Trophy Wine Winner „German" und International Icewine Trophy 2015, Sweet Winemaker of the Year 2014; Vinum Riesling Champion 2013 und 2014; Der Feinschmecker FFFFF, Riesling Cup 2014. Mit einem Weinglas und überzeugendem Inhalt in der Hand, frage ich mich: Warum verwehrt ein Weinführer einem Betrieb dieser Klasse die Einstufung in die Kategorie der besten Weingüter in Deutschland? Aus den letztjährigen Texten ist das jedenfalls nicht zu erkennen. Egal – die Sauers leben mit ihren 18 Hektar Weinbergen in Escherndorfs bester Lage, vielleicht sogar in ganz Franken, dem Lump, auch ohne diese Einstufung sehr gut.

Das neu gestaltete Weingut und Wohnhaus, quasi am Fuß des Lumpen, in dem drei Generationen wohnen und zusammenhelfen, entspricht allen Anforderungen, die an einen Betrieb gestellt werden, der große, ja sogar ganz große Weine machen will. Horst Sauer, der das kleine Weingut von seinem Vater übernommen und zu dieser Klasse aufgebaut hat, wird seit 2005 von seiner Tochter Sandra unterstützt, besser gesagt begleitet. Die beiden ergänzen sich bestens, sind ein bewährtes Team, er mehr im Weinberg, Sandra im Keller, und sie geben alles, was erstklassige Weine ihnen abverlangen: beste Lagen, Wissen gepaart aus Erfahrung, Geduld, viel Gefühl und Zeit. Wenn auch die Erfolge dieses Weinguts in erster Linie von ihren raffinierten, hochkonzentrierten, feinziselierten und edlen Gewächsen der Kategorien Beeren- und Trockenbeerenauslesen herrühren, finde ich, dass es bei den trockenen Weinen von Müller-Thurgau, der meist unterschätzt wird, Silvaner und Riesling je nach Jahrgang mal bei der einen, mal bei der anderen Sorte Gewinner gibt.

Zum Jahr 2014 schreiben die Sauers: „Wir können uns auf einen Jahrgang freuen, der sich mit einer glasklaren Aromatik und einer herkunftsbezogenen Stilistik präsentiert. Die Weine zeigen einen moderaten Alkohol und eine eingebundene Säure." Meine ersten Eindrücke bestätigen das voll und ganz, bei Horst Sauer und vielen seiner Kollegen.

BESTE LAGEN / REBSORTEN

Escherndorfer Lump und Fürstenberg / Silvaner, Müller-Thurgau, Riesling, Bacchus, Scheurebe, Weißburgunder, Spätburgunder

WEINE

○ **2014 Escherndorf**
Müller-Thurgau, Kabinett, trocken
€

Schon die erste Nase bei diesem scheinbar einfachen Wein begeistert, lässt sofort an reife Trauben und gelbes Kernobst denken. Mit unterschiedlichen Zitrusnoten und den noch hefigen Anklängen präsentiert dieser Müller-Thurgau mit seiner Frische das pure Leben. Weniger Säure ist ja nicht negativ, solange die vorhandene genügend Frische bietet. Ein verspielter Typ, dem man ohne Reue durchaus auch mal mehr zusprechen kann.

○ **2014 Escherndorfer Lump**
Silvaner, trocken
€€

Lage und Jahrgangsnoten kommen hier sehr schön zum Vorschein. Insbesondere im Gaumen kann ich die etwas cremigere und säurearme Art von 2014 nachvollziehen. Ausgeprägte Fruchtigkeit und das mit sehr viel Finesse und duftender Klarheit. Man hat das Gefühl, saftige, gereifte Trauben zu schmecken. Weich und eher zart angelegter Geschmack mit durchaus präsenter, wenn auch sanfter Säure. Ein wunderbarer Essensbegleiter in seiner leichten Art, nicht nur zu knackigen Gemüse- oder Fischvorspeisen.

○ **2013 Escherndorfer Lump**
Riesling, Trockenbeerenauslese
€€€€€

Strohgelb schimmernd, strahlend, voller Glanz. Der erste Eindruck in der Nase ist schon umwerfend, fein, von exotischen Früchten geprägt. Kaktusfeige, Papaya, Mango, auch gut gereifte Ananas. Diese Frische, diese Säure und strahlende Eleganz – das kann nur Riesling. 12,5 Promille Säure, 243° Öchsle und das alles bei 6,5 Prozent Alkohol. Ein großes Geschenk der Natur, ein Geschenk des Winzers, denn der Nervenkitzel, das Risiko und die schlaflosen Nächte, bis die wenigen Liter in der Flasche sind, sind letztendlich unbezahlbar.

BÜRGERSPITAL
WÜRZBURG
2013
WÜRZBURGER STEIN
Riesling
trocken
FRANKEN

Bürgerspital zum Hl. Geist

WÜRZBURG, FRANKEN (VDP)

Die Stiftung Bürgerspital zum Hl. Geist und das gleichnamige Weingut sind ein Teil der Stadt Würzburg, wie auch der wohl berühmteste Weinberg Frankens selbst, der Würzburger Stein. Mit 85 Hektar ist der Stein zugleich die größte Einzellage in Deutschland, die zwei stolzen Besitzer neben dem Bürgerspital sind der Staatliche Hofkeller und das Juliusspital. Im Bürgerspital blickt man auf eine große Tradition und lange Geschichte zurück, man kann darauf stolz sein, dass man sich immer weiterentwickelt hat. 1726 wurde der berühmte Steinwein hier erstmals in Bocksbeutelflaschen gefüllt, um den Wein vor Fälschern zu schützen. In der Schatzkammer liegt neben vielen anderen Kostbarkeiten der älteste Weißwein der Welt, ein 1540er Stein-Wein. Enorme Investitionen in modernste Technik wurden getätigt, der Keller mit den zahlreichen Edelstahltanks wirkt ebenso beeindruckend wie die endlosen, alten Kellergänge mit den großen ovalen Eichenholzfässern. In ihnen wird ein großer Teil der Weine immer noch traditionell ausgebaut.

Weingutsdirektor Robert Haller führt seit 2007 mit seiner Mannschaft das Bürgerspital in ein neues, goldenes Zeitalter. Teamwork bedeutet für ihn Erfolg und Freude bei der Arbeit. Er weiß ganz genau, wie die Uhren in den fränkischen Weinbergen ticken, das hat er in den Jahren davor erfolgreich im Weingut Fürst Löwenstein in Homburg gezeigt. Die 120 Hektar mit 70 Prozent Steillagen nicht nur im Stein, sondern auch die etwas außerhalb der Stadt liegenden Weinberge wollen bearbeitet sein, und das funktioniert nun mal nur mit einer großartigen Mannschaft, auf die Haller sehr stolz ist. Gönnen wir es ihm und allen zum Wohl des guten Weins. Ein Vorzeigeweingut der ersten Klasse, welches trotz großer Mengen mit Eigenschaften wie Ehrgeiz, Kreativität und Flexibilität edle und sehr gute Weine produziert.

BESTE LAGEN / REBSORTEN

Würzburger Stein, Stein-Harfe, Innere Leiste, Abtsleite / Riesling, Silvaner, Müller-Thurgau, Weißburgunder u. a.

WEINE

○ **2014 Bürgerspital**
Grüner Silvaner, trocken
€

Robert Haller ist mit dem Jahrgang 2014 insgesamt sehr zufrieden, denn der produzierte endlich mal wieder etwas leichtere, trinkfreudige Weine. So auch diesen kräutrigen, feinduftigen, fruchtbetonten Silvaner. Ein saftiger Sommertyp.

○ **2014 Würzburger Innere Leiste**
Silvaner, trocken
€€

Aus der jungen Neuanlage, der Inneren Leiste, kommt dieser etwas vorlaut duftende Wein. Er strahlt leicht hefig, mit grüner Banane, Muskat und eingelegtem Pfeffer. Angenehme, erfrischende Art.

○ **2014 Randersackerer Marsberg**
Riesling, trocken
€€

Fränkischer Riesling in bestem Stil, ohne Kompromisse an die süßlichen Allerweltsschoppen. Sicher kaltvergoren, daher die verspielte Art. Blumig bis fruchtig, Mirabellen, Pfirsich, stoffig, mundwässernd und zugleich ein köstlicher Durstlöscher voller Charakter.

Blick auf den Würzburger Stein

Hans Wirsching

IPHOFEN, FRANKEN (VDP)

Das Traditionsweingut Hans Wirsching, es wird mittlerweile von der 14. Generation geführt, ist in den Köpfen der Freunde fränkischen Weins mit der Region so stark verknüpft, dass ich mir hier an dieser Stelle die Frage erlaube: Woran liegt das? Denn wer Frankenwein sagt, kennt in der Regel das Weingut Hans Wirsching. Liegt es an der Größe des Betriebs? Man zählt mit 80 Hektar Weinbergbesitz – das in sehr guten Lagen – zu den größten Weingütern Frankens und den größten familiengeführten Betrieben in Deutschland mit einer Jahresproduktion von über einer halben Million Flaschen. Oder steckt dahinter ein erstklassiges Marketingkonzept mit guten Vertriebskanälen? Schon möglich, denn wo fränkische Weine verkauft werden, steht auch Wein von Hans Wirsching. Oder liegt es an der Qualität, die sich über die Generationen mehr und mehr verbessert hat und die in der Regel gut bis sehr gut ist? Ich glaube, dass hier das Zusammenspiel aller Faktoren zu diesem Ergebnis geführt hat.

Heute stehen die beiden Töchter Andrea und Lena an der Front, die gut zusammenarbeiten und sich perfekt ergänzen. Das drückt sich sich auch in den eigens kreierten Weinen aus, dem Riesling und dem Silvaner „Sisters Act". Andrea bringt seit ihrer Rückkehr von der Saar neue Energie ins Weingut und in die teils opulent, deutlich von Restsüße geprägten Klassiker mehr Biss und Grip. Mir fällt auf, dass die Weine einen Hauch trockener wurden, etwas mehr Rasse und Leichtigkeit mit sich bringen. Im Weingut selbst wird viel erneuert. Der neue Barriquekeller und die neue Vinothek können sich sehen lassen. Die Damen wissen: Wer bremst, verliert. So kann sich Dr. Heinrich Wirsching in Ruhe zurücklehnen, seine Erfolge genießen und sich gleichzeitig über die seiner Mädels freuen.

BESTE LAGEN / REBSORTEN

Iphöfer Julius-Echter-Berg, Kalb, Kronsberg / Silvaner, Riesling, Weißburgunder, Scheurebe, Spätburgunder, Rieslaner u. a.

WEINE

○ **2014 Iphöfer Kalb**
Silvaner, trocken
€€
In diesem Silvaner steckt viel Frühling und Sommerduft zugleich. Darunter verstehe ich pure Trinkanimation mit Genuss ohne Reue. Hier riecht und schmeckt man reife Trauben, sauberes Lesegut, Beere für Beere. Noch leicht hefig, auch erdig. Saftig und knackig kühl am Gaumen. Viel Trinkspaß.

○ **2014 Iphöfer Kronsberg**
Scheurebe, trocken, Alte Reben
€€€
Die erste Scheurebe in Franken wurde 1952 bei Wirsching gepflanzt. Dieser Wein hat wieder eine beeindruckende Nase voller typischer Früchte einer Scheurebe. Von Stachelbeeren, schwarzen Johannisbeeren bis Kerbel, ja sogar Dill. Weißer Spargel, ähnelt im Duft einem Sauvignon Blanc. Die 7,5 Promille Säure stehen ihr sehr gut, verleihen der endlich wieder trocken ausgebauten Scheurebe ihren wahren Charakter. Nicht als Solist aber zur vegetarischen und veganen Küche ideal.

○ **2013 Iphöfer Julius-Echter-Berg**
Silvaner, Großes Gewächs
€€€€
Wer den Silvaner als Begleiter zu einem typischen Fleischgericht aus Franken wählt, etwa einem Schäufele, liegt auf jeden Fall richtig. Ein Kraftpaket mit dicken Muskeln, exotischen Anklängen wie Ananas, Papaya, Kokosnuss. Im Gaumen recht opulent, aber nicht breit, spiegelt er seine lange Maischestandzeit und teilweise Spontanvergärung, die schon in der Nase erkennbar ist. Die wunderbare Dichte und Mineralik benötigen noch Reifezeit, die Geduld lohnt sich.

Weingut Hans Wirsching am Abend

Paul Weltner

RÖDELSEE, FRANKEN (VDP)

Paul Weltner, Inhaber des Weinguts mit acht Hektar Rebfläche, kann auf eine lange Geschichte im Familienbetrieb zurückblicken: Die Familie betreibt seit 1583 Weinbau, und in Rödelsee ist inzwischen die vierte Generation am Start. Hier ist Paul aufgewachsen. Er hat eine gründliche Ausbildung genossen, war in der Weinsberger Weinbauschule und bei dem großartigen Hans-Jörg Rebholz in der Pfalz. Mitgearbeitet hat er im Betrieb schon lange, bevor er 2005 die Verantwortung übernahm. Der sehr natürliche und äußerst sympathische Winzer gilt als Hoffnungsträger der neuen fränkischen Winzergeneration. Der *Feinschmecker* nominierte ihn 2012 als Newcomer des Jahres. Mir wurde er weniger spektakulär empfohlen mit dem einfachen Hinweis, dass er sehr guten „Sylvaner" mache. Das stimmte; der „Sylvaner" stand dann mehrere Jahre auf meiner Weinkarte. Dabei entstand die Frage, schreibt man „Sylvaner" nun mit i oder y? Beides ist richtig, aber die alte Schreibweise mit y wurde per Weingesetz 1970 verboten. Weltner kramte die alten Etiketten wieder heraus und verwendet diese heute. Wenn man mit ihm eine Unterhaltung führen will, muss man selber reden, er antwortet gerne, ist aber auch froh, wenn das Ganze nicht lange dauert. Für ihn ist sein Platz in erster Linie in den Weinbergen, dann im Keller. Eine Eigenschaft, die ich mir bei anderen gelegentlich auch wünschen würde. Was er besser macht als andere, weiß ich nicht einmal, was ich aber ganz sicher weiß, ist, dass er sehr gute „Sylvaner" macht, und nicht nur „Sylvaner".

Paul Weltner

BESTE LAGEN / REBSORTEN

Rödelseer Küchenmeister und Schwanleite, Iphöfer Julius-Echter-Berg / Silvaner, Riesling, Müller-Thurgau, Scheurebe, Weißburgunder

WEINE

○ **2014 Rödelseer Schwanleite**
Scheurebe, trocken
€€

Ein herrlich frisches Entrée in der Nase. Wunderbare Frühlingsdüfte. Zu einer feinen Cassisnote gesellen sich Holunderblüte und weißer Pfirsich, Stachelbeere. Saftiger Charakter mit dezenter Säure, die aber durchaus fordernd wirkt. Hinterlässt einen sauberen Gaumen, vorbereitet für den nächsten Schluck. Auch als Apero geeignet, da macht er jeden Hugo platt. Anstelle eines Sauvignon auch köstlich zu Spargel.

○ **2014 Rödelseer Küchenmeister**
Sylvaner, trocken
€€

Skelettreiche Mergel- und Gipskeuperböden sind hier im Küchenmeister die beste Grundlage für Parade-Silvaner wie diesen. Den kann sich jeder nur wünschen, am liebsten jedes Jahr. Ein Purist, mit Abwechslung für Nase und Mund trotz der Jugend. Vordergründig grüne Äpfel, Stachelbeere, Zitrusnoten, auch Grapefruit. Kühle Mineralik und noch megastramme Säure. Überzeugender, leichter Trinkfluss, einfach köstlich. Da kommt doch die berechtigte Frage auf, weshalb Silvaner nicht von mehr Weinfreunden geschätzt wird?

○ **2006 Rödelseer Schwanleite**
Silvaner, trocken, Alte Reben
€€€€

Was für eine nette Geste: Paul Weltner schickt mir den Jahrgang unseres ersten Kennenlernens – eine große Freude, danke Paul! Ich probiere sehr neugierig, aber auch streng: Die würzige Nase ist vielschichtig, facettenreich und ansprechend. Pomelo, Litschi, Limette, Dill, Gurkensaft. Sanft und mild im weichen, dennoch saftenden Geschmack. Cremig, leichte Karamellnote und wunderschön gereift. Druckvoll mit leichtfüßigem Finale. War damals gut und ist es heute noch!

Rudolf May

RETZSTADT, FRANKEN (VDP)

Rudolf May war Versuchstechniker beim Bayer-Konzern, als er eine kleine Rebfläche mit 2,5 Hektar in Retzstadt, 20 Kilometer nördlich von Würzburg, erbte. 1999 sattelte er daraufhin um, baute am Rande der Dorfgemeinde ein Weingut und kaufte Rebflächen dazu. Sein ganzer Stolz ist die Steillage Langenberg in Retzstadt, die er 2008 erwerben konnte und die schon 1963 mit Silvaner bepflanzt worden war. In der Summe bewirtschaften die Mays heute knapp 14 Hektar, wovon nahezu 70 Prozent mit Silvaner bestockt sind. May ist wissbegierig und ein geduldiger Mensch zugleich. Seinen Weinen lässt er zur Entwicklung so viel Zeit wie möglich, und um sein Fachwissen zu vertiefen, verlässt er schon mal ganz gerne das kleine Dorf, wenn es darum geht, irgendwo in der Welt das Neueste in der Entwicklung des Weinbaus zu erfahren, zum Beispiel zum Thema Terroir, Bodendiversität.

Rudolf May

Mir sind die Weine von Rudolf May auf einer der zahlreichen Verkostungen aufgefallen, die es so im Lauf des Jahres gibt. Strahlende, packende Weine, voller Energie, die es ganz sicher zu kennen lohnt. May hat das Ziel, die Frucht seiner Trauben und den Boden, auf dem sie wachsen – hier ist es Muschelkalk – in seinen Weinen erkennbar zu machen. Ich meine, das ist ihm in den vergangenen Jahren gut geglückt, und es scheint immer noch ein bisschen besser zu gelingen.

BESTE LAGEN / REBSORTEN

Retzstadter Langenberg, Stettener Stein, Retzbacher Benediktursberg, Thüngersheimer Johannisberg Rothlauf, / Silvaner, Riesling, Grau-, Weiß- und Spätburgunder

WEINE

○ **2014 Retzstadter Langenberg, Silvaner, trocken**
€€
Der Silvaner Langenberg ist das, was man allgemein unter fränkisch trocken versteht und auch im Glas erwartet: durchgegoren, das heißt komplett trocken. Nein, kein einfacher Zechwein, da steckt schon viel mehr dahinter. Ich rieche etwas vegetale Töne, Steinpilze und ganz leicht noch hefige Aromen. Edle grünliche Noten wie Pfeffer begleiten den langen und druckbeladenen Nachklang.

○ **2013 Rothlauf**
Silvaner, Großes Gewächs
€€€€
An dieser Stelle wollte ich eigentlich meinen langjährigen Begleiter „Recis“ vorstellen, was aber leider mangels Nachschub im Moment nicht möglich ist (ich empfehle ihn vorsichtshalber dennoch). Dieses Große Gewächs hier ist ebenso eine Besonderheit, es wurde weder im Edelstahl noch Holzfass, sondern im Betonei ausgebaut. In der Nase tanzen die vielen gelben Früchte ihren eigenen Akkord, und zwar gelungen – wie auf Zehenspitzen. Ein leichter Gerbstoff ist schmeckbar, guter Druck und lang im Zug. Da ist Flaschenreife angesagt!

Johann Ruck

IPHOFEN, FRANKEN (VDP)

Wenn ich einen Winzer mit Urgestein vergleichen müsste, würde ich dafür Johann Ruck aus Iphofen wählen. Die Natur des Johann Ruck senior ist so einmalig erfrischend, er ist mit seinen 64 Lenzen jung geblieben. Ein musikalischer Winzer, der mit seiner Jazz-Rockband „Wirsching & Krauts" singt und Rockgitarre spielt und immer und überall für gute Laune sorgt. Seit Jahrzehnten ist er erfolgreich mit seiner Weinphilosophie, eine Persönlichkeit des Weines eben, und auch außerhalb Iphofens schätzt man seine Frohnatur. Seine Weine waren anders als es jene sind, die Junior Hansi (Johann) heute herstellt. Ich möchte nicht sagen, dass sie besser waren, aber deutlich anders. Vielleicht nicht ganz so präzise wie heute von Hansi vinifiziert, dennoch liebte ich diese Urgesteine, die so kernig waren.

Die Weine von Junior Ruck sind ruhiger, auf den Punkt gebracht, Terroir geprägte handwerkliche Pretiosen. Mich erinnern sie immer wieder an den Schilfsandstein in Iphofen, an die von Mineralstoffen strotzenden Gipskeuperböden in den Weinbergen Iphofens, auch an jenes simsartige Felsendach mitten in den Ruck'schen Lagen.

Junior Ruck hat die rebellischen Zeiten des alles Veränderns, des jugendlichen Fortschritts und dann die teilweise Rückbesinnung auf das Altbewährte schon hinter sich. Die Zeiten der Experimente sind vorbei, wenn auch noch einige Flaschen davon im Keller liegen mögen. Die Kollektion der letzten Jahre wurde insgesamt straffer, mir scheint auch etwas trockener, kompromissloser. Beide Jahrgänge 2013 und 2014 waren überzeugend. Glücklich war ich ganz besonders mit der neuen, alten Scheurebe, sie hat ihren früheren Stil wieder, und er steht ihr gut, sehr gut sogar. Die 2013 Alte Reben Silvaner zählen zur Silvaner-Spitze in Franken.

BESTE LAGEN / REBSORTEN

Iphöfer Julius-Echter-Berg, Iphöfer Kalb, Kronsberg / Silvaner, Riesling, Müller-Thurgau, Burgundersorten, Scheurebe u. a.

WEINE

○ **2014 Iphöfer Kalb**
Silvaner, trocken
€€
Jung ist er noch, ja sogar sehr jung. Die Frucht wirkt noch eingesperrt, ich finde Kern und Stein von Apfel, Aprikosen und Kirschen. Ein Touch Limettenschale, überraschende Säure, klar und frisch im Gaumen, leichte Bitterkeit im Abgang. Ein paar Monate warten lohnt sich.

○ **2014 Iphöfer Julius-Echter-Berg**
Scheurebe, trocken, Alte Reben
€€
Die anspruchsvolle Rebsorte verlangt viel von ihrem Standort und vom Winzer zugleich. Daher gönnen ihr die Rucks ihre beste Lage. Einem Sauvignon Blanc ähnlich versprüht sie ihr Bukett, feinfruchtig, blumig mit frischen Gartenkräutern. Holunderblüte, Pfingstrose, Cassis, frisches Heu, Kerbel, Koriander. Sortentypisch, frisch mit knackiger Säure ausgebaut, eine schnörkellose Köstlichkeit.

○ **2013 Iphöfer Kronsberg**
Silvaner, trocken, Alte Reben
€€
Im Duftansatz noch von der spontanen Vergärung geprägt, angestrengte hefige Spuren. Der mächtige, reiche Geschmack mit allerlei Varianten, komplex, saftig, stoffig und vielschichtig, zeigt aber, wohin die Reise geht. Die leicht salzige Note, die auf den Lippen zurückbleibt, spiegelt seine Herkunft mit sehr viel Mineralität wieder.

Iphöfer Kalb

Zehnthof Theo Luckert

SULZFELD, FRANKEN (VDP)

Keine jahrhundertealte Historie steht hinter dem Weingut Zehnthof der Familien Luckert, aber geballtes Wissen der Herren Ulrich, Wolfgang und Sohn Philipp. Ulrich war zur Lehre im Fürstlich Castell'schen Domänenamt, Wolfgang im Bürgerspital zum Hl. Geist und Philipp bei Paul Fürst. Angefangen hat alles 1960, als Theo und Luitgard Luckert sich ausschließlich für den Weinbau in Sulzfeld entschieden haben. Weißer Burgunder war schon damals ihr Ding, er ist es heute noch. Nach zwölfjähriger Renovierung zogen sie 1975 in den 1558 erbauten Zehnthof ein. Bearbeitet werden ausschließlich die zwei Sulzfelder Lagen Maustal und Cyriakusberg. Weinberge wurden zugekauft, Neuanpflanzungen mussten gemacht werden, und letztlich wurde in nicht flurbereinigter Lage auf ökologischen Weinbau umgestellt. Das war 2007, und heute ernten die Luckerts die Früchte ihrer gemeinsamen Investitionen, Zeit und vielen Mühen. Nichts scheint spektakulär, im Keller werden weinbergeigene Hefen verwendet, lange Maischestandzeiten genutzt und der Holzfassausbau zu 95 Prozent präferiert. Kein Zeitgeist, sondern echtes, uraltes Handwerk, wie sie auf der Homepage schreiben, ist der Garant für diese erstklassigen Qualitäten. Der Erhalt besonderer Parzellen mit uraltem Rebbestand, wie der Lage „Creutz", wurde zur Herzensangelegenheit. Verständlich bei 140 Jahre alten wurzelechten Silvaner-Rebstöcken, auch wenn ihr Ertrag bei mageren zehn Hektolitern pro Hektar liegt. Die Einzigartigkeit dieses Weines ist mehr als schieres Lob oder viele Punkte wert.

BESTE LAGEN / REBSORTEN

Sulzfelder Maustal und Cyriakusberg / Silvaner, Riesling, Weißburgunder, Müller-Thurgau, Spätburgunder u. a.

WEINE

○ **2014 Sulzfelder**
Müller-Thurgau, trocken
€

Der Duft geht derzeit in die vegetale, blumige Richtung. Von Fenchel bis Heublumen, weißem Spargel bis Muskatblüte. Voller Glanz und Frische auch im Mund, geradlinig, sogar elegant in seinem harmonischen Geschmack. Für die Sorte erstaunlich kraftvoll und füllig. Ach, wäre Müller-Thurgau doch öfters so, trotz des ambitionierten Preises!

○ **2013 Sulzfelder Sonnenberg**
Silvaner, Gelblack, trocken
€€€

Dass der Silvaner bei den Luckerts die erste Geige spielt, wird mit diesem Wein deutlich. Typisches Sortenbukett, wenn auch noch reduziert, in einer schlankeren Variante. Viel Apfel, frisches Gras, Blätterwald. Noch leicht reduktiv, auch hefig. Ein ausdrucksvoller Typ mit Muskeln und Sehnen.

○ **2013 Sulzfelder Maustal**
Riesling, Großes Gewächs
€€€€

Das 2013er Große Gewächs steht für mich mit an der Spitze der Rieslinge im Land. Klare Frucht, Richtung Aprikose, Ananas, Pfirsich. Dicht und vielschichtig, blitzblank, nahezu puristisch. Leichte Kräuteraromen spielen im Mund das pure Leben, saftig, erfrischend, mit knackiger, aber geschliffener Säure. Insgesamt sehr gut balanciert, brillant und mundwässernd. Was will man mehr von einem erstklassigen Riesling?

Alte Grafschaft

KREUZWERTHEIM, FRANKEN

Norbert Spielmann und Christoph Dinkel waren schon mehr als nur vernarrte Weinfreaks, als sie sich 2009 das Projekt „Alte Grafschaft" im Taubertal ans Bein banden. Das historische Anwesen in Kreuzwertheim, nahe am Main, wurde wunderbar restauriert, der herrliche Gewölbekeller erhalten. Ein weiteres Ziel der beiden Idealisten war es, die zwei besten Steillagen der ehemaligen Grafschaft Wertheim wieder in einem Weingut zu vereinen, den Kaffelstein im bayerischen Maintal (Franken) und den Satzenberg im badischen Taubertal (Tauberfranken). Das ist ihnen gelungen – und vieles mehr.

Der Satzenberg ist die letzte noch bewirtschaftete Terrassen-Steillage im Taubertal. Die Riesling- und Weißburgunder-Reben wurden auf den lehmigen Sandsteinböden 1986 erstmals angebaut, 2011 wurde nach einer gründlichen Entbuschung Weißburgunder nachgepflanzt, der 2013 erstmals verarbeitet wurde. Die Reben sind durch die Trockenmauern gut geschützt und genießen ein ganz besonderes Mikroklima. Der Kreuzwertheimer Kaffelstein ist eine der sonnigsten Lagen in ganz Franken. Über Jahrhunderte war er der Hausweinberg der Grafen von Wertheim. Riesling wurde hier 1977 gepflanzt und kann so zu Recht als „Alte Reben" bezeichnet werden. Rotweinfreunde kommen dort auch nicht zu kurz, es gibt zwar wenige, aber ganz gute Spätburgunder. Mit ihren zehn Hektar Weinbergen und dem noch so jungen Weingut haben die Herren viel erreicht, und so feierte der Gault Millau sie 2014 als Entdeckung des Jahres. Chapeau!

BESTE LAGEN / REBSORTEN

Satzenberg, Kreuzwertheimer Kaffelstein / Riesling, Silvaner, Weißburgunder, Spätburgunder

WEINE

○ **2014 Wertheimer Silvaner**
trocken, Baden
€

Der Jahrgang 2014 war auch hier sehr schwierig. Die einfachen Qualitäten sind aber insgesamt gut gelungen, ohne banal zu sein. Dieser Basis-Silvaner glänzt mit seiner Klarheit und Transparenz. Feine Steinobstfrucht, delikat im Mund, zart besaitete Säure. Im Abgang angemessene Länge.

○ **2013 Reicholzheimer Satzenberg „Barrique" Weißburgunder „Zazo"**
trocken
€€€€

Dem edlen Ritter Zazo aus dem achten Jahrhundert verdanken die Reicholzheimer ihre 16 Kilometer Trockenmauern im Satzenberg. Die Herren Spielmann und Dinkel von der alten Grafschaft fühlen sich deshalb zu Dank verpflichtet und benennen ihre besten Weine aus dieser Lage „Zazo". Die Weine sind klassisch in neuen Barriques ausgebaut. Viel Butterblume, geschmolzene Butter, helles Karamell, ganz feine Vanille und Eiche. Noch sehr jung, aber mit schöner Dichte und Stoffigkeit, Zug und Druck. Schöne Länge und Balance. Mit etwas Zeit wunderbar zu Flussfischen oder Krebsen.

○ **2012 Kreuzwertheimer Kaffelstein Alte Reben**
Riesling, Spätlese, trocken
€€€€

Die alten Reben stehen hier auf Buntsandstein und bringen Jahr für Jahr eine dezente, unaufdringliche Petrolnote mit sich. Galiamelone, Zitrus, Stachelbeere. Kühle Mineralik, knackig frisch und mit wunderbarer, konsequenter Trockenheit. Ein guter Begleiter bei fränkischen Spezialitäten wie Blaue, Saure Zipfel oder Fleisch und Fischsülzen.

Im Reichholzheimer Satzenberg

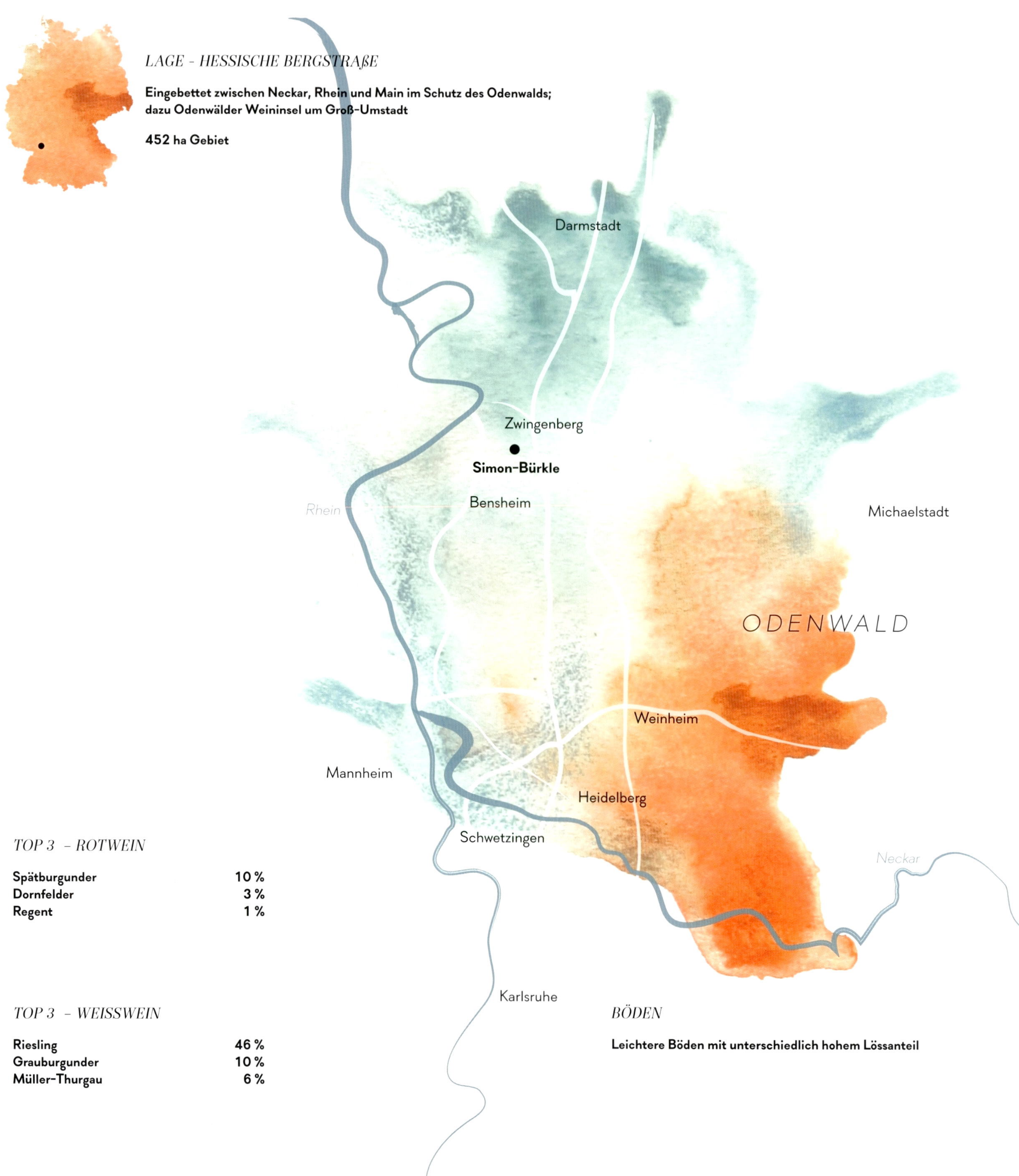

LAGE – HESSISCHE BERGSTRAßE

Eingebettet zwischen Neckar, Rhein und Main im Schutz des Odenwalds; dazu Odenwälder Weininsel um Groß-Umstadt

452 ha Gebiet

TOP 3 – ROTWEIN

Spätburgunder	**10 %**
Dornfelder	**3 %**
Regent	**1 %**

TOP 3 – WEISSWEIN

Riesling	**46 %**
Grauburgunder	**10 %**
Müller-Thurgau	**6 %**

BÖDEN

Leichtere Böden mit unterschiedlich hohem Lössanteil

HESSISCHE BERGSTRASSE

Unter den 13 Weinbaugebieten in Deutschland ist die Hessische Bergstraße mit 441 Hektar das kleinste. Und weil es so klein ist, könnte man meinen, dass es darüber auch nicht viel zu berichten gibt. Stimmt aber nicht, denn die Hessische Bergstraße ruht in sich wie ein kleines Paradies, ist landschaftlich wunderschön und hat viel zu bieten. Beginnen wir doch mal mit botanischen Reizen wie exotischen Bäumen, Gewächsen aus aller Welt, Tabak, riesigen Flächen mit Pfirsich- und Mandelbäumen, sie blühen hier früher als anderswo in Deutschland. Das Einzugsgebiet Rhein-Neckar hat touristisch wie kulinarisch eine ganze Menge im Angebot.

Allein die räumliche Nähe zur Universitätsstadt Heidelberg mit ihrem weltbekannten Schloss und ihrer Altstadt oder der nahe Odenwald ziehen jedes Jahr zahlreiche Touristen an. Die unzähligen kleinen Weinfeste haben ebenfalls ihre treuen Fans, der Wein fließt in Strömen. Vom Guten allerdings hat man hier nie genug, wenn auch das größte Weinfass der Welt im Heidelberger Schloss zu bewundern ist – allerdings ist es, wenn überhaupt, mit Wasser gefüllt.

Der UNESCO-Geopark Bergstraße-Odenwald hat seinen Fokus nicht nur auf die Rebsorten, Weine und ihre Lagen gerichtet. Fragen zur Geschichte, Geologie, Klima, Flora oder Lebensart werden unterhaltsam vermittelt, so dass der 6,9 Kilometer lange Lehrpfad zugleich zum Erlebnis wird. „Wein und Stein" wird er genannt, reich bebildert mit Tafeln, die viele Informationen rund um den Wein und die Geologie liefern. Bekannte Weinorte sind Bensheim, Zwingenberg, Seeheim, Roßdorf und Groß-Umstadt.

Trotz seiner kleinen Fläche gibt es an der Hessischen Bergstraße erstaunlich viele unterschiedliche Bodentypen, auf denen eine ebenso große Rebsortenvielfalt angebaut wird. Riesling übernimmt aber immer noch die Führung, Grau- und Weißburgunder gewinnen an Fläche, Auxerrois bleibt eine Spezialität im großen Rebsortiment. Der Löwenanteil des Traubenmaterials der zahlreichen kleinen Winzerbetriebe wird nach wie vor von der Genossenschaft Bergsträsser Winzer in Heppenheim verarbeitet. Als sehr guter Erzeuger und Selbstvermarkter hat Simon-Bürkle ein Alleinstellungsmerkmal. Edling, Rothweiler und die Weinmanufaktur *Montan* sind jedoch auch auf einem guten Weg, nämlich nach oben.

Zwingenberger Steingeröll

Simon-Bürkle

ZWINGENBERG, HESSISCHE BERGSTRASSE

Wenn auch der Wettergott es mit der Weinregion Hessische Bergstraße sehr gut meint – alles sprießt und blüht hier ein bis zwei Wochen früher als anderswo in Deutschland – steht man dennoch im Schatten des großen und nicht nur von der Sonne verwöhnten Nachbarn Baden. Im Klartext bedeutet das, dass die Winzer es an der von der Natur sonst so bevorteilten schönen Bergstraße nicht so einfach haben. Hier strampelt man um einiges mehr für den Erfolg als in den bekannteren Nachbarregionen. Klein und fein ja, das bedeutet in diesem Fall aber auch, dass nur wenigen Weinfreunden außerhalb der Region diese Weinlandschaft bekannt ist. Damit müssen Betriebe wie das grade mal elf Hektar große Weingut Simon-Bürkle leben.

Dagmar Simon und Johannes Bürkle führen das 1991 von Kurt Simon und seinem Studienkollegen Wilfried Bürkle gegründete Weingut in Zwingenberg mit ganz großem Engagement weiter. Das Schicksal meinte es weniger gut mit den beiden Freunden, die sich auf der Technikerschule für Weinbau in Weinsberg kennenlernten. Dennoch konnten sie einen gemeinsamen Gedanken, nämlich den zur besten Qualität, in ihrem eigenen Weingut verwirklichen. In den wenigen Jahren gemeinsamen Schaffens führten sie den kleinen Betrieb mit ihrer beiden Namen, Simon-Bürkle, an die Spitze der kleinsten Weinbauregion Deutschlands. Kurt Simon verstarb 2003, Wilfried Bürkle zehn Jahre später im Alter von 54 Jahren. Die Zukunft liegt nun in den Händen von Frau Simon, Junior Johannes Bürkle und Jan Faber, ihrem Betriebsleiter und zugleich Kellermeister.

Die 2013er Ergebnisse des Teams können sich trotz zahlreicher Hürden, wie der auch hier ungewöhnlich niedrigen Temperaturen, enormen Niederschlägen, Hagel zur Erntezeit und Botrytisbefall zum falschen Zeitpunkt sehen und schmecken lassen. Hier kommt zum Tragen, was in den Jahren zuvor in den Weinbergen an Arbeit geleistet wurde. Unter den weißen Rebsorten steht Riesling an erster Stelle, Weißburgunder, Grauburgunder, Silvaner und Chardonnay folgen danach. Bemerkenswert ist der hohe Anteil an roten Rebsorten, allen voran Spätburgunder und Lemberger. Trotz aller widrigen Umstände haben mich die insgesamt leichten, strahlenden Weißweine sehr überzeugt und lassen in besseren Jahren auf noch mehr Fülle hoffen, die ich im gereiften 2011er Spätburgunder schon erkennen konnte.

Dagmar Simon, Johannes Bürkle, Kellermeister Jan Faber

BESTE LAGEN / REBSORTEN

Zwingenberger Steingeröll und Alte Burg, Auenbacher Höllberg / Riesling, Weißburgunder, Silvaner, Spätburgunder, Lemberger u. a.

WEINE

○ **2013 Zwingenberger Steingeröll Weißburgunder, Spätlese, trocken**
€€
Jugendlicher, frischer, aber noch verhaltener Duft nach weißem Pfirsichfleisch, zarten Limettennoten, frischen Kräutern wie Kerbel, Klee, Kamille, Sauerampfer. Feiner Geschmack, sehr schön in der Harmonie von frischer Säure, Frucht und mittelkräftiger Konsistenz. Liegt leicht im Gaumen mit sanfter Textur und anhaltender Länge im Nachhall. Ein eher leichterer, dezenter Typ der leisen Art, aber vielseitig einsetzbar, besonders zu Salat und in der Gemüseküche.

○ **2012 Zwingenberger Steingeröll Riesling, Spätlese, trocken**
€€
Frühling pur verkündet die Nase. Erst grüner Apfel, Limettensaft, Waldmeister und Brennnesselblüten. Auch hier mehr sommerliche Frische in der gereiften Frucht, die an Honigmelone, Mirabellen oder gelbe Paprika denken lässt. Die feine, dennoch kräftige Aromatik kommt erst im Gaumen mit der Temperatur zum Tragen und bleibt mit der lebhaften Säure druckvoll frisch im Abgang stehen. Zu Kräutersalaten mit mildem Weinessig, Ceviche oder Muscheln Rheinischer Art – herrlich!

● **2011 Zwingenberger Steingeröll Spätburgunder, trocken, Barrique**
€€€
Der Spätburgunder wird im ersten Eindruck noch etwas vom Holzduft dominiert, was aber eine Frage der Reife ist. Neben frischen Erdbeeren und Sauerkirschen sind würzige und geröstete Noten präsent wie schwarzer Pfeffer, Kreuzkümmel, Vanilleschote. Sein mittelschwerer Charakter, der vom eingebundenen Tanningerüst getragen wird, hat noch Biss, wirkt völlig unkompliziert. Leicht gekühlt mit gegrillten Flussfischen, Würstchen oder Geflügel sicher ein Genuss.

Weingut
Simon-Bürkle
Zwingenberg
Spätburgunder
trocken

LAGE – MITTELRHEIN

100 km lang auf beiden Seiten des Rheins, von der Nahe bis Koblenz und von Kaub bis zum Siebengebirge

468 ha Gebiet

BÖDEN

Schiefer- und Grauwackenverwitterungsböden, vereinzelte Lössinseln; im Norden Böden vulkanischen Ursprungs

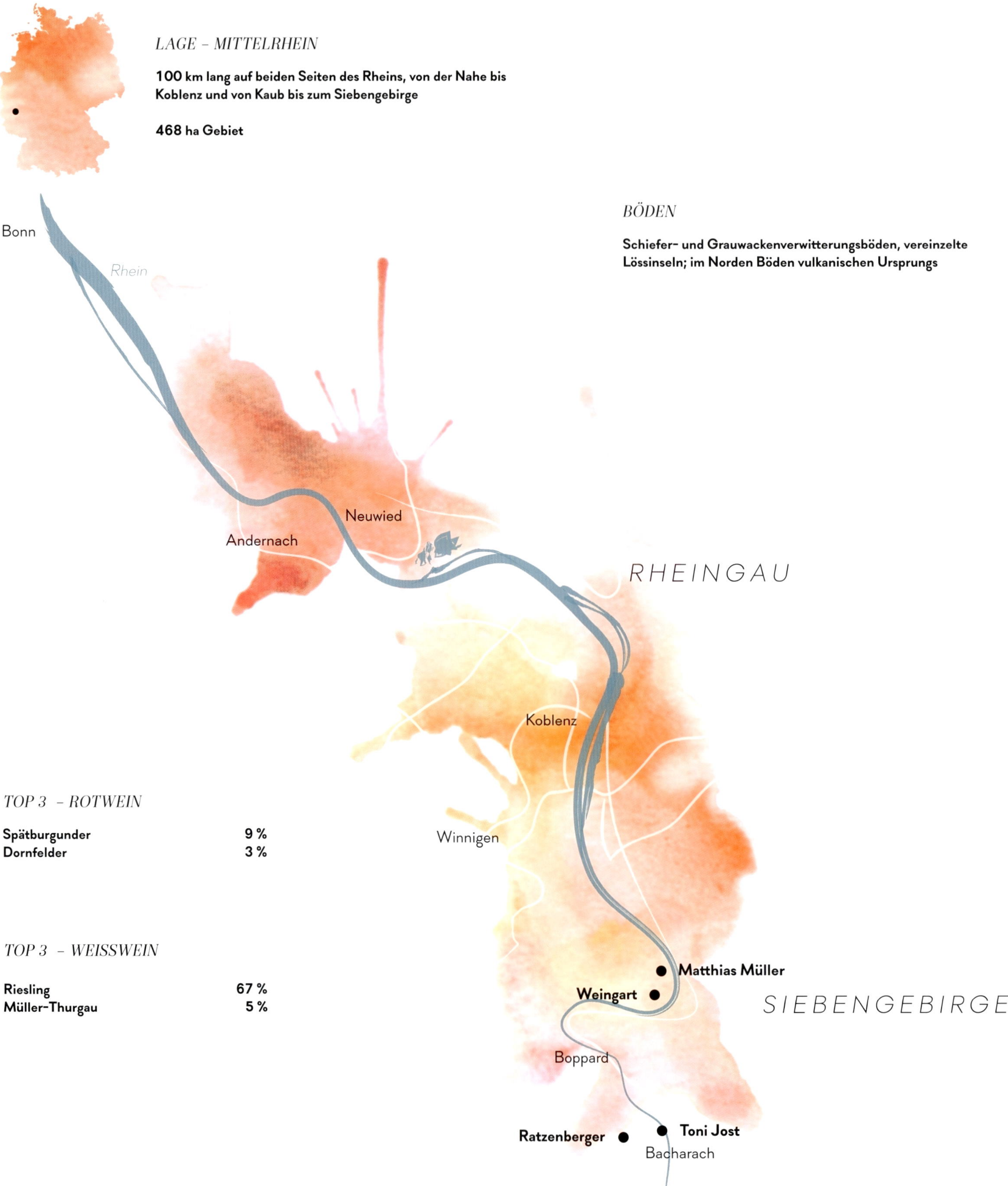

TOP 3 – ROTWEIN

Spätburgunder	**9 %**
Dornfelder	**3 %**

TOP 3 – WEISSWEIN

Riesling	**67 %**
Müller-Thurgau	**5 %**

MITTEL-RHEIN

Wo liegt das Weinanbaugebiet Mittelrhein? Das war die erste Frage am Stand eines Winzers auf der mittlerweile größten Weinfachmesse der Welt, der ProWein in Düsseldorf. Die genaue Antwort habe ich nicht gehört, aber korrekt könnte sie lauten: weit gefasst, zwischen Bonn und Bingen, 110 Kilometer entlang des Rheins. Mal mehr auf der linken Seite von Bingen bis Koblenz, mal mehr auf der rechten Seite am unteren Teil des Rheins von Koblenz bis Königswinter.

In der 38. Ausgabe des *Kleinen Johnson* von 2014 stehen vier Zeilen, die das wildromantische Anbaugebiet als beliebtes Touristenziel mit den Städtchen Bacharach und Boppard loben und die unter Wert verkauften stahligen Rieslinge zu schätzen wissen. Mehr dazu erzählt Manfred Lüer in seinem umfangreichen Text in *Wein spricht Deutsch:* „Wenn es so etwas wie eine deutsche Seele gibt, muss sie wohl hier ihren Sitz haben: am spektakulär schönen Mittelrhein." In der Einführung erzählt er von großen Denkern wie Heinrich Kleist, Clemens von Brentano und Heinrich Heine, dessen Sage von Loreley, der schönsten Jungfrau auf dem Felsen von Goarshausen, später – von Friedrich Silcher vertont – weltberühmt wurde.

Angesichts dieser historischen Bekanntheit war ich dann doch erstaunt, als ich ähnliche Fragen am gleichen Ort, am selben Tag zum zweiten und dritten Male hörte: „where is Bacharach" oder „where is Boppard"? Zu meiner Schande muss ich gestehen, dass auch ich die ganz genaue Antwort erst einmal überlegen musste. Peinlich allerdings die Reaktion der Gefragten hinter den Ständen, die darüber Witze machten, anstatt nachzudenken, woran es eigentlich liegen könnte, dass trotz der Weltberühmtheit ihrer schönen Landschaft die Frage nach der Herkunft des Weines immer wieder auftauchte.

Für mich als Sommelière ist das eindeutig: Weder auf den wichtigsten Weinkarten in Deutschland noch auf den internationalen Karten stehen Weine vom Mittelrhein in größerer Auswahl. Das liegt ganz sicher nicht an der Größe des nur 468 Hektar kleinen Anbaugebiets. Auf die Qualität ist es sicher auch nicht zurückzuführen, denn hier gibt es prozentual betrachtet ebenso gute Lagen beziehungsweise Steillagen mit Schieferböden, Lehm, Löss, Grauwacke oder Sandstein, ebenso gute und sehr gute Betriebe wie in anderen Regionen auch. Und die Rebsorten können auch nicht der Grund sein, weil der Löwenanteil mit 67 Prozent Riesling und acht Prozent Spätburgunder bestockt ist. Ich behaupte mal, dass hier in der Vermarktung größere Probleme zu suchen sind – denn eines ist doch klar: Wer guten Wein machen kann, ist nicht gleichzeitig ein guter Verkäufer. Darüber nachzudenken empfehle ich hier mal grundsätzlich jedem Weinmacher, damit in Zukunft auch die mittelrheinischen Weine auf den Weinkarten der Welt zu finden sind.

Riesling im Bacharacher Hahn

Toni Jost

BACHARACH, MITTELRHEIN

Das Weingut Toni Jost liegt mitten im Zentrum des zauberhaft-romantischen, mit schönsten alten Fachwerkhäusern prall gefüllten Bacharach am Rhein. Weinromantik so schön, wie sie nicht schöner sein kann. Dass man hier baulich nichts oder nicht viel verändern kann, obwohl das oft sehr viel bequemer und leichter für die Arbeit wäre, ist der Preis für die bevorzugte Lage. Den zahlt Cecilia Jost, die Tochter von Linde und Peter Jost, aber sehr gerne. Sie führt voller Stolz die 180-jährige Familientradition in sechster Generation weiter. Nach ihrem Weinbaustudium in Geisenheim und zahlreichen Praktika in der großen weiten Weinwelt stieg sie 2009 zu Hause im elf Hektar großen Weingut ein und setzt seither mit eisernem Willen fort, was Vater Peter erreicht hatte: die Poleposition der mittelrheinischen Weinbaubetriebe. Das ist sicher keine leichte Aufgabe, denn die Konkurrenz ist hier inzwischen wirklich ausgeschlafen. Doch genießt Cecilia einen großen Vorteil: Sie ist nahezu Alleinbesitzerin des Bacharacher Hahns, der besten Lage des ganzen Anbaugebiets – und das ist weit mehr als nur die halbe Miete. Aus dieser direkt am Rhein gelegenen Paradelage mit 60 Prozent Hangneigung, die gestützt wird von immer wieder instand gesetzten oder neuen Trockenmauern, kommen die besten Rieslinge der Familie: Trockene Große Gewächse, feinherbe Kabinettstückchen, Spätlesen bis hin zu den Edelsüßen, sofern es der Jahrgang erlaubt, was 2013 und 2014 allerdings nicht möglich war. Mit den trockenen Weinen hingegen – es werden 85 Prozent der Gesamtproduktion trocken ausgebaut – hat Cecilia Jost ihr Ziel souverän erreicht. Dank der aktiven Mithilfe ihrer Eltern hat sie auch den notwendigen Spielraum für einen regelmäßigen Austausch mit Kollegen, lernt immer wieder Neues auf ihren Reisen dazu. Mit entsprechenden Veränderungen zur Qualitätssteigerung besonders in der Spitze kommt sie ihrem ehrgeizigen Ziel immer näher.

Die Weine des Rheingauer Betriebs, der sich unmittelbar auf der gegenüberliegenden Seite des Rheins in Walluf befindet und durch Vererbung seit mehr als 200 Jahren im Besitz der Familie ist, werden jetzt ebenfalls in Bacharach ausgebaut. Die Spätburgunder von dort ergänzen das Rieslingprogramm sehr gut.

Cecilia Jost

BESTE LAGEN / REBSORTEN

Bacharacher Hahn, Wallufer Walkenberg im Rheingau / Riesling, Spätburgunder

WEINE

◯ **2013 Bacharacher Hahn**
Riesling, trocken
€€
Ausgeprägter, duftiger Charakter mit weißen Blüten und viel gelber Frucht. Diverse Apfelsorten, Birne, Grapefruit, Zitronenschale, weißer Pfirsich, Klee. Und hinter all dem strahlt eine Mineralik, die sich im Mund mit dem geschliffenen Charakter zu einem harmonischen Ganzen verbindet. Dieser Typ Wein macht von Anfang an Freude. Im Mund saftig, frisch, mit animierender Säure, einfach köstlich.

◯ **2013 Devon „S"**
Riesling, trocken
€€
Die Trauben für Devon „S" kommen aus den oberen Lagen des Hahns. Die Nase ist im ersten Eindruck bei diesem Wein von seiner Herkunft, den Schieferböden, ganz besonders ausgeprägt. Diese Mineralität zieht sich durch bis zum Schluss. Der dahinter versteckte, fruchtgeprägte Duft nach Delicious-Äpfeln, frischer Ananas, Mirabellen, wird von einem schlanken, delikaten Charakter begleitet. Leicht salzig an den Lippenrändern, finessenreich mit feingliedriger Säure, gut gebaut, frisch, mit sanftem Druck. Insgesamt viel Genuss, apfelfrisch im Nachhall.

◯ **2011 Bacharacher Hahn**
Riesling, Vinotheksfüllung
€€€
Das Duftbild mit seiner reifen Rieslingnote wirkt noch etwas streng, beginnt mit Bratapfel, getrockneter Aprikose, Bienenhonig. Die Primärfrucht verschwimmt in kräutrigen, nussigen Ansätzen. Wunderschöne stoffige, dichte Aromatik, die sich im Mund mit exotischer Frucht wie reifer Mango und Papaya präsentiert. Sahnig-leichter Butterscotch, ausdrucksstark mit enormer Tiefe. Langatmig mit seiner straffen Säure, intensiv geheimnisvoll im druckvollen Abgang – mit schönster Balance. Insgesamt beeindruckend. Als Vinotheksfüllung werden nur ganz besondere, ausdrucksvolle Weine abgefüllt.

◯ **2011 Bacharacher Hahn**
Riesling, Auslese
€€€
Dezente, zaghafte, fast noch gehemmte gelbfruchtige Nase von Banane bis Williamsbirne. Auch Apfelblüten, Teerosen, Fenchelkraut. Insgesamt aber dennoch ein verführerisches Bukett, das einen gefangen nimmt, trotz seiner so gar nicht lauten Art. Ein viel zu junges Geschöpf, voller Energie, noch knallig frisch, getragen von der lebendigen Säure, die im Mund saftig, anregend wirkt, wie ein Brause-Knallbonbon aus meiner Jugendzeit, von dem ich nicht genug bekommen konnte. Ich bin neugierig, wie dieser Wein mit ein paar Jahren Reife schmeckt.

WEINGUT
TONI JOST
HAHNENHOF
JODOCUS

MATTHIAS MÜLLER
2014
Rheinschiefer
Riesling

Bopparder Hamm und Matthias Müller

Matthias Müller

SPAY, MITTELRHEIN (VDP)

1998 hat der *Gault Millau* Matthias Müller als Entdeckung des Jahres gefeiert; 2012 sogar als Winzer des Jahres ausgezeichnet. Ein großer Erfolg, auf dessen Lorbeeren er sich jedoch nicht ausruht; er fühlt sich eher zu weiteren Höchstleistungen angespornt. Das ist nicht nur gut für ihn und seinen Betrieb, sondern auch für die im Schatten des berühmten Rheingaus liegende Region. Hier, am Mittelrhein, findet man häufig für sehr viel weniger Euro bessere Qualitäten als in der vielgelobten Nachbarschaft, für deren Namen man oft 20 Prozent mehr bezahlen muss. Matthias Müller und seine Frau Marianne haben seit 1990 aus dem kleinen Weingut mit nur vier Hektar Rebfläche Stück für Stück einen Vorzeigebetrieb mit 17 Hektar geschaffen, der zweifellos zur Spitze des Anbaugebiets Mittelrhein gezählt werden muss.

2013 sind die besten Gewächse in der Gehrung stehengeblieben und werden anstatt der trockenen als „Sonderedition Matthias Müller" angeboten – in Topqualität und Preis, versteht sich.

BESTE LAGEN / REBSORTEN

Bopparder Hamm Feuerlay, Mandelstein, Engelstein, Ohlenberg / Riesling, Grauburgunder, Spätburgunder

WEINE

○ **2014 Rheinschiefer Riesling trocken**
€
Hier steht das Gestein, der Rheinschiefer, Pate für den Namen des Gutsrieslings. Schon der feinfruchtige, glasklare Duft lässt einen viel besseren Wein erwarten, als dem Jahrgang nachgesagt wird. Stachelbeere, Kiwi, leichte Zitrusnote. Fetziges Säurespiel.

○ **2014 Bopparder Hamm Riesling, trocken**
€
Als „Steil vor Lage" wird dieser Wein in Zukunft als Marke des Hauses verkauft werden. Der Steillagen-Riesling wurde selektiv handgelesen und bei kontrollierter Gärung im Edelstahl ausgebaut. Hier merkt man den Jahrgang mit seinen Tücken deutlich an der strohgelben Farbe und dem Duft von dezenter Botrytisnote. Von allem etwas mehr, also viel Stoff und ganz reife Frucht, zugleich verhalten in der Säure – was aber keineswegs ein Mangel ist.

○ **2014 Bopparder Hamm Feuerlay „S" Riesling, trocken**
€
Das „S" bedeutet soviel wie das Prädikat Spätlese, das bei der Klassifizierung des VDP in der Kategorie Erste Lage aber nicht mehr verwendet werden darf. Der Weincharakter jedoch bleibt, eine reichhaltige, mit Schiefernoten ausgestattete trockene Spätlese. Mit der saftigen Note von Äpfeln, Ananas und Limetten macht sie richtig Appetit und verlangt nach einem zweiten Glas.

Ratzenberger

BACHARACH, MITTELRHEIN (VDP)

Meine erste Bekanntschaft mit dem Weingut Ratzenberger habe ich einem tollen Riesling-Sekt des Hauses zu verdanken, den ich auf Empfehlung in einem sehr guten Restaurant in Berlin getrunken habe. Ratzenberger wird einerseits für seine Sekte geschätzt, genauso aber ernten seine Weine großes Lob, besonders die Rieslinge und die Burgundersorten.

Doch nicht nur die Presse ist ihnen zugetan: Die Liste der Topadressen, in denen die Ratzenberger'schen Weine getrunken werden, kann sich sehen lassen – und das weit über die deutschen Grenzen hinaus. Sich in sensiblen Märkten wie in der Schweiz, Belgien oder den USA zu präsentieren, ist für keinen deutschen Winzer einfach. Noch eine größere Nummer ist es allerdings, auf der Getränkekarte der UNO in New York gelistet zu sein. Auch hier gilt natürlich: Es ist eine Sache, gute Weine herzustellen, und eine andere, sie gleichzeitig gut zu verkaufen. Ratzenberger beherrscht offensichtlich beides. Dabei ist die Produktion mit 100 000 Flaschen – davon 15 000 Flaschen Sekt – gar nicht so klein, aber eben auch sehr gut.

Blick über Burg Stahleck bis nach Lorch

BESTE LAGEN / REBSORTEN

Wolfshöhle, Steeger St. Jost, Bacharacher Posten, Kloster Fürstental / Riesling, Grauburgunder, Spätburgunder u. a.

WEINE

✵ 2009 Bacharacher Sekt
Riesling, Brut
€€€
Für diesen Sekt, der nach traditioneller Flaschengehrung hergestellt wurde, kommen die Grundweine aus den Lagen Wolfshöhle und Kloster Fürstental. Gut zu wissen, denn es handelt sich hierbei auch um die besten Lagen des Weinguts. Das spricht schon vom ersten Augenblick an für eine sehr ernst zu nehmende Sektqualität, denn gewöhnlich werden viele Sekte immer noch aus weniger guten Qualitäten bereitet. Nicht bei Ratzenberger. Frische im Duft und Gaumen sind oberstes Gebot. Die erste Nase zeigt ganz leichte hefeige Noten, ähnlich einem frischen Teig in der Gärphase, dann frischgebackenes Brioche, zerlassene Butter, Mandelblätter. Die noch sehr frische und kräftige Mousseux trägt Aromen gelber Früchte in sich, verschmilzt in der cremigen Struktur des Weines zu einem Ganzen. Mundfüllend, erfrischend tanzen die zahlreichen Perlen im Gaumen.

○ 2013 Bacharacher Wolfshöhle
Riesling, Großes Gewächs
€€€
Die beiden großen Gewächse St. Jost und Wolfshöhle aus dem Jahrgang 2013 sind so unterschiedlich, wie sie nur anders sein könnten. Letztendlich mag ich den fetteren, reichhaltigeren aus der Wolfshöhle lieber. Begründet ist das im BSA, dem so genannten biologischen Säureabbau, den der Wein aus der Wolfshöhle Jahr für Jahr vollzieht, und jener aus der Joster Lage eben nicht. Das jedenfalls erklärte mir Herr Ratzenberger persönlich. Ich mag Rieslinge dieser cremigen, joghurtfrischen Art als Begleiter zu vielen Fischen und hellen Geflügelsorten in leichten Cremesaucen sehr. Hier ein sehr konzentriertes, kompaktes Bukett nach reifer Quitte, Nektarine, Honigmelone. Reintönig im Geschmack, cremig mit Butternoten. Viel Schmelz und Frische im langatmigen Finale.

Weingart

SPAY, MITTELRHEIN

Mit Florian Weingart hat die Weinregion Mittelrhein eine weitere Perle im Portfolio ihrer virtuosen Winzer mit vorbildlichen Weinen. Ruhig, fast lautlos, scheint er sein Tagwerk zu verrichten. Er vertraut darauf, dass neben seiner sehr treuen Kundschaft immer wieder der eine oder die andere aus der restlichen Weinwelt mitbekommt, dass es ihn gibt. Denn viel wichtiger als das Bestreben, seinen Keller zu leeren – die Jahresproduktion liegt zwischen 35 000 und 40 000 Flaschen – ist ihm die Freude, Menschen mit seinen besonderen Weinen glücklich zu machen.

Auf meiner Suche nach gutem oder noch besserem Wein aus dieser Region bin ich schnell auf den Namen Weingart gestoßen, beste Bezugsquelle dafür scheint mir das Weingut selbst. Mir waren die Weine bis dato leider nicht bekannt, wenn auch die Fachpresse eifrig und voll des Lobes darüber schreibt. Umso mehr freute mich meine erste Bekanntschaft mit ihnen, ihrer Qualität, und das zu einem günstigen Preis-Genussverhältnis. Ich kann mir kaum vorstellen, wie das funktioniert, aber darauf hoffen, dass es lange so bleibt. Was Weingart auf nur 5,5 Hektar Rebfläche alles in Flaschen zaubert, ist schon bemerkenswert. Er versteht sich besonders gut – wenn es der Jahrgang denn erlaubt – auf Süßweine. Wie gesagt, die Suche danach lohnt sich.

BESTE LAGEN / REBSORTEN

Bopparder Hamm Engelstein, Ohlenberg, Feuerlay / Riesling, Spätburgunder

WEINE

○ **2014 Bopparder Hamm Feuerlay**
Riesling, Kabinett, trocken
€

Dieses echte Kabinettstückchen wird im Weingut leider ausgetrunken sein, wenn Sie diese Zeilen lesen können. Das ist die Folge eines weiteren Jahrgangs mit verschwindend kleinen Erntemengen. Mir ist davon auch mehr zufällig eine Flasche serviert worden. Dennoch, soviel sei gesagt: Halten Sie in regionalen Weinkarten danach Ausschau. Die klare Aromatik, mehr auf der frischen, kräutrigen Seite, ist vielversprechend, animierend. Das Spiel mit Duft und Säure herrlich, alles hat seinen Platz, der Genießer trinkt und schweigt.

○ **2013 Bopparder Hamm Feuerlay**
Riesling, Spätlese, trocken
€

Viel frischer Apfel, Limette, Ananas, saftiges Mirabellenfleisch und nicht zuletzt die animierenden Kräuternoten. Erfrischend, knackig die Säure in bester Harmonie mit dem im Hintergrund wahrnehmbaren Süßespiel, welches schon auf der Zungenspitze beginnt. Ein klassischer Spätlesencharakter mit deutlicher Tendenz zur Trockenheit, ganz feiner Stil.

● **2012 Spayer**
Spätburgunder, Spätlese, trocken
€€€

Wer mit 14 Prozent Alkohol soviel Finesse, frische und dennoch reife Früchte ins Glas oder in die Flasche bringt, hat nichts dem Zufall überlassen. Da steckt alles drin, was das Jahr gegeben hat, und das war hier 2012 ganz gut. Vorab gesagt, der Wein ist eine kleine Köstlichkeit, Chapeau für den Meister. Viel zu jung (der Wein), aber mit großem Entwicklungspotenzial. Gleich der erste Dufteindruck ist ganz deutlich von roten Früchten geprägt, Himbeeren, Sauerkirschen, rote Johannisbeere. Noch ist frisches Holz im Bukett deutlich erkennbar, aber nicht störend, denn grüne Tomaten, Wacholderbeeren und eingelegte Pfefferkörner sind mit von der Partie. Der feinkörnige, jugendliche Gerbstoff steht dem Wein sehr gut, verlangt aber noch Zeit. Das wird in wenigen Jahren eine ideale Flasche für große Überraschungen sein.

LAGE – MOSEL

Zwischen Hunsrück und Eifel im Rheinischen Schiefergebirge; entlang der Mosel und ihren Nebenflüssen Saar und Ruwer

8.792 ha Gebiet

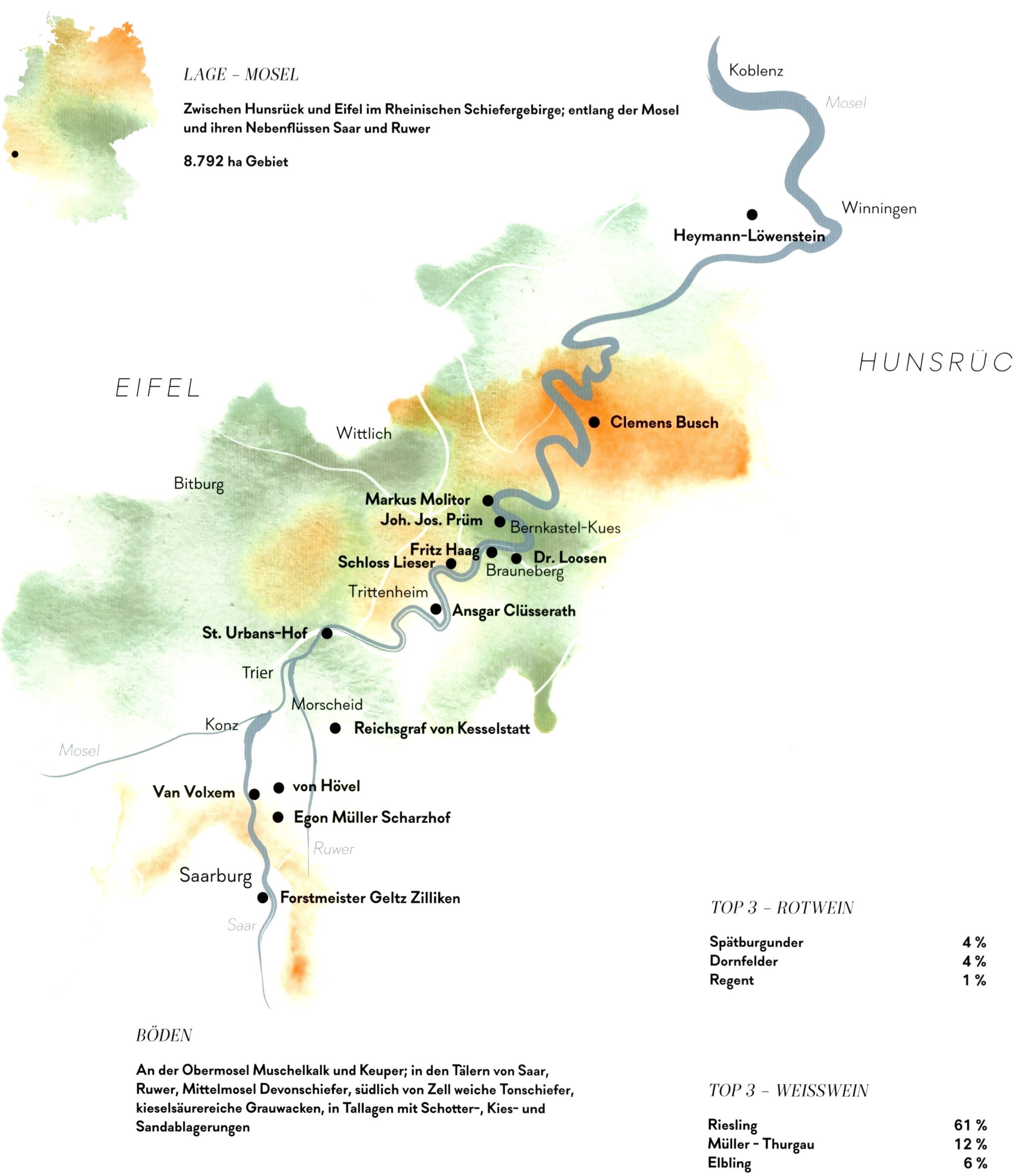

TOP 3 – ROTWEIN

Spätburgunder	**4 %**
Dornfelder	**4 %**
Regent	**1 %**

BÖDEN

An der Obermosel Muschelkalk und Keuper; in den Tälern von Saar, Ruwer, Mittelmosel Devonschiefer, südlich von Zell weiche Tonschiefer, kieselsäurereiche Grauwacken, in Tallagen mit Schotter-, Kies- und Sandablagerungen

TOP 3 – WEISSWEIN

Riesling	**61 %**
Müller - Thurgau	**12 %**
Elbling	**6 %**

MOSEL

Unter Deutschlands 13 Weinregionen ist die Mosel die älteste und vermutlich auch bekannteste, mit einer sehr wechselvollen Kulturgeschichte. Erst waren die Kelten da, dann folgten um 15 v. Chr. die Römer, die bereits ab dieser Zeit hier Wein anbauten.

Der Fluss Mosel fließt auf einer Gesamtlänge von etwa 240 Kilometern durch die drei Länder Frankreich, Luxemburg und Deutschland. Die Weinregion Mosel, wie das einstige Anbaugebiet Mosel-Saar-Ruwer seit 2003 offiziell bezeichnet wird, verfügt über eine Rebfläche von 8800 Hektar und mehr als 5000 Winzer. Die beiden Nebenflüsse, ganz besonders die Saar, spielten von jeher eine bedeutende Rolle mit ihren erstklassigen Weinlagen und unterschiedlichen, skelettreichen Schieferböden, blau und rot, schwer zu bearbeitenden, spektakulären Steillagen – ein Beispiel ist der Gottesfuß bei Wiltingen. Weltberühmt ist ganz in der Nähe der Scharzhofberg, dessen Weine bei Auktionen Preise erzielen, die manchem Weinfreund Tränen in die Augen treiben.

Fährt man von Trier die Mosel hinunter Richtung Bernkastel-Kues und Koblenz, reihen sich Weinberge wie Perlen an einer Schnur entlang des Flusses. Die Namen der malerischen Orte lassen das Blut der Rieslingfans in den Adern schneller fließen: Trittenheim, Brauneberg, Wehlen, Zeltingen, um nur ein paar zu nennen. Die beeindruckenden Weinberge, genauer gesagt sind es Terrassen, sind höllisch steile Anlagen, die den Betrachter zum Schwindeln bringen, ohne dass er einen Schluck Riesling getrunken hätte. Bekannt ist dieser Abschnitt der Mosel auch als Terrassenmosel. In Bremm liegt der Calmont mit einer fast 70-prozentigen Neigung, er gilt als steilster Weinberg in Europa. Terrassenmosel-Winzer wie Clemens Busch und Heymann-Löwenstein bringen in ihren Weinen den Berg zum Klingen. Der Gedanke, dort oben arbeiten zu müssen, Reben zu binden und zu schneiden, weckt allerhöchsten Respekt in mir. Im Vergleich zu den Muschelkalk- und Keuperböden der Obermosel findet man hier Devonschiefer, teils steinhart, teils schiefermürbe, ähnlich wie Blätterteig. Angebaut wird nicht nur Riesling, obwohl der mit 5000 Hektar dominiert, sondern auch Müller-Thurgau, Elbling, Kerner, Weißburgunder, Spätburgunder und Dornfelder.

Als Reiseziel ist das Anbaugebiet Mosel ganz besonders anziehend. Nicht nur wegen der zahlreichen kulturhistorischen Attraktionen, allen voran Trier – wer sich körperlich anstrengen möchte, hat mit 365 Kilometern den Moselsteig, der von Perl bis Koblenz führt, und eindrücklich 2000 Jahre Weinbaugeschichte präsentiert. Das Deutsche Weininstitut (DWI) bietet dazu, aber auch zu den anderen Anbaugebieten sehr gutes Informationsmaterial. Kulinarisch hat die Mosel ebenfalls viel zu bieten. Von der Dreisternegastronomie bis zum einfachen Buschenschank ist alles vertreten – Touristenfallen mit weniger oder gar keiner Qualität inklusive.

Ich glaube, dass die Region Mosel-Saar-Ruwer attraktiver denn je ist, auch wenn es bei den Winzern neben dem vielen Licht durchaus Schatten gibt. Mit der Namensänderung, dem Weglassen der beiden Nebenflüsse, hat man meiner Ansicht nach weder dem Anbaugebiet noch den Produzenten einen Gefallen getan – und am wenigsten dem Konsumenten eine Erleichterung im Sinne eines besseren Verständnisses der Region geschaffen. Wieso hat man nicht ganz einfach den drei Flüssen folgend die einzelnen Gebiete nach ihnen benannt? Die Mosel hätte ihre Teilbereiche Ober-, Mittel- und Untermosel, aber die glanzvolle Saar wäre dann eigenständig erkennbar, und das Anbaugebiet Ruwer hätte endlich auch seinen Platz bekommen. Das Motto „weniger ist mehr“ ist hier eher unglücklich umgesetzt. Ein Wein von der Saar schmeckt nicht wie einer von der Ruwer, und der von der Ruwer nicht wie einer von der Mosel. Vielleicht war das aber auch nur ein schlauer Schachzug des Weinmarketings, nach der Devise „Probieren geht über Studieren“. Da hat man an der Mosel, der Saar und an der Ruwer dann ja reichlich Material zur Verfügung.

Blick ins Moseltal von der Wehlener Sonnenuhr

Joh. Jos. Prüm

BERNKASTEL-WEHLEN, MOSEL (VDP)

„Das Weingut Joh. Jos. Prüm ist eines der ‚Flaggschiffe' in der deutschen Weinkultur, ein Ausnahmeweingut", schreibt Stuart Pigott in *Die großen deutschen Rieslingweine*. Die Geschichte des Weinguts Joh. Jos. Prüm konnte mit dem Jahrgang 2011 mächtig gefeiert werden. 101 Weinlesen, 101 Jahrgänge, 101 Weinschicksale im Keller, wunderbar! Und das bei dieser Qualität der Weine.

Das vom Vater Sebastian Alois Prüm im Zug der Erbteilung 1911 gegründete Weingut in Wehlen wurde nach seinem plötzlichen Tod 1969 von Dr. Manfred Prüm und seinem Bruder Wolfgang übernommen. Dr. Prüms Karriere als Jurist rückte dabei in den Hintergrund, aber angesichts der Erfolgsgeschichte seiner Weine sieht er das wahrscheinlich gelassen. Hinsichtlich der Weinstilistik bleibt Manfred Prüm, seine Fans kennen ihn weltweit unter dem Kürzel „JJ", ganz auf dem Weg des Vaters. Ungerührt von Moden und Trends folgt er seiner Nase, dem Gaumen und der Überzeugung, was in seinen Vorstellungen beste Moselweine ausmacht. Er ließ ihnen schon immer die nötige Zeit zur Reife, kam lange nach den Kollegen mit dem Folgejahrgang auf den Markt. Dafür hat er reichlich Schelte eingesteckt, aber seine Weine waren trotzdem immer maximal frisch, nie oxidiert, wie man vermuten könnte, sondern auf das nötige Maß reduziert. Das bedeutet, sie blieben so lange im Keller, bis die „Düfte" von Schwefel und Co verschwunden waren, die in jungen Weinen so oft als störend empfunden werden. Sie bekamen die Zeit, die sie brauchten.

Phänomenale Weine aus dieser Zeitreise sind auch die betagten Flaschen aus dem Hause Joh. Jos. Prüm. Wenn diese in regelmäßigen Abständen den legendären Keller verlassen, zu dem außer den Prüms so gut wie kein Mensch je Zugang hatte, steht ein elitärer Kreis von Weinkennern, Journalisten und „JJ"-Freunden bereit. Dann serviert Dr. Manfred Prüm mit seiner Tochter Katharina im prächtigen Jugendstil-Gutshaus den Gästen aus aller Welt Pretiosen aus mehr als 50 Jahrgängen – Weine aus dem Erbe seines Vaters und die Früchte seiner eigenen Zeit. Ein Glück war für die Familie auch 2005 die Entscheidung der älteren Tochter, Dr. Katharina Prüm,

Katharina Prüm mit ihrem Vater Manfred

ebenfalls eine promovierte Juristin, in die großen Schuhe des Vaters zu steigen. Eindrücklich und bewundernswert führt sie das Weingut. Mit Schwung und frischem Zeitgeist, ohne revolutionäre Veränderungen. Die Klasse und Qualität, ebenso der bewährte Stil der Weine bleibt mit Katharina Prüm erhalten. Ein Glück für alle Beteiligten!

BESTE LAGEN / REBSORTEN

Wehlener Sonnenuhr, Zeltinger Sonnenuhr, Graacher Himmelreich, Bernkasteler Lay und Badstube / Riesling

WEINE

○ **2011 Riesling**
Kabinett
€€
Prüms Stärke ist unter anderem die Beurteilung der Jahrgänge. Es gibt nicht gut oder schlecht, nur unterschiedliche Typen mit ganz verschiedenen Charaktereigenschaften. Diese gilt es in perfekter Balance zur Geltung zu bringen. 2011 war demnach ein ausgeglichenes Jahr, mit allen Prädikaten, keine Höhen, keine Tiefen, mit langsamer Entwicklung. Der einfache Gutsriesling ist in seiner zart rauchigen, gelbfruchtigen Art mit grünen Apfelnoten sehr ansprechend. Keine spitze Säure, trotz der Jugend ohne Ecken und Kanten. Eher mineralisch denn fruchtig, ein feines Stöffle.

○ **2012 Graacher Himmelreich**
Riesling, Kabinett
€€
2012 war ein warmes Jahr, in dem es nur drei Kabinett-Weine gegeben hat. Leider kommt diese Qualitätsstufe in letzter Zeit überall zu kurz, obwohl es doch kein unbeschwerteres Trinkvergnügen als mit Kabinettweinen gibt – außer vielleicht Weinschorle. Die kühle, leicht abweisende Nase mit leichten Gäraromen signalisiert dem Trinker, noch zu warten. Der Gaumen ist ein perfektes Vergnügen mit dieser kleinen Fruchtbombe und der ausgewogenen Säure – eine Stilfrage also.

○ **2013 Zeltinger Sonnenuhr**
Riesling, Auslese
€€€€
Die Zeltinger Sonnenuhr gilt wie ihre Nachbarin, die Wehlener, als eine der besten Weinlagen der Welt. Der blaue Devonschiefer mit der steinreicheren Unterlage ist etwas leichter und bringt daher auch Weine, die um Nuancen rassiger, mineralischer und feingliedriger erscheinen. Die 2013er sind für Jäger und Sammler. Die Nase braucht ihre Zeit zur Reife. Dezente Melonennoten, Honig, Joghurt, Gartenkräuter. Frische, fetzige Fruchtsäure, sehr elegant, gute Balance, verlangt noch nach Entwicklung.

○ **2011 Wehlener Sonnenuhr**
Riesling, Auslese
€€€€
Die Wehlener Sonnenuhr wurde 1842 von Jodocus Prüm als Symbol für beste Weine und zur Zeitorientierung der Arbeiter erbaut. Das von Tonschieferverwitterungsböden geprägte Südsüdwest-Steilgebiet gilt als eine der besten Weißweinlagen weltweit, ist allerdings mit 50 bis 70 Prozent Hangneigung für die Bearbeitung eine Herausforderung. Der Riesling mit seiner Frische, Mineralität und Frucht, der knackigen Säure, stoffigen Struktur und so lebendigen, leicht prickelnden CO_2 ist ein besonderer Trinkspaß.

○ **2004 Wehlener Sonnenuhr**
Riesling, Spätlese
€€€€€
2004 war ein perfektes Moseljahr, ausgeglichen in seiner Kühle und Frische. Zartes Hellgelb, klar und fein im kräutrigen Bukett. Viel Birne, Cox Orange, Ananas. So jung, so frisch, was für eine Überraschung nach mehr als zehn Jahren! Auf der Flasche müsste „komme in zehn Jahren wieder" stehen. Begeisternde Lebendigkeit, Spannung und unglaubliche Frische.

○ **1997 Graacher Himmelreich**
Riesling, Auslese
€€€€€
Ein klassischer Jahrgang mit einigen Tücken. Helles Strohgelb, also immer noch jugendlich. Zupackender Duft mit würzigen Noten von nassem Stein, Schiefer, Zimt, getrocknete Aprikose, zarte Petrolanklänge. Ein begeisterndes, gelassenes Spiel von Süße und Säure, das dem Wein einen unheimlich schönen Glanz verleiht.

Joh. Jos. Prüm
2007
Wehlener Sonnenuhr
Spätlese

Die Weine vom Scharzhof und Egon Müller IV. sind Meilensteine und Zeitzeugen der deutschen Weingeschichte zugleich. Es sind aber auch die besten Süßweine der Welt. Ich glaube, kein Weingut in Deutschland kann mit der internationalen Wertschätzung von Egon Müller-Scharzhof mithalten. Dafür haben seine Vorfahren, insbesondere zuletzt sein Vater Egon III. mit seinen legendären Auslesen, Beerenauslesen und Trockenbeerenauslesen gesorgt. Das sind, waren Weine, von denen die Weinwelt heute nur träumen kann, wie gesagt Zeitzeugen.

Mit Jean-Jacques Koch hat 1797 alles begonnen, er erwarb von der République française kurz nach der französischen Revolution das Gut. Unter Egon III. fanden dann Veränderungen in Form von Zukäufen statt, so erwarb er Flächen in den Wiltinger Lagen Kupp und Braune Kupp des Weinguts Le Gallais, ein paar weitere Parzellen sollten folgen. Heute bewirtschaftet der Scharzhof 16 Hektar, wovon sich allein etwas mehr als acht im Scharzhofberg befinden, jener legendären Lage. Sie liegt direkt hinter dem Haus, man könnte sie locker auch den Hausberg nennen. Schließlich hat das Anwesen seinen Namen auch von diesem von der Natur geprägten und gesegneten Weinberg.

Egon IV. führt heute fort, was ihm als Erbe in die Wiege gelegt wurde. Das ist keineswegs nur Vergnügen, toller Wein und große Reisen durch die Welt. Sein Alltag ist ebenso mit Arbeit gefüllt, wie der eines jeden anderen erfolgreichen Winzers. Zwar findet hier kein Verkauf ab Hof statt, auch kein Publikumsverkehr, obwohl das schöne, in die Jahre gekommene Anwesen verkehrstechnisch günstig an der Straße nach Oberemmel liegt. Das war schon immer so, die Weine werden zum großen Teil auf der alljährlichen Versteigerung in Trier angeboten und direkt an den ausgewählten Handel weitergereicht. Einzelne Restau-

Scharzhofberg

Egon Müller Scharzhof

WILTINGEN, MOSEL, (VDP)

rants werden auf Anfrage auch direkt beliefert. Auf den internationalen Märkten wurden die Weine vom Scharzhof schon zu Preisen verkauft, von denen die Bordelaiser vor mehr als 60 Jahren nur träumen konnten. Der beste Süßwein der Welt hat nun mal seinen Preis.

Sehr zurückgezogen lebt die Familie im Weingut, bis auf die nötigen Reisen zu den weltweit verstreuten Kunden, insbesondere im asiatischen Raum. Ehrungen und Auszeichnungen schmücken auch Egon Müllers Brust, wenn man das so formulieren will, aber das betrachte ich eher als Eulen nach Athen tragen.

Jahrgänge wie 2013 waren die Katastrophe schlechthin: 30 Prozent der üblichen Ernte, die kleine Menge des Schwesterguts Le Gallais fand im Basisriesling des Scharzhofs ihre Bestimmung. Solche Jahre dürfen den Betrieb nicht oft erschüttern, schließlich lebt man hier nur von einer Ernte. Dafür existieren aber dann die Weine über Jahrzehnte in den Kellern der Liebhaber und Sammler.

BESTE LAGEN / REBSORTEN

Scharzhofberger, Wiltinger Braune Krupp (im Alleinbesitz) / Riesling u. a.

WEINE

○ **2014 Scharzhofberger**
Riesling, Kabinett
€€€€€
Selbst mit den noch ungestümen Gäraromen weiß dieser Kabinett trotz seiner Jugend die Sinne zu verwirren. Nein, keineswegs wegen des Alkohols, es ist die pure Lust am Trinken. Das ist die Krux mit den lieblichen Geschöpfen, sie lassen sich genießen ohne Ende, besonders mit einer teils knalligen Säure wie hier, hell, klar mit vielen Wiesenkräutern, Apfelvariationen, Sternfrucht, Verveineblättern. Große Spannung, fliegende Leichtigkeit, Spuren von Ingwer, saftig und sehr animierend beim Trinken. Die Kabinettstücke vom Scharzhof sind auch nach 15 Jahren top.

○ **2014 Scharzhofberger**
Riesling, Spätlese
€€€€€
Zweimal probiert, im Weingut und in München. Faszinierend ist der überragende Duft, frisch und klar mit kompakten Zitrustönen von der Grapefruit über Limette bis zur süßlichen Amalfizitrone. Kapstachelbeere und Weinbergpfirsich. Im Gaumen dann das aufregende Spiel der Süße und Säure, ein swingender Wein? Ja, das ist er. So fein, so leicht und elegant, bloß nicht aufhören, immer nachschenken, danke! Wenn's nur nicht ein so teures Vergnügen wäre.

○ **2009 Scharzhofberger**
Riesling, Spätlese
€€€€€
Auf dem Weingut direkt vom Keller blind serviert, ich hatte keinen blassen Schimmer. Egon Müller grinste, ich wurde immer nervöser, weil durch den Kork bedingt eine Oxidation den großen Jahrgang wesentlich reifer erscheinen ließ. Mit der Luft im Glas wurde es dann besser. Vom Goldenen Delicious-Apfel bis zu getrockneter Aprikose entdeckte ich reduktive Fruchtnoten. Dazu Nüsse und steiniger Schieferboden. Nach 15 Minuten begann er sich zu öffnen. Schade, diese Flasche hätten wir dekantieren müssen. Im Mund war das ein Feuerwerk an Delikatesse schlechthin. Soviel cremige, reife und doch präsente Säure, sie ließ der Süße noch nicht viel Platz, noch ist sie die Herrin in der Flasche. Ich komme wieder.

○ **1999 Scharzhofberger**
Riesling, Auslese
€€€€€
Helle, grüngelbe Farbe. Im Bukett gleich ein ganzer Strauß von Aromen, die bei Aprikose beginnen, sich über Birne, Lindenblüte, Lemongras, Limone bis Cavaillonmelone fortsetzen. Filigran im ganzen Körper, aber mit unheimlicher Spannung, feinster, knackiger Säure, persistenter Mineralität mit leichter Salzigkeit auf den Lippen. Die feinste Restsüße tanzt leichtfüßig mit der Fruchtsäure ununterbrochen heiße Rhythmen. Ein Paradebeispiel für einen Wein, die große Kunst des Weinmachens. Dabei ist das nur einer von vielen, die in den dunklen Kellern von Egon Müller schlafend auf ihre Bestimmung warten. Ach wäre ich doch immer wieder dabei!

Weingut Scharzhof

Van Volxem

WILTINGEN, MOSEL (VDP)

Um einem so beeindruckend wortgewaltigen Menschen wie Roman Niewodniczanski, einem blitzgescheiten noch dazu, an dieser Stelle gerecht zu werden, lässt man am besten Fakten sprechen.

Mitten im historischen Zentrum von Wiltingen liegt das geschichtsträchtige Weingut Van Volxem, das er 1999 gekauft hat. Davor hat er Wirtschaftsgeografie und Betriebswirtschaft studiert. Als Spross der Bitburger Dynastie hatte er weniger finanzielle Probleme, wohl aber Verpflichtungen und große Ziele. Er restaurierte, natürlich denkmalgerecht, erweiterte den Besitz mit Spitzenlagen rund um Wiltingen, die er den Besitzern abgekauft hat, weil ihnen teils die Bearbeitung zu mühsam war, sie zu alt geworden sind oder keine Rentabilität darin gesehen haben. Leidenschaft und Visionen treiben den energiegeladenen und cleveren Geschäftsmann an. 2004 konnte er mit Dominik Völk als Gutsdirektor das Team verstärken und hat in ihm einen Partner gefunden, der seine Passion für Wein teilte. Gemeinsam gingen die beiden den arbeitsintensiven Weg, die Weinberge so zu stärken und zu präparieren, wie es nötig war, damit die Reben wieder beste Qualitäten liefern konnten. Sie karrten tonnenweise Erde an, füllten auf, was abgeschwemmt worden war. Dass die Böden wie die Reben nur schonend bearbeitet werden, versteht sich von selbst.

Roman ist seinen Reben und den Böden nah, er weiß, worauf es ankommt, was sie brauchen, aber auch, was nicht. So ist der stets wache Geist immer auf der Suche nach dem, was noch ein Tick besser ist, wie er und Dominik Völk die Weine von Van Volxem zusätzlich optimieren können. Ich bin mir ganz sicher: Wäre Weinmachen eine sportliche Disziplin, er würde nicht ruhen, bis er die Goldmedaille in der Tasche hätte. Und wenn es soweit wäre, würde er wie ein Löwe kämpfen, um sie zu behalten. In seinen Weinen wünscht er sich Dichte, Komplexität, Tiefe und möglichst viel Struktur. Ausgewogenheit und innere Harmonie sind für ihn eine Selbstverständlichkeit. All das verlangt er als Gast, aber das fordert er auch von seinen eigenen Weinen, immer bereit zuzuhören, wie sie eingeschätzt werden. Damit er seinen großen Lagenweinen noch mehr Qualität abringen kann, hat er beim Fassmacher Fässer aus bestem Holz, auch aus heimischem, eingekauft. Letztes Jahr ergab sich die Chance seines Lebens: Bei einer Flasche 1964er Geisberger Riesling aus dem längst überwucherten, ehemals hoch geschätzten Weinberg im benachbarten Ockfen erkannte er, dass die Lage rekultiviert werden muss. Zusammen mit seinem Freund und Partner Markus Molitor und zahlreichen Helfern hat er das Geisbergprojekt gestartet. 14 Hektar groß ist die Lage, die schon gerodet ist und 2016 mit eigenen Klonen bepflanzt werden wird. Er nennt das Millionenprojekt die Wiedergeburt einer Riesling-Legende. Ich bin sehr neugierig.

BESTE LAGEN / REBSORTEN

Wiltinger Gottesfuß, Kupp, Braunfels, Scharzhofberger, Kanzemer Altenberg, Wawerner Goldberg, Herrenberger / Riesling u. a.

WEINE

○ **2014 Saar**
Riesling, trocken
€€
Der Saar-Riesling überrascht mich immer wieder, Jahr für Jahr. Inzwischen zählt er erneut eindeutig zur trockenen Liga. Die konstante Qualität macht große Trinkfreude, auch wenn die Säure ihren Platz noch sucht. 2014 mit gelbfleischiger Frucht, dezente Kräuter, mehr Anklänge von Schiefer. Ausgewogenes, gutes Säuregerüst, mit spielerischer, saftiger Kraft.

○ **2014 Wawerner Goldberg**
Riesling
€€€
Strahlend, glänzende Frucht und große Frische, durch und durch mit reichlich Grapefruit, Minze, Kerbel, viel Apfel, Steinobst, Quitte. Ausgeprägt die mineralische Salzigkeit, die auf den Lippen steht. Wirkt etwas trockener als Volz, sogar einen Touch frischer. Schön in der Balance, insgesamt ein herrlicher Trinkfluss trotz dieser Jugend. Starker Abgang mit langem Zug.

○ **2012 Wiltingen Volz**
Riesling
€€€€
Im Volz entdecke ich mit der Reife eine Symbiose von Mineralik und starker fruchtbetonter, kristallklarer Aromatik. Feinblumig strahlt er, gibt sich betont frisch, erst mal auf die knackige Art mit feiner Säure, pikant und anregend. Beere für Beere schmeckt man da im Mund, mit einer Wahnsinnspräzision, die fast messerscharf Säure und Restsüße voneinander trennt. Eigentlich ein Feuerwerk, aber ohne Böller, einfach nur schön.

○ **2012 Scharzhofberger „P" Pergentsknopp**
Riesling
€€€€
Große Lage, großer Name. Aus der historischen Parzelle. Opulentes Parfüm als Duft, der deutlich an einen Gewürzmarkt mit Kurkuma, Kümmel, Fenchel erinnert. Getrocknete Orangenschale, Spuren von Kräutertönen. In der Summe ein betörendes, ganz wunderbares Bukett. Im Mund ist diese Dichte und innere Balance mit reifer Säure, von der Roman immer spricht. Hier scheint sie auf dem Laufsteg mit Tiefe und Schönheit zu repräsentieren. Unglaubliche Kraft und doch so elegant.

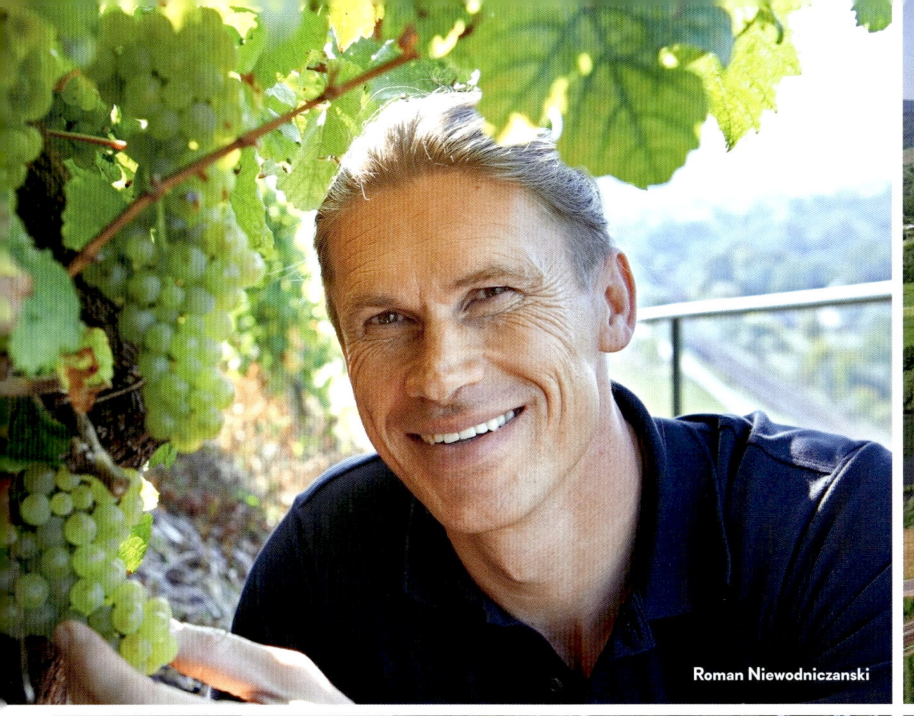
Roman Niewodniczanski

Blick vom Scharzhofberg

Weingut Van Volxem

Markus Molitor

BERNKASTEL-WEHLEN, MOSEL

Im Weingut Molitor hätte man allein im letzten Jahr viel zu feiern gehabt, wäre man all den Auszeichnungen, Höchstbewertungen und den ganzen Lobeshymnen in Presseartikeln gefolgt. Für viele Weinmacher bedeuten Punkte und Bewertungen verständlicherweise ja so viel wie die Butter auf dem Brot; Markus Molitor ist zu Recht stolz darauf, hat in jedem Fall aber wenig Zeit zum Feiern. Sein Arbeitspensum ist so gewaltig, dass meine Vorstellung gar nicht dafür ausreicht, wann und wie er alles schafft. Im Weingut Molitor ist er für alle und alles da. Nichts überlässt er dem Zufall, nichts geschieht ohne sein Wissen, überall denkt und lenkt er, sagt, wie was gemacht wird, legt selbst Hand an und ist dabei noch ständig auf Achse. 2014 war es 30 Jahre her, dass er den elterlichen Betrieb übernommen hatte. Damals war er 20, das echte Garagenweingut hatte nur drei Hektar Rebfläche. Inzwischen sind es mehr als 60, die meisten in Steillagen, manche mit schon lebensgefährlicher Neigung. Liest man die jährliche Angebotsliste, glaubt man eher an ein Vinotheksverzeichnis, das den Preis für das beste Angebot der Region gewinnen will. Pro Jahrgang füllt er spielend 40 unterschiedliche Weine aus bald zwei Dutzend Lagen, mit x Qualitätsstufen – von den besten der Mittelmosel und der 60 Kilometer entfernten Saar, versteht sich. Die letzte neue Errungenschaft hat er mit Roman Niewodniczanski, Van Volxem, in Ockfen getätigt.

Wenn die Weinlese erst einmal begonnen hat, verbringt Molitor bekanntlich die Tage in den Weinbergen, die Nächte im Keller, Schlafen ist gestrichen. Seit 1988 produziert er alle Qualitätsstufen inklusive Beeren- und Trockenbeerenauslese, die Höchstpreise erzielen. Die dreimal 100-Parker-Punkte für fruchtsüße Auslesen aus 2013 sind in Deutschland unerreicht. Als sei das nicht genug, erlebt dank Molitor der Spätburgunder eine Renaissance an den Schieferhängen der Mosel, und die Szene war einigermaßen platt, als sein 2009er Pinot Noir *** nicht nur in diesem Jahrgang unter den erstplatzierten Spätburgundern in Deutschland landete.

Sein Programm ist klar eingeteilt. Flaschen mit weißen Kapseln sind trocken, Grün bedeutet feinherb und Gold frucht- und edelsüß. Bei meinem letzten Besuch wurde ich nicht nur kulinarisch verwöhnt. Zwei Dutzend Weine hat er serviert. Im Süßweinbereich war ich auf einem anderen Stern.

BESTE LAGEN / REBSORTEN

Wehlener und Zeltinger Sonnenuhr, Graacher Domprobst, Bernkasteler Badstube, Lay, Graben, Ürziger Würzgarten, Erdener Treppchen, Saarburger Rausch, Ockfener Bockstein u. a. / Riesling, Spätburgunder, Weißburgunder

WEINE

○ **2011 Wehlener Klosterberg ***
Pinot Blanc, trocken
€€€€**

MM kann noch mehr als Riesling und Spätburgunder. Wie könnte es anders sein, auch der Pinot Blanc zählt zu den besten dieser Rebsorte. Ausgeprägter, vielschichtiger Duft, der begeistert. Von weißen und gelben Blüten, Gartenkräutern, Früchten wie Birne, Banane bis Haselnuss und Kokos. Immer wieder finde ich neue Nuancen, die sich bis zum Gaumen fortsetzen. Dort überrascht die Dichte, Komplexität, Tiefe und Kraft, welche von einem Touch perfekt platzierter Restsüße getragen scheint, zu guter Letzt vom lebendigen Säurespiel raffiniert umzingelt wird. Ein großer Pinot Blanc!

○ **2009 Zeltinger Sonnenuhr „Fuder 6"
Riesling, Kabinett
€€€**

Hier hatte ich das Paradebeispiel für den Jahrgang, die Qualitätsstufe, die Lage, Böden, für Markus Molitor – wow! Rundum ganz wunderbar. Große mineralisch geprägte Nase, eindeutig die Herkunft abzulesen, sehr dicht und komplex gemacht. Schiefrig, mineralisch, leichtes Petrol. Kompaktes, rundum straffes Paket und doch so leicht, schwebend.

● **2011 Trarbacher Schlossberg ***
Pinot Noir
€€€€€**

Diesen Pinot Noir hat er 2011 in zwei Varianten gefüllt, mit zwei und drei Sternen. Ich meine, beide sind großartig, die ** trinken sich derzeit einfach früher und leichter. Helles Ziegelrot, opulente Burgundernase, viel Erdbeere und rote Früchte. Schiefrig, kräutrig, Rosmarin, Thymian, Speck, Rauch, Graphit, Bleistift. Seide, Samt, üppige innere Werte mit endloser Spannkraft seiner feinen Tannine, die ihre Reife verlangen. Das Potenzial reicht für 20 Jahre!

○ **2006 Graacher Himmelreich
Riesling, Auslese ***
€€€**

Vom Extrakt und Mostgewicht her ist diese „nur Auslese" eigentlich eine Trockenbeerenauslese. Strohgelb, intensives, erfrischendes Bukett mit Eukalyptus, Minze, Feige, dezentes Rosinenaroma, aber glockenrein. Präzise Frucht, eine beeindruckende Säure, kühl, fein, mit pikant salzig-süßem Touch am langen Ende – großartig!

Das renovierte Weingut Haus Klosterberg

Dr. Loosen

BERNKASTEL, MOSEL (VDP)

Wer Dr. Ernst Loosen nach seiner Weinphilosophie befragt, bekommt zunächst einmal die Antwort „Ein großer Wein entsteht im Kopf" und „Große Weine sind der perfekte Ausdruck des Bodens, des Klimas und der Rebsorte". Das steht so auf seiner Homepage, das erzählt er jedem, der es wissen will. Das hat seine Hintergründe. Schon bevor er in das Familienunternehmen einstieg, war er oft auf Reisen, hat sich weltweit mit großen Weinmachern getroffen und viel dabei erfahren, unter anderem eben das. Ernst hat gelernt, dass man sich beim Weinmachen klar sein muss, was man will, bevor man mit der Arbeit beginnt. In seinem Fall, wie der von ihm hergestellte Wein denn schmecken soll. Gut? Ja! Sehr gut? Ja! Ausgezeichnet? Ja! So kommt eine Stufe nach der anderen, und damit entstehen die Voraussetzungen, die es zu schaffen gilt. Die eine oder andere hat man schon erklommen, so wie Ernst auch. Zum Weingut zählen 22 Hektar Rebfläche und alle sechs dazu gehörenden Einzellagen wurden schon 1868 als „Erste Lagen" ausgewiesen. Diese entsprechen in der neuen VDP-Qualitätshierarchie Großen Gewächsen, nach französischem System aus Burgund Grand-Cru-Lagen. Bei Dr. Loosen werden diese seit 1988 als Einzellagenweine abgefüllt. Alle übrigen Tropfen kommen als Gutsweine auf die Flasche. In den steinigen und skelettreichen Schieferböden hat sich die Reblaus wohl nicht wohlgefühlt, daher sind auch in den alten Weinbergsparzellen Rebstöcke bis zu 100 Jahre alt und ein großer Teil der Anlagen als Einzelstockerziehung bepflanzt. Seit 2008 wird bei allen trockenen Weinen mit Spontanvergärung in alten 3000-Liter-Fudern gearbeitet. Längere Reife auf der Hefe im Fass ist inzwischen Standard, Reserveweine liegen bis zu 36 Monate und noch ein weiteres Jahr in der Flasche.

Der Rest ist viel Erfahrung und harte Arbeit. Ernst Loosen hat ein zweites Weingut, die Villa Wolf in der Pfalz, und in Oregon macht er zusammen mit J. Christopher Pinot Noir. Kein anderer Winzer verbringt mehr Zeit in der Luft, nicht nur wegen Freudensprüngen, sondern um seine Weine, seinen Riesling zu präsentieren. Die Liste der Auszeichnungen und Awards reicht für mehr als nur ein Glas dieser Rebsorte.

BESTE LAGEN / REBSORTEN

Bernkasteler Lay, Erdener Prälat, Treppchen, Graacher Himmelreich, Wehlener Sonnenuhr, Ürziger Würzgarten / R iesling

WEINE

○ **2014 Blauschiefer**
Riesling, trocken
€
Für den sogenannten Brot- und Butter-Wein möchte ich hier auch mal eine Lanze brechen. In der Weinregion würde ich Winzerschoppen sagen, weil der besser schmecken muss als Basisweine, die Winzer trinken ja hoffentlich kritischer. Der Blauschiefer ist ein Purist mit ausgeprägten Terroirreflexen. Trocken, beintrocken sogar, Moseltradition eben. Zug und Druck und durchaus fruchtige Töne mit Kern.
2013 Bernkasteler Lay

○ **2013 Bernkasteler Lay**
Riesling, Großes Gewächs
€€€€
Der tiefgründige Schiefer der Lay am Ortsausgang von Bernkastel bringt in Verbindung mit idealem Wetter die eher fruchtigeren Typen mit Apfelnoten. So ist der 2013er saftig, charismatisch, sehr frisch und trinkbereit mit einer feinen Speerspitze Süße und Säure und einem anständigen Rückgrat.

○ **2012 Wehlener Sonnenuhr**
Riesling, Großes Gewächs
€€€€
Ernie meint, sie sei die Primaballerina unter den Wehlener Lagen. Die elegantesten, feinduftigsten Rieslinge wachsen in dem steilen Weinberg mit flachgründigem Blauschiefer. Ein Potpourri von Äpfeln und Limette habe ich so nie gehabt. 2012 ist die Säure etwas cremiger, leicht laktisch. Fein strukturiert, mit viel Schwung und Bewegung im Mund.

○ **2011 Erdener Prälat Reserve**
Riesling, Großes Gewächs
€€€€€
Vorzeigelage, Herzstück, Paradewein und dazu das einmalig alte Etikett, ein Hit der deutschen Weinkultur! Hier gibt es ein perfektes Kleinklima, die Reben wachsen geschützt und geben ihr Bestes. Erstmals 2011 als Reserve gemacht. Die Schelte vom VDP wegen der Eigeninitiative in der Namensgebung ist sicher. Tropische Frucht und Exotik pur, hinreißender Duft. Hier passt alles ohne Wenn und Aber. Bewegtes Spiel von Säure, Süße, Mineralität und Terroircharakter. Salzige Noten, faszinierende Musik kommt auf, ein Wein, der singt zwischen Himmel und Erde ohne Ende! Großes Kino.

Schloss Lieser

LIESER, MOSEL (VDP)

An der Mittelmosel nahe Bernkastel-Kues, in direkter Nachbarschaft des prachtvollen Schlosses Lieser und diesem auch angeschlossen, befindet sich das Weingut von Thomas Haag. Bewegte Zeiten haben beide Anwesen hinter sich. Das Schloss, Wahrzeichen von Lieser, aus dem Grauschiefer der Region gebaut, hat nach vielen Dürrejahren einen neuen Besitzer, der das Anwesen zu einer Luxusherberge umbaute.

Das Weingut Lieser war auch einst Sitz des Freiherrn von Schorlemer. Durch mehrmaligen Verkauf des Gutes in den 70er und 80er Jahren wurde nicht nur sein Ruf geschädigt, sondern die Qualität der Weinberge war ruiniert. Da erwartete Thomas Haag, den Sohn des berühmten Winzers Wilhelm Haag aus Brauneberg, ein hartes Stück Arbeit, als er Anfang der 1990er Jahre kurz vor der Traubenernte als Betriebsleiter und Kellermeister in den Betrieb einstieg. 1997 konnte er das Weingut endlich käuflich erwerben. Auf den heute 17 Hektar Rebfläche erzeugt er in besten Lagen ausschließlich Rieslingweine, die mittlerweile zur Spitze in Deutschland und zur Weltelite gezählt werden können.

In diesem Jahr feiern Thomas und Ute Haag mit ihrem Team den Aufstieg in den Olymp des Weines, deshalb sei hier auch gratuliert: Chapeau, Glückwunsch! In allen Publikationen höchste Bewertungen: 5 Trauben Gault Millau; 5 Sterne Eichelmann, 5 FFFFF Der Feinschmecker. Das alles haben sie geschafft von Null aus, eigentlich von Minus auf Hundert – mehr geht nicht. So ist es denn in 20 Jahren gelungen, das Gutshaus aus dem 19. Jahrhundert komplett zu sanieren und das Weingut unter den besten der Welt zu platzieren. Dass die Weine in über 25 Ländern der Welt verkauft und geschätzt werden, ist ein weiterer Erfolg, der aber auch mit viel Arbeit verbunden ist.

Im Weinberg wie im Keller ist Qualität Haags höchste Maxime. So wenig wie möglich, soviel wie nötig lautet sein oberstes Gebot. Naturnahe Bearbeitung der Weinberge, konsequente Mengenreduzierung, selektive Handlese in mehreren Durchgängen und schonende Verarbeitung des Leseguts im Keller sind hier selbstverständlich. Was daraus entsteht, sind glasklare Weine mit einer Reintönigkeit, die großes Trinkvergnügen bereitet. Das habe ich an den Weinen von Schloss Lieser schon in den frühen Anfängen geschätzt und tue es heute noch. Und das alles zu sehr moderaten Preisen.

Thomas Haag

BESTE LAGEN / REBSORTEN

Lieser Niederberg Helden, Lieser Schlossberg, Brauneberger Juffer und Juffer Sonnenuhr / Riesling

WEINE

○ **2014 Riesling SL**
trocken
€€
Der SL ist ein fröhlicher Charakterwein mit elf Volumenprozent. In der schwäbischen Automanufaktur wäre das die E-Klasse, Cabriolet. Eine Cuvée der Lagen Helden, Himmelreich, Schlossberg. Ausgeprägte florale, vegetale Nase, Ginster, Heublumen, Klee, Fenchel. Mit etwas Luft kommt mineralische Power, nasser Schieferboden. Schwungvoll mit Schmelz, Saft und Rasse schießt er ungebremst in die Zielgerade. Das Bündel Zitrussäure verlangt allerdings nach einem Spoiler, wie etwas mehr Reife.

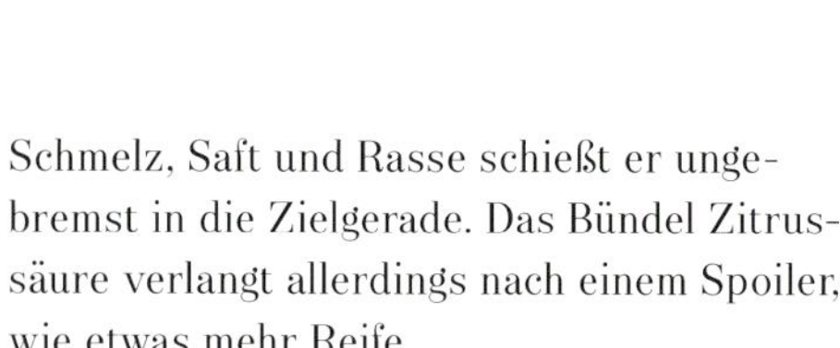

○ **2014 Wehlener Sonnenuhr**
Riesling, Kabinett
€€
Die Sonnenuhr tickt noch nicht ganz im richtigen Takt. Damit meine ich, dass der Spontiduft Zeit zur Reife braucht – oder eine Karaffe. Die wilden Gäraromen machen so weniger Spaß. Im Mund dagegen super! Ein unverschämt leichtes Gefühl, aufsteigende Süße, saftig, filigranes Spiel. Tiefe Mineralik, die wie feinstes Salz Spuren auf den Lippen hinterlässt. Fordernd, ein wenig keck und frech. Die zarte Süße hat mit der Säure ein leichtes Spiel.

○ **2014 Niederberg Helden**
Riesling, Spätlese
€€
Feinste Rieslingfrucht mit einem Hauch Exotik, Stachelbeere und Rhabarber, sehr feine, ausgefeilte Säure mit Schliff, kristallin, beinahe klirrend. Ein Wechselspiel von Süße und Säure, aufregend wie ein gutes Tennismatch. Eine glockenreine, federleichte Spätlese im klassischen Sinn für Liebhaber leichter Süße mit cremigen Noten.

Fritz Haag

BRAUNEBERG, MOSEL (VDP)

Wenn man so will, habe ich mit den Weinen von Olivers Vater, Wilhelm Haag, Riesling trinken gelernt. Das mag ein wenig damit zusammenhängen, dass mein Interesse und meine Liebe zum Wein mit edelsüßen Varianten begonnen hat, und darin ist Wilhelm Haag mit wenigen Kollegen an der Weltspitze angesiedelt. Sein jüngerer Sohn Oliver, der 2005 die Verantwortung im Dusemonder Hof übernommen hat, ist in den trockenen Weinversionen im Ausbau etwas mutiger, oder wie mir scheint, etwas konsequenter. Die Auswahl der dafür nötigen Trauben fällt ihm mit einer Betriebsgröße von mittlerweile 18 Hektar auch leichter. Oliver Haag hat bei Hermann Dönnhoff, im Karthäuserhof und danach fünf Jahre bei den Wegelers als Betriebsleiter gearbeitet. Ich mag diese Weine im Hause Haag jedenfalls sehr und schätze die unterschiedliche Stilistik von Vater und Sohn. Im restsüßen Bereich folgt Oliver allerdings ganz dem Vater, der ihn ja nach wie vor tatkräftig unterstützt. Wie viele Jahrgänge ich genau von diesem Weingut gekauft und wieder verkauft habe, weiß ich nicht genau, aber sicher waren es mehr als 25. 2014 hat bis zum Herbst alles gepasst, dann kam der Regen und damit über 30 Prozent Verlust in den Mengen durch Fäulnis. Die Folge: keine Spitzenweine, keine Goldkapsel, keine Beerenauslese und auch keine Trockenbeerenauslese. Dennoch hat der Jahrgang auch seine guten Seiten. Allein die trockenen Varianten zu beurteilen ist ein Vergnügen, und die edelsüßen aus den Jahren zuvor entschädigen auf alle Fälle. Alles in allem passt geschmacklich der Jahrgang, die kleine Erntemenge muss allerdings verschmerzt werden.

Die Brauneberger Juffer und Brauneberger Juffer Sonnenuhr sind mit zehn Hektar das Herzstück der Familie und der Lage. Die Juffer zieht sich mit ihren 32 Hektar zwei Kilometer entlang der Mosel, sie liegt gegenüber der Ortschaft Brauneberg und ist eine reine Schiefersüdlage mit teils stolzen 80 Prozent Steigung und 100 Prozent Riesling. Ihre Namensgebung geht zurück auf drei Schwestern, die Töchter des ehemaligen Besitzers Wunderlich, die allesamt Jungfern, also „Juffern", blieben.

BESTE LAGEN / REBSORTEN

Brauneberger Juffer Sonnenuhr und Brauneberger Juffer / Riesling

WEINE

○ **2014 Brauneberger „J"**
Riesling, trocken
€€
Zartes Grüngelb, brillante, frische Frucht, die mit Apfel beginnt, dann Ananas an die Front schiebt, Grapefruit, Mango, Limette als Begleiter ausgewählt hat und sich dann Richtung Finale auf schiefrige, kühle Nuancen konzentriert. Alles ganz einfach, immer der Nase lang. Packender Schmelz, sehr schön der Bogen zwischen Fruchtsüße und Säure, die natürliche Balance, die Leichtigkeit und Trinkfreude. Ein eindrucksvoller Wein wie schon lange nicht mehr, ein Meisterstück!

○ **2011 Brauneberger Juffer Sonnenuhr**
Riesling, Auslese
€€€
Diese 2011er Juffer Sonnenuhr wäre wieder so ein Kandidat, von dem ich gern täglich naschen würde. Ein himmlischer Wein, weil so rein und klar wie ein tiefgründiger Bergsee. Jugendlich, voller Saft, Lebenslust und Lebendigkeit, fein ohne Ecken, ohne Kanten, durchdringend mit großer Zukunft. Im Duft wunderbar mit gelbfruchtigen Kernobstnoten, leichte Exotik, Kokosnuss und Butterkuchen. Im Ganzen eine Harmonie, die so nur wenige in Deutschland hinbekommen.

○ **2013 Brauneberger Juffer Sonnenuhr**
Riesling, Beerenauslese
€€€€€
Im Vergleich der Jahre 2013 und 2014 liegt 2013 vorne, hier konnten alle Qualitätsstufen bis zur Spitze geerntet werden. Mit glasklarer, brillanter Ausstrahlung zeigt sich dann auch diese Beerenauslese, obwohl sie noch viel zu jung ist. Von Apfelduft und Ananas bis Honigmelone, Passionsfrucht. Stramme, aber reife Fruchtsäure, feine, keineswegs üppige Süße, delikater Nachhall, der ebenso in seiner Klarheit überzeugt.

Die Brauneberger Juffer Sonnenuhr

Heymann-Löwenstein

WINNINGEN, MOSEL (VDP)

Reinhard Löwenstein hat 1980 mit seiner Frau Cornelia in Winningen an der Mosel, nahe Koblenz, das Weingut Löwenstein übernommen. Unsere gemeinsame Bekanntschaft liegt in meiner Düsseldorfer Zeit begründet, als ich dort im Restaurant *Victorian* seine Weine schätzen und lieben lernte. Er war der junge Rebell von der Mosel, der so gut wie alles anders gemacht hat als die ehrwürdigen, erfahrenen und anerkannten Weinmacher. Schon damals ging seine Denke in die Richtung: Alles, was dem Wein fremd ist, kommt auch nicht rein! Ein anderer wichtiger Punkt war, dass seine Weine durchgegoren waren, trocken wie kaum ein anderer in der Region – und zwangsläufig auch alkoholischer, voller und würziger.

Ich als Liebhaberin der großen weißen Burgunder aus Frankreich fand das wunderbar, die Gäste auch und so war alles gut. Nicht ganz, denn die berühmten Winzer der Mosel lehnten die Weine als befremdlich und damit auch Löwenstein ab. Unsere gegenseitigen Besuche festigten die Freundschaft, bis zu jenen Tagen, als Reinhard seine Philosophie im Ausbau der Weine geändert hatte. Ein schlauer Kopf wie er hatte seine Gründe dafür, die ich nach und nach auch erkannte, und mein Groll verzog sich wieder, aber bis dahin war viel Wasser die Mosel hinuntergeflossen. Hin und wieder berichteten es Freunde, und irgendwo konnte ich es dann auch lesen: Heymann-Löwenstein macht jetzt wieder trockenere Weine, nicht nur trockene – aber die Hauptsache war, dass er sie wieder machte. Seine Qualität war ja immer untadelig, und dazu hat er die besten Lagen. Schwindelerregende, fast lebensgefährliche Terrassenlagen, bei denen jede Versicherung aussteigt. Seine Leidenschaft für die Mosel und den Riesling ist sehr groß, dafür bringt er jedes Opfer, und das kann man in seinen Weinen auch schmecken. Ich würde fast sagen, dass es Weine mit seiner Aura sind, ja sogar in der Spitze intellektuelle Geschöpfe, die vom umsorgten Rebstock in den Keller wandern und dort naturbelassen bleiben, aber dennoch von ihm dahin gelenkt werden, wo sie hinzugehen haben. Kinder, denen er mal mehr oder mal weniger freien Lauf schenkt. Dabei sind die wilden Hefen noch weithin verständlich. Bei Klangröhren, die Töne von sich geben ähnlich äolischen Harfen, nimmt der eine oder andere schon mal das Wort Hokuspokus in den Mund. Nicht immer gingen seine Ideen gut, aber fast immer. Damit lebt der Freigeist, und seine Familie versteht ihn, folgt ihm. Er ist glücklich in seiner Haut, ist von den Kollegen längst anerkannt – auch von den Betagteren – und die Presse feiert ihn und seine Weine. Ich übrigens auch.

BESTE LAGEN / REBSORTEN

Winninger Uhlen Blaufüßer Lay, Uhlen Laubach, Uhlen Roth Lay, Winninger Röttgen, Hatzenporter Kirchberg und Stolzenberg / Riesling

WEINE

○ **2013 Winninger Röttgen**
Riesling, Großes Gewächs
€€€
Dafür bin ich dankbar, weil ich meine, den Wein im Glas zu schmecken, der mich in diesem Keller schon so oft begeistert hat. Der erste Eindruck: kühl wie Eisbonbon, tropisch wie ein Planter's Punch, ganz präzise in der mundfüllenden Säure und Süße, die hier nur eine untergeordnete Rolle spielen. Volles Programm am Gaumen, mit auffallender Trockenheit. Ein komplexer Charakter mit enormer Tiefe und großer Länge. Da hat sich im Stil eindeutig etwas verändert.

○ **2013 Winninger Blaufüßer Lay**
Riesling, Großes Gewächs
€€€€
Reifes Strohgelb. Nase eher exotisch und sehr frisch. Geht in Richtung Minze, Kerbel mit gelbfleischigem Obst. Am Gaumen mit packender, sehr frischer Säure, schön seine Mineralität. Viel Stoff, reiche, markante Karamelltöne. Wieder präzise, geradlinig, tief und bestens strukturiert. Lang im Abgang – hat eine sehr interessante Zukunft.

○ **2013 Winninger Uhlen Laubach**
Riesling, Großes Gewächs
€€€€
Als Freundin weißer Burgunder wiederhole ich gern: Damals schon und heute noch viel mehr gleicht der Uhlener Riesling in seiner Dichte, Fülle und Qualität immer wieder weißen Burgundern aus Puligny-Montrachet, und das nur aus bestem Haus! 2013 ist noch zu jung! Erde, Mineralität. Rund, saftig, feinfruchtig, zarter Bitterton. Sehr schöner Trinkfluss, trotz der Jugend.

○ **2013 Winninger Uhlen Roth Lay**
Riesling, Großes Gewächs
€€€€
Dass es heute aus der Lage Uhlen mehrere Abfüllungen gibt, liegt am Perfektionisten Löwenstein. Er hat sich intensiv mit der Lage beschäftigt, seine Weine bestätigen seine Mühen. Die Nase wird noch deutlich von Spontinoten attackiert, die Exoten Ananas, Maracuja, Kumquat oder Mango versöhnen aber. Tolle Säure, dichter Geschmack, super in der Balance gehalten. In Summe auch zu schade für den heutigen Genuss, aber man kann die Zeit des Wartens ja nicht nur mit Wasser verbringen. Bei so viel Präzision und Harmonie kann man schon mal schwach werden. Ganz viel kaufen und dann verstecken!

Clemens Busch

PÜNDERICH, MOSEL (VDP)

Wer den Begriff Terrassenmosel noch nicht kennt, dem empfehle ich, sich einmal diese gigantischen Weinlagen, diese halsbrecherischen Weinberge mit teils mehr als 65 Grad Hangneigung – die steilsten in Europa – zu betrachten. Hier bekommt man Schwindelgefühle oder Gänsehaut und Respekt vor der Leistung jener Winzer, die sich hier noch die Mühe machen, dem Berg alles abzuringen, was er zu geben hat. Neben Clemens Busch in Pünderich am oberen Teil der Mosel sei noch Heymann-Löwenstein in Winningen, am unteren Bereich bei Koblenz, erwähnt.

Rita und Clemens Busch bewirtschaften seit 1986 16 Hektar Rebfläche, etwa zwei Drittel davon in der Lage Marienburg. Ökologischer Weinbau wird konsequent seit den Anfängen betrieben, auch Junior Johannes ist nach Studienreisen und diversen Praktika im Weingut fest verankert.

Die unglaubliche, paradoxe Neuregelung des deutschen Weingesetzes von 1971, das löchriger als jeder Schweizer Käse ist, kommt auch hier in der Spitzenlage Pündericher Marienburg zum Tragen. Die früheren exakten Unterteilungen der einzelnen Lagen, auch Parzellen genannt, sind diesen Streichungen zum Opfer gefallen. Clemens und Rita Busch haben dieses Problem aber locker auf ihre Art gelöst und die alten Namen beibehalten oder wieder ausgegraben – basta.

Die steile Terrassenlage Pündericher Marienburg

Bei Clemens Busch muss man schon mehrere Flaschen und Jahrgänge probiert haben, bis man die Gesellenprüfung besteht und die Weine erkennen kann, aber diese Vielschichtigkeit ist ja Sinn und Zweck seines Schaffens. Und was den Abwechslungsreichtum der vielen unterschiedlichen Füllungen betrifft, kann ich es nur Glück nennen, dass es noch Menschen wie die Familie Busch gibt, die sich die Mühe machen und die Charakteristika der einzelnen Parzellen herausarbeiten und nicht alles der Einfachheit halber in einen Topf, pardon Tank, schütten. Die Fachpresse zählt seit Jahren dieses Weingut mit dem ruhigen, nachdenklichen und besonnenen Weinmacher zu den ersten Adressen an der Mosel und unter der deutschen Winzerelite. Ich tue das auch und danke für die Weinerlebnisse!

BESTE LAGEN / REBSORTEN

Pündericher Marienburg mit den Parzellen Fahrlay, Falkenlay, Felsterrasse, Weissenberg, Nonnengarten / Riesling, Spätburgunder, Müller-Thurgau

WEINE

○ **2013 Marienburger Felsterrasse Riesling**
€€€€
Rundum mein Wein, obwohl ich in den letzten Wochen des heißen Sommers so viel Riesling getrunken habe. Das schmeckt nach Belohnung, köstlich, bitte mehr davon. Der Duft lässt an frisches Heu, Strohblumen, nassen Stein und frische Ananas denken. Total wild, aber gut. Die Säure tanzt mit der Süße auf dem Hochseil einen gelungenen Balanceakt. Hier stimmt alles, ich trinke lieber, als dass ich schreibe. Dabei hält mich Frau Säure wach, einfach gut und köstlich.

○ **2013 Pündericher Marienburg Fahrlay Riesling, Großes Gewächs**
€€€€
Die Nase hält sich noch dezent verdeckt mit zitrigen Anfängen und grünen Apfelnoten. Im Mund ein gewollt trocken schmeckender Wein, der eine irre Spannung mit sich bringt. Tiefe, mit viel Extrakt, reichhaltig und mit

ziemlich knalliger Säure, die aber reif und fein wirkt. So wünsche ich mir viel mehr Große Gewächse, ausgewogen, trocken schmeckend und so lang, lang, lang!

○ **2008 Pündericher Marienburg Raffes Riesling**
€€€€€
Sollte ein Leser dieser Zeilen in den Besitz einer Flasche kommen, wird er meinen Groll über Vereinsstatuten und ähnlichen Unsinn verstehen. Ich kann die Flasche drehen, wenden wie ich will, mehr als dieser Name steht nicht drauf, und das ist grotesk. Bei mir stünde „Meisterstück", ein „Grand Cru", perfekt und großes Kino! Ich trinke sie alle selbst, Punkte vergeben kann Parker. Wie der Wein schmeckt? Sage ich besser nicht, oder doch soviel: Keks, Toast, Butterkuchen, Vanillekipferl. Höllisch gut!

○ **2007 Pündericher Marienburg Fahrlay Riesling, Großes Gewächs**
€€€€€
Neben der strohgoldenen Farbe begeistert der Duft derartig, dass man schon glücklich sein kann, wenn man nur riechen darf. Ich kenne das aus Kindertagen. Aprikose, Orangenschale, leicht getrocknete Mandarine, Kumquats, Anis, Safran, Kümmelsamen, einfach irre! Ausgewogen im Geschmack, mit lebendiger, aber gezügelter Säure, ruhig wie eine leise Quelle fließt er über die Zunge, lässt keinen Millimeter frei. Süße nur noch ahnungsvoll im Austausch mit cremiger Säure. Pures Glück!

Moselschleife Trittenheim

Ansgar Clüsserath und seine Tochter Eva Clüsserath-Wittmann

Ansgar Clüsserath

TRITTENHEIM, MOSEL

Eva Clüsserath tritt in die Fußstapfen ihres Vaters Ansgar und leitet mittlerweile mit ihm zusammen das Weingut. Mich hat sie mit ihren trockenen Weinen von 2012 und 2013 derart begeistert, dass ich sie unbedingt hier mit präsentieren möchte, wenn schon nicht mehr als Neuentdeckung, dann doch als Jungstar von der Mosel. Vielleicht kennt sie ja auch der eine oder andere Leser noch nicht. Zuletzt haben wir uns auf einer Weinmesse getroffen, wo sie mir die Weine ihres Ehemanns Philipp Wittmann präsentierte. Praktisch, dachte ich mir, einen Ehemann zu haben, der wunderbare Weine macht und super Weinlagen sein eigen nennt, man aber auch selbst sein Licht als Winzerin nicht unter den Scheffel stellen muss. Im elterlichen Weingut in Trittenheim an der Mosel ist sie seit 2001 für die Weine, ganz besonders für deren Herstellung im Keller, verantwortlich. Vater Ansgar unterstützt die vielbeschäftigte Tochter in den Weinbergen, in arbeitsintensiven Steillagen oder wo immer es nötig ist. Zwischen den beiden herrscht Einigkeit, man versteht sich blind, nur das Ergebnis zählt. Mit den extrem steilen Weinbergen an der Mosel ist die Arbeit ja kein Nebenjob oder gar eine Freizeitbeschäftigung.

Der neue Jahrgang 2014 ist ohne Zweifel tadellos, trotz aller wetterbedingten Hürden sogar erstklassig. Die Brillanz und Reinheit, diese Transparenz und unbestechliche Klarheit ist einfach ganz wunderbar. Wie groß das Weingut ist, steht nicht auf der Internetseite, ich notierte im Gespräch etwas von sechs Hektar mit überwiegend Devon- und Schieferverwitterungsböden. Die Weine von Eva und Ansgar Clüsserath haben eine ganz eigene Dynamik, sie sind Mineralik pur und bieten einen individuellen Charakter von leicht bis schwebend, mit mutigen Säuren. Im Geschmacksbild findet man hier Rieslinge von klirrend trocken bis – je nach Reifegrad und Qualitätsstufe – feinherb bis edelsüß. Dass in meiner Beschreibung edelsüße Weine zu kurz kommen, ist keineswegs der Qualität geschuldet, sondern dem Platz.

BESTE LAGEN / REBSORTEN

Trittenheimer Apotheke und Altärchen, Neumagener Rosengärtchen, Piesporter Goldtröpfchen, Dhroner Hofberg / Riesling, Weißburgunder

WEINE

○ **2014 Steinreich**
Riesling, trocken
€€
Aus meinem Glas duften Frühling und früher Sommer zugleich. Weiße Blüten, Apfel- oder Birnenbaum, Kastanien, Forsythien. Steinobst, Südfrüchte von Grapefruit bis Zitrone und Limette, Pomelo. Auch Flint und steinige Noten, die an den dunklen Schiefer, auf dem die Reben wachsen, denken lassen. Erfrischende Komponenten stehen mit der knackigen, saftigen Säure gut im Einklang. Sie poliert den ganzen Mund, macht Platz für Neues. Im Gaumen wiederholt sich die Apfelfrische mit würzigem Nachklang, kristallin, einfach nur köstlich.

○ **2013 Trittenheimer Apotheke**
Riesling, trocken
€€€
Noch sehr jugendliches Bukett mit von der Spontanvergärung geprägten Noten. Entweder in eine Karaffe dekantieren oder noch ein paar Monate abwarten, denn dann verwandeln sich diese Aromen in die bekannten Früchte und mineralischen Töne, die wir an handwerklich hergestellten Weinen so sehr schätzen. Im Mund präsentiert sich ein Reigen exotischer Früchte von Ananas zur Mandarine bis Zitrone. Deutlich ist zu schmecken, was mit mehr Reife kommen wird. Die salzigen Lippen erfrischen wie ein Bad im Meerwasser. Erfrischende, apfelgeprägte Säure mit straffem Körper und großem Spannungsbogen. Brillant und bemerkenswert ist die Leichtigkeit. Potenzial für Jahre.

○ **2012 Steinreich**
Riesling, trocken
€€
Auch in 2012 noch stark vom Terroir geprägt und das von Anfang bis zum Ende, in Geruch und Geschmack. Schiefer in allen Varianten, Feuerstein, gelber Früchtekorb. Ananas, Honigmelone, Mirabelle, Aprikose. Frische Kerbelblätter, leichte Minznote. Wunderbare, ausgeprägte, aber reife Säure. Im wahrsten Sinne steinreich – hohe Mineralität. Animierend, große Charakteristik. So sollte ein klassischer, trockener, trinkfreudiger Moselwein sein.

○ **2013 Trittenheimer Apotheke**
Riesling, Spätlese
€€
Gut gekühlt, das heißt kälter als üblich, besser bei sechs Grad wie Champagner, wird der Wein jetzt in seiner Frische zu einer Suchtgefahr. Als Aperitif, mit leicht salzigen Häppchen, zum Beispiel mit luftgetrocknetem Schinken, Geräuchertem, Quiche oder einfach zu einem Stück Hartkäse, das wäre ein Hochgenuss. Die Aromen gelber Früchte sind breit gefächert, brillant und blitzblank. Weckt auch Assoziationen mit Schiefertafel, Stein, regennasser Straße. Mit acht Volumenprozent Alkohol und 45 Gramm pro Liter Restzucker ist dieser Wein so ähnlich wie das wohltemperierte Klavier.

Reichsgraf von Kesselstatt

MORSCHEID, MOSEL (VDP)

Schloss Marienlay, Morscheid an der Ruwer

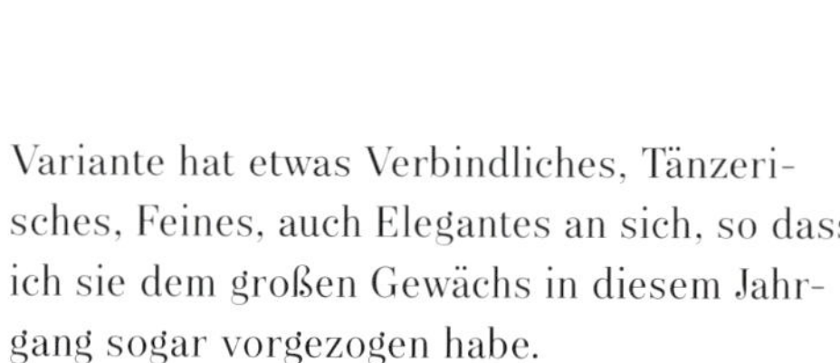

Das traditionsreiche Weingut Reichsgraf von Kesselstatt, dessen Geschichte bis ins Jahr 1349 zurückverfolgt werden kann, hat eine bewegte Vergangenheit hinter sich. 1978 wurde der Betrieb von der Familie Günther Reh übernommen, und es begannen ruhigere Zeiten. Mit dem Entschluss von Annegret Reh-Gartner, Winzerin zu werden und die Dolmetscherei an den Nagel zu hängen, änderte sich auch schlagartig die Bestimmung und weitere Zukunft dieses Weingutes. Der wunderschöne Hauptsitz im Palais Kesselstatt in Trier wurde 1999 nach Morscheid an der Ruwer ins Schloss Marienlay verlegt, nachdem dieses umfangreich umgebaut und ein Neubau der Kellerei abgeschlossen war. Annegret Reh-Gartner spürte 1983 insgeheim, dass Weinmachen „ihr Ding" war, sie wollte aber auch aus diesem Betrieb ein erfolgreiches wirtschaftliches Unternehmen machen, wie sie es von den zahlreichen Firmen ihres Vaters gewöhnt war. Die Faber Sektkellerei und Schloss Wachenheim waren zum Beispiel Unternehmen, die zur Gruppe gehörten. Ihre Geschwister waren in diesen Gesellschaften erfolgreich, und das wollte auch Annegret mit Reichsgraf von Kesselstatt unbedingt werden. Das gelang ihr, auch wenn es etwas schwieriger war, als sie es erwartet hatte. Heute bewirtschaftet sie 36 Hektar Rebfläche in allen drei Flussbereichen des Anbaugebietes, mit je einem Drittel der Anbaufläche an Mosel, Saar und Ruwer. In den mehr als 25 Jahren hat die willensstarke Persönlichkeit es mit Unterstützung ihres Ehemanns, Gerhard Gartner – der übrigens seit vielen Jahren Zweisternekoch ist –, geschafft, das umfangreichste Spitzenlagen-Portfolio im Anbaugebiet zu bewirtschaften und weltweit zu vermarkten. Ihr langjähriger Kellermeister sorgt ganz in ihrem Sinne für kontinuierliche Qualität. Nichts wird dem Zufall überlassen, die notwändigen Schritte werden sofort eingeleitet, zum Beispiel die Weinlese, wenn es sein muss. Manchmal wird gepokert, aber sie gewinnt immer, auch an Erfahrung. Wir kennen uns schon lange, und ich gebe zu, dass ich ihre Disziplin und Konsequenz aufrichtig bewundere.

BESTE LAGEN / REBSORTEN

Wehlener Sonnenuhr, Bernkasteler Doctor, Graacher Domprobst und Josephshöfer, Piesporter Goldtröpfchen, Scharzhofberger, Brauneberger Juffer Sonnenuhr, Scharzhofberger, Wiltinger Gottesfuß und Kaseler Nies'chen / Riesling

WEINE

○ **2014 Wiltinger**
Riesling, trocken
€€€
Saar hoch drei. Ein feingeschliffener, klassischer Saarriesling mit der feinen Raffinesse seiner Herkunft. Was ihn auszeichnet, ist der reintönige Apfelduft, eine feine florale Note, sinnlich, etwas kühl zum Schluss mit einer pikanten Süße und Säure im lebendig-frischen Abgang.

○ **2014 Josephshöfer**
Riesling, Kabinett, feinherb
€€€
Die nur vier Hektar große Monopollage mit bis zu 70 Grad Steigung gehört zu Graach und liegt zwischen der Wehlener Sonnenuhr und dem Graacher Domprobst. Diese feinherbe Variante hat etwas Verbindliches, Tänzerisches, Feines, auch Elegantes an sich, so dass ich sie dem großen Gewächs in diesem Jahrgang sogar vorgezogen habe.

○ **2014 Kaseler Nies'chen**
Riesling, Großes Gewächs
€€€
Das Kaseler Nies'chen kommt von der weniger bekannten Ruwer, einem Seitenarm der Mosel. Die Weine sind gewöhnlich etwas strenger, man könnte auch meinen, etwas weniger feinnervig als jene von der Saar. Noch etwas hefig kommt dieses leichtgewichtige Große Gewächs daher. Die Noten von eingelegtem Obst, Stachelbeere, Rhabarber, Himbeeren machen aber Lust auf den ersten Schluck. Der Geschmack bleibt auf der leichten, säuregeprägte Seite, eher verspieltes Ende.

○ **2014 Scharzhofberger**
Riesling, Großes Gewächs
€€€
Die große, legendäre Lage an der Mosel. Ob von Egon Müller, Van Volxem, von Hövel oder Reichsgraf von Kesselstatt, die wenigen Besitzer dieser berühmten Großen Lage haben damit keine Absatzprobleme. Ein klarer, frischer Apfelduft, gestützt von reichlich Terroir und mineralischen Noten. Grünes wie Kerbel, feine Gartenkräuter. Und dann die Säure – der Wein ist blutjung und viel zu schade für den momentanen Genuss. Er hat Substanz und Charakter für die nächsten 20 Jahre.

St. Urbans-Hof

LEIWEN, MOSEL (VDP)

Der Großvater von Nik Weis, dem heutigen Besitzer des St. Urbans-Hofs, muss eine starke Persönlichkeit gewesen sein. Neben seinem Beruf als Landwirt und Rebzüchter war Nicolaus senior auch als Politiker tätig und setzte sich für den Weinbau der Region ein – dafür erhielt er 1969 den Titel Ökonomierat. 1947 gründete er den Sankt Urbans-Hof in Leiwen an der Mosel. Sein Sohn Hermann übernahm in den 60er Jahren und erweiterte die Rebenveredelung zur bedeutendsten in Deutschland. Sein Verdienst ist auch die erste große Rieslingfläche auf der Niagara-Halbinsel in Kanada. Auf die Riesling-Eisweine sind die Vineland Estates mächtig stolz.

Nik Weis führt das 34 Hektar große Weingut in dritter Generation sehr erfolgreich weiter. Zusammen mit seinem Vater strukturierte er den Besitz kontinuierlich in Richtung qualitativ hochwertiger Weinberge um. Heute sind sein großes Asset die Toplagen an der Mosel und der Saar, wobei den Mehringer Blattenberg seine Frau Daniela 2004 mit in die Familie brachte. Das Hauptgeschäft für den Absatz seiner Weine, sagte Nik Weis zu mir, liege im Ausland, weil der Markt für restsüße Weine dort viel bedeutender ist als bei uns. Das Besondere an seinen Weinbergen ist das durchschnittlich hohe Alter der Rebstöcke, so sind zum Beispiel die Reben der Lage Piesporter Goldtröpfchen zwischen 30 und 90 Jahre alt. Ebenso wichtig ist ihm die traditionelle Einzelpfahlerziehung, mit der die Spitzenlagen heute noch größtenteils bestockt sind. Ein Satz seiner klaren 10-Punkte-Philosphie verdeutlicht einerseits seinen Qualitätsanspruch, andererseits auch den Respekt, den er seinen Weinbergen entgegenbringt: „Ein Weinberg muss nicht nur wachsen, sondern gewachsen sein." Der Ausbau der Weine erfolgt im Edelstahl sowie in den großen Moselholzfudern, die Gärung mit natürlichen wilden Hefen. Das gibt seinen Weinen den „goût moselle", und das macht sie letztendlich auch authentisch.

Nik Weis

BESTE LAGEN / REBSORTEN

Piesporter Goldtröpfchen, Leiwener Laurentiuslay, Ockfener Bockstein / Riesling

WEINE

○ **2014 Ockfener Bockstein Zickelgarten Riesling, Spätlese**
€€€
Das Filetstückchen im Bockstein war bis 1971 unter dem Namen Zickelgarten bekannt. Es befindet sich inzwischen im Alleinbesitz des St. Urbans-Hofs. Helles Strohgelb. Klares, zunächst kräuterwürziges Bukett, verhaltene Frucht, tropisch angehaucht gelbfleischig mit heimischen Steinobstsorten, Mirabelle, Weinbergpfirsich. Saftige, pikante Säure gepaart mit feinster Süße, insgesamt zart besaitet mit spielerischen Noten im Finish.

○ **2014 Piesporter Goldtröpfchen Riesling, Auslese**
€€€€
Diese weltberühmte Lage brachte schon viel Licht und Schatten in die Weinregale deutscher Supermärkte, Einzelhändler und Weinshops. Nik Weis ist mit seinem Piesporter Goldtröpfchen auf der sonnigen Seite. Aus einem schwierigen Jahr ist ihm eine geschmacksintensive und zugleich leichte Auslese gelungen. Sehr dezent in ihren Fruchtansätzen, mit Sternfrucht, Kiwi, grünen Feigen, Stachelbeere, Steinobst. Im Gaumen mittelkräftig strukturiert mit wohldosierter Süße, die ihr Gleichgewicht mit der cremigen Säure bestens hält. Rauchig, speckig im Finish, ein Touch mehr Säure wäre ideal. Potenzial reicht für 20 Jahre.

○ **2012 Leiwener Laurentiuslay Riesling, Großes Gewächs**
€€€
Die Lage ist seit Jahrhunderten im Besitz der Familie und wurde 1951 im System Einzelpfahl bepflanzt. Der fettige, ölige Schieferboden hält wenig Wasser, ist nach Südwesten ausgerichtet und empfängt reichlich Sonnenenergie. Dadurch entstehen äußerst gehaltvolle, kräftige, sehr würzige Charaktere. 2012 kommt jetzt ins trinkreife Stadium. Neben den tropischen Fruchtaromen fällt die tolle Würze auf. Da treten Pfeffertöne, Feuerstein, Schiefernoten, aber auch die salzige Mineralik zum Vorschein. Ein ganz besonderer Reiz im Gaumen mit dem sanften Säuregerüst. Sehr schöne Länge.

von Hövel

KONZ, MOSEL (VDP)

Wie bei allen großen, klassischen Weingütern an der Saar reicht die Geschichte des Weinguts von Hövel weit zurück in die Vergangenheit, sie beginnt 1803. Das Weingut selbst befindet sich in einem Abteihof des ehemaligen Klosters St. Maximin. Mit Maximilian von Kunow ist seit 2011 die siebte Generation am Start. Eberhard von Kunow hat aus gesundheitlichen Gründen die Geschäfte seinem Sohn übergeben, auch wenn er immer wieder im Weingut anzutreffen ist. Seine Korkenzieher-sammlung ist spektakulär, vielleicht ergänzt er sie auch noch mit dem einen oder anderen schönen Stück. Bevor Max die Verantwortung im Weingut von Hövel übernommen hatte, machte er erst seinen Abschluss an der Fachhochschule in Geisenheim, sammelte Erfahrung in bekannten Weingütern und Spitzenbetrieben wie bei Salwey im Kaiserstuhl. Bei von Hövel handelt es sich um einen gut aufgestellten Betrieb mit erstklassigen Lagen und großem Potenzial. Die fünf Hektar große Lage Oberemmeler Hütte wurde vom VDP als Große Lage klassifiziert und ist im Alleinbesitz des Weinguts. Sie gilt als besonders wertvoll, wenn nicht sogar als Herzstück. Ebenso gut ist der Kanzemer Hörecker, eine kleine Parzelle in der grandiosen Lage Kanzemer Altenberg. Die Lage Scharzhofberger wird wohl wie keine zweite in Deutschland weltweit gefeiert. Die legendären Weine von Egon Müllers Vorfahren haben schon vor Generationen Weltruf erlangt, schwindelerregende Preise erzielt und auf Auktionen den Menschen den Atem stocken lassen. Von Kunow hat an dieser 28 Hektar großen Lage einen ordentlichen Besitz, im Falle einer Mitgift würde ich sagen, der Bursche ist eine gute Partie. Im 1100 Jahre alten Gewölbekeller werden alle Weine spontan vergoren sowie traditionell in großen Holzfässern ausgebaut. In die geräumigen Betriebsgebäude wird derzeit viel investiert, sie werden auch für die Besucher neu gestaltet. Besondere Freude erkenne ich bei von Kunow neuerdings,

Blick in den Scharzhofberger

wenn er den Hammer bei der alljährlichen Versteigerung des Trierer Rings schwingen darf und dabei erstklassige Ergebnisse erzielt. Auf die nächste Veranstaltung 2015 freue ich mich jetzt schon.

BESTE LAGEN / REBSORTEN

Oberemmeler Hütte, Scharzhofberger, Kanzemer Hörecker / Riesling

WEINE

○ **2013 Oberemmeler Hütte**
Riesling, Kabinett
€€
Weine wie diesen macht Max immer irgendwie spielend leicht. Diese Disziplin geht ihm locker von der Hand, so ganz nebenbei. Mit 7,5 Volumenprozent und einer knackigen Säure, feinfruchtiger Art, kompletter Mineralität, herrlich saftig mit erfrischendem Mundgefühl. Der Wein steht wie eine Eins delikat im Glas.

○ **2012 Saar „R"**
Riesling, Spätlese, trocken
€€
R wie Rosenberg, eine alte Große Lage. Das lässt das Bukett auch gleich vermuten, denn die Aromatik ist mehr als vielschichtig und opulent, aber nicht aufdringlich. Größtmöglicher Reichtum an Früchten und Blüten, je nach Temperatur, in jedem Fall alles reif und auf dem richtigen Punkt. Leichtfüßigkeit, mit Flügeln versehene Säure, die mit der Süße um ihren Platz buhlt. Ein abwechslungsreiches Spiel im Mund. Unbedingt für Frühling, Sommer und den Herbst einbunkern.

○ **2011 Kanzemer Hörecker**
Riesling, Großes Gewächs
€€€€
Die kleine Parzelle Hörecker im Kanzemer Altenberg ist mit altem Rebmaterial bestockt, genießt eine direkte Sonnenbestrahlung, ein besonderes Mikroklima und dazu noch eine extrem gute Wasserspeicherkapazität. Max hat mir drei Beispiele von 2011, 2012 und 2013 serviert. Sie waren alle drei eine Klasse für sich. Die Trinkbereitschaft des 2011er Jahrgangs hat mich dann letztendlich am meisten überzeugt. Das breite Duftspektrum ist enorm und reicht von Ananas, Apfel über Tomatenblättern, Efeu, Wiesenblumen im Sommer bis zu nassem Stein und ausgeprägten Schiefertönen. Im Mund dicht, sogar cremig, leicht ölig in seiner Textur. Sehr gut im Trinkfluss, der sich am Ende wieder seidig leicht und dennoch ungemein druckvoll verabschiedet.

○ **2011 Scharzhofberger**
Riesling, Großes Gewächs
€€€€
Bei den Scharzhofberger Preisen ist die Lage ohne Zweifel von Bedeutung, aber Angebot und Nachfrage sowie ein gewisser Mythos sind wie bei der Kunst auch hier im Spiel. Der erste Jahrgang von Max ist bestens gelungen. Noch ist das Bukett von der Spontanvergärung geprägt, Kräuternoten, Pfeffer, auch Muskatblüten bilden den Auftakt. Das Säuregerüst steht der verdeckten Süße sehr gut, gibt Rasse und Pfiff zugleich. Auch hier würde ich noch ein, zwei Jahre zu warten empfehlen.

○ **2012 Oberemmeler Hütte**
Riesling, Eiswein
€€€€€
Im Jahr 2012, so erinnern sich die Saarwinzer, die bedeutend älter sind als von Kunow, wurde so früh Eiswein gelesen wie nie zuvor. Von Hövels ernteten in der Oberemmeler Hütte und im Scharzhofberg, gelesen wurde am 28. Oktober 2012. Bei der Probe bevorzugte ich die Hütte. Im Bukett eingelegte grüne Feigen, gekochte Pfirsiche, Apfelkompott, Kumquats, Mandarinenschale, Verveinetee, Minze. Im Gaumen leicht laktisch mit großem Säurebogen, viel Zug und Spannkraft. Klar wie ein Bergkristall. Der Abgang ist super lang, viel Potenzial.

Forstmeister Geltz Zilliken

SAARBURG, MOSEL (VDP)

Im Weingut Forstmeister Geltz Zilliken blickt man auf eine lange Weinbautradition zurück, nämlich bis 1782. Ein Bombenangriff Weihnachten 1944 zerstörte das gesamte Gutsgebäude der Zillikens. 1947 heirateten Marianne und Fritz Zilliken, sie führten den Weinbau weiter und erwarben 1950 den Weinkeller in der Heckingstraße, der einen Neuanfang markiert und heute das Herzstück des Weinguts ist. Auf den ersten Blick vermutet man nicht, dass sich hier am Anfang der Kleinstadt ein Weingut befindet, wiederholt bin ich am Familienwohnhaus mit dem schlichten „Z" am Hauseingang vorbeigerauscht. Der prächtige Natursteinkeller ist mit seinen drei Stockwerken der tiefste an der Saar. Durch nahe Quellen hat er fast 100 Prozent Luftfeuchtigkeit, konstante 11°C und einen taufrischen Geruch. Alle Weine werden in neutralen, betagten Fuderfässern ausgebaut. „Die Qualität kommt aus dem Weinberg – im Keller kann nichts mehr hinzugewonnen werden", sagt Hanno Zilliken, er muss es ja wissen. Der beste Beweis dafür sind seine Rieslinge, die jungen ebenso wie die reifen, dort unten in der Schatzkammer. Hanno Zilliken ist mit Unterstützung seiner Frau Ruth an die Spitze der deutschen Winzer vorgedrungen. In den letzten Jahren wird er von seiner Tochter Dorothee unterstützt, die auch mit großer Leidenschaft sein Werk fortführen wird.

Bei meiner Probe auf dem Weingut bittet mich Ruth Zilliken um „weniger Historie, steht ja alles auf der Homepage, mehr von Ihren Weinnotizen" – abgemacht! Hanno war an diesem Tag auf Tour und Dorothee mit dem wenige Wochen alten Nachwuchs beschäftigt. So hat mir Ruth ganz nach ihren Vorstellungen und natürlich den Vorlieben Hannos eingeschenkt. Die Frage zu den Jahrgängen 2013 und 2014 beantwortet sie folgendermaßen: „Generell hohe Extrakte, sehr zugänglich, begeisternd, wir sind sehr zufrieden, haben aber leider kleine Erntemengen!"

BESTE LAGEN / REBSORTEN

Saarburger Rausch, Ockfener Bockstein / Riesling

WEINE

○ **2014 Saarburger**
Riesling, trocken
€€
Ein sehr guter Einstieg, vor der VDP-Klassifizierung war das der trockene Kabinett. Grüner Schimmer im hellgelben Farbton. Der Duft weckt Assoziationen an Frühling, die ersten Wiesenblumen, frische Gartenkräuter, Grapefruit, süßliche Amalfizitronen. Im Mund etwas von nassem Stein, Schiefertafel mit fetziger, fordernder, fast frecher Säure. Insgesamt fein strukturiert, schon nahezu intellektuell mit anspruchsvollem Charakter.

○ **2014 Saarburger Rausch**
Riesling, Kabinett
€€
„Der Kabinett ist unser Aushängeschild", sagte mir Ruth Zilliken so ganz am Rande während meiner Probe, wohl weil sie spürte, dass ich begeistert war. Meine Notiz: Hier trifft sich die ganze Aromenfamilie zum Tanz auf dem Rausch. Ein Korb voll reifer Golden Delicious, Birnen, Mirabellen und Aprikosen. Ein ganz feiner, aromatischer Typ mit zarter Restsüße, die ihm Schmackes verleiht. Leichtfüßig, kristallklar und sehr fein. Die Sonne geht auf – wo bist du, Tag?

○ **2014 Saarburger „Alte Reben"**
Riesling, trocken
€€€
Bei diesem Wein handelt es sich um die ehemalige trockene Spätlese. Mit nur elf Volumenprozent Alkohol, aber so viel Geschmack, wird der Wein zu einer Waffe im Glas. Hier zeigt die Rieslingtraube ihre ganzen Reize, was gefährlich sein kann – für beide Geschlechter. Aus selektionierten alten Reben, 50- bis 130-jährig, physiologisch perfekt gereifte Trauben. Noch ist der Wein blutjung, daher auch die zartgrünen Aromen von Kräutern, Stachelbeeren, Kiwis, Erbsen, Bohnen. Im Gaumen die zitrusähnliche, limettige Säure, die auch an knackige Äpfel denken lässt. Raue Schale, weicher Kern, bei aller

Frische und salziger Mineralität schon ganz köstlich. Im großen Glas, zwei davon bitte.

○ **2012 Saarburger Rausch**
Riesling, Spätlese
€€€
Helles Grüngelb, in der Nase präsentiert sich die ganze Herkunft aus dem Devonschiefergestein. Dabei werden die florale, auch exotische Duftigkeit, gelbe Rosen, Ananas, Kokos, Litschi von den neun Promille Säure und 88 Gramm Restzucker dominiert. Zeigt doch noch viel Babyspeck, er steckt in seinen Kinderschuhen. Die Säure bindet den scheinbar hohen Zucker jedoch so gut ein, dass eine wunderbare Trinkbalance entsteht. Weniger Tiefe und Würze, aber viel animierende Frucht – und die macht Spaß. In zehn Jahren sicher eine Überraschung.

○ **1999 Saarburger Rausch**
Riesling, Spätlese
€€€€
Idealer Partner zu einem Schmorbraten mit Rosinen. Leicht angehaucht von Petrol. Karamell, Butterkuchen, Dörrobst, Schiefer, weiße Schokolade. Voller, reicher Körper, enorme Kraft und doch fliegende Art. Das heißt, mit Druck und Konzentration, aber eben spielend, große Spannung.

○ **2005 Saarburger Rausch**
Riesling, Trockenbeerenauslese
€€€€€
Was auch immer ich schon aus dem Keller von Hanno probieren durfte, und seine Edelsüßen begleiten mich immerhin seit gut zwei Jahrzehnten, irgendwie schafft es in meinen Gedanken keiner, an diese Trockenbeerenauslese heranzukommen. Meine Notiz ist sehr lang – ich mach's hier kurz. Farbe: Bernstein. Nase: sehr komplex, ähnlich Trockenobst oder einer Essenzia aus Tokaji. Geschmack: Waldhonig, Tannennadel, Mandeln, Karamell mit dichtem Körper, unendlicher Säurestruktur hinter der sagenhaften Süße. Sie ist konzentriert wie Donnerknall hinter den Wolken. Die Frage nach der vollendeten Reife stellt sich mir, wann ich dieses Konzert wohl erlebe? Großartiger Süßwein, Kompliment an die Schöpfer, Wettergott und Winzer!

Riesling im Saarburger Rausch

Blick über die Saar

Der Natursteinkeller von Zilliken

LAGE – NAHE

Weinbau entlang des Flusses Nahe am Fuß des Hunsrücks von Martinstein bis Bingen und in den Seitentälern von Guldenbach, Gräfenbach, Glan, Trollbach, Ellerbach und Alsenz, eingebettet im Naturpark Soonwald-Nahe

4.202 ha Gebiet

TOP 3 – ROTWEIN

Dornfelder	**11 %**
Spätburgunder	**7 %**
Regent	**2 %**

BÖDEN

Quarzit- und Schieferböden an der unteren Nahe; Porphyr, Melaphyr und Buntsandstein an der mittleren Nahe; Verwitterungsböden und Tonüberlagerungen aus Sandstein, Löss und Lehm bei Bad Kreuznach

TOP 3 – WEISSWEIN

Riesling	**28 %**
Müller - Thurgau	**13 %**
Grauburgunder	**7 %**

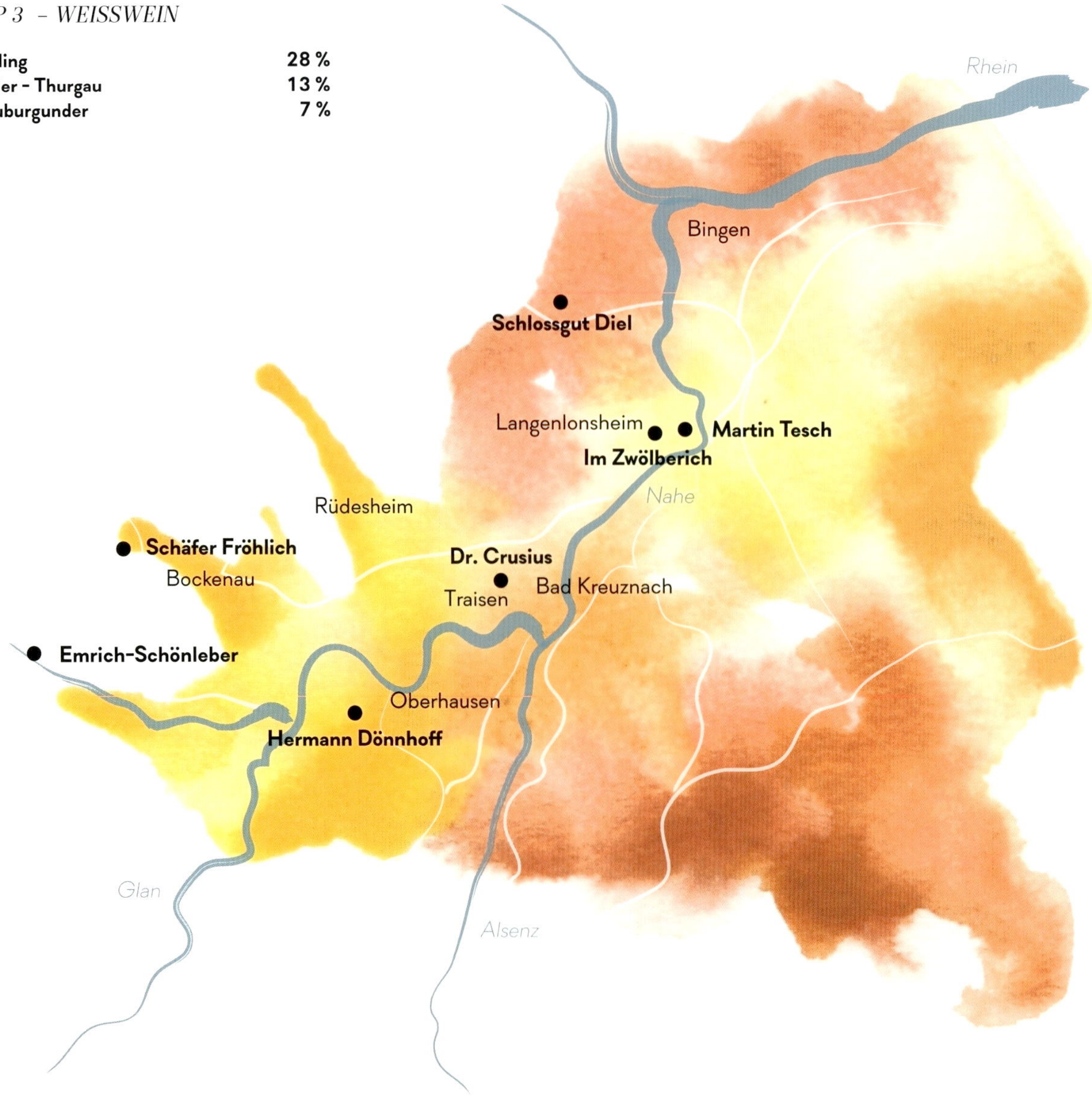

Rhein
Bingen
Schlossgut Diel
Langenlonsheim
Martin Tesch
Im Zwölberich
Nahe
Rüdesheim
Schäfer Fröhlich
Bockenau
Dr. Crusius
Traisen
Bad Kreuznach
Emrich-Schönleber
Oberhausen
Hermann Dönnhoff
Glan
Alsenz

NAHE

Wer etwas über die Qualität und den Stellenwert deutschen Weins aus den letzten 50 bis 100 Jahren wissen möchte, ohne dicke Bücher wälzen zu müssen, dem kann ich nur raten, alte Weinkarten berühmter Restaurants zu studieren. Da fällt einem ziemlich schnell auf, wie man damals die Bedeutung einzelner Länder, Regionen, Weingüter oder Prädikate der Weine einschätzte. Auf solchen Zeitreisen habe ich festgestellt, dass Weine der Nahe bis Ende der 60er Jahre auf den Weinkarten meist fehlten, als Rheinweine deklariert werden oder generell am Ende der Karten aufgeführt sind. In der Zeit um 1900 war es allgemein üblich, die deutschen Weine einfach in Rhein- und Moselwein einzuteilen. Wirtschaftliche wie politische Probleme und zu allem Übel noch die Reblaus waren mitschuldig, dass Nahe-Weine auf Weinlisten keine Erwähnung fanden und für Jahrzehnte unter den Teppich gekehrt wurden. Meine erste Bekanntschaft mit der Nahe habe ich 1981 in der Weinstube Leimeister in Königstein gemacht. Die Weinkarte dort zählte zu den besten, die damals im Umlauf waren, Genießer reisten aus der ganzen Welt vom nahen Frankfurter Flughafen an. Deutscher Weißwein war zu dieser Zeit fast nur bei Gästen aus dem Ausland beliebt, das kleine Anbaugebiet Nahe war gänzlich unbekannt. Leimeister sah darin eine Chance – auf seiner Weinkarte fanden sich zum Beispiel die Weingüter Staatliche Weinbaudomäne Schloßböckelheim, Carl Finkenauer, Dr. Crusius und Tesch – Dr. Crusius sowie das Weingut Tesch, das Sohn Martin inzwischen einer radikalen Veränderung unterworfen hat, zählen bis heute zu den ersten Adressen.

Mittlerweile ist das Weingebiet Nahe bestens aufgestellt und präsentiert sich mit Weinmachern, deren Betriebe teils seit Generationen bestehen und die mit ihren erstklassigen Rieslingen die neue deutsche Weingeschichte schreiben: Emrich Schönleber, Dr. Peter Crusius, Caroline Diel, Martin Tesch und Hermann Dönnhoff, der Riesling-Guru schlechthin. Aber nicht nur die Rieslinge sind in den Köpfen fest verankert, andere Rebsorten von Grau- bis Weißburgunder sind es ebenfalls. Erst 1971 wurde per Weingesetz die Nahe fest definiert, die wie manch andere Weinregion nach dem gleichnamigen Fluss benannt ist. In diesem Fall ist es ein Flüsschen, das im Hunsrück entspringt und bei Bingen in den Rhein mündet. Hier ist überhaupt alles klein und überschaubar geblieben, sogar Bad Kreuznach als ehemaliges Zentrum und Handelsplatz großer Weinhandelsunternehmen. Zum Glück für die Region geben heute die kleineren Winzer den Ton an, sie beherrschen die Klaviatur der Weinberge und kennen die Natur.

Landschaftlich hat das Anbaugebiet eine nördlich der Alpen einmalige Besonderheit zu bieten: die Steilwand Rotenfels, ein beeindruckendes Felsmassiv. Was der Ayers Rock für Australien ist, ist der Rotenfels für die Nahe. Das imposante rötliche Porphyr-Steinmassiv steht mitten in der lieblichen Landschaft der Nahe, die ihm zu Füßen liegt. 1,2 Kilometer lang, 200 Meter senkrecht abfallende Felswände – eine Naturschönheit, ein Kletterparadies mitten in den Weinbergen, das ihnen auch als Schutzwall dient.

Die nach dem Felsen benannte Einzellage Rotenfelser Bastei wurde per Gesetz 1971 in Traiser Bastei umbenannt. Insgesamt sind die Weinberge der 4135 Hektar Rebfläche an der Nahe weit verstreut und liegen beidseitig des Flusses. Das Anbaugebiet ist zweigeteilt, in die untere und die obere Flusshälfte.

Wer einmal in den berühmten Lagen von Dorsheim, Langenlonsheim bis Monzingen, Niederhausen, Oberhausen oder Traisen gestanden hat, ahnt die Besonderheit dieser Landschaft, die so unterschiedlich und abwechslungsreich sein kann.

Das Profil der verschiedenen Böden wird in einem wissenschaftlich geführten Projekt unter dem Namen: „Stein am Wein“ erforscht. Vom Basalt, Buntsandstein, Löss, Porphyr, Sandstein, Schiefer, Ton, Rotliegendem bis Vulkan wird man in der „Sandkastenabteilung“, sprich der Kiste mit Gesteins- und Bodenformationen der Nahe, reich beschenkt. Nicht ohne Grund gibt es hier das weltberühmte Städtchen der Edelsteine: Idar-Oberstein.

Bei den Rebsorten übernimmt Riesling den Löwenanteil der Flächen. Müller-Thurgau liegt an nächster Stelle, aber die Menge ist nur halb so groß. Kerner, Weißburgunder, Grauburgunder und Silvaner sind ebenfalls mit von der Partie. Bei den wenigen Roten steht Dornfelder an der Spitze, Spätburgunder und Portugieser folgen.

Wer den Versuch unternimmt, Nahe-Weine mit anderen in Deutschland zu vergleichen, wird vermutlich scheitern. Sie haben etwas Packendes, schwer Definierbares, aber deshalb auch noch herrlich Eigenes.

Niederhäuser Hermannshöhle

Hermann Dönnhoff

OBERHAUSEN, NAHE (VDP)

Der Schlüssel zur Qualität der Weine im Weingut Dönnhoff ist für mich ohne Zweifel Helmut Dönnhoff selbst. Wer ihn kennt, unterschreibt diese Aussage sicher sofort. Großartige Weinlagen haben andere auch, aber keiner ist so einfühlsam, tief in den Gefühlen mit seinen Weinbergen verbunden wie er. Unter all den beeindruckenden wie bewundernswerten Winzern, die ich in meinem Leben kennengelernt habe, wage ich zu behaupten, dass keiner hat, was Helmut Dönnhoff ausmacht, was er lebt, in sich trägt und dann Jahr für Jahr an seine Weine weitergibt. Salopp ausgedrückt könnte ich auch sagen, dass er mit seinen Weinlagen, sei es die Hermannshöhle, Brücke, Felsenberg oder Dellchen – um nur die besten zu nennen – ein Verhältnis hat, das man gewöhnlich mit Menschen pflegt. Dönnhoff liebt seine Weinberge und jeden Rebstock, kennt sie aus dem Effeff. Er weiß im Weinberg wie im Keller ganz genau, wann er welche Entscheidung treffen muss, hat ein untrügliches Gespür, das sich mit den Jahren perfektionierte. Dieser Mann ist ein Genie, das über die Jahre immer wieder die tiefgründigsten und harmonischsten, kurz: die größten Rieslinge macht. Ein Großes Gewächs aus der Hermannshöhle, trocken ausgebaut oder als restsüße Spätlese, ein Eiswein von der Brücke – sie alle genießen Weltklasseniveau und stehen als eigenständige Weinpersönlichkeiten den besten Weinen der Welt in nichts nach.

Dönnhoffs Sohn Cornelius hat bei seinen Auslandsaufenthalten sicher viel gesehen und gelernt, aber bessere Weine als zu Hause wohl kaum. 2007 übernahm er die Verantwortung für den Keller und setzt seitdem die Spitzenleistung seines Vaters mit seiner ihm eigenen Handschrift fort. Die FAZ ehrte ihn 2014 mit dem Titel „Winzer des Jahres". Mit von der Partie ist seine Schwester Christina im Office und seine Frau Anne, die Marketing und Kundenpflege verantwortet und mit den Pretiosen durch die Welt reist. Die Zukunft ist gesichert, das Haus ist gut bestellt, mit 25 Hektar nur vom Feinsten kann man leben. Helmut Dönnhoff ist jung und frisch geblieben wie die besten Weine seiner ersten Jahrgänge, er bleibt seinem Team auch nach der erfolgten Übergabe an Cornelius erhalten. Die Freunde der Dönnhoff-Weine wissen das und sie wissen auch, dass sie in Zukunft weitere exzellente Weine bekommen werden. Daran ändert die Abstufung des *Gault Millau* auch nichts, die dem Weingut laut den Dönnhoffs mehr genützt als geschadet hat.

BESTE LAGEN / REBSORTEN

Niederhäuser Hermannshöhle, Oberhäuser Brücke, Schlossböckelheimer Felsenberg, Nordheimer Dellchen / Riesling, etwas Weiß- und Grauburgunder

Cornelius Dönnhoff

Schlossböckelheimer Felsenberg mit Felsentürmchen

WEINE

○ **2014 Dönnhoff Weißburgunder**
trocken
€€

Der Weißburgunder duftet wie ein Strauß von weißen Frühlingsblumen, Akazien, Heu, Melone, grüne Banane, frische Mandeln und viel mehr. Die feine Säure ist strahlend, eingebettet in einen cremig, sanften Körper mit sehr viel Spiel. Stoffig, saftig, reich und recht viel Würze. Ein Purist für alle Gelegenheiten und das mit nur einem Gramm Restzucker.

○ **2014 Kreuznacher Kahlenberg**
Riesling, trocken
€€€

Kahlenberg gehörte zur Kreuznacher Weinbauschule und ist eine der letzten Neuerwerbungen. Die feine, exotische Frucht, nebst kräutrigen Nuancen, pikanter, feingliedriger Säure, lässt diesen Wein der schlanken Art – man kann auch Leichtwein dazu sagen – im Gaumen singen, tanzen, feiern. Mehr davon, bitte!

○ **2014 Oberhäuser Leistenberg**
Riesling, Kabinett
€€

Die Südoststeillage direkt bei Oberhausen bringt mit ihrem grauen Tonschieferboden und ihrer Morgensonne elegante, feinfruchtige Kabinettweine. Hier mit brillanten gelbfruchtigen Noten. Dazu zarter Zitrus, Grapefruit, Fenchel, Anis, ein Glanzstück, filigran mit enormer Frische und herrlicher Balance der Säure und Fruchtsüße. Das mag ich sehr gerne. Die 28 Gramm Restzucker, glänzend in neun Promille Säure eingebunden, schmeckbar, aber wie fliegende Feen.

○ **2013 Schlossböckelheimer Felsenberg**
Riesling, Großes Gewächs
€€€€

Die berühmte, sehr alte Lage ist ein reiner Südhang, hat leicht erwärmbares vulkanisches Porphyrverwitterungsgestein. Hier wachsen die Rieslinge mit der berühmten Feuersteinnote. Mittendrin das Felsentürmchen. Ganz fein im Duft, frisch, fruchtig, gelbe und weiße Blüten, ausgeprägte Terroirtöne, hohe Mineralik. Im Ganzen saftig, voller Spiel und Schmelz. Klingend mit einer betörenden Leichtfüßigkeit. Schwingt lange im Gaumen nach. Ein wahrhaft großes Gewächs.

○ **2014 Oberhäuser Brücke**
Riesling, Spätlese
€€€

Die Brücke ist ein 1,1 Hektar kleines Juwel im Alleinbesitz. Das Mikroklima, die Nähe zum Fluss, Urgestein, der Temperaturausgleich, genügend Wasser, windgeschützt – alles da für ganz große Rieslinge in höchster Konzentration wie die weltberühmten Eisweine. Ein kleines Schlückchen habe ich mir trotz des anstrengenden Probenprogramms gegönnt: Ganz dicht gewebtes Fruchtkorsett, glasklar, vielschichtig, konzentriert. Die Süße und Säure tänzeln wie auf einem Drahtseil auf der Zunge. Ein Akt der Balance, gnadenlos gut, und das bei 8,5 Prozent Alkohol.

○ **2014 Niederhäuser Hermannshöhle**
Riesling, Auslese
€€€

Die Rebstöcke wurden im gleichen Jahr 1949 gepflanzt, als Helmut geboren wurde. Allein das Bukett macht süchtig, herrlich ausgewogene gelbfruchtige Noten, beginnend mit Birne, Mango, eingerahmt von Frühlingsblüten und Akazien. Frisch wie Quellwasser, tief wie ein Bergsee, kaum zu fassen, aber doch da. Das Spiel von Süße und Säure ist auch hier in einer perfekten Harmonie. Im dicht konzentrierten Körper wirkt die Säure eher sanft und cremig. Fein, ganz fein tänzelnd auf der Zunge wie eine Primaballerina auf ihren Zehenspitzen. Das alles bei acht Prozent Alkohol.

DÖNNHOFF
Kahlenberg
Riesling
2014
TROCKEN

Emrich-Schönleber
2011
Halenberg
Riesling
-R-
VDP. GROSSE LAGE®

Emrich-Schönleber

MONZINGEN, NAHE (VDP)

Schon Johann Wolfgang von Goethe wusste die Weine aus Monzingen zu schätzen, und mit Emrich-Schönleber hat die Nahe ein weiteres Weingut, das in Deutschland Kultstatus genießt. Ich glaube, dass der gute Ruf, der den beiden Toplagen, Halenberg und Frühlingsplätzchen, heute vorauseilt, in erster Linie Werner Schönleber zu verdanken ist. War er es doch, der als Erster für die erstklassigen Weine aus diesen Lagen ausgezeichnet und mit Lobeshymnen eingedeckt wurde. Das Frühlingsplätzchen hält mit 11,5 Hektar den Löwenanteil an den 19,5 Hektar Rebfläche der Schönlebers. Weitere 5,3 Hektar finden sich am Halenberg, dessen Gesamtfläche von 7,7 Hektar unter Schönleber und dem großartigen Tim Fröhlich aufgeteilt ist. Die Böden des Halenbergs bestehen aus einer Mischung von Schiefer, hellen Quarzen und Quarziten und einem wasserdurchlässigen Geröll. Das ist Schwerstarbeit für die Reben, aber sie antworten mit konzentrierten, kleinen, aromatischen Beeren. Das schmeckt man, wunderbar!

Der Altmeister stammt aus der gleichen Generation wie Helmut Dönnhoff, und auch die Vorgeschichten der elterlichen Betriebe sind einander ähnlich. Bereits mit dem Jahrgang 2006 hat der sehr talentierte Sohn Frank im Keller – ohne großes Aufheben – die Nachfolge von Werner Schönleber angetreten, eine Aufgabe, die ihm sehr liegt. Damit entlastete er den Vater, der sich fortan mehr seinen Weinbergen widmen konnte. Das alles erzählte er mir unter vier Augen bei einer Verkostung im Weingut am 27. April 2010 zwischen 14 und 17.30 Uhr. Harter Tobak für mich – denn in diesen 210 Minuten hatte ich zu beweisen, was ich wirklich drauf habe, Schönleber wollte es wissen. Er servierte mir nach und nach 30 Weine, erzählte dazu, was nötig war, und ich probierte, spuckte, schrieb, fragte, kommentierte. Knapp sieben Minuten für jeden Wein, inklusive Moderation. Streng war er mit mir, der Schönleber, aber auch voller Respekt. Den hatte ich auch, denn die Weine waren gut, sogar sehr gut bis ganz ausgezeichnet. Meine Wein für Wein säuberlich abgefassten Notizen lese ich immer wieder gerne und orientiere mich heute noch daran. Und ich muss sagen, dass man in einem sehr guten Jahrgang wie 2004 die weniger berühmten Zeiten der Nahe ganz schnell vergisst.

BESTE LAGEN / REBSORTEN

Monzinger Frühlingsplätzchen und Halenberg / Riesling, Weiß- und Grauburgunder, Müller-Thurgau

WEINE

○ **2014 Mineral**
Riesling, trocken
€€€
Ein Favorit von mir bei der Mainzer Weinbörse, nicht nur weil er seinem Namen alle Ehre macht. Ich vermute, dass hier auch Trauben von den neugepflanzten Reben oben im Halenberg verwendet wurden. Der Wein ist so klar, Schicht für Schicht, große Mineralität, salzig auf den Lippen, leichter CO2, saftig, spritzig – Riesling in Reinkultur.

○ **2014 Monzinger „Halgans"**
Riesling, trocken
€€€
Nach den Halgänsen benannt, die als Symbole für den Halenberg gelten. Dieser Wein mit der Bezeichnung Halgans ist der Nachfolger des trockenen Halenbergs, der den Namensgebungsstatuten des VDP zum Opfer fällt. Wunderbarer Duft von reifem Kernobst, Jasmin und Akazienblüten. Frühling pur mit feinst ziselierter Säure, ganz fein im Charakter, kernige Säure zum leichten Spiel.

○ **2012 Monzinger Halenberg „R"**
Riesling
€€€
R bedeutet so viel wie Reserve und wird einfach als zusätzliche Bezeichnung für diesen Weinstil verwendet, weil er als Großes Gewächs so nicht zugelassen wird. Der Wein wurde 18 Monate im 1700 Liter großen Holzfass aus deutscher Eiche ausgebaut. Die zehn Prozent Botrytis als Zugabe war beabsichtigt und gibt dem Wein einen leichten Pilzton. Reife und getrocknete Fruchtnoten, wie Quitte, Apfelkuchen, Biskuit. Schöner Kampf zwischen der Restsüße von 13 Gramm und der durchaus präsenten Säure. Hätte ich so interessant gar nicht erwartet.

○ **2004 Monzinger Frühlingsplätzchen**
Riesling, Großes Gewächs
€€€
Bei meiner Probe damals notierte ich: großer Duftanschlag, buttrig, cremig, helles Karamell und viel Blütenhonig. Dazwischen leichtes Petrol, stoffig, dicht mit fülliger Textur. Bleibt leicht barock und weich im langen Nachhall! Ganz toll. Zwei Jahre später: Wieder ein Erlebnis in der Nase, geht in dieselbe Richtung. Weniger süß, als der Duft erwarten lässt. Keineswegs dick oder schwerfällig, ein großes Vergnügen. Und heute? Schau' mer mal!

Werner Schönleber mit Sohn Frank

Schäfer-Fröhlich

BOCKENAU, NAHE (VDP)

Bockenauer Felseneck

Tim Fröhlich

Tim Fröhlich und seine Weine kenne ich nun schon ungefähr zehn Jahre. Nach wie vor freue ich mich auf jeden seiner Tropfen, weil jeder Jahrgang, jede Lage und Flasche voller Überraschungen steckt – in der Nase wie auch auf der Zunge. Da frage ich mich dann immer wieder, wie macht er das nur? Darauf antwortet er mit einem netten Lächeln und der kurzen, aber bestimmten Bemerkung, dass es auf die Reife der Trauben ankomme. Er muss ein Gambler sein in seinen Weinbergen, aber kein Zocker. Er hat starke Nerven, Ruhe und Geduld, wenn es darauf ankommt zu entscheiden, wann die Trauben gelesen werden sollen. Reif müssen sie sein, sagt er immer wieder, und zwar auf den Punkt. Bei der Arbeit im Keller scheint nichts wirklich ungewöhnlich, was er erzählt. Man verwendet kellereigene Hefen, vielleicht steckt ja in ihnen das große Geheimnis, weshalb die Weine von Tim Jahr für Jahr so gut schmecken, ja sogar immer noch einen Tick besser werden. Wo soll das hinführen? In den Olymp natürlich, wohin sonst! Das ist ein hohes Ziel bei der Konkurrenz an der Nahe. Kein Problem für den zielstrebigen, energiegeladenen jungen Winzer. In der Arena kommt es auf viele Details an, keines darf übersehen werden bei diesem Spiel, welches ihm offensichtlich viel Freude bereitet. Und wenn man die Ergebnisse sieht, ist die Freude bei den Weinfreunden wie Weintrinkern. Die hohen Auszeichnungen, erste Plätze und Lobeshymnen bestätigen Fröhlich, dass er mit sich und seiner Familie, die alle für ihr Weingut das Beste geben, sehr zufrieden sein kann. Das Weingut hat 16 Hektar Rebfläche in den besten Lagen der Nahe. Riesling spielt natürlich auch hier die erste Geige, aber die Burgundersorten dürfen nicht übersehen werden. Germany at its best.

BESTE LAGEN / REBSORTEN

Schlossböckelheimer Felsenberg und Kupfergrube, Bockenauer Felseneck, Monzinger Frühlingsplätzchen und Halenberg / Riesling u. a.

WEINE

○ **2014 Bockenauer Weißer Burgunder „S" trocken**
€€

Da steckt alles drin, was man sich unter einem klasse Ortswein dieser Rebsorte vorstellt. Frische, Frucht, Kraft, Vitalität, Spannung mit Ausdauer. Im Sport könnte man das einen Fünfkampf für Jugendliche nennen. Ich kenne diesen Wein nun aus einigen Jahrgängen, mal etwas leichter, mal reicher. Voller Glanz im Duft, klare Aromatik, saftig, trinkfreudiger Geschmack und ausgewogene Textur. So ist auch 2014 – einfach gut.

○ **2014 Monzinger Frühlingsplätzchen Riesling, Großes Gewächs**
€€€€

Das Frühlingsplätzchen unterscheidet sich vom Felseneck im Duft deutlicher als im Mund. Ich glaube etwas mehr Blumen, weniger Mineralität und eine Spur mehr Frische zu erkennen. Jedenfalls sind Fenchel, Melone, Honig und Anisnoten zu bemerken. Das Spiel von Frucht und Säure, die Ausdauer im Gaumen faszinieren. Ein super Vergleich, der beim Trinken viel Spaß macht.

○ **2014 Bockenauer Felseneck Riesling, Großes Gewächs**
€€€€

Das Felseneck ist – wie sein Name schon verrät – ein felsiges Gestein größtenteils aus Devonschiefer und weißgrauem Quarzit. Verständlich, dass diese Weine so mineralisch sind. Schon im Duft ist die Präzision des Meisters erkennbar. Kühle, fast Eisdrops ähnliche Aromatik. Frische, steinige Mineralik, leicht salzig, ist zu schmecken. Dabei hat der Wein jetzt einen sagenhaft spannenden Duft, der an grüne Pflanzen, Blumen und Gemüse erinnert. Dieser Wein lebt von seiner inneren Spannung, Eleganz und zugleich Raffinesse. Dicht gewebte Textur, stoffig, seidig zugleich, präzise bis zum letzten Tropfen.

SCHÄFER-FRÖHLICH
FELSENECK
Riesling GG

Schlossgut Diel

BURG LAYEN, NAHE (VDP)

Die Burg Layen, das Wahrzeichen des Weinguts Diel, ist seit 1802 im Besitz der Familie. Die vorherigen Generationen waren bei den früheren Besitzern, den von Dalbergs, als Weinmacher oder Gutverwalter tätig. Armin Diel hat 1987, an seinem 34. Geburtstag, ein schweres Erbe angetreten, wie er selber von sich sagt. Für ihn war es der schwerste Moment seines Lebens, als sein Vater ihm damals das wirtschaftlich nicht gerade gut aufgestellte Weingut anbot und er sich dafür entschied, es zu übernehmen. Wenn er heute zurückblickt, ist er mehr als nur zufrieden. Er hat den Betrieb sehr gut aufgebaut, die Weine, besonders die edelsüßen Spitzen, sind international gefragt und seine Burgunder-Cuvée Victor steht auf vielen High-End-Weinkarten in Deutschland. Seine Karriere als Chefredakteur und Herausgeber des *Gault Millau*-Weinguide hat er nach einflussreichen Jahren beendet. Mittlerweile hat er den 60. Geburtstag gefeiert und steht seiner Tochter Caroline im Weingut mit Rat und Tat zur Seite.

Caroline hat 2006 ihre Wanderjahre durch die Weinwelt beendet. Seit dieser Zeit übernahm sie Schritt für Schritt die Verantwortung für die Arbeit in Weinberg und Keller. Ein Jahr nach ihrem Einstieg wurde sie als Teilhaberin in die Schlossgut Diel KG berufen. Seitdem leitet sie sehr erfolgreich gemeinsam mit Vater Armin den Betrieb, der inzwischen auf eine Rebfläche von 25 Hektar ausgebaut wurde. 2013 folgte die Inbetriebnahme des neuen Kelterhauses, das für weitere 100 000 Liter Wein Lagerkapazität bietet. Bruder Victor kümmert sich um die Exportgeschäfte und den Verkauf. Caroline zeigt großes Talent in der Weinproduktion. Die Palette der Rieslinge aus den drei Spitzenlagen in Dorsheim, allesamt Große Gewächse, sind 2012 und 2013 auf Topniveau. Die Weine haben eine große Ausstrahlung, ihre delikate Charakteristik ist gepaart mit Tiefe und einer auffälligen Brillanz.

Caroline Diel

BESTE LAGEN / REBSORTEN

Dorsheimer Goldloch, Pittermännchen, Burgberg / Riesling, Grauburgunder, Weißburgunder, Spätburgunder

WEINE

○ **2014 Dorsheimer Goldloch**
Riesling, Kabinett
€€

Ein Strauß vollreifer, gelber Früchte, der einen Bogen von Aprikose über Quitten bis zu gelben Zwetschgen spannt. Sehr klar, erstklassig vinifiziert, sehr frisch mit großer Ausstrahlung. Freches Spiel zwischen der feinen Süße und der fetzigen Säure, das ganz leicht auf der Zunge vibriert, so als wäre es eine Aufforderung zum Tanz. Na dann bitte schön!

○ **2012 Cuvée Victor**
Weißburgunder und Grauburgunder, trocken
€€€€

Victor ist im Weingut Diel zu einem Signumwein herangewachsen. Seit 1987 wird er als Cuvée aus den beiden Sorten Weiß- und Grauburgunder hergestellt. Er wird in heimischen Eichenfässern wie auch französischen Pièces vergoren und ausgebaut. Sein Duft erinnert dezent an einen Cocktail exotischer Früchte, Ananas, Litschi, Physalis, Kokosraspeln. Mit mineralischen Akzenten, Salbei, Rosmarin. Die Säure tanzt im Gaumen, erfrischt, zergeht auf der Zunge und bleibt feinnervig mit ausgedehntem Abgang.

✳ **2006 Goldloch Riesling Sekt**
brut
€€€€

82 Monate Hefelager, Flaschengärung, dritte Charge, 900 Flaschen, im April 2014 degorgiert. Zartes Strohgelb. Der Duft wirkt einladend, animierend mit deutlich gereiften Rieslingnoten. Braucht viel Luft! Reifer Apfel, Birne, Mirabellen. Die typischen Toast- und Briochetöne summen in der Nase. Ein feiner Charakter mit kompakter, sehr engmaschiger Mousseux, die wie ein Kissen den Mund ausfüllt, feinfühlig, cremig weich und voller Schmelz. Toll gereifte und dennoch straffe Säure. Sehr frisch und sehr anspruchsvoll.

Dr. Crusius

TRAISEN, NAHE (VDP)

Das Weingut der Familie Dr. Peter Crusius in Traisen an der Nahe ist einer der klassischen, großartigen deutschen Betriebe, deren Weine seit Generationen zu den Spitzen in Deutschland gezählt werden können. Die mehr als 400-jährige Historie spiegelt sich teils heute noch in den Gutsgebäuden, die 1888 angelegt wurden. Aus einem landwirtschaftlichen Mischbetrieb entwickelte sich in den 1950er Jahren das Weingut Dr. Peter Crusius, das der promovierte Önologe mit Zukäufen und Neuanlagen auf heute 18 Hektar vergrößern konnte. Dabei sind über zwei Drittel seiner Rebflächen in klassifizierten Toplagen wie der spektakulären Traiser Bastei und dem sehr steilen Schlossböckelheimer Felsenberg. Dass seine restsüßen Rieslinge unter den besten in Deutschland zu finden sind, ist mittlerweile Tradition.

Eine Tradition ganz anderer Art, aber ebenso ein Hochgenuss, ist das Musikfestival im Sommer. Zum zwölften Mal findet die Klassische Sommernacht in der zum Konzertsaal umfunktionierten Feldscheune statt. Internationale Musikstars der Jazzszene, wie China Moses, Jessica Gall und Bé Ignacio, sorgen dafür, dass die knapp 300 Karten sehr begehrt sind.

Das Traisener Bergmassiv Rotenfels

BESTE LAGEN / REBSORTEN

Traiser Bastei, Schlossböckelheimer Felsenberg / Riesling, Weißburgunder, Spätburgunder

WEINE

○ **2014 Traiser Rotenfels**
Riesling, trocken
€€
Die flächenmäßig größte Einzellage des Weinguts, steile Hänge, leicht erwärmbare Porphyrverwitterungsböden. Wer Riesling mit Körper und einem Touch Restsüße liebt, ist hier richtig. Im Duft Aprikose, reife Mirabelle, Dillblüten, Arnika, Kamille. Alles fein gestrickt, keinesfalls aufdringlich, wunderbar blumig. Feines, lebendiges, frisches Spiel am Gaumen.

○ **2014 Traiser**
Weißburgunder und Auxerrois, trocken
€
Eine Cuveé aus Traisen und dem Rotenfels, von sandigen Lehmböden und rotem Porphyrgestein. Ein Strauß weißer und gelber Blüten, mit Schlehen, Kastanien, Linden, Klee, Löwenzahn. Alles klar definiert, es braucht aber etwas Zeit, bis sich der ganze Duft im Burgunderglas öffnet. Klar und frisch im Mund, feine Säure, dezente Süße, die kaum schmeckbar, aber dennoch präzise herausgearbeitet ist.

○ **2013 Traiser Bastei**
Riesling, Auslese
€€€
Strahlendes Zitronengelb. Im Duft reichen sich reife, vollsaftige Früchte von Weintrauben, Mirabellen, Pfirsich bis Zitrusfrüchte die Hände. Wer von Balance im Wein keine Vorstellung hat, sollte von diesem ein paar Flaschen trinken. „Jung und gereift" – für diesen Spagat ist der Wein die Messlatte. Lang, lang – wie ein endloses Stück Musik. Ein nahezu unverschämtes Trinkvergnügen, von dem man wie bei allem, was Spaß macht, nur schlecht lassen kann.

Martin Tesch

LANGENLONSHEIM, NAHE

Zurück bis ins Jahr 1723 ist die Existenz des Weinguts Tesch in Langenlonsheim an der Nahe nachgewiesen, was für den promovierten Mikrobiologen und heutigen Inhaber des Weinguts, Dr. Martin Tesch, nicht ganz unbedeutend war, als er 1997 den elterlichen Betrieb übernehmen wollte. Mit dem Wissen um die Tradition und im Besitz eines idealen Vorschusses, den ihm sein Vater mitgegeben hatte, nämlich bis zu 40 Jahre alte Riesling-Reben in erstklassigen Lagen, entschied er sich dafür, daraus etwas Neues, etwas ganz Eigenes zu machen.

Kompromisslos stellte er das Weinsortiment um, setzte zu 90 Prozent auf Riesling, 100 Prozent trocken ausgebaut, was damals noch ein enormes Risiko darstellte und ihn viel Mut, Nerven und manche schlaflose Nacht gekostet hat. Er trennte sich von der Hälfte der Rebfläche, die heute bei Tesch bei knapp 19 Hektar liegt. Dieser gravierenden Veränderung folgten weitere. Im Keller stehen nur noch Edelstahltanks, auf Holz wird aus Überzeugung verzichtet, in den Weinbergen gibt es keine Chemiekeulen mehr, Fungizide und Herbizide bleiben außen vor. Korken wurden durch Stelvin-Schraubverschlüsse ersetzt, das Etikettendesign und die Ausstattung der Flaschen wurden klar und unmissverständlich nach Weinbergslagen in verschiedenen Farben dargestellt. Dafür gab es sogar den Red Dot Award. Die revolutionärste Veränderung im Weingut Tesch war allerdings die Namensgebung des Basisrieslings „Unplugged". Der Begriff steht in der Pop- und Rockmusik für Darbietungen im kleinen Rahmen, ohne technische Verstärkung oder Verzerrung. Die Idee war schnell vom Rock- und Popfan Tesch auf sein Thema Riesling übertragen. Der „Unplugged Riesling" hat in seinem besten Alter – das beginnt ein paar Monate nach der Flaschenfüllung – den richtigen Sound für alle, die gerne trockenen Riesling deutlich unter der 10-Euro-Grenze trinken. „Unplugged Riesling" ist der Bandwein der „Toten Hosen" und spielt bei Konzerten wie Rock am Ring immer mit. Die Lagenrieslinge Königsschild, Löhrer Berg, Krone, Karthäuser, St. Remigiusberg werden alle im gleichen Stil, das heißt im Edelstahl, ausgebaut, ganz nach ihren unterschiedlichen Böden, damit der Terroircharakter möglichst eindeutig bleibt. Herrschaftswissen bei Wein ist hier überflüssig. Schade, dass es in der deutschen Weinszene nicht mehr Leute wie Tesch gibt.

Abendstimmung im Weingut Tesch

BESTE LAGEN / REBSORTEN

Königsschild, Löhrer Berg, Krone, Karthäuser, St. Remigiusberg / Riesling

WEINE

○ **2014 Unplugged**
Riesling, trocken
€

Klare ausgeprägte blumig-fruchtige Aromatik. In seiner Frische noch etwas laut, poppig, es rockt noch im bewegten Körper. Die ersten jugendlichen Klänge machen sich aber im Sommer langsam frei vom Babyspeck. Für einen runden Lauf auf der Zunge benötigt „Unplugged" noch ein paar Wochen Zeit.

○ **2014 St. Remigiusberg**
Riesling, trocken
€€

Die kleine Einzellage St. Remigiusberg besteht in ihrem Untergrund überwiegend aus verwittertem Vulkangestein und eisenerzdurchzogenem Lehmboden. Martin Tesch sagt, hier seien die Erträge regelmäßig am niedrigsten, die Weine hätten aber dafür immer die höchsten Extraktwerte unter den Einzellagen des Weinguts. Das konnte ich bei einer Probe mit sieben Jahrgängen von 2007 bis 2014 gut nachvollziehen. Jeder Jahrgang hat seine Höhen und Tiefen deutlich präsentiert. 2007 lebte beispielsweise von der Kraft und Konzentration trotz niedrigerer Säure, wirkte kompakt, 2008 dagegen war kühler, wesentlich lebendiger trotz der gereiften Duftnoten. 2014 präsentierte viele Primäraromen, wirkte leicht exotisch mit hauchzarten Karamellnoten. Auch hier spielt die Musik im Glas, kein Pop, eher Kuschelrock.

Im Zwölberich

LANGENLONSHEIM, NAHE

Hartmut Heintz führt seit nunmehr 25 Jahren das Weingut im Zwölberich. Hier legt man viel Wert darauf, wie im Weinberg gearbeitet wird: Biologisch-dynamische Produktion ist Standard, und seit 1993 ist das Weingut ein geprüfter Demeter-Betrieb. Der staatlich anerkannte, mittlerweile 80-jährige Ökopionier Demeter ist unter den zahlreichen Bioverbänden mit seinen Richtlinien der konsequenteste. Sein Biosiegel setzt mehr als das Mindestmaß voraus, und Demeter-Hersteller leisten mit der biodynamischen Wirtschaftsweise erheblich mehr, als die EU-Bioverordnung vorschreibt. Auf den 33 Hektar Rebfläche des Weinguts im Zwölberich mit zwölf verschiedenen Rebsorten führt eine derartige Bearbeitung der gesamten Weinberge zu sehr viel mehr Arbeit und Kosten. Das ist eine große Leistung, die leider von vielen Konsumenten immer noch nicht realistisch eingeschätzt wird. Die Weinbergslagen von Zwölberich befinden sich in Langenlonsheim und im benachbarten Guldental. Die unterschiedlichsten Böden von sandigem Lehm, kiesigem Ton oder Lehm bis Sandsteinverwitterungsböden bilden die Grundlage für die vielen unterschiedlichen Rebsorten. Das Angebot geht von Auxerrois bis Riesling, Weißburgunder und wenig oder unbekannten Sorten wie Pinotin, Phoenix oder Monarch. Teils sind die Weine im Holzfass ausgebaut und zeigen dadurch eine dichtere, komplexere Struktur. Das Weingut geht konsequent den Weg der Qualität, und ich bin sicher, dass hier noch einige Überraschungen aus dem Keller ans Tageslicht kommen werden.

BESTE LAGEN / REBSORTEN

Langenlonsheimer Steinchen, Königsschild, Löhrer Berg, Guldentaler Honigberg / Auxerrois, Riesling, Grauburgunder, Silvaner, Spätburgunder, Dornfelder u. a.

WEINE

○ **2014 Auxerrois**
trocken
€€

Auxerrois ist im Weingut Zwölberich die Rebsorte und Spezialität schlechthin, denn Hartmut Heintz hat zehn Jahre dafür kämpfen müssen, dass sie wieder an der Nahe kultiviert werden durfte. Im Duft zu Beginn Akazien, Marillen, Honig. Der leichte Hefeton verflüchtigt sich mit der Zeit, und am Ende strahlt der Wein wie eine Blumenwiese im Frühling. Die saftige Aromatik und durchaus lebendige Säure machen den Wein ungemein trinkfreudig mit einem süffigen, vegetabilen Finale. Ein Wein, der Laune macht. Als Begleiter zur leichten Pastaküche mit Muscheln und leichten Fischgerichten, Wurzelgemüse.

○ **2013 Guldentaler Rosenteich „Alte Reben"**
Auxerrois, Spätlese, trocken
€€€€

„Alte Reben" bedeutet in diesem Fall, dass die Pflanzen 1958 gesetzt wurden. Das Bukett präsentiert sich völlig anders als beim Auxerrois, natürlich auch, weil der Wein zwei Jahre länger auf der Flasche gereift ist. Getrocknete Glenzenbirne, Apfelstücke, Rosinen, kandierte Aprikosen, frische Mandelmilch, Kokosnuss. Klar, sauber, lupenrein vinifiziert. Der Wein hat eine herrliche Cremigkeit im Mund, ist stoffig, reich und aromatisch. Er ist ausgewogen, zeigt eine sehr schöne Balance bis zum Ende.

Hartmut Heintz mit seiner Frau

LAGE - PFALZ

Südlich von Worms bis an die französische Grenze und von den Hängen des Pfälzer Waldes bis in die Rheinebene

23.592 ha Gebiet

Worms
Laumersheim
Philip Kuhn
Knipser
Mannheim
Ludwigshafen
Bad Dürkheim
Achim-Magin
Von Winning
Reichsrath von Buhl
Deidesheim
Rhein
A. Christmann
Gimmeldingen
Hassloch
Völcker
Mussbach
Speyer
Ökonomierat Rebholz
Landau
Siebeldingen
Dr. Wehrheim
Birkweiler
Schweigen-Rechtenbach
Friedrich Becker
Karlsruhe

TOP 3 – ROTWEIN

Dornfelder	**13 %**
Portugieser	**7 %**
Spätburgunder	**7 %**

TOP 3 – WEISSWEIN

Riesling	**24 %**
Müller-Thurgau	**9 %**
Grauburgunder	**6 %**

BÖDEN

Buntsandstein, kalkhaltige Lehm- und Tonböden, Mergel- und Keuperböden, eingestreuter Muschelkalk; Granit-, Porphyr- und Schiefertoninseln

PFALZ

Das Weinanbaugebiet Pfalz, ehemals Rheinland-Pfalz, hat viel mehr zu bieten als geschichtliche Höhepunkte, nämlich eine unglaublich schöne Landschaft. Die Pfalz ist dank ihrer geografischen Lage mit allen Attributen der Natur gesegnet. Sie buhlt mit dem badischen Kaiserstuhl immer wieder um den Titel, die wärmste Region nördlich der Alpen zu sein, aber bei einer Durchschnittstemperatur von 16°C und etwa 225 Sonnentagen mit über 1800 Sonnenstunden ist es nicht wichtig, wer dieses Rennen gewinnt. Hier blühen Anfang März die ersten Mandeln, unzählige Feigen- und Kastanienbäume folgen. Glyzinien, Oleander, Palmen, Zypressen und Zitronen fühlen sich hier heimisch, ebenso die vielen Obst- und Gemüsesorten, die hier früher reifen als in anderen Regionen Deutschlands. Ein Geschenk der Natur, für seine Bewohner – ein wahres Paradies. Und für Besucher eine Toskana in Deutschland.

Das hatte schon der Bayernkönig Ludwig I. erkannt und ließ seinerzeit nahe Edenkoben die wunderschöne Villa Ludwigshöhe als seine Sommerresidenz bauen, die immer noch besichtigt werden kann. Hier in Roth unter Rietburg gibt es neben der Rietburgbahn aus der Weinbauhistorie eine ganz besondere Rarität. Nicht nur einen alten Rebstock, sondern gleich hunderte echte alte Reben, in Frankreich werden sie respektvoll Vieille Vigne genannt, sind hier zu bewundern. Dieser mit Gewürztraminer bepflanzte, über 400 Jahre alte Wingert, der „Rhodter Rosengarten", ist in Privatbesitz. Vermutlich ist er auch der älteste Weingarten der Welt, dessen Reben noch im Ertrag stehen und verarbeitet werden.

Was den Weinbau angeht, setzt sich die Pfalz aus den beiden Bereichen Mittelhaardt/Deutsche Weinstraße und die Südliche Weinstraße zusammen. Die Städte und Gemeinden der Pfalz haben zur Geschichte des Weinbaus teils viel beigetragen, allen voran Deidesheim, das man getrost als einen Hort der deutschen Weinkultur bezeichnen kann. Hier wirkten bedeutende Persönlichkeiten des Weines wie Jordan, Bassermann-Jordan oder von Buhl, um nur ein paar Beispiele zu nennen. Dass diese Weingüter auch heute wieder ganz hoch im Kurs stehen, ist dem Visionär Achim Niederberger zu verdanken, der durch den Kauf der Weingüter von Winning mit Dr. Deinhard, Geheimer Rat Dr. von Bassermann-Jordan und Reichsrat von Buhl entscheidend die Zukunft des Weinbaus vor allem in Deidesheim mitgeprägt hat. Weiter nördlich in Bad Dürkheim gibt es zwei Sensationen, das weltweit größte Weinfass mit 1,7 Millionen Liter Fassungsvermögen – nein, es ist nicht befüllt – und das größte Weinfest der Welt, den Bad Dürkheimer Wurstmarkt. Die Pfälzer feiern sehr gern. Sie trinken – wie die Bayern in den Biergärten – ihre Weine bei diesen Gelegenheiten gern mal aus größeren Behältern, dem üblichen Pfälzer Schoppen mit 0,5 Liter und den Rhodter Pfiff im Ein-Liter-Glas. Ein Segen für die Weinwirtschaft. Spitzenlagen in den Weinorten Wachenheim, Forst, Deidesheim und Ruppertsberg erlangten schon in frühen Zeiten Weltruf und fehlten auf keiner guten Weinkarte oder Festivität. Dagegen war der Name eines Kallstadter Saumagens zwar nicht so klangvoll, die Weine aber keinen Deut weniger beeindruckend. Das Qualitätsstreben der „Neuen Pfalz", wenn man so sagen kann, begann allerdings ganz oben im Norden, in Laumersheim im Weingut Knipser, Mitte der 1980er Jahre. Was hier unter Werner Knipser und seinem Bruder Stephan passierte, von Neupflanzungen bis zum Barriqueausbau, war für die Pfalz, teils sogar für Deutschland, wegweisend. Südlich von Neustadt folgen beschauliche Weinbaugemeinden mit großartigen Weingütern und Winzern, zum Beispiel von Siebeldingen, Birkweiler bis Schweigen, Hansjörg Rebholz, Karl-Heinz Wehrheim und Friedrich Becker, die der südlichen Pfalz ihren guten Ruf nicht nur erhalten, sondern vielmehr selbst geprägt haben. Die guten Lagen allein nützen nichts, wenn es keine erstklassigen Winzer gibt, die auf deren Klaviatur spielen können.

Die erste und zugleich bekannteste Deutsche Weinstraße führt auf 85 Kilometern durch 130 Weinorte von Bockenheim bis zum Deutschen Weintor in Schweigen an der Grenze zum Elsass. Zu entdecken gibt es hier alles, was das Herz begehrt – man muss nur einen Anfang finden. Auf einer Fläche von 23 000 Hektar findet man zwangsläufig viele unterschiedliche Böden, vom Buntsandstein, Ton, Mergel, Keuper, Muschelkalk bis zu den Gesteinsformationen Granit, Porphyr und Schiefertoninseln. Hier gedeihen in der Hauptsache Riesling, Müller-Thurgau, Silvaner, weiße und rote Burgundersorten. Dornfelder und Portugieser haben ebenfalls keine unbedeutenden Flächen. In der Summe kann man in der Pfalz von allem etwas haben, ganz wunderbare Weine, fröhliche Menschen, einfache Landküche oder Topniveau, sportlichen Ausgleich jeglicher Art – und das alles bei nahezu garantiert schönem Wetter. Der Herrgott könnte ein Pfälzer sein.

Weingut
ÖKONOMIERAT REBHOLZ
KASTANIENBUSCH
2012
GG
PFALZ

Ökonomierat Rebholz

SIEBELDINGEN, PFALZ (VDP)

Auf die Frage, was für mich das Weingut von Hansjörg und Birgit Rebholz auszeichnet, würde ich antworten: Präzision, zuverlässig hohe Qualität, Kontinuität, Fortschritt, aber nicht um jeden Preis. Ich erinnere mich gut an die Mammutproben des gesamten Sortiments Jahr für Jahr, als ich erschöpft, aber zufrieden nach getaner Arbeit den Stift zur Seite gelegt habe und strahlend dachte, bravo, das ist sie, die beste trockene Weißweinkollektion des Jahres. Das passierte wiederholt; ich zweifelte nach dem dritten, vierten Mal langsam an meinen Fähigkeiten, hier ordentlich zu verkosten und probierte die am höchsten gelobten Flaschen noch einmal. Es hatte sich aber nichts geändert, und mein Glaube an die makellosen Rebholzweine auch nicht. Hansjörg Rebholz weiß das, weil er ein guter Beobachter ist und meine Freude mir aus den Augen sprach.

Wer einmal das Glück hatte, mit Rebholz in seinen Kastanienbusch, Sonnenschein oder die alte Gewürztraminer-Anlage zu fahren und über die Vorzüge der einen oder anderen Lage, ihre Böden – seine Schätze – zu diskutieren, versteht, warum diese Weine so sind, wie sie sind: durch und durch präzise, bis auf den Punkt. Hier wird nichts dem Zufall überlassen.

Bei näherer Betrachtung der Preisliste wird schnell klar, dass hier sehr viel mehr als super Riesling und erstklassiger Spätburgunder angeboten wird – faszinierenderweise aber in ebensolcher Qualität. Allen voran die beiden Pinot-Sekte, die ich zum besten Dutzend Deutschlands zähle. Der Chardonnay aus dem Barrique ist fast schon legendär. Der Gewürztraminer macht vielen im nahen Elsass Konkurrenz. Der duftige Muskateller – wenn ich nur daran denke, läuft mir das Wasser im Mund zusammen. Und last but not least Sauvignon blanc. Eine kurze Notiz in meinem Kursbuch verrät mir, dass ich einen Teil dazu beigetragen haben soll, dass es im Hause Rebholz diese Sorte gibt. Mit den Großen Gewächsen aus 2014 konnte ich leider noch keine Bekanntschaft machen, aber Rebholz hatte ein Leuchten in seinen Augen, als er sich sehr zufrieden über seine Schützlinge äußerte, wir können also gespannt sein.

BESTE LAGEN / REBSORTEN

Birkweiler Kastanienbusch, Siebeldinger und Ganz Horn im Sonnenschein, Albersweiler Latt / Riesling, Spät-, Weiß- und Grauburgunder, Chardonnay, Gewürztraminer, Muskateller u. a.

WEINE

○ **2014 Muskateller**
trocken
€€
Der Muskateller wurde der Qualität zuliebe in zwei Etappen gelesen. Die Mühe hat sich gelohnt, ein Meisterwerk mit Flügeln. Ein Strauß voller Düfte und Aromen, Rosen, Flieder, Kastanien, Muskattrauben? Sicher kein Großes Gewächs, aber ein unverschämt guter Wein. Eine sanft anmutende Schönheit für sich, Jahr für Jahr wird dieser Wein noch feiner, kristalliner, graziler. Nicht nur für laue Sommernächte, der geht schon im Frühjahr prima, vertreibt den Winter.

○ **2014 Sauvignon Blanc**
trocken
€€
Wundervoller Duft, dezente, klare Noten von Cassis, Spargel, Holunderblüten, hochreifen Pfirsichen. Der späte Lesetermin ist wohl das Geheimnis dieses reifen und dennoch ganz frischen, sehr lebendigen Geschmacks, dieser Balance. Klirrende Frische mit einer kaum fassbaren Leichtigkeit.

○ **2014 Vom Buntsandstein**
Riesling, trocken
€€€
Ein Charmeur für alle Sinne! Vom Duft über den Geschmack bis zur Wohltat eines wunderbaren Durstlöschers. Ja, Wein darf auch getrunken werden, wenn man durstig ist. Dieser hier vom Buntsandstein passt dazu mit seinem zarten Körper. Sein Aroma von Mandarinen und Limetten, Koriander oder Apfel ist ein Spiel ohne Grenzen. Im Mund feingliedrig, seidig, fast cremig. Federleicht, ganz feine Mineralität mit salzigen Anklängen. Ein echt brillanter Typ, ziemlich cool.

○ **2013 Siebeldinger im Sonnenschein**
Weißburgunder, Großes Gewächs
€€€€
Da sage einer, Weißburgunder kann noch lange nicht das Gleiche wie Riesling. Ich behaupte, dieser kann, und zwar wie! Wer den 2014 erst einmal im Glas hat, kommt von dieser Sorte so leicht nicht mehr los. Ich meine damit, es gibt auch Menschen, die keinen Riesling mögen, aber dennoch knackig, frischen Wein ohne die Schwergewichtigkeit von Grauburgunder. Ein verführerischer Wein mit blumigen Aromen, gelbfruchtig, fast betörend, saftig und köstlich frisch mit raumfüllender Note im Mund. Lang mit lustvollem Genussfinale.

○ **2011 Birkweiler Kastanienbusch**
Riesling, Großes Gewächs
€€€€
Ein Paradebeispiel für ein Großes Gewächs. Glockenreiner Apfelduft, rosa Grapefruit, Zitronenschale, Gartenkräuter, Frühlingswiese. Salzige Mineralität, Fülle und Schmelz, ausdrucksvoll im Geschmack, sehr tief und komplex mit reifer, präsenter Säure. Ein monumentaler Riesling mit großer Zukunft! Das war Ende 2012 schon so und ist heute nahezu unverändert.

Von Winning

DEIDESHEIM, PFALZ (VDP)

Für Stephan Attmann, ich könnte scherzhaft ebenso Stephan von Winning schreiben, ist dieses Weingut ein Sechser im Lotto und das Projekt seines Lebens, das er seit Ende 2007 satte 24 Stunden am Tag lebt. Ich kenne ihn schon ein paar Jahre länger, seit gemeinsamen Weintouren nach Bordeaux und Burgund. Mir ist damals schon seine unendliche Wissbegier, seine Leidenschaft und untrügliche Liebe zum Wein aufgefallen. Bemerkt habe ich auch seine Fähigkeit, zu verkosten und Weine zu besprechen, seine Zielsicherheit, was gute und weniger gute Weine sind. Bemerkenswert ist sein Respekt vor der Leistung großer Köche und Weinmacher. Das Weinfeuer brannte in Attmanns Herz schon immer. Nach seinem Studium heuerte er mit dem Diplom als Wirtschaftspädagoge bei Joachim Heger an und machte eine Winzerlehre. Mit dem besten Abschluss in der Tasche ging es Richtung Burgund. Es folgten weitere Stationen wie die Saar und die Nahe, und dort entdeckte ihn Achim Niederberger. Der erfolgreiche Neustädter Unternehmer machte ihn in seinem dritten Weingut, Dr. Deinhard zum Betriebsleiter und ließ ihm freie Hand. Attmann besann sich auf die Tradition des Hauses und gab dem Weingut seinen ursprünglichen Namen, Von Winning, zurück. Unter der Führung Leopolds von Winning (1907–1917) wurde es 1907 Gründungsmitglied des Verbandes der Naturweinversteigerer, dem Ursprung des heutigen VDP, und erlebte ein erfolgreiches Jahrzehnt. Von den 40 Hektar Rebflächen sind heute ein Viertel als Große Lagen eingetragen, ein unermesslicher Reichtum. Die Stockdichte in den Weinbergen hat Hektar für Hektar auf sensationelle 10 000 Rebstöcke erhöht und wendet soweit möglich biodynamische Verfahren an. Keine Herbizide, kein Kupfer, nichts, was Weinberg und Rebe schaden könnte.

Im Weingut Dr. Deinhard herrschte bis zu Attmanns Erscheinen ein rekordverdächtiger Tiefschlaf, der sich mit seinem Einstieg schlagartig in schlaflose Nächte verwandeln sollte. Der hellwache und kluge Kopf konnte investieren, wo und was er für notwendig hielt; sein Auftrag war, die besten Weine der Region zu machen. So wurden im Keller als Erstes ein paar Hundert Holzfässer bester Qualität und Herkunft angeschafft. Der erste darin ausgebaute Jahrgang 2008 fand draußen bei Kollegen wenig, bei der Fachpresse deutlich mehr Zustimmung. Es folgten Jahre des Tuschelns bei den Winzern, mit Neid, aber auch Unsicherheit wegen des konsequenten Ausbaus von Riesling im neuen, meist 500-Liter-Holzfass. Später wurde auch der Sauvignon blanc so ausgebaut, und man hörte an jeder Ecke, was das alles für ein Quatsch sei. Die etwa 35 Jahre alte Mode, sämtliche Weißweine steril in Edelstahl auszubauen, war nun mal für alle Weinmacher das Nonplusultra. Nicht für Attmann, der hatte seine eigene Vorstellung von großen Weinen. In Frankreich hat er viel gelernt und glaubte daran, dass das, was mit seinen Vorbildern aus Chardonnay geht, auch bei Riesling funktioniert. Schließlich wurde vor der Edelstahlwelle jeder Wein im Holzfass ausgebaut. Darunter gab es große Weine, die er qualitativ erreichen wollte. Natürlich entstehen im Edelstahl gute, blitzblanke Weine – das kann Attmann auch, denn mit der Dr. Deinhard-Linie kann er sich sehen lassen. Aus seiner Sicht reifen aber sehr gute Weine stets im Holz. Der Erfolg gibt ihm Recht. Die lauten Stimmen sind verstummt, mehr und mehr Weinmacher folgen diesem Weg, immer mehr Rieslinge werden wieder traditionell, ohne Kühlung in Holzgebinden vergoren und ausgebaut. Mit nur einer einzigen Bewegung werden Von-Winning-Weine ohne Filtration auf die Flasche gefüllt. Mehr Respekt und Gefühl kann einem Wein nicht entgegengebracht werden. Und mit großem Respekt dankt er Jana Niederberger, dass er das Rad Von Winning auch weiterhin drehen darf.

BESTE LAGEN / REBSORTEN

Deidesheimer Kalkofen, Grainhübel, Kieselberg, Langenmorgen, Mäushöhle, Ruppertsberger Reiterpfad, Linsenbusch, Spieß, Forster Kirchenstück, Pechstein, Ungeheuer und Jesuitengarten / Riesling, Sauvignon Blanc, Weißburgunder, Chardonnay, Spätburgunder u. a.

WEINE

○ **2010 Sauvignon Blanc 500**
trocken
€€€€

Kein Jahr ohne Sauvignon 500 ist das Motto in meinem Weinkeller, seit es diese Köstlichkeit bei Von Winning gibt. Leider ist die Gier so groß, dass die meisten Flaschen schnell ausgetrunken sind. Nun kenne ich Attmanns Vorliebe für weißen Bordeaux in der Topliga, besonders den einen oder anderen Sauvignon von der Loire. Der Sauvignon blanc 500 aus 2010 und auch der aus 2014 sind besser als die meisten jenseits der Grenzen. Ziel erreicht, Stephan! Die Nase bietet in erster Linie klare, saubere Frucht, eindeutige Sauvignon-Aromen ohne Wenn und Aber. Cassis pur, Holunderblüte, Grapefruit, Stachelbeere, weißer Spargel, Korianderblätter, Pfirsich und noch vieles mehr. Von der Mineralität, seiner Salzigkeit muss man begeistert sein, der Abgang ist eine minutenlange Zugabe. Das Ganze ist sicher nicht gratis, aber den Wert eines Weines sollte man nicht am Preis messen, sondern an der vermittelten Emotion – und dafür ist er dann geschenkt.

○ **2012 Chardonnay I**
trocken
€€€

Diesen Traumjahrgang habe ich gleich zweimal vom Fass probiert und sofort Begeisterung verspürt. Das ist ganz große, burgundverdächtige Qualität. Kraftvoll, aber gleichzeitig von feinster Eleganz und reifer Frucht getragen. Akazienhonig, Kastanienblüten, Kokosmilch und Haselnuss. Feiner Toast, Rauch und Würze von Eichenholz, zugleich extreme Salzigkeit, die sich durch den Gaumen zieht, Länge und Druck vermittelnd, aber auch noch viel zu jung. Potenzial für zehn Jahre plus.

○ **2013 Forster Ungeheuer**
Riesling, Großes Gewächs
€€€€
Anfangs dezente gelbe Fruchtnoten, dann viele Blüten des Sommers, glühende Mineralität wie Feuerstein, Flint, Kalk. Mit ganz feiner Textur und Stoff, ganz trockenes Mundgefühl, superfein, glanzvoll mit polarisierender Frische. Wirkt leichter, feiner, rassiger und mit mehr Schliff als 2012. Ähnlich wie Pechstein, auch spannend ohne Ende. Sicher nicht so monumental wie das Kirchenstück, aber mindestens so vielfältig und farbig und das dann noch zum halben Preis.

○ **2011 Forster Pechstein**
Riesling, Großes Gewächs
€€€€
Eine ganz individuelle Charakteristik hat Pechstein zu bieten, weshalb ich ihn auch von den Großen Lagen hier am meisten liebe. Gewiss sind Kieselberg, Kalkofen und Jesuitengarten auch eine Freude, mich begeistert trotzdem Pechstein meistens ein wenig mehr. Seine feine, tiefgründige Art, die leicht nussige Note, fast wie Kokos, ist einfach genial. Der Zug und die feine Frucht, die straff gehaltene Säure, das Salz auf den Lippen, ein überragendes Gefühl. Und das jedes Jahr anders. 2014 war ein brillantes Jahr mit großer Qualität, fein geschliffen, 2010 gab es hohe Säuren, immer noch mit überragender Frische und viel Potenzial, die 2011er und 2012er sind frühreif schon jetzt ein Genuss.

Blick über den Paradiesgarten

Stephan Attmann

Das Weingut bei Nacht

AC
A. Christmann
2014
IDIG
GG

A. Christmann

GIMMELDINGEN, PFALZ (VDP)

Mit dem Weingut A. Christmann in der südlichen Pfalz verbinde ich seit eh und je dessen Spitzenwein, wenn man so will auch Signaturwein, den Idig Riesling Großes Gewächs aus der gleichnamigen Lage in Königsbach. Idig steht heute noch, vielleicht sogar noch mehr denn je für die Christmanns. Nach der Verkostung der beiden Großen Gewächse aus 2013 und 2014 glaube ich sogar, dass ich zwei Nachfolger gefunden habe für die längst zu Legenden gewordenen Rieslinge der 90er Jahre! Damals habe ich mit diesen Weinen viele neue Fans für Riesling, deutschen Wein, für Christmann, aber auch den Idig selbst gewinnen können.

Seit ein paar Jahren schmecken die Weine anders, haben ihren Stil etwas verändert, was Steffen Christmann auch auf die Umstellung zur biodynamischen Wirtschaftsweise zurückführt, mit der 2000 begonnen wurde. Anfangs veränderte sich die Charakteristik der Weine nicht nur positiv, mittlerweile kommt wieder einige Begeisterung ins Spiel. Ich erkenne mehr Frische, Lebendigkeit und säurebetonten Charakter. Steffen Christmann sagt, dass seine Schützlinge zu mehr Präzision und Dichte neigen, mehr ihre Herkunft, insbesondere aus den einzelnen Lagen, zeigen. Da steht dann die salzige Mineralität im Ölberg Riesling oder die puristische Fruchtigkeit des Idigs ganz im Vordergrund, weshalb Christmann mit der Entscheidung für Biodynamie sehr zufrieden ist. Die Weinberge danken es mit kerngesunden Rebstöcken und reifen Trauben in bestem Zustand. Auch wenn das Wetter nicht immer ganz mitspielt, sind die Reben dank dieser Arbeitsweise weniger anfällig. Riesling spielt mit etwa 70 Prozent die Hauptrolle unter den Rebsorten.

Steffen Christmann ist Volljurist mit Zulassung als Rechtsanwalt. Dennoch hat er das Winzerhandwerk erlernt und ist auf den Beruf des Weinmachers umgeschwenkt. 1996 konnte er das Weingut seiner Eltern in der siebten Generation übernehmen. Bei aller Arbeit im immerhin 20 Hektar großen Weingut findet er noch die Zeit für das Amt des VDP-Präsidiums, das er 2007 angenommen hat. Sicher keine leichte Aufgabe, die viel Zeit in Anspruch nimmt bei inzwischen 200 Mitgliedern.

BESTE LAGEN / REBSORTEN

Königsbacher Idig, Gimmeldinger Mandelgarten, Ruppertsberger Reiterpfad, Deidesheimer Langenmorgen / Riesling, Spätburgunder, Weiß- und Grauburgunder

WEINE

○ **2014 Königsbacher Ölberg**
Riesling, trocken
€€€

„Der Primus inter Pares unserer Ersten Lagen", so steht es auf der Hompage des Weinguts. Das glaube ich sehr gern, und viele andere werden das auch tun, wenn sie den 2014er erst einmal verkostet haben. Hier spricht die Transparenz und Klarheit des von gelber heimischer Frucht und Wiesenblumen getragenen Buketts. Ein Duft, der mit der ersten Nase Freude macht, Animation pur zum Trinken. Warum auch nicht, die Freude im Mund findet ja Fortsetzung, die schöne Balance und Saftigkeit im Geschmack machen den durch und durch frischen Wein zu einem Erlebnis.

○ **2014 Gimmeldinger Mandelgarten**
Riesling, Großes Gewächs
€€€€

In den oberen Schichten ist der Mandelgarten von Buntsandstein und Löss geprägt, in tieferen Lagen folgt dann der wertvolle Kern des Kalkgesteins. Die Reben stehen hier in Gimmeldingens erster Reihe, anders ausgedrückt auf den besten Plätzen. So präsentiert sich dann auch die Nase: helle Honignoten, Akazien, Kastanien und Mandelblüten. Die straffe Säure, Grapefruit- und Zitronenart macht sich vorerst noch dominant Platz im Gaumen, aber das vergeht. Dazwischen ist viel Speck auf den Rippen, schmalzig, mit sehr viel Substanz. Der Flaschengeist bittet hier um ein Packerl Zeit, etwa zwei bis drei Jahre.

○ **2014 Königsbacher Idig**
Riesling, Großes Gewächs
€€€€€

Man darf hier durchaus in vollen Tönen ins Schwärmen geraten. Königsbach hat ja etwas Königliches, der Idig auch, schließlich ist er die Paradelage – für den Ort wie für die Christmanns – und das mit knappen vier Hektar eigener Fläche. Die kräutrige, steinige, nahezu kühl wirkende Nase hat etwas Geschliffenes, Kantiges, sehr Präzises an sich. Schwer in Worte zu fassen, im Mund macht der Wein jedenfalls Laune. Die seidige Säure ist prägend, messerscharf, aber angenehm und reif. Stoffig, Harmonie suchend, ja das ist klar. Großes Potenzial auf packende Art.

Steffen Christmann

Knipser

LAUMERSHEIM, PFALZ (VDP)

Ein Weingut und eine Familie wie die Knipsers sind entweder kurz und bündig mit allen positiven Attributen erklärt, oder man lässt sich auf einen längeren Text ein und stellt dann irgendwann fest, dass er überhaupt kein Ende mehr nimmt, weil es so viel zu erzählen gibt. Genauso wäre es eigentlich sinnvoll, sich im Angebot der Weine auf ein halbes Dutzend Rebsorten zu beschränken, was aber ebenfalls so gut wie unmöglich ist. Wer möchte sich auch bei den unterschiedlichen Prädikaten und gereifteren Jahrgängen bei den Rotweinen gezielt für Weniges entscheiden? Das Weingut zu besuchen und dann von einem der Herren – Werner, Volker oder Stefan – durch die Verkostung geführt zu werden, ist wie ein Besuch im Schlaraffenland des Weines. Man kann schnell jegliche Vernunft verlieren bei der Entscheidung, was probiert werden soll oder welche Weine gekauft und für den heimischen Keller eingepackt werden müssten. Nicht wegen der aufkommenden Wirkung des Alkohols, es ist einfach die lockere, entspannte Stimmung und die wunderbare Selektion. Man kann die Situation auch mit einem Konzert vergleichen, wenn die Stars auf der Bühne fantastisch waren und alle Erwartungen übertrafen und dem Publikum eine Zugabe nach der anderen schenken, da denkt auch keiner an ein Ende. Und als ob die Aufführung nie ein Ende finden würde – so sind dann auch die Weine in der endlosen Reihe der Qualitätsstufen, Geschmacksrichtungen, Altersstufen, Cuveés weiß oder rot.

Für mich ist dieses Weingut das mit dem meisten mediterranen Flair, Ruhe und Gelassenheit vermittelnd, das Leben genießend und dennoch hart arbeitend. Erfolg kommt nicht von ungefähr, sondern ist mit vielen Mühen und Arbeit verbunden, auch bei Knipsers. Ihr Einsatz allein im Anbau von in Deutschland noch vor 20 Jahren nicht zugelassenen Rebsorten wie Cabernet, Merlot oder Syrah, aber auch weißen Sorten war bahnbrechend. Zudem sind sie die Pioniere im Umgang mit dem Eichenfass, den französischen Vorbildern, den Barriquefässern mit 225 Litern folgend. Immer wieder hörte ich den Satz: „Ist als Versuch im An- oder Ausbau.“ Natürlich wurde hier auch experimentiert, aber nie hat man schlechte Ergebnisse den Kunden als moderne Interpretation aufgeschwatzt.

Dabei beginnt das Weinprogramm dieses x-mal prämierten Weinguts mit einfachen Basisweinen für jedermann und endet bei Rotweinen als Cuveés oder rebsortenreinen Spätburgundern, die mit den Großen Gewächsen aus Frankreich problemlos mithalten können. Die Weine werden lagentypisch auch dem Terroir entsprechend ausgebaut, und ganz besonderes Lesegut wandert dann ins Eichenfass und reift manchmal viele Jahre auf der Flasche, bis sich die Familie einig ist, dass es jetzt an der Zeit ist, den Wein zu verkaufen. Mit 56 Hektar Rebfläche und etwa 400 000 Flaschen Jahresproduktion heißt es, den Überblick zu bewahren. In der 2003 neu gebauten großen Kellerei vor den Toren Laumersheims ist das auch kein Problem mehr, alles geht seinen Weg. Und selbst wenn bei solchen Beschreibungen gern Einwände kommen, wie „na ja, die Knipsers kennt doch jeder, weiß man doch alles“, ist mir das völlig egal. Die Weine von Madame Leflaive, Leroy oder der Domaine de la Romaneé-Conti und deren Geschichten kennen die Liebhaber guter Tropfen auch, dabei beklagt sich niemand über Langeweile.

BESTE LAGEN / REBSORTEN

Laumersheimer Kirschgarten und Steinbuckel, Großkarlbacher Burgweg und Kapellenberg, Dirmsteiner Mandelpfad / Spätburgunder, Riesling, Chardonnay, Sauvignon Blanc, Cabernet Sauvignon, Merlot, Dornfelder u. a.

WEINE

○ **2011 Kalkmergel**
Riesling, trocken
€€
Jawohl, das ist Riesling pur, vielleicht in Tracht anstatt in Seide, auf jeden Fall aber ein Freund, den man gern beim Glas nimmt. Schon der erste Eindruck in der Nase passt. Er hat nicht die ganz feine Frucht, sondern mehr von gut gereiftem Obst, und auch eine ausgereifte Ananas oder Mango machen Spaß und schmecken gut. Ein wenig üppig mag er sein, mit viel Terroir und einem Hauch Petrol, doch dagegen steht ein rassiges, kerniges Säuremäntelchen, und das schmeichelt der Zunge ganz besonders. Ein echter Pfälzer Riesling, etwas barock, aber immer noch edel und sehr gut im Trinkfluss. Da sehe ich Suchtgefahr.

○ **2009 Chardonnay******
Auslese, trocken
€€€€€
Hier kann man auch gereifte Weine wie den im Barrique ausgebauten 2009er Chardonnay**** ohne Bedenken probieren und wenn möglich eine Flasche ergattern, denn trotz seiner nussigen, würzigen Art mit feinster Eichennote, Butterscotch und Nuancen von Vanille ist er immer noch frisch. Viel geröstete Kaffee, Mandel, Haselnuss. Mollig, großer Stoff mit Textur und Kraft, reichlich Saft, lebendig, cremiger Körper mit langem Atem ganz exotischer Art.

● **2010 Laumersheimer Mandelpfad**
Spätburgunder, Großes Gewächs
€€€€
2010 ist erst der zweite Jahrgang als Großes Gewächs Spätburgunder Mandelpfad. Das Herzstück dieser Lage ist die Himmelsrech. Ganz früher im 16. Jahrhundert standen hier Mandelbäume. Der Spätburgunder liebt den kalkreichen Untergrund, und es entstehen wundervolle, harmonische, sanfte Pinot Noir. Sauerkirscharomen und rote Johannisbeere spielen im Vordergrund. Die noch sehr frische Fruchtsäure wird von den würzigen, süßlich anklingenden Holznoten getragen. Ein eher schwereloser Charakter, der mit seiner frischen Säure einen herrlichen Trinkfluss vermittelt.

● **2009 Cuvée X**
(Cabernet Sauvignon, Merlot, Cabernet Franc)
trocken
€€€€€
Tiefdunkles, sattes Rubinrot. Schwarze und blaue Beeren, ausgeprägte Kirschvarianten, Holundersaft, weitgefasster Bogen orientalischer Gewürze. Dazu Bitterschokolade, Leder, Tabak, Wacholderbeeren. Festes, sattes Tannin, geschliffen, straff wie Samt, weich wie Seide. Frisches, köstlich feines Mundgefühl! Mit viel Nachdruck und enormer Länge. Ein klasse Wein, auf höchstem Niveau mit ganz guten Bordeaux auf Augenhöhe. Großem Potenzial.

● **2009 Cuvée XR**
(Cabernet Sauvignon, Merlot, Cabernet Franc)
trocken
€€€€€
Wenn die Cuvée X schon ein Rotwein auf Weltklasseniveau ist, was ist dann bitteschön die Steigerung für die Réserve XR, die nur in Spitzenjahrgängen wie 2009 hergestellt wird? Überirdisch oder – weniger romantisch – volle Punktzahl? Ein Château Margaux Reséve? Die besten Fässer der Cuvée X mit noch mehr Reifezeit, das ist gesteigerte Potenz und Konzentration. In der Sprache der Küche würde dieses Beispiel mit Consommé und Consommé double erklärt werden. Was mir bei der Probe besonders aufgefallen ist, war die Konzentration der seidigen, satten Tannine. Das Mundgefühl war samtiger als samtweich mit einer unendlichen Caudalie. Dazu einen Tipp zur Flaschengröße – sie gibt es von der Magnum bis zur 12-Liter-Flasche, das sind 16 Flaschen à 0,75 Liter, man nennt sie Balthazar.

Wilfried Völcker mit Frau Charlotte, daneben Schwester Maike

Völcker

MUSSBACH, PFALZ

Meine erste Bekanntschaft mit dem Weingut von Wilfried und Charlotte Völcker habe ich mit einer guten, einer verdammt guten Flasche Rotwein, Cuvée N°4, gemacht. Die diebische Freude meines Weinfreundes Uwe war ziemlich groß, als er mir die Flasche überreichte und ich völlig ahnungslos mit Blick auf dessen Etikett fragte: Völcker? Nie gehört, Mußbach in der Pfalz, oh Gott! Googeln ist angesagt. Mußbach, ein 4000 Einwohner zählendes Winzerstädtchen, ist nur drei Kilometer von Neustadt an der Weinstraße entfernt. Berühmte Weinlagen gibt es nicht, die sind in den benachbarten Orten Gimmeldingen, Königsbach oder Deidesheim zu finden. Berühmte Winzer sind hier folgerichtig nicht ansässig. Und ausgerechnet an einer der wenigen Touristenattraktionen der Kleinstadt, an der Eselshaut, liegt die Völcker'sche Gutsverwaltung, wie das Weingut mit Geschichte zurück bis 1694 korrekt genannt wird.

Wo heute ein sehr gepflegter Weingarten liegt, nämlich hinter dem Wohnhaus und Weingut zugleich, standen früher Krapp-Pflanzen, die zu Farbstoffen verarbeitet wurden. Stolz präsentieren die Völckers heute ihr Anwesen mit angeschlossenem Gästehaus und einem wunderbaren Kellergewölbe aus dem 16. Jahrhundert. Das scheinbar einfache Sandsteingewölbe ist eine architektonische Meisterleistung. Noch nie habe ich in einem so tiefen Keller eine so klare, frische Luft einatmen können, frisch wie eine Brise Meeresluft mit einem Hauch Salzigkeit, ein bisschen Stein und Erde. Dieses Gewölbe kann von keinem noch so gut klimatisierten Keller ersetzt werden. Und Platz für viel mehr Wein wäre auch vorhanden, aber Völckers sind mit ihren zehn Hektar Rebfläche völlig ausgelastet. Alles ist Handarbeit, der Tag beginnt um sechs Uhr in der Früh und endet spät am Abend. Der Weinverkauf ist dabei das kleinste Problem – man ist im Prinzip fast schon ausverkauft, bevor die Weine in den Flaschen sind. Kein Wunder bei der Qualität in Verbindung mit den Preisen. Bei 4,50 € für den Liter Riesling geht es los, ein sagenhafter Müller-Thurgau folgt, die im Barrique gereiften Roten, Spätburgunder oder Bordeaux-Cuvée der Linie „Wilfried Privat" sind mit 29 € an der Spitze des Preissegments. Auf meinen ersten Besuch folgten weitere im Weingut. Ich wollte sehen, was hier abgeht, wie das mit der Qualität im Folgejahr und dem danach denn so war. Geändert hat sich nichts, trotz schwierigeren Bedingungen – dem Kampf gegen die Kirschessigfliege – und Wetterkapriolen. Völckers haben alles richtig gemacht in ihren Weinbergen. Nein, biozertifiziert ist man hier nicht, „wir sind schon immer Bio, auch ohne Zertifikat". Weder im Weinberg noch im Keller findet man eine chemische Substanz als Hilfsmittel für bessere Qualität.

Dieses Jahr bekam ich meine Lektion, wie und warum was zu welcher Zeit im Weingarten zu sein hat. Die Völckers lieben ihre Reben wie ihre Kinder, und denen geht's ganz gut. So habe ich mir vorgenommen, nächstes Jahr zur Ernte zu kommen. Einmal die Trauben abschneiden, ernten, aus denen am Ende ein so köstlicher Wein gemacht wird. „Was ist das Geheimnis?", frage ich. „Reife, gesunde Trauben, sonst nichts." Wie sie verarbeitet werden? „Eine Frage des Stils", antwortet Völcker. Die einfachen Basisweine werden in Edelstahl ausgebaut, die Spitzenqualitäten, in erster Linie die Roten, reifen im Barrique bester französischer Herkunft. 2013 gab es die ersten beiden Fässer Barrique gereiften Riesling, und die erste Probe war sehr vielversprechend. Die Qualitätsstufen sind eingeteilt in Gutsweine, Terroirweine, Lagenweine und die „Selektion Privat" für die im Barrique gereiften Tropfen. Was jeden einzelnen Völcker-Wein auszeichnet, ist nicht nur die Transparenz und Klarheit, die herrlich frische Frucht, sondern auch ihre Leichtigkeit im Trinkgenuss, Rebsorte für Rebsorte.

BESTE LAGEN / REBSORTEN

Mandelgarten / Müller-Thurgau, Chardonnay, Weiß- und Grauburgunder, Riesling, Spätburgunder, Carbanet Sauvignon, Cabernet Franc, Merlot

WEINE

○ **2014 Müller-Thurgau**
trocken
€

Damit hat er mich geködert, der Herr Völcker. Furchtlos wagte er das Spiel in der Blindprobe beim ersten Date. Ich war nahe dran zu erraten, was ich trinke, aber nicht ganz. Die Qualität ist auch heute noch überragend, und ich sage jetzt einfach mal, wie es ist: Einen besseren Müller-Thurgau kenne ich nicht. Leicht blumig, würzig im Duft. Ein Hauch Apfel und Stachelbeere. Im Mund erfrischend – ein einfacher, aber nicht anspruchsloser und völlig unkomplizierter Trinkgenuss. Tipp: Wer gern Schorle trinkt, sollte das mal mit diesem Tropfen ausprobieren!

○ **2014 Weißer Burgunder**
trocken
€

Mit der ersten Nase kommt da schon Freude auf. Auch hier wurde nach dem Völcker'schen Prinzip gearbeitet: Die gesunde Frucht und Traube muss zu schmecken sein. Tut sie in diesem Weißburgunder, den man gern täglich im Glas hat. Weiße Blüten sind vordergründig, Fruchtfleisch von Apfel und karamellisierter Birne folgen. Fenchel und Anis geben eine mediterrane Note, die im saftig-runden Körper eingebettet ist. Das ist ein Gaumenschmeichler und verführerischer Stoff, einfach zum Entspannen oder für den Einsatz in der leichten Sommerküche des Südens.

● **2010 Spätburgunder „Vom Schlössel"**
trocken
€

Gleich vorab gesagt: Dieser Typ Rotwein, ein köstlich sanfter Spätburgunder, ist für Rotweinfans der Schmusewelle nicht wegzudenken. Bei vielen Gelegenheiten einsetzbar, vor allem dann, wenn man einfach Rot anstatt Weiß trinken möchte. Völlig trocken, ohne einen Hauch von Süße, die beim Riechen im ersten Eindruck entsteht. Durch und durch Beerenaromen des Sommers, primär Himbeere, rote Johannisbeere und Erdbeere, Granatapfel. Insgesamt feingeschliffener Körper. Die Frucht ist tiefgründig, und der Geschmack von rassigem Tannin mit feiner Säure bleibt auf der Zunge als Fortsetzung des frischen Charakters. Durchaus sehr fein und nobel. Edle Fischgerichte leichter Zubereitung bilden eine ideale Paarung dazu.

● **2011 Cuveé N°5**
trocken
€€€€€

Intensives Kardinalrot, strahlend, voller Glanz. Opulentes, vielschichtiges Bukett. Das beginnt mit dunklen Waldbeeren, Gewürzen wie Wacholder, schwarzer Pfeffer, Muskatnuss und Kümmelsamen und geht weiter mit Schwarzkirsche, dunklen Pralinen und Bitterschokolade. Feinste geschliffene Tannine, die sich in ihrer Jugend noch einbinden, entwickeln können. Die tiefgründige Eleganz mit der perfekten Balance und andererseits grandiosen Frucht wirkt so verführerisch, dass man nicht umhinkommt, den nächsten und übernächsten Schluck zu nehmen. Eine Bordeaux-Cuvée aus Cabernet Sauvignon, Cabernet Franc und Merlot, die in neuer französischer Eiche ausgebaut wurde. Ganz großes Potenzial, das sich in wenigen Jahren noch besser, einfach herrlich präsentieren wird.

● **2011 Cabernet Franc „Wilfried Privat"**
trocken
€€€€€

Im Duft schwarze Beeren wie Cassis, Holunder, Heidelbeeren und dann Herzkirschen. Das Blüten- und Gewürzaroma, Nelken, schwarzer Pfeffer, Lorbeer ist inzwischen reduziert. Ein Aromen-Potpourri schon allein in der Nase, dann sich fortführend im Geschmack, der schon mit dem ersten Schluck überzeugt, und das trotz dieser sprühenden Jugend und der dominanten Früchte. Die sahnige, samtweiche Tannintextur lässt an Zauberei denken, denn der Wein lag 22 Monate im brandneuen Eichenfass. Soviel Schmelz danach ist nahezu unmöglich. Und dennoch, dieser Wein umarmte mich von der ersten Minute an, war ein genussvolles, vielschichtiges Trinkvergnügen, welches erst mit dem leeren Glas endete. Bei der letzten Probe, bei der er noch eine Spur gereifter ist, hat sich nicht sehr viel verändert, er ist vielleicht noch etwas dichter, noch seidiger.

Reichsrat von Buhl

DEIDESHEIM, PFALZ (VDP)

Das traditionsreiche, herrschaftliche Weingut Reichsrat von Buhl steht mit den wunderschönen alten Gebäuden komplett unter Denkmalschutz. 2013 erwarb der beharrliche Achim Niederberger dieses Anwesen und ergänzte damit sein Portfolio, das schon mit den zwei Weingütern Von Winning und Bassermann-Jordan an der Spitze der deutschen Weinproduzenten mitmischte. Der Visionär Niederberger schätzte das große Potenzial dieses Weinguts und stellte mit Mathieu Kauffmann einen der besten Kellermeister ein. Kauffmann war viele Jahre Chef de Cave bei Bollinger in der Champagne und sah in seiner neuen Aufgabe und seinem Arbeitgeber eine großartige Chance. Nach dem Tode Niederbergers hat seine Frau Jana Niederberger die Geschicke des Unternehmens übernommen und führt mit Richard Grosche als Geschäftsführer das Weingut weiter. Kauffmann und Grosche prägen also nun die Geschichte und den Erfolg des Weinguts Reichsrat von Buhl. Die ersten Ergebnisse liegen bereits in den Kellern, der Riesling-Sekt in seiner Erstauflage wurde rauschend gefeiert, ist längst ausgetrunken, und mehrere Partien wurden nachproduziert. Danach folgte ein Rosé-Sekt.

Mit diesem Spätburgunder-Sekt 2013 hat der Riesling keine Konkurrenz, sondern einen Verbündeten bekommen – und was für einen. Die Fakten: 100 Prozent Spätburgunder, ca. neun Gramm Dosage, traditionelle Flaschengärung, 15 Monate Hefelager, erhältlich leider nur in kleinster Menge. Man darf gespannt sein, was der Meister der Perlen und der Schäumer noch alles präsentieren wird. Der Ehrgeiz wird sicher da sein, denn Kauffmann ist sich der erstklassigen Produkte und des zeitlichen Vorsprungs von *Raumland* durchaus bewusst.

Mit den Stillweinen geht man indes teilweise neue und durchaus gewagte Wege. Ganz nach dem Motto: Wo trocken drauf steht, ist auch trocken drin. Liebhaber für diesen konsequent trockenen Weinstil gibt es durchaus, ich zähle mich auch dazu. Gespannt bin ich allerdings darauf, ob es genug sein werden für diesen so klirrenden, beintrockenen Weincharakter – das Weingut umfasst 62 Hektar Rebfläche und produziert mehr als 400 000 Flaschen pro Jahr. Diese Art Wein wurde schon vor Jahrzehnten produziert und fand seine Freunde damals leider nur unter den Trinkern, die man auch als echte Weinzähne bezeichnet. Ein großer Nachteil ist zudem, dass diese Weine bis zur Trinkreife länger gelagert werden müssen. Die hohen Säurewerte brauchen ihre Zeit. Mittlerweile ist die Bereitschaft zwar größer, auf die genussvolle Reife eines trockenen Weißweins jahrelang zu warten, aber da spielt der Handel nicht gern mit, und ich hoffe schon aus Eigennutz auf den größtmöglichen Erfolg der Verantwortlichen. Im Übrigen habe ich auch einige restsüße Köstlichkeiten probiert, die Scheurebe Auslese 2013 hat mich enorm begeistert. Im Weingut Reichsrat von Buhl geht man neue Wege, sicher, aber bestimmt nicht den, Bewährtes durch unbekannte Größen zu ersetzen. Das Potenzial sind zuerst einmal die Weinberge und Lagen, die in bester Qualität vorhanden sind, und zwar alle, die man sich hier nur wünschen kann. Das Portfolio ist stattlich, und die Reben haben teils ein beachtliches Alter. Das Gespann Richard Grosche und Mathieu Kauffmann wird uns Weinfreunden viele Überraschungen präsentieren, davon bin ich überzeugt. Die ersten Weine zeigen eindeutig ihre Handschrift und geben an, wohin es in Zukunft gehen wird. Darauf kann man sich schon heute freuen, ganz sicher.

Blick über die Paradelage Forster Kirchenstück

BESTE LAGEN / REBSORTEN

Forster Pechstein, Kirchenstück, Ungeheuer, Freundstück, Jesuitengarten, Deidesheimer Kieselberg, Leinhöhle, Herrgottsacker, Ruppertsberger Reiterpfad / Riesling, Spätburgunder

Richard Grosche mit Kellermeister Mathieu Kauffmann

WEINE

2013 Von Buhl Rosé Brut
Sekt
€€€

Die Farbe, zartes Lachsrosé, die Mousseux ist feinperlig, ein dichter, cremiger Schaum, der durch knallig-frische Säure im Gaumen aufgelockert wird. Die Frucht im Duft ist herrlich, bestechend frisch. Erdbeere, Sauerkirsche und Himbeere, Malventee. Der cremig, sanfte Schaum bleibt lang am Gaumen haften. Zum finalen Abschluss drückt sich eine rieslingähnliche Säure durch die zarten Toastnoten, verleiht dem Ganzen auch am Ende eine uneingeschränkte Lebendigkeit. Nicht mit dem Vorgänger aus 2012 vergleichbar oder gar zu verwechseln.

2014 Von Buhl
Riesling, trocken
€

Mit dieser Traubenselektion aus Lagen im südlichen Bereich um Deidesheim und Forst ist ein total puristisches Gewächs gelungen, das seine Muskeln mit der ausgeprägten Mineralität und Salzigkeit vom Buntsandstein, Kalk- und Basaltböden präsentiert. Alles, auch die ausgeprägte Säure, ist bestens verpackt, bestechend klar, schnörkellos und konzentriert im Geschmack. Dicht gestrickt mit sehr schöner Fülle und guter Länge.

2013 Forster Pechstein
Riesling, Großes Gewächs
€€€€

Der so schwierige und niederschlagsreiche Jahrgang hat dem Außenbetriebsleiter Sebastian wieder ein paar graue Haare mehr beschert, wie er sagte. Kauffmann meinte: „ein sehr spannender erster Jahrgang für mich in der Pfalz." Ein Jahr, in dem Fleiß und Akribie belohnt wurde! In der erstklassigen Lage Pechstein kommt das besonders zum Ausdruck, wenn auch mein Urteil viel zu früh gefällt wurde. Im Duft blitzsaubere Aromatik, die mit exotischem Auftakt startet. Im Mund noch eine messerscharfe Kante – womöglich dem neuen Stil geschuldet. Die betonte Säure, ein Kind des Jahrgangs, verlangt nach Reife auf der Flasche, was bei dem Extrakt und der Dichte kein Problem werden dürfte.

2014 Suez Rosé
trocken
€€€

Wer über das geschichtsträchtige Weingut von Buhl etwas mehr wissen will, entdeckt ganz schnell, welch große Verehrer dieses Haus schon hatte. Bei Reichskanzler Bismarck, Prinz Charles und selbst bei der Einweihung des Suezkanals wurden Von-Buhl-Weine getrunken. Dem wird mit der Serie „Suez" jetzt Rechnung getragen. Der Rosé wird 100 Prozent aus Spätburgunder hergestellt und lange auf der Maische gelassen. Weitere Kennzeichen sind Spontangärung, langes Hefelager, teils im Holzfass, er ist völlig durchgegoren mit knackiger Säure. Alles Methoden, die bei der Rosé-Herstellung nicht gerade üblich sind. Über den 2013 schrieb Dr. Jens Priewe: „Der beste Rosé-Wein Deutschlands." Sauerkirsche pur, rote Johannisbeere, reich, kräftig, genau gesagt sehr gehaltvoll, einem Südfranzosen bester Art sehr nahe. Enorme Fülle im langen Abgang.

2013 Scheurebe
Auslese
€€

1000 halbe Flaschen war das Ernteergebnis. Wenn man das dann noch auf 0,75 Liter hochrechnet, sind es nur noch 500 – egal, wie man es dreht, vom Guten hat man nie genug. Der Duft ist lupenrein: Cassis pur, Erdbeeren, Grapefruit, Rhabarber, Marillen, insgesamt nahezu unwiderstehlich. Die Säure und Süße wechseln sich in der Geschmackswahrnehmung ab, einem Stepptanz auf der Zunge gleich. Klar auch im Gaumen, leicht und doch mit viel Substanz, einfach köstlich.

Acham-Magin

FORST, PFALZ (VDP)

Das Anwesen Weinstraße 67 wurde laut Historie als einer der ersten Winzer- und Weinhöfe in Forst errichtet. Heute ist es als Weingut Acham-Magin bekannt und wird seit 1994 von Anna-Barbara Acham zusammen mit Vinzenz Trösch geführt.

Die Winzerin wirkt sehr gern im Verborgenen, ihr Lieblingsort ist der Keller. Weine machen, ausbauen, ihnen behutsam ihren Stempel aufzudrücken, neben der von ihr so tief geliebten Lagencharakteristik, das ist ihr Ding. Anna-Barbara Acham ging immer ihren Weg, und der führte immer entlang der Qualität. Ruhm und Ehre schätzt sie, aber nicht um jeden Preis. Als sie von Stuart Pigott in der FAZ zum Aufsteiger-Winzer des Jahres 2015 gekürt wurde, glaubte sie ihres Alters wegen erst an einen Scherz – doch es stand schon in den Sternen ihres Horoskops, dass sie es mit fortgeschrittenem Alter beruflich zu Ruhm und Ehre bringen werde.

Anna-Barbara Acham mit Vinzenz Trösch

In ihrem Weingut mit acht Hektar Reben produziert sie jährlich etwa 70 000 Flaschen, davon zwei Drittel Riesling, etwas Weißburgunder, Spätburgunder, Scheurebe, Gewürztraminer und andere Sorten. Die Weine liebt Anna-Barbara trocken, am liebsten sind ihr völlig durchgegorene Rieslinge mit Finesse und Tiefgang. Die Weinberge mit besten Lagen in der Mittelhard befinden sich in Forst, Deidesheim und Ruppertsberg. Unmittelbar hinter dem Weingut liegt das Forster Kirchenstück, ein Wingert, der so gepflegt ist, als wäre er ein Rosengarten. Dafür zeichnet Vinzenz Trösch verantwortlich, der vermutlich jeden Rebstock beim Vornamen kennt. Umweltschonender Weinbau nach strengen Richtlinien versteht sich hier als Selbstverständlichkeit. Was im Keller anders gemacht wird als bei Kollegen, fragte ich beim letzten Besuch in diesem Jahr. „Vermutlich wenig", meinte Frau Acham, „aber ich lasse den Reben viel Zeit im Keller, setze auf langes Hefelager, und das Wichtigste sind letztendlich reife und gesunde Trauben". Und weil guter Wein nach guter Küche verlangt, pflegt man im Weingut Acham-Magin seit mehr als 300 Jahren auch einen kleinen und gemütlichen Gutsausschank, natürlich mit den Weinen des Hauses zu traditioneller Pfälzer Küche. Bei schönem Wetter sogar im blumengeschmückten Hof.

BESTE LAGEN / REBSORTEN

Forster Kirchenstück, Pechstein, Ungeheuer, Musenhang; Ruppertsberger Reiterpfad, Deidesheimer Mäushöhle / Riesling, Spätburgunder, Weißburgunder u. a.

WEINE

○ **2014 Purist**
Riesling, trocken
€
Hat eine ausgesprochen schöne, eindeutig klare und feingewobene Aromatik im Geruch. Grüne und rote Äpfel, Galiamelone, Stachelbeere. Kühle, stoffige Struktur, gut balanciert. Ohne Kapriolen, schnörkellos, glasklar.

Angemessen lang im Finale. Klasse Preis-Qualitätsverhältnis!

○ **2014 Scheurebe**
trocken
€€
Die Reben stehen in der Forster Lage Musenhang. Ganz feiner Duft für eine Scheurebe, er geht mehr in die Richtung Sauvignon Blanc. Holunderblüte, Pfirsich, Grapefruit, frische Küchenkräuter. Das Mundgefühl ist saftig, klar, super strukturiert. Leicht salzig, aber auch spritzig, trotz der 13 Volumenprozent Alkohol. Eine köstliche Begleitung zu Spargel und grünen Gemüsesorten.

○ **2013 Forster Pechstein**
Riesling, Großes Gewächs
€€€€
Vorab gesagt, ich mag die Weine aus der Lage Pechstein sehr gern. Beim Jahrgang 2013 habe ich insgesamt den Eindruck, dass sie viel Zeit für die Entwicklung verlangen, etwas Luft und ein größeres Glas brauchen, um voll zur Geltung zu kommen. Auch wenn dieser Pechstein im Moment noch weniger spektakulär daherkommt, stelle ich in der Summe schon seine Klasse fest. Im Duft Ansätze von Mirabellen, Grapefruit, Mango, Zitrus. Erdige Mineralik, leicht salzig im Gaumen mit rauchigen Noten und knalliger Säure, die in der cremigen Textur gut verpackt wirkt. Ein wirklich Großes Gewächs in der Entwicklungsphase, auf das man warten sollte.

Philipp Kuhn

LAUMERSHEIM, PFALZ (VDP)

In der heutigen Weinszene gehört es neben dem ganzen Handwerk – egal ob draußen oder im Keller – und tadelloser Qualität ebenso dazu, sich entsprechend auf dem Markt zu präsentieren. Dazu zählen auch Netzwerke und das Internet. Ohne eigene Homepage geht heute gar nichts mehr, selbst ein Spitzenwinzer sollte sich über dieses Medium darstellen, zumindest mit Daten wie Lage, Größe, Angebot etc. Die Homepage eines Weingutes ist in der heutigen Zeit auch dessen Visitenkarte. Und je pfiffiger, informativer, übersichtlicher, desto besser. Ich habe im Zuge meiner Schreibtätigkeit viele angesehen, viele geschätzt, manche für besonders raffiniert, clever gehalten, einige auch für grottenschlecht – Philipp Kuhns Website ist ganz toll, Glückwunsch! Wie seine Weine – einfach gut, sogar ganz oben sehr gut. Allerdings fehlt mir für eine Topbewertung eine kleine Sache im Bereich der Zahlen und Fakten.

Angebaut werden je 50 Prozent Weiß- und Rotweine, in 100 Prozent Handarbeit, und alle Weine – abgesehen von Ausnahmejahren – sind trocken. Soweit, so gut. Schön wären noch die Angabe wie viele Flaschen jeweils produziert werden.

Philipp Kuhn bei der Weinlese

Das Weingut von Philipp Kuhn liegt ganz im Norden der Pfalz, in Laumersheim, quasi in der Nachbarschaft der berühmtesten Familie am Ort, den Knipsers. Auch wenn der Norden weniger hoch eingeschätzt wird, diese beiden Weingüter sind ein Beweis dafür, dass man auch dort einiges erwarten kann. Philipp Kuhn hat den Betrieb vor über 20 Jahren im Alter von 20 übernommen. Heute ist er jedes Jahr ausverkauft, kann eher die Nachfrage nicht erfüllen und musste deshalb auch vergrößern – wohl dem, der solche Sorgen hat. Dahinter stehen eine Menge Arbeit und Fleiß, die sich ausgezeichnet haben. Vom Winzer des Jahres bis zum besten Spätburgunder, alles schon erreicht! Chapeau Philipp!

BESTE LAGEN / REBSORTEN

Laumersheimer Kirschgarten und Steinbuckel, Großkarlbacher Burgweg / Riesling, Spätburgunder, Cabernet Sauvignon, weiße Burgundersorten, Dornfelder

WEINE

○ **2014 Laumersheimer vom Kalksteinfels**
Weißer Burgunder, trocken
€
Ein Weißburgunder, wie man ihn gern im Glas hat. Duftig, aromatisch, mit fruchtigen wie auch blumigen Anklängen. Fein gegliedert in seiner Struktur, mittelkräftig, mit dem Hang zu mehr Kraft. Im Mund klar, frisch, nahezu brillant, ohne Makel. Eine runde Sache.

○ **2014 Sauvignon**
trocken
€€
Mit diesem Sauvignon spricht Philipp all jene an, die glauben, meilenweit für Sauvignon gehen zu müssen. Nicht nötig, der 2014er hat genau das, was ein leichter, frischer Sommerwein haben muss: Charakter! Keine unreifen grünen Töne, sondern so, wie sie sein sollten. Stachelbeeren, Cassis, Granny Smith, Kaiserschoten, Brennnesselblüten, Pimientos de Padrón, Tomatenblätter. Geht etwas mehr in die vegetale Richtung. Saftig weicher Kern – macht trotz seines moderaten Alkohols ganz schön Druck im Gaumen.

○ **2011 Steinbuckel**
Riesling, Großes Gewächs
€€€€
Helles Grün, leicht gereifte Rieslingnoten, ein Hauch Petrol, gepaart mit intensiver gelbfleischiger Frucht. Mirabellen und Aprikosen stehen mit zarten Wiesenkräutern im Vordergrund. Feingliedrig, schöne Balance von Frucht und Säure. Leichte Gangart. Große Klasse.

● **2011 Kirschgarten**
Pinot Noir (Spätburgunder), Großes Gewächs
€€€€€
Wenn man Knipsers Kirschgarten kennt, ist man entweder ein für alle Mal versaut, oder man stellt einfach hohe Ansprüche. Ich schätze ihn jedenfalls. Und dieser hier hat mich im Vergleich mit anderen sehr überzeugen können. Einziges Manko – er braucht wie alle großen Pinot Noir mit Potenzial seine Zeit. Man kann ja zwischendurch mal naschen. Helles Rot, am Gaumen reich mit viel roten Beeren, ganz besonders Erdbeere und Süßkirsche. Zartes Holz, kernig, tiefe erdige Mineralität, zartbitter mit viel Fruchtsüße und Extrakt. Blutjung, dennoch schon heute eine ganz große Verführung.

Friedrich Becker

SCHWEIGEN-RECHTENBACH, PFALZ (VDP)

Kaum zu glauben, aber dennoch wahr – im Weingut der Beckers, direkt an der französischen Grenze, war ich immer noch nicht zu Gast. Das ist aber ausschließlich der Zeit und dem etwas abgelegenen Ort Schweigen geschuldet. Ich hole dieses Besuchsversäumnis nach, versprochen! Denn es gibt hier sehr viele gute, auch großartige Weine, insbesondere die Spätburgunder, die auf den kalkreichen Böden besonders gute Ergebnisse bringen. Becker wird als der Spätburgunder-Star Deutschlands gefeiert. Friedrich Becker senior gilt nicht zuletzt als Pionier des Spätburgunders hierzulande. Seine Weine kenne ich schon bald 20 Jahre, und sie zählten in meinem Weinleben zu ständigen Begleitern, wenn auch nicht die Weine der Oberliga, in erster Linie die Spätburgunder, die wir Sommeliers in Deutschland mit Stolz unseren auswärtigen Kollegen präsentierten. Frankreich-affin, wie die Familie Becker nun mal ist – ihre besten Lagen liegen jenseits der Grenze im Elsass – sind auch ihre Weine ein wenig aus diesem Holz geschnitzt. Burgundisch, na klar. Und wenn ich einem Neuankömmling in Beckers Rotweinselektion etwas raten darf, dann empfehle ich, dass er sich gereiftere Weine aussucht.

Die Erwartungshaltung ist bei diesem Weingut mit so vielen Vorschusslorbeeren sehr groß, und die Weine – besonders in der Topliga – haben auch ihren Preis. Da wäre es schade, wenn ein Rotwein nur deshalb dem Anspruch nicht genügen kann, weil er zu jung getrunken wurde. Ich habe kürzlich den 2009er Pinot Noir wieder verkosten können und war mehr als nur überzeugt. Mit den großen Spätburgundern 2012 aus den Toplagen St. Paul oder Heydenreich, die noch im Keller der Beckers liegen, werden vermutlich die letzten Zweifler des Deutschen Rotweins überzeugt. Heiner Lobenberg von *Gute Weine* in Bremen schreibt dazu: „Man muss den Wein probiert haben, da er sich letztlich mit seiner Komplexität jeder Beschreibung entzieht."

BESTE LAGEN / REBSORTEN

Schweigener St. Paul, Sonnenberg, Kammerberg, Heydenreich / Spätburgunder, Riesling, Weiß- und Grauburgunder, Chardonnay, Silvaner, Gewürztraminer, Muskateller u. a.

WEINE

○ **2014 Grauburgunder**
trocken
€

Das ist vielleicht ein Prototyp für Grauburgunder, und zwar in erster Linie wegen seiner Rosafärbung, die wiederum von den optimal gereiften Trauben kommt, wie man mir versicherte. Meiner Meinung nach steht die Farbe diesem sehr intensiv schmeckenden Wein sogar sehr gut. Der teilweise Ausbau in Holzfässern ist in der Nase an Vanille- und zarten Holzaromen noch erkennbar. Gereiftes Kernobst gibt die duftige Kopfnote an, Haselnuss und frische Mandeln prägen die Typizität der Sorte auch im Mund. Ausgewogen, frisch und lang im Nachklang.

○ **2012 Reserve**
Chardonnay, trocken
€€€

Die ersten Duftnoten lassen sofort an Burgund denken, das ist ja kein schlechtes Zeichen bei Chardonnay. Eindeutig frische Holzaromen, schöne Würze von frischem Toast, Brioche, wieder feine Vanille, Karamell, Kokosnuss, Eichenholzanklänge. Im Mund enorm stoffig, gehaltvoll rund und buttrig. Die Säure lebt auf hohem Niveau und vermittelt Jugend und Frische. Viel Potenzial.

Friedrich Becker und sein Sohn Fritz

● **2011 Kammerberg**
Pinot Noir, Großes Gewächs
€€€€€

Dunkles Kirschrot, leuchtend, strahlend schön. In der Nase schon beeindruckend, auch wenn ich genau weiß, dass der Wein in ein paar Jahren viel mehr bieten wird. Insgesamt wirkt er kühler, dezenter, schlanker als St. Paul. Er ist auch eine Spur karger, kalkiger, was wohl dem kalkreichen Untergrund geschuldet ist. Braucht viel Zeit, das Potenzial ist dafür da.

● **2009 Pinot Noir**
trocken
€€€€€

Die brillante rubinrote Farbe vermittelt schon den Hauch fortgeschrittener Reife. In der Nase deutlich gereifte Noten getrockneter Früchte von Birnenschnitzen bis Zwetschgen, Rosinen und Kirschen. Feinste Holzwürze, Rauch und Kamin, helle Schokolade, Kakaopulver. Gereiftes süßliches Tannin, feine Textur mit seidigem Charme und süßer, reicher Frucht im mächtig langen Abgang. Viel Druck und Zug, hinterlässt großen Eindruck.

Dr. Wehrheim

BIRKWEILER, PFALZ (VDP)

Mit Franz Wehrheim beginnt eine neue Ära im Weingut Dr. Wehrheim in Birkweiler, nahe Landau in der Pfalz. Mit ihm geht die vierte Generation an die Front des erst 1920 gegründeten Weinguts. Das bedeutet auch, dass derzeit drei Generationen unter einem Dach arbeiten, denn der Großvater macht immer noch die Buchhaltung, schreibt die Rechnungen, und Franz' Vater Karl-Heinz steht ihm noch zur Seite. Letzterer zieht sich aber ein Stück weit zurück, kümmert sich um die Weinberge und geht mal öfter auf seine geliebte Jagd, lässt den Junior auch mal selbst entscheiden, was zu machen ist. Das dürfte Franz nicht schwerfallen, denn nach seiner betriebswirtschaftlichen Ausbildung hat Wehrheim junior bei keinem Geringeren als Philipp Wittmann in Rheinhessen seine Lehrzeit verbracht. Später studierte er parallel zur Arbeit Önologie in Neustadt an der Weinstraße. Die Produktion ist auf klassisch trockenen Ausbau der Weine ausgerichtet, liegt bei etwa 100 000 Flaschen von 17 Hektar Weinbergen. Mir sind die Weine vor mehr als 15 Jahren erstmals in ihrer strahlenden Eleganz und Schönheit aufgefallen. Dabei hat mich über die Jahre hinweg der Weißburgunder in unterschiedlichen Qualitätsstufen immer wieder begeistert. Sein Standort im Kastanienbusch oder Mandelberg auf Bunt- sandstein ist ideal. Für 2014 fiel mir die Entscheidung zwischen den beiden erstklassigen Weißburgundern, Rosenberg oder Mandelberg Großes Gewächs, nicht leicht. Köstlich und mit Pfiff sind sie beide.

BESTE LAGEN / REBSORTEN

Birkweiler Kastanienbusch und Mandelberg, Rosenberg / Riesling, Weißburgunder, Silvaner, Spätburgunder, Chardonnay, Grauburgunder, St. Laurent u. a.

WEINE

○ **2014 Birkweiler Am Dachsberg**
Riesling, trocken
€€€
Ein Vergleich mit dem Großen Gewächs Köppel im Hause zeigt schon mal, dass der Dachsberg sich davor nicht ducken muss, im Gegenteil, der schlägt sich wacker, ist unwesentlich kleiner im Qualitätsniveau. Die frische, ausgeprägt blumige und letzten Endes exotische Nase ist überzeugend. Blitzblank und dabei sehr knackig auf der Zunge – die Säure ist noch etwas kantig, aber mit ihrer Zitrus-Art sehr animierend. Kompakter Körper, lang im Finish, großer Trinkspaß.

○ **2014 Birkweiler**
Chardonnay, trocken
€€
Wunderschöner Duft, der an gerade reife Banane und Kiwi erinnert. Feine Blume, klar, saftig und sehr animierend. Im Mund kompakt, dicht und reichhaltig strukturiert. Vielschichtig wie ein Baumkuchen, viele Röstnoten, aber sehr angenehm. Bleibt ausdrucksstark am Gaumen, mit feinen Holznoten und ganz zarter Vanille. Erstaunliche Säure. Trotz aller Fülle nicht zu dick oder gar vom Holz überlastet, sondern mit sehr guter Balance. Ein Wein, der sicher noch sehr jung ist, aber dennoch schon jetzt ein edler Stoff. Hummer und Langusten wünschen sich davon einen ganzen Teich.

○ **2013 Birkweiler Mandelberg**
Weißer Burgunder, Großes Gewächs
€€€€
Helles Zitronengelb, opulentes, vollreifes Fruchtbukett. Ein ganz wunderbares Aroma, das sofort zu überzeugen weiß. Exotik im Ansatz, aber in erster Linie heimisches Kern- und Steinobst, dezenter Champignonton. Voller, dichtgestrickter Körper, fast harmonisch, saftiger Geschmack mit einer sehr lebhaften Säure, die sich noch etwas mehr integrieren muss bis zur Perfektion. Sicher kein Leichtwein, trinkt sich aber so! Einfach köstlich und sehr gut.

LAGE – RHEINGAU

Beginnend am Untermain südlich von Wiesbaden rechtsrheinisch bis Lorchhausen nördlich von Rüdesheim am Rhein

3.167 ha Gebiet

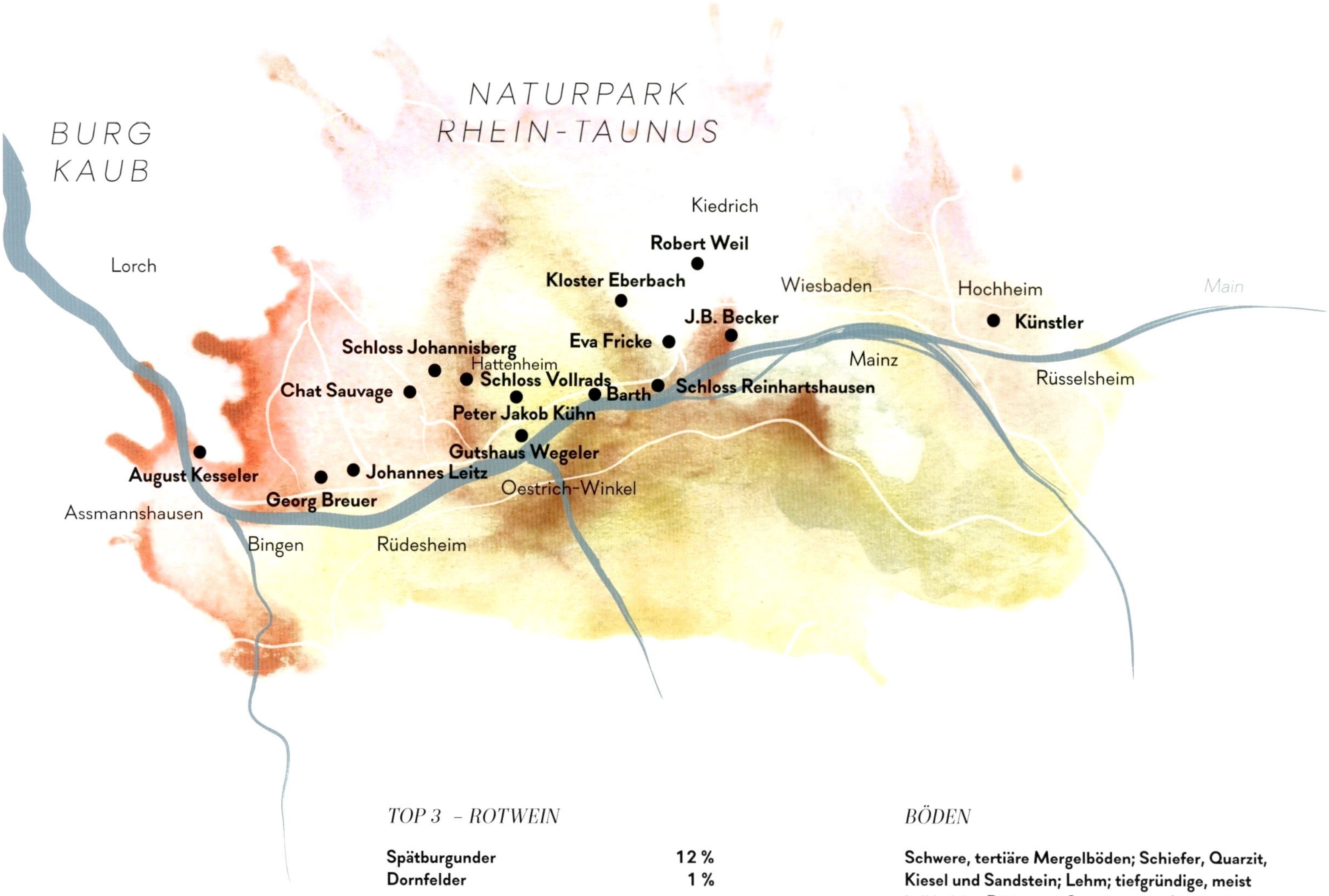

NATURPARK RHEIN-TAUNUS

BURG KAUB

Kiedrich

Robert Weil

Lorch

Kloster Eberbach

Wiesbaden

Hochheim

Main

J.B. Becker

Künstler

Eva Fricke

Schloss Johannisberg

Hattenheim

Mainz

Schloss Vollrads

Rüsselsheim

Chat Sauvage

Barth

Schloss Reinhartshausen

Peter Jakob Kühn

Gutshaus Wegeler

August Kesseler

Johannes Leitz

Oestrich-Winkel

Georg Breuer

Assmannshausen

Bingen

Rüdesheim

TOP 3 – ROTWEIN

Spätburgunder	**12 %**
Dornfelder	**1 %**

TOP 3 – WEISSWEIN

Riesling	**79 %**
Weißburgunder	**2 %**
Müller-Thurngau	**1 %**

BÖDEN

Schwere, tertiäre Mergelböden; Schiefer, Quarzit, Kiesel und Sandstein; Lehm; tiefgründige, meist kalkhaltige Böden aus Sandlöss oder Löss; mittel- und tiefgründige Phyllitschiefer

RHEINGAU

Dem Rheingau gebührt mit der Mosel schon seit eh und je ein besonderer Platz unter den Weinregionen Deutschlands. Nicht nur wegen der Weinhistorie, sondern auch aufgrund der herausragenden Lage direkt am Rhein und dessen Nebenarm, dem Main. Hier kommen einfach mehr Faktoren zusammen, die Qualität und Wachstum der Reben positiv beeinflussen und sie zu ganz großen Qualitäten heranreifen lassen, so dass den Rheinweinen eine unverwechselbare Charakteristik zugesprochen wird. Sehr einflussreich ist das Mikroklima, geprägt durch den Rhein und seine Reflexion der Sonnenstrahlen, die wärmeren Temperaturen, die Südlagen, die Qualität und Vielfalt der Böden. Natürlich spielen auch die Reben – hier in erster Linie Riesling – eine Rolle, wobei die Rebfläche größer ist als an der Mosel. Ja, die Regionen jenseits des Rheins haben sich sehr stark weiterentwickelt, dort prägen Jungwinzer das Gesicht des Anbaugebiets. In der Summe hält der Rheingau mit der Mosel immer noch die Poleposition im deutschen Weinbau. Die klar begrenzte, knapp 30 Kilometer lange Region erstreckt sich von West nach Ost – oder umgekehrt – vom nördlichen Lorch in die Rotweinbastion Assmannshausen, dann nach Rüdesheim, welches von Touristenströmen überrannt wird, vorbei an ersten Adressen wie Geisenheim, Oestrich-Winkel, Hattenheim, Eltville bis Walluf, wo die berühmte Rheinfront vorerst endet. Der südöstlich Wiesbadens gelegene Teil mit seinen bekannten Weinbergen, auf denen der bereits von Königin Victoria geschätzte Hock angebaut wird, hat in Hochheim seine wertvollsten Lagen.

Touristisch hat der Rheingau sehr viel zu bieten. Angefangen vom Niederwalddenkmal zu Ehren des Kaiserreichs, zur Ruine Ehrenfels, dann Rüdesheim mit seiner Drosselgasse, wo sich eine Kneipe neben der anderen findet. Wer besinnliche Ruhe sucht, geht in die Benediktinerinnenabtei St. Hildegard, eine Klosteranlage aus dem frühen 19. Jahrhundert. In Geisenheim findet sich der Campus der Forschungsanstalt für Wein- und Gartenbau. Die Hochschule des Weines ist eine weltberühmte Institution. Richtung Winkel, hoch über dem Rhein, findet man das berühmte Schloss Johannisberg, den Geburtsort der Spätlese mit seiner Bibliotheca subterranea, die Raritäten bis 1748 in ihren Kellern beherbergt. Östlich dann das Schloss Vollrads, Deutschlands ältestes Weingut. Etwas versteckt folgt die zu Eberbach zählende Zisterzienserabtei Kloster Eberbach, die vermutliche Wiege des Weinbaus im Rheingau. 1136 hielten hier die ersten Mönche Einzug, der berühmte Zisterzienserabt Bernhard von Clairvaux hat laut Legende den Weinbau etabliert und den Pinot Noir aus Burgund mitgebracht, der in Deutschland unter dem Namen Spätburgunder bekannt ist. Wandern kann man auf einem elf Kilometer langen Panoramahöhenweg mit spektakulärem Blick auf den Rhein, von Johannisberg bis Kloster Eberbach führt der schöne Rheinsteig mit vielen Möglichkeiten zum Einkehren in den Straußenwirtschaften. Große Ansprüche stellen darf man bei vielen allerdings nicht, denn was hier oft angeboten wird, besonders an Ausschankweinen, entspricht weder dem Ruf des Rheingauer Weins noch dem der Region.

Zu den Fakten der Region: 3200 Hektar Rebfläche, die Böden bestehen aus Schiefer, Quarzit, Buntsandstein, Mergel, Kalk, Ton, Kiesel, Lehm, Löss. Natürlich sind auch im Rheingau nicht ausnahmslos die Rebflächen gelobtes Land. Doch wo ist das anders? Schaut man sich aber die großen Namen an, die den deutschen Riesling weltweit in den besten Weinkellern und Restaurants vertreten, dann ist die Kette der Perlen lang. Vom Rückstand oder Stillstand der Region kann ich nicht berichten. Ich muss nach all den Proben eher bedauern, dass weder Platz noch Zeit dafür da war, ausgiebig zu probieren, was der Rheingau noch an exzellenten Weinmachern und Weinen zu bieten hätte. Das sei hier aber auch stellvertretend für die anderen Anbaugebiete erwähnt. Die Rebsorten sind Riesling und Spätburgunder. Die Rheingauer haben ihre Weine ähnlich dem VDP klassifiziert, sie gründeten dafür auch die CHARTA, allerdings ziehen mehr und mehr Winzer den effizienteren VDP vor. Ich halte das auch eindeutig für die bessere Lösung, für den Rheingau und für den deutschen Wein.

Wie schmecken sie nun, die Rheingauer Rieslinge, was unterscheidet sie von ihrer Konkurrenz oder ihren Mitbewerbern, ganz besonders vom Riesling-Champion Mosel? Durch die höhere Durchschnittstemperatur sind die Weine von Haus aus voller, reicher, die Säure ist zwar vorhanden, aber reifer, weicher. Die Weine sind durch die Bank einfach voluminöser, im Klartext haben sie auch mehr Alkohol. Sie sind auf der anderen Seite oft leichter mit Speisen zu kombinieren, die eben nicht zur Vorspeisen- oder Salatesektion gezählt werden. Das allerdings ist nicht neu und wurde mir von Erwein Graf Matuschka-Greiffenclau schon vor 25 Jahren überzeugend demonstriert.

Robert Weil

KIEDRICH, RHEINGAU (VDP)

Wilhelm Weil, Herr auf dem Weingut (Château) Robert Weil im Rheingau, naschte 1973 im zarten Alter von zehn Jahren von einer 1971 Gräfenberg Riesling Spätlese aus dem Keller seiner Eltern – einen Sommer lang, immer ein wenig aus einer Flasche im Kühlschrank. Davon war er so nachhaltig begeistert und fasziniert, dass er diesen Wein noch heute auf der Zunge hat. Ich kann es gut nachvollziehen, Ähnliches habe ich selbst erlebt, ich wurde beim Naschen allerdings erwischt! Ich kann mir auch bestens vorstellen, dass es von diesem Riesling-Prototyp in der jährlichen Kollektion der Weils noch immer eine solche Spätlese in einem Kühlschrank gibt, von der Wilhelm immer wieder naschen kann, so wie damals.

Wilhelm Weil ist heute weltweit bekannt und geschätzt und führt in vierter Generation den Betrieb seiner Vorfahren weiter. Sein Studium in Betriebswirtschaft hat dem erfolgreichen Winzer dabei nicht geschadet, ganz im Gegenteil. Das Weil'sche Unternehmen ist unter seinem Regiment zu einem Musterweingut und Prestigeobjekt der deutschen Weinszene herangewachsen. Er führte das 90 Hektar große Unternehmen mit einer Produktion von über 650 000 Flaschen im Jahr auf den Gipfel der deutschen Weinszene – und dabei ging es in den drei Jahrzehnten seines Schaffens mit der Qualität stets bergauf. In der Paradelage, dem Gräfenberg, wurden nach Weils Aussage in den vergangenen 25 Jahren alle Qualitätsstufen bis zu den großen Beeren- und Trockenbeerenauslesen ausnahmslos in jedem Jahrgang geerntet. Weil, ein Garant für besten deutschen Wein, gehört mit etwa einem Dutzend Winzer, sogar aus seiner Verwandtschaft wie J. J. Prüm und Dr. Loosen, zum Who's who der deutschen Weinwelt. Verfolgt man die Pressestimmen und Auszeichnungen auf der Homepage, wird einem auch ohne ein Glas seines Rieslings schwindelig. Sicher, Wilhelm Weil weiß um die Bedeutung der Presse und freut sich über jedes Lob, jeden Award, er bleibt dabei aber ruhig und gelassen und richtet den Blick nach vorne.

Dabei legt er großen Wert auf optimale Verknüpfung von Tradition und Moderne; so hat er auch den Neubau des Kellers, der im letzten Jahr fertiggestellt wurde, ausgerichtet. Ein Besuch in diesem Weingut wird gern mit den „Sightseeingtouren" in den Bordelaiser Weingütern verglichen – das ist durchdacht und am Kunden orientiert. „Château-Prinzip" nennt er das. Vom Empfang, den Räumlichkeiten

Wilhelm Weil im Kiedricher Turmberg und Gräfenberg

zum Probieren über die Kellerführung und Einkaufsmöglichkeiten ist alles da. Allerdings ist man hier mehr am Kunden als Weinfreund interessiert als nur an ausgesuchten zahlungskräftigen Einzelgängern.

Alle und alles ist herrlich normal geblieben in den Jahren des Erfolgs, professionell, freundlich, man kommt auch gern wieder. Anlässe für Feste und Feierlichkeiten gibt es hier im Weingut übrigens genügend, der Terminkalender ist gefüllt. Ein Erlebnis ist es, die neuen Kellerräumlichkeiten zu bewundern, am besten geführt von Jochen Becker-Köhn, Weils langjähriger rechten Hand. Man sieht nicht nur neueste Technik, Edelstahl und Holzbehälter in beeindruckender Anzahl und Größe, hier gibt es noch einen weiteren Superlativ, den Raritätenkeller. Er könnte die Schatzkammer einer Kleinstadtbank sein. Von herausragender Bedeutung an diesem Weingut, neben dem Meister und seinen Helfern, sind aber die Weinberge, die exzellenten Berglagen in Kiedrich, Klosterberg, Turmberg und Gräfenberg, direkt in Sichtweite des Weinguts, quasi hinterm Haus. Sie sind Zeitzeugen der Weingeschichte, die es zu erhalten gilt.

Ilka Lindemann, Chefredakteurin von *Meiningers Weinwelt*, sagte in ihrer Laudatio zum Weinunternehmer des Jahres: „Wilhelm Weil hat aus dem Weingut seines Urgroßvaters nicht nur ein Flaggschiff des deutschen Weinbaus geschaffen, sondern auch dem Riesling ein neues Image verliehen."

BESTE LAGEN / REBSORTE

Kiedricher Gräfenberg (Monopollage), Turmberg, Klosterberg / Riesling

WEINE

○ **2014 Kiedricher Turmberg**
Riesling, trocken
€€

Im Duft mehr von der floralen und vegetalen Seite, weniger von Frucht geprägt. Apfel- und Mandelblüten, Kerbel, Klee, Zitronengras. Auf der Zunge spielt sich ein raffinierter Stepptanz ab, zwischen Fruchtsäure, Stoffigkeit und der nur im Ansatz vorhandenen Süße. Spielerisch leicht, saftig, mit ganz fein herausgearbeiteter Säure, die dem Ganzen aber durchaus ihre Sporen gibt. In der Summe ausgewogen, aber noch ein paar Jahre zu jung.

○ **2014 Kiedricher Gräfenberg**
Riesling, Großes Gewächs
€€€€

Im Charakter dieses Jahrgangs zeigt sich eindeutig die ganz große Klasse der Lage und ihre Ausdruckskraft. Oder irre ich mich und es ist des „Meisters" neuer Stil? So trocken, so kühl und von Südfrucht-, Zitrusnoten, Grapefruit geprägt, so habe ich Gräfenberg nicht in Erinnerung. Dabei noch spielend leicht und trotz des aufgeregten Stoffs, der bewegten Art eines Zappelphilipps, macht der Wein richtig Spaß und animiert zum Trinken. Hier bekommt man, was des Weintrinkers Herz begehrt, wenn er mehr als nur einen Zechwein wünscht. Kein Fett und Speck, Klasse vereint mit Rasse, mal ganz salopp ausgedrückt.

○ **2013 Kiedricher Gräfenberg**
Riesling, Großes Gewächs
€€€€

In diesem Jahrgang hat man schon die neue Kelterhalle benutzt. Schmeckt man das? Ich weiß es nicht, Weil sicher schon. Auf alle Fälle präsentiert sich hier wie beim Nachfolger aus 2014 schon eine andere Stilistik als die mir bekannte. Damit meine ich nicht besser, aber feiner. Vergleichbar mit Samt und Seide, heute probiere ich Letzteres. Frisch mit fruchtigen, floralen und kräutrigen Duftkomponenten. Tiefliegend, aber nicht schwer, im Gegenteil, schwebend bewegen sich die Aromen im Glas, bezirzen die Nasenflügel. Einfach Klasse und das gepaart mit knallfrischer Säure und großer Länge. Ein Erstes, Großes Gewächs eben!

○ **2006 Kiedricher Gräfenberg**
Riesling, Spätlese
€€€€

Der Jahrgang mag in den letzten zehn Jahren der schwächste gewesen sein, aber wie die berühmte Verwandtschaft an der Mosel sagt: Gute und schlechte Jahre gibt es nicht. So hat auch diese zitronengelbe Spätlese ihren Jahrgangscharakter. Ja, die Botrytis und Reife der Trauben sind etwas mächtig, in großen Jahren ist die Spätlese frischer, agiler. Hier ist Trockenobst von Aprikose, Rosine bis Zwetschge angesagt. Petrolnote, gereifte Säure, Süße gut balanciert, leicht barock im Charakter.

2014
KIEDRICH
TURMBERG
WEINGUT
ROBERT
WEIL
RIESLING
TROCKEN

Gunter Künstler

Bei der Fassprobe

Spricht man von den Großen Lagen des Rheingaus, ist erst mal die Rede von Orten wie Assmannshausen, Rüdesheim, Geisenheim, Oestrich-Winkel oder Eltville. Alles schön gelegene, hübsch herausgeputzte Dörfer des Weines, direkt am Rhein. Kommt dann noch das Gespräch auf adelige Besitztümer wie Schloss Vollrads oder Schloss Johannisberg, dann hat man anscheinend die ganze herrliche Weinromantik abgedeckt – ach ist es doch am Rhein so schön! Ja, ist es – und schon Königin Victoria hat erkannt: „A good Hock keeps off the doc." Und damit hat sie keinen geringeren Wein gemeint als jenen aus Hochheim, nicht am Rhein, aber am Seitenarm des Mains gelegen, östlich von Mainz. Ihr zu Ehren gibt es übrigens auch eine Weinlage namens „Königin Victoriaberg". Dadurch wurde Hochheim vielleicht schneller berühmt, aber für nachhaltige Beliebtheit unter Weinkennern und Freunden des Hochheimer Weines von heute sorgen Winzer wie Gunter Künstler.

Wenn ich an Gunter denke, habe ich heute noch das Bild aus den Anfängen seiner Zeit als Jungwinzer vor Augen. Bei den großen Weinproben, bei denen er die Ehre und das Vergnügen zugleich hatte, Persönlichkeiten wie Wilhelm Haag, Hermann Dönnhoff, Meyer-Näkel und Co begleiten zu dürfen. Er wurde mir immer wieder als das jüngste Küken in der Runde vorgestellt, das Nesthäkchen, und dabei lachte er verschmitzt. Alle hatten ihren Spaß, er inklusive, weil er spürte, dass er geschätzt wurde, seine Weine die kritischen Kollegen überzeugten. Sicher bekam er auch zahlreiche gute Tipps, die er vermutlich umgesetzt hat. Längst macht er großartige Weine, die selbst bei englischen Königinnen sicher gut ankämen.

Künstler

HOCHHEIM, RHEINGAU (VDP)

Das Weingut in Hochheim gründete Gunters Vater, Franz Künstler, der nach Enteignung und Ausweisung aus der Heimat Südmähren über Schwaben nach Hochheim kam. Als Folge seiner strengen Qualitätsphilosophie verzeichnete er bei Prämierungen schnell die ersten Erfolge. Nach einem Unfall des Vaters 1982 hat sich der 19 Jahre alte Gunter an seinem ersten Jahrgang versucht, unter Anweisung des Vaters, wie er erzählte. Mit ausgezeichneten Lagen in Hochheim waren beste Voraussetzungen geschaffen, als er 1992 den Betrieb übernehmen durfte. 2006 fand das Weingut in der ehemals bedeutendsten deutschen Sektkellerei Burgeff seinen neuen Betriebssitz. Heute bearbeiten Monika und Gunter Künstler 36 Hektar Rebflächen in Hochheim und auf der Sonnenseite des Rheins in Rüdesheim.

BESTE LAGEN / REBSORTEN

Hochheimer Hölle, Kirchenstück, Domdechaney, Stielweg, Reichestal, Rüdesheimer Berg Schlossberg, Berg Rottland, Berg Roseneck, Bischofsberg / Riesling, Spätburgunder, Sauvignon und Chardonnay

WEINE

○ **2014 Hochheimer Hölle**
Riesling, Großes Gewächs
€€€€
50-jährige Reben im großen Stückfass ausgebaut. Was für ein athletischer Körper, rundum strahlende Kraft, mit prallen Fruchtbacken. Reine Exotik von Ananas, Papaya, Mango bis Chirimoya. Honignoten im Duft und im voluminösen Geschmack. Im Ganzen kompakt, druckvoll, mit fordernder und zugleich mit gebündelter, straffer Säure. Sie verbreitet wiederum Frische und Leichtigkeit. Am Ende bleibt der aufregende Stoff dehnbar und lang wie ein Großes Gewächs sein sollte, mit großem Entwicklungspotenzial.

○ **2014 Hochheimer Kirchenstück**
Riesling, Großes Gewächs
€€€€
Wächst auf schwerem Kalk über Lösslehm bis zur leichten Sandauflage. Die Weine sind früher reif bei gleichzeitig hohem Lagerpotenzial. Blumig, kräutrig, von Bergamotte, Akazienblüten bis zu frischem Kerbel, Dill, Rosmarin. Ein erstaunliches Potpourri an Aromen, aber insgesamt wirkt es stimmig. Säure und Süße sind sehr schön im Gleichklang. Der Geschmack wirkt zunächst animierend, aufregend, kommt am Ende des Gaumens dann wieder zur Ruhe. Hier präsentiert sich die Rheingauer Aristokratie mit viel Eleganz, Raffinesse und großem Nachdruck.

○ **2014 Rüdesheimer Berg Rottland**
Riesling, Großes Gewächs
€€€€
Die Rottland-Rieslinge zählen zu den mineralischsten Weinen der Künstlers. Der 2014er ist im Vergleich zu den Hochheimern noch eher verschlossen, zurückhaltend im Duft. Also blutjung, das bedeutet auch zitrige und knackig-grünliche Aromen von Granny Smith, Grapefruit und Limette. Süße Guave, kandierte Mandarinenschale. Im Mund erstaunlich stimmig, ganz lebendige, aber gereifte Säure – in jedem Fall jetzt schon mit Rasse und Schliff, das harmonische Miteinander der Süße und Säure macht sehr viel Spaß. So läuft der Wein am Ende dann doch zügig über die Zunge, nahezu leichtfüßig, fein, lang, komplex und voller Finessen.

○ **2014 Rüdesheimer Berg Schlossberg**
Riesling, Großes Gewächs
€€€€
Der Schlossberg gilt als die beste Lage des Rüdesheimer Bergs. Klar, glockenrein, strahlend in seiner ganzen Art. Ein Duft, der seinen Genießer sofort gefangen nimmt.
Apfel hoch drei, dann grüne Banane, Honigmelone, später Pfirsich und Nektarine. Hat eine ganz andere, frischere Note, schlank, rassig, betonte Säure. Präsentiert sich leichter, hüpfend, tanzend. Dagegen ist die dichtere und cremigere Hochheimer Hölle ein Schnittchen, aber ein recht sahniges!

● **2011 Hochheimer Reichestal**
Spätburgunder, trocken
€€€€€
Das war eindeutig zu früh probiert. In den letzten Monaten, April bis Juni, habe ich 2007 dreimal probiert und war von überrascht bis begeistert, immer aber überzeugt. Das hat mich der 2011er nur im Ansatz, ich mag ihn gereifter doch viel lieber. Karmesinrot mit funkelrotem Kern. Die Nase wird dominiert vom neuen Eichenholz, Vanilletönen, Süßholz, Amarenakirschen in dunkler Schokolade. Viel Potenzial, große Struktur mit gereifter, voller, rotbeeriger Frucht. Sanftes, ausbalanciertes Tannin, aber noch etwas grobkörnig, sehr gute Länge.

Schloss Johannisberg

GEISENHEIM-JOHANNISBERG, RHEINGAU (VDP)

Wenn von Riesling und seiner Historie die Rede ist, dann kommt man früher oder später immer in den Rheingau. Zum Ursprung großer Weinkultur, dem Johannisberg, einem Quarzithügel nahe dem Taunusgebirge, um den sich nicht nur Histörchen ranken, sondern echte Geschichte. Rund 1200 Jahre Weinbau feiert das erste Riesling-Weingut der Welt. Das mitten im Rheingau gelegene Schloss Johannisberg, dessen Bau von 1715 stammt, wurde ursprünglich als Benediktinerkloster gegründet und später zum Zentrum der Rheingauer Weinherstellung. Unter dem Fuldaer Fürstbischof musste jedes Jahr die offizielle Erlaubnis zum Beginn der Weinlese eingeholt werden. 1775 verspätete sich jedoch der Kurier, und die Trauben faulten am Stock. Nach der Vergärung brachten sie einen derartig guten, süßen Wein, dass es heute als sicher gilt: Mit diesem Datum wurde planmäßig die späte Lese von edelfaulen Trauben eingeführt, und hieraus entwickelten sich dann die Qualitätsstufen bis zur Trockenbeerenauslese. Die berühmte Schatzkammer des Schlosses, die „Bibliotheca subterranea", beinhaltet Weinraritäten aus einigen Jahrhunderten. Der Adel kam erst mit den Metternichs im 19. Jahrhundert. Die im Zweiten Weltkrieg zerstörte Anlage wurde von Fürstin Tatiana und Paul Alfons Fürst von Metternich wieder aufgebaut und in den Rheingauer Kulturkreis zurückgeführt. 1971 wurde Schloss Johannisberg, wie Schloss Vollrads und der Steinberg von Kloster Eberbach, nach dem Weingesetz als ortsfreie Exklusivlage eingetragen.

Wolfgang Schleicher, der ehemalige Domänenrat, der von 1985 bis 2004 die Leitung des Weinguts innehatte, konnte mit großem Geschick in stürmischen Zeiten den finanziellen Ruin von Johannisberg abwenden. Sein Nachfolger Christian Witte leitet das Weingut in eine erfolgreiche Zukunft. Ohne die Traditionen zu ignorieren, setzte Witte einige notwendige Veränderungen um, die ihm den Ruf des Renovators einbrachten. Er führte das Erste Gewächs mit Silberlackkapsel ein, ließ die Weine wieder in heimischen Eichenholzfässern ausbauen, die trockene Spätlese wurde eingestellt, um der Historie Rechnung zu tragen. Vor allem aber mischt er auch im Keller mit, bestimmt den Stil der Weine, ohne radikal zu sein, aber in manchen Fällen durchaus tonangebend. So hat Schloss Johannisberg ein klares Ziel im Visier: seinen Ruf als Riesling-Weingut der Welt zu erhalten.

BESTE LAGE / REBSORTE

Schloss Johannisberg / Riesling

WEINE

○ **2014 Schloss Johannisberger Rotlack Riesling, Kabinett, feinherb**
€€€€
Im 35 Hektar großen Johannisberg bestehen die Böden aus Quarzit mit einer Lehm-Löss-Auflage. Ein idealer Standort für Riesling, dazu kommt noch die südliche Ausrichtung, quasi am Fuße des Rheins. Feiner, fruchtiger Duft nach Ananas, Cox Orange, Marillen, Pfirsich. Auch Gartenkräuter und Zitronennoten zeigen sich. Haselnusstöne, die etwas an Holzausbau denken lassen, dazu die schöne Dichte und gute Länge, mit ausgewogener Balance, saftiger Säure und sehr dezenter Restüße, die dem Wein eine schmeichelhafte Note gibt.

○ **2013 Schloss Johannisberger Silberlack Riesling, Großes Gewächs**
€€€€€
Ein lebhaftes Bukett, mit ausgeprägten Aromen von gelbem Steinobst, allen voran Pfirsich und Aprikose. Orangenzesten und reife Zitronen dringen immer wieder durch, gepaart mit Lavendel und rauchiger Mineralität. Im Geschmack intensiv, mit viel Spannung. Die Säure ist frisch und präsent, aber gut integriert. Im Finale lang und anhaltend mit grünem Apfel und Ingwer. Ein kompakter Charakter von Rheingauer Riesling-Machart, der sehr gut gelungen ist.

○ **2011 Schloss Johannisberger Rosa-Goldlack Riesling, Beerenauslese, Fass 336**
€€€€€
Rheingau oder eher typisch Johannisberg? Ich wage hier ein Urteil und meine, von beidem so viel, dass man durchaus sagen kann, das ist ganz großes Süßweinkino! Am 14. September 2011 startete die früheste Ernte seit Beginn der Aufzeichnungen. Reichhaltige, lukullische Nase, die mit getrockneten Aprikosen, Mandarine, Feigen, Banane und Ananas beginnt. Geröstete Nüsse folgen, Butterkekse, Karamell, Honig. Eine irre Säure begleitet die phänomenale Restsüße in sehr feiner Art und verpasst ihr Spannung mit viel Druck und großer Länge.

J.B. Becker

WALLUF, RHEINGAU

Hajo, für seine Freunde, Hans-Josef offiziell, führt seit 1971 mit seiner Schwester Maria das 1893 in Walluf gegründete Weingut Becker, das er vom Vater übernommen hat. J.B. Becker ist das Aushängeschild für trockene, genauer gesagt durchgegorene Rieslinge und Spätburgunder im Rheingau. Viele meinen, die beiden Geschwister seien nicht auf der Höhe der Zeit – meiner Ansicht nach sind sie ihr Meilen voraus. Hier wurden die Weine schon vor 30 Jahren in Riedels Willsberger-Glasserie serviert. Die Tradition, die Weine nicht nur spontan vergoren – das ist längst wieder en vouge –, sondern auch langsam in alten Holzfässern auszubauen, war schon immer ihr Ding. Darauf zu warten, bis sie dann wirklich schmecken, aber auch. Das kann Jahre dauern, kein Problem, solange gibt es einen anderen Wein, eben einen, der jetzt schon trinkreif ist.

Hajo ist ein lässiger Typ, ohne Stressgefühle. Er hat Ambitionen für alles, was modern und neu ist, und schätzt zum Beispiel Edelstahlbehälter dafür, dass Weine daraus steril und blitzsauber sind, weiß aber auch, dass kein Edelstahl der Welt ein Holzfass ersetzen kann. Seine zündende Waffe ist die Zeit, die er im Gegensatz zu anderen hat. Deshalb reifen seine Weine völlig unspektakulär langsam zu Weinikonen heran, die ihresgleichen suchen. Sein Tun und Lassen beginnt aber schon in den Weinbergen. Weniger ist mehr, auf ökologischen Weinbau hat er längst konsequent umgestellt. Auf seiner besten Lage, dem Wallufer Walkenberg, stehen Rieslinge und Spätburgunder. Manche Reben hier sind 40 bis 60 Jahre alt, und ihre Weine werden als Alte Reben verkauft. Der Weingarten gegenüber des Weinguts, direkt am Ufer des Rheins, ist ein traumhaft schöner Platz zum Rasten, Ruhen oder Picknicken mit einer Flasche aus Beckers Keller. Die Angebotsliste des Weinguts enthält zahlreiche gereifte Jahrgänge, auch in großen Qualitätsstufen. Nur der Einmaligkeit wegen schreibe ich darüber, denn diese Besonderheit sollte eigentlich jeder für sich selbst nutzen, ohne Worte zu verlieren. Ein Wallufer Walkenberg, Riesling 1994, Kabinett, trocken, oder eine 1989er Riesling-Auslese, trocken, Martinsthaler Rödchen, sind nicht nur Geschenke der Natur und schmecken jetzt köstlich, sie sind auch ein bisserl Zeitgeschichten, des Rieslings, des Rheingaus, wie ich ihn liebe. Maria und Hajo sei Dank!

BESTE LAGEN / REBSORTEN

Wallufer Walkenberg, Oberberg, Berg Bildstock, Eltviller Sonnenberg, Martinsthaler Rödchen / Riesling, Spätburgunder

WEINE

○ **2013 Wallufer Walkenberg**
Riesling, Kabinett, trocken
€€
Den Jahrgang 2013 findet Hajo toll. Hier stimmt alles, sagt er: Mineralität, Frucht, knackige Säure, Leichtigkeit kommt noch dazu. Ein absolutes Rheingau-Jahr. Ein herrlicher blumig-fruchtiger Frühlingsduft, mit frischen Wiesenkräutern, Akazienblüten, grünen Äpfeln. Saftig, zart, tänzerisch mit durstlöschender Säure, mit 11,5 Volumenprozent leicht im Alkohol und 1,4 Gramm Restzucker.

Beckers romantischer Weingarten direkt am Rhein

○ **2013 Wallufer Walkenberg „Alte Reben"**
Riesling, Spätlese, trocken
€€€
Reiche, kompakte und vielschichtige Frucht. Eine der schönsten alten Reben, ganz klar und präzise, stoffig im Mund. Zeigt große Konzentration mit Exotik, grandioser Fülle, Cremigkeit und Dichte. Beeindruckt mit perfekt eingebundener Säure. Starkes Mundgefühl, anregend und ideal als Speisenbegleiter.

○ **1994 Wallufer Walkenberg**
Riesling, Kabinett, trocken
€€
Reifes, grünliches Strohgelb, komplexe Nase von Waldhonig und gemahlenen Nüssen. Mandel, Äpfel wie Boskop, gereift und trotzdem frisch im komplexen, dichten Körper, der sich leicht und harmonisch präsentiert. Ein knalltrockener Stoff mit Klasse und wieder nur 11,5 Volumenprozent Alkohol.

○ **1990 Wallufer Walkenberg Bildstock**
Riesling, Spätlese, trocken
€€€
Tiefes Goldgelb. Gereifte Noten von Trockenfrüchten wie Aprikose, Birne, Bananenscheiben, Zitronat. Reich und mit enormer Fülle, insbesondere auch Gewürzen wie Curry. Das ist ein idealer Partner für Asiafood, weil er gereift und trocken ist.

○ **1989 Wallufer Walkenberg**
Riesling, Auslese
€€€
Honig- bis strohgelb, hat im Duft getrocknete Beeren wie Korinthen, Trauben, Feuerstein, Flint, Schiefer. Lebkuchengewürz mit Rosinen und straffer Säure im Mund. Fein geschliffen, tief mit enormer Länge im Abgang.

August Kesseler

ASSMANNSHAUSEN, RHEINGAU (VDP)

Assmannshausen und Rüdesheim sind als Touristenziele die Urbilder in der deutschen Weinszene. Aber in Assmannshausen ist man etwas ruhiger, abgeschiedener, distinguierter geblieben. Das muss an der Farbe des Weines liegen, denn der Ort ist in ganz Deutschland eine Besonderheit für den Rotweinanbau. Die Spätburgunder von hier haben dank der Natur eine eigene Stilistik, eine besondere Qualität.

Das Weingut August Kesseler liegt mitten im Ort, direkt am Fuß des Höllenbergs, in den schon 1792 der Stollen des heute so wertvollen Natursteinkellers getrieben wurde. Wenn auch das elterliche Weingut mit zwei Hektar zum Leben zu wenig und zum Sterben zu viel gewesen sein muss, für den jungen August war es mit Sicherheit ein Ort der Faszination und der Begeisterung. Nach dem Verlust seiner Eltern 1977 übernahm er mit gerade mal 19 Jahren das kleine Anwesen. Voller Ehrgeiz beschäftigte er sich so intensiv mit dem Thema Wein, der ganzen Materie, dass er schon ein Jahrzehnt später die Weinkenner von damals überraschen konnte. Der unbekannte junge Mann aus Assmannshausen hatte bei der Weinherstellung Methoden angewandt wie Ertragsreduzierung, offene Maischegärung und Ausbau im französischen Barrique – was in dieser Zeit nicht üblich war, womit er aber hervorragende Ergebnisse erzielte. Nur kaufen wollte diese Weine in den frühen 1990er Jahren noch keiner. Heute ist das kein Problem mehr: Seine Rotweine finden weltweit Freunde und Absatz. Wenn man sich über August Kesseler und seine Weine unterhält, dann spricht man in jedem Fall über seine Pinot Noir aus dem Assmannshäuser Höllenberg, genauso aber über seinen ebenfalls exzellenten Spätburgunder und die großen Rieslinge aus den Rüdesheimer Lagen, Schlossberg und Roseneck. Zu einer Zeit, als Wein in Deutschland in der gehobenen Gastronomie nur französisch besetzt war, hat er die Weintrinker aufgemischt, und es war eine Freude, seinen Ausführungen zu lauschen. Heute kann er das gelassen sehen. Der Betrieb ist inzwischen zehnmal so groß, aber immer noch überschaubar. Eine kompetente Mannschaft stärkt ihm den Rücken, wenn er mal wieder auf Reisen ist und die Kundschaft rund um den Globus besucht – denn bei allem Erfolg treibt ihn immer noch die Leidenschaft zum Wein.

BESTE LAGEN / REBSORTEN

Assmannshäuser Höllenberg, Rüdesheimer Berg Schlossberg, Bischofsberg, Berg Roseneck, Lorcher Schlossberg, Kapellenberg / Riesling, Spätburgunder, Silvaner

WEINE

○ **2012 Rüdesheimer Berg Roseneck**
Riesling, Großes Gewächs
€€€€
Der Duft bietet gleich einen ganzen Strauß floraler Noten, es folgt frisches Kernobst wie Birne, Quitte, Granatapfelsaft, auch Mandarine. Süßes Nektarinenfleisch, saftig, leicht barock, speckige Akzente. Im Geschmack mehr Reife, fleischige Frucht und etwas Petrol zwischen dem sehr schönen Spiel Säure und Fruchtsüße. Dichter, lang anhaltender Abgang, der auch Potenzial für die Reife verspricht.

August Kesseler bei der Arbeit

○ **2011 Lorcher Schlossberg „Alte Reben"**
Riesling, Spätlese
€€€€
Trotz einem Jahr mehr Reife ist die Farbe eine Spur heller und die Aromatik verspielter, kühler, ja sogar mehr auf Mineralik angelegt. Die florale Note geht mehr in die Richtung weißer Blüten, ist aber auch etwas kräutriger. Mehr Spannung, Zug und ein Hauch vordergründiger in der Säure. Trotz einer sehr dezenten Restsüße wirkt der Wein im Mund nahezu trocken mit einem leichten Rückaroma von Schiefertönen. Rassige Trinkbarkeit mit sehr gut strukturierter Säure, schöner Harmonie, Eleganz und Länge im Nachklang.

● **2011 Cuvée Max „Barrique"**
Pinot Noir, trocken
€€€€€
Eine Lagencuvée aus 75 Jahre alten Reben des Höllenbergs und Frankenthal zu Ehren des langjährigen Weinmachers und Weggefährten Max. Karmesinrot, hell zum Glasrand, aber mit dichtem Kern. Opulente, rotbeerige und florale Nase. Erdbeere, Sauerkirsche, Zwetschge, Rosen, Lilie, Farn. Süße, leicht erdige Noten von Unterholz, Baumrinde, Waldboden. Köstlicher Gaumen mit großer, reiner Struktur und perfektem Tanninmanagement, super balanciert, alles am richtigen Platz. Enorme Frische, Jugend und Spannkraft, keine gerbsigen Töne, herrlicher Fluss im Trunk – Pinot at its best! Edel und mit großem Potenzial für die Zukunft.

Peter Jakob Kühn

OESTRICH-WINKEL, RHEINGAU (VDP)

„Eine Partnerschaft zwischen Reben und Boden entsteht nicht von heute auf morgen, sie braucht Zeit sich zu entwickeln. Und sie braucht einen Winzer mit Ausdauer, Geduld und Leidenschaft, der diesen Weg einschlägt und fortschreitet." Das schreibt mir die Familie Kühn zu ihrem Probenpaket mit dem Jahrgang 2014. Ich kann den Kühns nur beipflichten und ahne die Geduld der Familie, wenn es um Weinherstellung geht, die Qualitätsweinprüfung, aber auch um die Vermarktung. Allein die Umstellung auf andere Verschlüsse in der Vergangenheit war sicher eine kostenintensive Angelegenheit. Ich trauere noch heute den grandiosen Weinen nach, die ich mangels Korkverschluss nicht gekauft habe. Kork oder kein Kork, es bleibt eine schwierige Frage, die Qualität im Hause Kühn allerdings nicht. Auch wenn sich durch die konsequente und komplette Verlagerung auf biologischen Anbau die Stilistik der Weine verändert hat, kann ich nur feststellen, dass sich die ohnehin schon erstklassige Qualität aus all den Jahren zuvor sogar noch gesteigert hat. Bei jeder Flasche, die ich teilweise über Tage hinweg probiere, kommt es mir so vor, als seien die Weine vielleicht nicht messbar besser geworden, aber im Geschmack haben sie noch mehr Tiefgang, Kraft, Raffinesse und ganz große Strahlkraft. Dass sie natürlicher und bekömmlicher geworden sind durch den zielstrebigen ökologischen Weg, steht wohl außer Frage. Dabei ist es unbedingt wichtig zu wissen, dass es hier keine fehlerhaften Weine gibt, deren teils ungenießbare Eigenschaften auf den speziellen Ausbau geschoben werden. Wenn mit viel Maischestandzeit ein Übermaß an Tanninen entstanden ist, oxidative Noten mit ins Spiel kommen, sogar etwas struppige Noten dabei herausgebildet wurden, dann ist trotzdem immer noch eindeutig zu schmecken: Hier gibt es keine fehlerhafte Note, der Wein ist nur viel zu jung!

Wenn ich Peter Jakob Kühn in die Augen sehe, spüre ich, dass er in seiner Weinwelt angekommen und glücklich ist, dass er mit der ganzen Familie den richtigen Weg für seine Weine gefunden hat. Dafür erhält er Anerkennung und Auszeichnungen, die alle das Beste bestätigen und in den letzten Jahren zur Regelmäßigkeit geworden sind. Auch darüber freue ich mich.

BESTE LAGEN / REBSORTEN

Oestricher Lenchen, Doosberg; Mittelheimer St. Nikolaus; Hallgartener Hendelberg / Riesling, Spätburgunder

WEINE

○ **2014 Jacobus**
Riesling, trocken
€

Wie diese Qualität zustande kam, wissen die Kühns, zu welchem Preis sie noch machbar ist, wird mit diesem Wein ganz präzise demonstriert, unglaublich gut! Opulentes, nahezu exotisches Bukett mit ausgeprägter gelbfruchtiger Richtung. Reichlich Ananas, Kokos, reifes Steinobst wie Mango. Präsente und kompakte Säure, aber fein, sinnlich und weich. Im Gaumen one-way, ähnlich einem Zug bleibt er in der Spur, ohne Abweichung, weder links, noch rechts. Es geht vorwärts und abwärts, in den Gaumen. Den nächsten Schluck bitte. Genuss jederzeit, jeden Tag!

○ **2014 Oestricher Quarzit**
Riesling, trocken
€€

Der Name kommt nicht von ungefähr, das kann man vom ersten Augenblick an riechen. Hier klingen die gleichen steinigen, erdigen und mineralischen Töne im Glas. Leger ausgedrückt, da geht richtig die Post ab. Kein Wunder, denn die Trauben stammen auch aus den steinreichen Doosberger Lagen. Ganz reife Frucht, Traube, Quitte, Birne kommt hier durch, schwingend, leicht, mehr auf die spielerische Art, dennoch bestimmt. Mit deutlich mehr Druck und Zug, Säure, etwas herber, dafür tiefgreifend, fesselnd und gaumen füllend, anhaltend lang und einfach köstlich.

○ **2014 Oestricher Lenchen**
Riesling, Spätlese
€€€

Auch hier spielt das gleiche Orchester, nur eine ganz andere Musik. Händels Wassermusik fällt mir spontan dazu ein. Nicht, weil der Wein etwa wässrig wäre, sondern weil er diesen Tönen ähnlich vom Duft weg über die Lippen in den Gaumen fließt. Durchaus bestimmt, aber leicht, mit floralen Eindrücken, heimischem Kernobst, in erster Linie Birnen. Die alles überstrahlende Frische und Säure gibt der so perfekten Süße eine Balance und Leichtigkeit, dass man zu einem Urteil neigt wie: unverschämt gut! Dem Wein fehlt nichts, er ist eine strahlende Persönlichkeit.

Peter Bernhard und Peter Jakob Kühn im Gutshof

◯ **2013 Mittelheim St. Nikolaus**
Riesling, trocken
€€€€

Den St. Nikolaus habe ich zu früh bemüht. Mir scheint, dass er in seiner gewaltigen Statur noch viel mehr Zeit für sich in Anspruch nimmt, bis er in die Gänge kommt. Zu früh, zu warm, ich weiß es nicht, aber mir will er sich im Duft noch nicht erschließen. Derweil ist sein Geschmack schon reich ausgeprägt, mit fleischigen, saftigen, süßen Früchten. Auch die wechselseitig süß-salzigen Noten wirken raffiniert, suchen aber einen Verbündeten. Ich lege ihn symbolisch in den Keller, komme dann im Winter wieder.

◯ **2014 Oestricher Lenchen**
Riesling, Beerenauslese
€€€€€

Ja, ich gestehe es, das ist sie, meine heimliche und unheimliche Liebe. Damit fing in meinem Weinleben alles an, und ich hoffe sehr, dass ich noch viele Flaschen wie diese trinken kann. So wundert es sicher nicht, dass ich vor Freude langsam, aber sicher bei dieser Beerenauslese in die Knie gehe. Ganz klar und mit glockenhellen Tönen wie Musik von Mozart, Bach, Vivaldi oder ihresgleichen, sie alle hätten damit ihre Freude. Feigenconfit, Akazienhonig, Honigmelone, gelbe Rosen und viel, viel mehr. Klirrende Säure, prickelnd frisch und gleichzeitig ein unvollkommenes Geschöpf. Gut, dass ich daran nippen konnte, aber auch diese Flasche liebt noch die dunklen Keller. Wer es jedoch doch nicht lassen kann: Desserts mit Äpfeln, Quitten und Birnen mit Karamell und Vanille und dann viel Sahne passen dazu.

Schloss Vollrads

OESTRICH-WINKEL, RHEINGAU (VDP)

Schloss Vollrads zählt mit seiner über 800-jährigen Geschichte zu den ältesten Weingütern in Deutschland, es ist laut Historie sogar das älteste. Ich hatte noch das große Vergnügen, besser gesagt die Ehre, den letzten Besitzer des Adelsgeschlechts Erwein Graf Matuschka-Greiffenclau kennenzulernen. Sein früher Tod 1997 war nicht nur für den Rheingau und die Freunde des Rieslings ein großer Verlust. Er hat sich schon in den frühen 1980er Jahren unermüdlich bemüht, seine Rieslinge in allen Geschmacks- und Qualitätsstufen in den besten Restaurants der Republik – von Witzigmanns Aubergine, dem Tantris in München, dem Schiffchen und dem Victorian in Düsseldorf, oder im eigenen Grauen Haus – zu den feinsten Menüvariationen passend zu servieren. Das war damals seine spezielle Show, und die war beeindruckend.

Heute ist das Weingut mit seinen 80 Hektar Rebfläche im Besitz der Sparkasse Nassau. Mit Dr. Rowald Hepp als Weingutsdirektor und Geschäftsführer wurde aus dem Sanierungsfall im Lauf der Jahre ein Weingut, das sich mit seinen Qualitäten wieder selbstbewusst zeigen kann. Hepp kam aus Würzburg, wo er die Geschäfte des Staatsweinguts führte und nach dessen Vorstellung zu erfolgreich war. Kaum zu glauben! Das ist er auf Schloss Vollrads auch, aber hier sind alle dankbar dafür. Das idyllische, mitten in den Weinbergen gelegene Schloss beherbergt in der Orangerie das Gutsrestaurant und empfängt in den Sommermonaten Gäste zu zahlreichen kulturellen Veranstaltungen. Das „Projekt" ist dank Rowald Hepp, dem Mann für schwierige Fälle, längst in einen funktionierenden und erfolgreichen Weingut umgewandelt.

BESTE LAGEN / REBSORTEN

Schloss Vollrads / Riesling

WEINE

○ **2014 Weingut Schloss Vollrads**
Riesling, Kabinett, feinherb
€€

Hell, blassgrün. Feine Gartenkräuter, Steinobstduft. Sehr klar, beinahe kühl im ersten Eindruck. Birnen, grüne Banane, Quitte. Eher auf der trockenen Seite, mit der zarten Fruchtsüße und dem etwas kräftigeren Säurespiel. Dabei entsteht eine ausgeprägte Sweet-and-Sour-Stilistik, die nicht nur zu Sashimi mit würziger Saucenbegleitung passt. Die Limetten, Yuzu, Clementinen im Gaumen verbreiten eine klirrende Frische, aber auch einen balancierenden Gegenpart zur dezenten Restsüße.

○ **2014 Weingut Schloss Vollrads**
Riesling, Spätlese
€€€

Grünlich-blassgelb. Mit seiner noch leichten dropsigen Art wirkt dieser fruchtsüße Riesling, dessen Säure knackig frisch im Vordergrund der Zunge agiert, vor allem als Aperitif erfrischend und durstlöschend. Apfelblüten, süßliche Kernobstnoten, frische, saftige Pfirsiche, Birnen und Melonenstücke. Passt dank der Fülle, der strammen Säure und des Restzuckers von 77 Gramm pro Liter zu gebratener Gänseleber mit Quitten oder Äpfeln.

○ **2011 Schloss Vollrads**
Riesling, trocken
800 Jahre Weinverkaufsjubiläum
€€€€€

Reifes Grapefruitgelb. Grünstichig. Im Duft Stachelbeere, Feige, Honigmelone und ein Hauch Petrol. Ein stoffiger, ganz anderer Riesling mit einem sehr vollmundigen, sehr kräftigen Charakter. Mit eher traditionellem Stil, salzig, leicht von Jod geprägt. Die stramme, aber gut eingebundene Säure verleiht dem barocken, pausbackigen Wein in seiner runden Fülle dann doch wieder Lebendigkeit, Spannkraft und Frische.

Eva Fricke

RÜDESHEIM, RHEINGAU

Die noch sehr junge Geschichte ihres Weinguts erzählt die gebürtige Bremerin Eva Fricke in einem Interview in *Der Feinschmecker:* Mehr oder weniger zufällig kommt Eva anlässlich eines Besuchs bei der Großmutter, die in Äthiopien als Radiologin arbeitete, zu einem Praktikum auf einem Weingut in Südafrika, wo sie der erste Weinvirus erfasste. Nach dem Abitur passierte das ein zweites Mal in Bordeaux, und im Piemont war sie dann endgültig infiziert. Sie unternahm zahlreiche Auslandsreisen in die Welt des Weines, war in Italien, Spanien, Australien und besuchte die besten Winzer, wie Peter Sisseck von Domino de Pingus im spanischen Ribera del Duero. Auch Jobs im berühmten Weinhandelshaus Segnitz in Bremen oder bei J.B. Becker in Walluf führten sie noch tiefer in die Weinwelt hinein. Danach folgte die erste Arbeitsstelle, und 2004 wurde sie Betriebsleiterin bei Josef Leitz in Rüdesheim. 2006 absolvierte sie berufsbegleitend ein Intensivstudium für Management in Oestrich-Winkel. Es bot sich ihr die Gelegenheit, ihren Traum zu erfüllen und eine 0,2 Hektar kleine Fläche Alte Reben auf steilen Schieferböden zu pachten. Mit der ersten Weinlese stand sie dem Problem gegenüber, noch kein Equipment zu haben. Befreundete Winzer stellten ihr die nötigen Maschinen zur Verfügung. Der Anfang war gemacht, und so ging es langsam weiter. Eine nicht ganz alltägliche Geschichte, und die Hauptperson darin ist eine junge Dame aus dem hohen Norden, aus einer Arztfamilie, ohne jegliche Wurzel zum Wein. Eine Story, die mit viel Ehrgeiz und noch mehr Schweißperlen verbunden ist. Risikobereitschaft und Mut zur Lücke sind zwei Charaktereigenschaften, die Eva Fricke angetrieben haben, alles auf eine Karte zu setzen, auch jeden Euro, den sie zur Verfügung hatte. Sie hat auch mal verloren, aber deutlich öfter gewonnen in den ersten Jahren, auch an Erfahrung und Lebensweisheit. 2007 kreierte Tim Raue im Restaurant MÀ ein Menü zu ihren Weinen, und seither ist einiges passiert und sehr viel über die ehrgeizige Winzerin geschrieben worden; im *Gault Millau* 2015 wird sie als Aufsteigerin gefeiert. Wenn sich die Gelegenheit bot, hat Eva Fricke immer wieder ein Stück Weinbergsfläche erworben; innerhalb von ein paar Jahren hat die Newcomerin in der Rheingauer Weinszene Fuß gefasst. Und das hat sie mit alten Lorcher Steillagen mit bis zu 45 Jahre alten Reben auf kargen Böden aus Schiefer und Quarzit geschafft, die keiner mehr haben wollte, weil sie angeblich nicht gut und noch dazu arbeitsintensiv waren. Wir reden hier von 98 Prozent Riesling und hundert Prozent Herz und Handarbeit.

Eva Fricke

BESTE LAGEN / REBSORTEN

Lorcher Krone, Schlossberg, Seligmacher / Riesling

WEINE

○ **2014 Rheingau**
Riesling, trocken
€

Dank vieler Erntehelfer und strengster Selektion bei der Lese zeigt sich der Jahrgang 2014 von seiner besten Seite. Helles, klares Gelb mit Apfelgrün. Frische, verführerische Duftvarianten mit Limettenschale, Grapefruit, gelbfruchtigem Kernobst und Gartenkräutern. Unverkennbar saftig frischer Riesling sowohl im Duft als auch im Mund. Das ausgleichende Spiel der reschen Säure mit der nur scheinbar vorhandenen Süße gibt dem leichten Stil des Weines eine sehr schöne Spannung, insbesondere im Abgang und seiner Länge. Ein herrliches Beispiel aus unterschiedlichen Lagen und differenten Böden.

○ **2014 Lorcher Krone**
Riesling, trocken
€€€€

Die Lorcher Krone ist im Sortiment das hochwertigste unter den trockenen Gewächsen. Zartes Lindgrün, hellgelb im Kern. Deutlich kräftiger als der Gutsriesling Rheingau, im Duft noch nicht ganz geöffnet. Ich glaube aber, die Schiefernoten seiner Herkunft deutlich zu riechen. Duftiger Auftakt, dann feine, glockenreine Blütennoten wie Kastanien und Jasmin. Am Gaumen spürt man deutlich mehr Frucht als im Bukett, vor allem Nektarine, Cavaillonmelone, Mango. Salzige Lippen, konzentrierte Fülle und Dichte, aber ohne massive Kraft. Verspielt und schwerelos wirkt die kühle, reintönige Aromatik. Mit fester Struktur, animierendem Trinkgefühl im lang schwingenden Nachhall.

Kloster Eberbach

ELTVILLE, RHEINGAU (VDP)

Kloster Eberbach bietet mit seiner Historie in Deutschland einige Superlative. Seit neun Jahrhunderten wird hier im Kloster Weinkultur gepflegt. Bernhard von Clairvaux aus Burgund hat das Kloster 1136 gegründet, und bis 1803 war es ein Weingut der Zisterzienser. Wirtschaftlich gesehen ist Kloster Eberbach, das seit 1945 dem Land Hessen gehört, Deutschlands größter Weingutsbesitz. Rechnet man den Teil an der Hessischen Bergstraße und die Domäne Assmannshausen mit dazu, kommt man auf imposante 220 Hektar.

Der Steinberg ist nicht nur der größte Schatz der Hessischen Staatsweingüter, nach ihm wurde auch der 2008 fertiggestellte Keller der Domäne der „Steinbergkeller" benannt, der mit einem Kostenaufwand von 15,8 Millionen Euro gebaut worden war. In der FAZ wurde er als „Kathedrale für den Riesling" gefeiert. Der Steinberg ist die größte Einzellage im Rheingau, ist ausschließlich mit Riesling bepflanzt und mit 37,2 Hektar noch größer als der nur wenige Kilometer entfernte Johannisberg. Er befindet sich heute im Alleinbesitz der Domäne und zählt zu den Spitzenlagen im Rheingau. 1767 wurde eine rund drei Kilometer lange Bruchsteinmauer rund um den Weinberg errichtet, die das Kleinklima schützen und Traubendiebe abhalten sollte. Neben dieser Spitzenlage hat der Betrieb zusätzlich in den besten Lagen des Rheingaus erheblichen Flächenanteil.

Als besonderer Schatz im Portfolio gilt die Domäne Assmannshausen mit dem Höllenberg, der zu den bedeutendsten Weinbergen Deutschlands zählt und allein mit Rotwein bepflanzt wird. Mit den steinigen Schieferböden hat die reine Südlage hohe Temperaturen bei Tag, in der Nacht kühlt sie durch den nahen, bewaldeten Taunushöhenzug rasch wieder ab. Diesen Stress danken die Pinot-Reben mit ganz besonderer Qualität, Fülle und Frische und ausgeprägter Frucht.

Ein stolzer Besitz und eine große Aufgabe und Verantwortung, ihn auch in Zukunft erfolgreich durch die Höhen und Tiefen der Weinwirtschaft zu manövrieren. Dieter Greiner, seit 2000 Geschäftsführer der Betriebe, hat hier schon sehr viel erreicht. Er feierte Erfolge, hält die Zügel fest in den Händen und ist zu Recht stolz auf das in den letzten 15 Jahren Erreichte.

BESTE LAGEN / REBSORTEN

Steinberger, Rauenthaler Baiken, Erbacher Marcobrunn, Rüdesheimer Berg Rottland, Hochheimer Domdechaney / Riesling, Spätburgunder u. a.

WEINE

○ **2013 Erbacher Marcobrunn**
Riesling, Großes Gewächs, a.d. Cabinettkeller
€€€€
Reifes Zitronengelb. Viele gelbe, reife Früchte mit einem Hauch von Botrytis und Petrol. Enorme Kraft und Fülle im Gaumen, mollig, nahezu barock. Die Holzfassreife ist deutlich zu erkennen, zeigt sich in gereiften Noten mit Honig und Nussaromen. Der Wein hat eine würzige, leicht speckige, ja sogar rauchige Ader. In der Säure eher brav, verhalten, trotzdem noch lebendig und animierend. Ein typischer Rheingauer mit Schmackes. Gut zu deftiger, aber gepflegter Küche.

● **2013 Assmannshäuser Höllenberg „Crescentia"**
Spätburgunder, trocken
€€€
Intensives Rubinrot, glanzvoll bis zum Glasrand. Schon die ersten Eindrücke in der Nase zeigen, welch gewaltiges Potenzial in diesem Weinberg steckt, dabei handelt es sich bei dieser Flasche nur um die gute Mitte der Qualitätspyramide. Zwetschge, Himbeere, Walderdbeere, reif und zart. Heckenrosen, Malvenblüten, dezente Röstnoten vom Holz, feinstes Tannin. Der Geschmack bietet großes Trinkvergnügen, verführerisch mit leicht rauchigen Tabaknoten, frischer Fruchtsäure und angenehmer Länge im Abgang. Insgesamt ein gut gelungener Höllenberg – den aus dem Cabinettkeller kosten wir beim nächsten Mal.

Kloster Eberbach

Schloss Reinhartshausen

ELTVILLE, RHEINGAU

Schloss Reinhartshausen hat eine sehr lange und bewegte Geschichte, die sich bis ins 12. Jahrhundert zurückverfolgen lässt, als dort noch die Ritter zu Erbach ihren Stammsitz hatten. Unter dem Engagement der in Ungnade gefallenen Prinzessin Marianne von Preußen erblühte neben der umfangreichen Gemäldesammlung auch der Weinbau, nicht nur auf der später nach ihr benannten Insel Mariannenaue, sondern auch auf Schloss Reinhartshausen selbst. Das war 1855, inzwischen wurde das Weingut, zu dem die besten Rheingauer Weinlagen gehören, mehrmals verkauft, zuletzt 2013 an die Pfälzer Winzerfamilie Lergenmüller. Sie versucht mit großem Engagement und Leidenschaft, das Weingut nach ihrer Vorstellung wieder in die richtige Bahn zu führen. Das ist keine leichte Aufgabe angesichts der Probleme der letzten Jahre und der ausgedehnten Rebfläche von 76 Hektar. Zu den klingenden Lagennamen wie Erbacher Marcobrunn, Schlossberg oder Wisselbrunnen und Nussbrunnen aus Hattenheim zählt ebenso die schon erwähnte Insel Mariannenaue, auf der neben Riesling und Weißburgunder auch der erste Chardonnay im Rheingau angebaut wird. In dem besonderen Mikroklima und auf den sandigen Böden entstehen leichte, sehr frische Alltagsweine. Das Schloss selbst beherbergt ein Luxushotel. Auf der Schlossterrasse zu sitzen und einen hauseigenen Wein zu trinken, mit Blick auf den Park und den Rhein, zählt zu den ganz besonderen Momenten im Leben.

BESTE LAGE / REBSORTE

Erbacher Schlossberg, Marcobrunn, Siegelsberg, Hohenrain, Hattenheimer Nussbrunnen und Wisselbrunnen / Riesling, Weißburgunder, Spätburgunder, Sauvignon, Chardonnay u. a.

WEINE

○ **2014 Von der Mariannenaue**
Weißburgunder und Chardonnay, trocken
€

Diese Cuvée kenne ich schon seit Jahren und finde die frische, etwas kalkig-mineralische Art einem einfachen Chardonnay aus Chablis oft sehr ähnlich. Im Bukett immer blumige Aromen, fruchtige Anklänge, aber auch leicht jodige Noten, erdige Untertöne. Der Geschmack zeigt sich in 2014 von der sanften Seite, gleichzeitig lebendig frisch, was ich immer auf den Weißburgunder zurückführe. Ein leichter Wein, gut geeignet für den Apero.

○ **2013 Erbacher Schlossberg**
Riesling, trocken
€€€€

Das Juwel „Schlossberg" – rund um das historische Schloss – ist als Monopollage im Alleinbesitz. Die Lage ist nur 2,5 Hektar groß und ausschließlich mit inzwischen 60-jährigen Rieslingreben bepflanzt. Reifes Zitronengelb, viel Frucht, rotbackige Äpfel, leichte exotische Ader, dabei frisch wie Ananas, grüne Banane, Grapefruit, Kokosnuss. Gelungene Balance mit knackiger Säure und feiner Süße. Stoffig, trocken und fleischig, saftige, sehr angenehme Mundfülle und ausgedehnte Länge.

○ **2013 Hattenheimer Nussbrunnen**
Riesling, Spätlese
€€€

Es ist immer wieder ein Genuss, derartig leichte, verspielte Weine zu trinken. Mit acht Prozent Alkohol fühlt sich dieses köstliche Nass federleicht und tanzend auf der Zunge an. Im Duft ein Obstsalat von hellen Früchten und Eisbonbon. Erstaunlich reiche Säure, wirkt sehr weich und verspielt. Frisch und klar wie Quellwasser. Sehr feine, dezent gehaltene Restsüße. Schöne Ausprägung mit Tiefgang im Mund. Für alle, die es gern süßer lieben, ist das ein idealer sommerlicher Drink.

Erbacher Schlossberg

Barth

HATTENHEIM, RHEINGAU (VDP)

Wer das Wein- und Sektgut Barth in Hattenheim besucht, sollte die wenigen Kilometer Umweg zum Kloster Eberbach, nahe Eltville, in Kauf nehmen. Die ehemalige Zisterzienserabtei hat dem Besucher viel Geschichte und Kunst zu bieten. Mit ihren romanischen und frühgotischen Bauten zählt die Anlage zu den bedeutendsten Kunstdenkmälern Europas.

Hans Barth hat 1948 den Grundstein für das Weingut Barth gelegt, 1956 wurden die ersten Weine auf Flaschen gefüllt. Mit dem Beitritt zur CHARTA-Vereinigung 1984 und deren strengen Richtlinien wurden neue Maßstäbe für die Qualität der Weine gesetzt, 1999 folgte dann die Aufnahme in den Kreis der Prädikatsweingüter des VDP.

Anfang der 90er Jahre hatte man mit der kompletten Versektung und dem Ausbau der Sekte im Hause Barth gestartet – genau vor zehn Jahren erhielt der „Sekt Ultra“ die Auszeichnung „Sekt des Jahres“, eine schöne Bestätigung der Qualitätsstrategie. 2009 wurde die Größe des Weinguts durch Zupachtungen auf 19,5 Hektar gesteigert. In diesem Jahr stieg auch Tochter Christine in das Weingut ein, das sie seitdem zusammen mit ihrem Mann und den Eltern führt. Besonders stolz ist die Familie auf die Ersten Lagen im Hattenheimer Hassel und Wisselbrunnen, denn von dort kommen ihre besten Weine. Nach Rheingauer Tradition hat der Riesling mit 70 Prozent Anbaufläche die Nase vorn, gefolgt von Spätburgunder, der bei der Sektherstellung eine bedeutende Rolle spielt.

Probieren kann man die guten Tropfen in der neuen Vinothek, die ein kleines Schmuckstück im Haus Barth ist – dort trinkt man gern das eine oder andere Gläschen.

BESTE LAGEN / REBSORTEN

Hattenheimer Hassel, Wisselbrunnen, Hallgartener Schönhell / Riesling, Spätburgunder, Weißburgunder

WEINE

○ 2013 Riesling CHARTA
feinherb
€€
Um die Vereinigung der CHARTA-Weingüter ist es recht ruhig geworden, obwohl sie es waren, die 1984 den Grundstein für das Qualitätssystem für das Erste und Große Gewächs legten. Dabei waren qualifizierte Weinlagen aus der Dahlen'schen Karte von 1885 die Grundlagen für die Richtlinien der Herkunft. Letztes Jahr wurde 30-jähriges Bestehen gefeiert, und die Barths waren mit dem sehr guten 2012er Riesling CHARTA auch dabei. 2013 ist vielleicht noch etwas knalliger in der Säure, die aber gekonnt eingebettet ist und von floralen sowie gelbfruchtigen Akzenten begleitet wird. Die feine Restsüße (10 Gramm pro Liter) bietet der strammen Säure durchaus Paroli und geht mit ihr ein bewegtes Gaumenspiel ein, das richtig Freude macht. Mit der dezenten Note von Mineralik kommen auch solche Weintrinker gut zurecht, die mit einer spürbaren Salznote eher Probleme haben. Fülle und Druck, sehr viel Würze und gute Persistenz im Nachhall.

● Barth Pinot Rosé brut
Sekt
€€
Wunderschönes Lachsrosé. Das ist es, was viele Roséwein-Trinker anspricht – die Farbe. Ihr folgt im besten Fall ein ebenso einladender, ansprechender Duft und Geschmack. Barths Pinot Rosé hat das: Himbeere, Walderdbeere, rote Johannisbeeren. Kompakte und dichte Mousseux, die sahnig wirkt und ausgewogen, mit lebendiger, leichter Textur. Frischer, fruchtiger Nachhall, ein Durstlöscher im besten Sinne.

Empfangsraum und Vinothek im Weingut Barth

Chat Sauvage

JOHANNISBERG, RHEINGAU

Chat Sauvage, eine wilde Katze, war es, die dem Hamburger Bauunternehmer Günter Schulz angenehme Träume oder schlaflose Nächte bereitet hat. Jedenfalls hat sie ihn dazu bewegt, sein Traumprojekt, ein Weingut im Rheingau, nach ihr zu benennen. Wie er ganz genau auf den Namen des noch sehr jungen Weinguts gekommen ist, hat Günter Schulz mir leider immer noch nicht erzählt, aber im Jahr 2000 begann der Liebhaber roter und weißer Burgunderweine, im Rheingau erste Rebflächen zu erwerben. Die regelmäßigen Besuche bei seiner hier lebenden Tochter spornten ihn dazu an, die Region zu erkunden. Nach und nach erfuhr er, wer welche gute Lage verkaufen wollte, und griff dann zu. So sammelte Schulz in wenigen Jahren ein stattliches Lagenportfolio von Johannisberg, Rüdesheim, Assmannshausen bis Lorch – mittlerweile neun Hektar Rebfläche. Nach anfänglichen Jahren der Untermiete wurde eine eigene Kellerei am Ortsrand von Johannisberg gebaut, und die wilde Katze hatte eine neue Heimat in der Nachbarschaft der wohl berühmtesten Rieslinglage Deutschlands, dem Johannisberg. Hier aber sollte von Anfang an kein Riesling wachsen, sondern Chardonnay und Spätburgunder, ganz wie Schulz seine französischen Vorbilder mochte und schätzte. Natürlich dachten alle um ihn herum, dass er ein Spinner sein musste. Chardonnay im Rheingau, was für eine verrückte Idee! Er strafte alle Skeptiker Lügen, nicht zuletzt, weil Chat Sauvage mit Michael Städter als Kellermeister und Mathias Scheidweiler als Weinbauingenieur zwei junge Mitarbeiter hat, auf die sich der stets im Hintergrund agierende Schulz immer verlassen kann. Die führenden Wein-Guides loben ihn in den letzten Jahren immer mehr, und die wilde Katze wird langsam zum Schmusetier. Die Qualitätspyramide der Rotweine wird in die drei Stufen Gutswein, Ortswein und Lagenwein eingeteilt, die Preisspanne beginnt bei 9,50 Euro.

BESTE LAGEN / REBSORTEN

Johannisberger Hölle, Assmannshäuser Höllenberg, Rüdesheimer Drachenstein, Lorcher Kapellenberg und Schlossberg / Spätburgunder, Chardonnay

WEINE

○ **2013 Rheingau**
Chardonnay, trocken
€€€
Helles, frisches Gelb. Kamille, Banane, Quitte, Williamsbirne in der Nase. Auch noch dezent hefig, frischer Brotteig, helles Karamell, ganz fein im Holz. Bleibt insgesamt vom Holzausbau nur dezent berührt, lebt in erster Linie von der frischen Frucht. Wer mehr Tiefe und Konzentration wünscht, sollte sich an den Premiumwein „Clos de Schulz" halten, der allerdings mit deutlichen Eichennoten mehr Zeit im Keller verlangt. Man bleibt burgundorientiert, aber als Rheingautyp, das merkt man an der frischen Säure. Hier schmeckt man Rasse und Klasse, vom Weinberg bis zum Keller.

● **2012 Johannisberger Hölle**
Pinot Noir, trocken
€€€€€
Mit dem Spätburgunder-Lagenwein Johannisberger Hölle ist die Spitzenkategorie des Weinguts erreicht. In diesem Segment gibt es aus den besten Lagen fünf verschiedene Pinot Noir, die ich aus 2012 alle für sehr gut gelungen halte. Welchem Wein der Vorzug gegeben wird, ist mehr eine Stilfrage. Hier helles Rubinrot bis zum Kern. Florale Noten im Ansatz, jede Menge rote Beeren von Johannisbeere, Himbeere bis zu Walderdbeeren. Tomate und rote Bete, feine Holznoten, duftige Würze. Im Mund eher schlank und karger im Fleisch, sogar kernig und mit mehr Biss, was seiner konzentrierteren, kleinbeerigeren Frucht geschuldet ist. Hier in der Hölle wurden Pinot-Klone gepflanzt, die kleine Beeren liefern, dafür aber am Ende dichtere und konzentriertere Weine bringen. Beeindruckendes, langes, geschliffenes Ergebnis.

Weingut Chat Sauvage
und sein Gutshofverwalter Michael Städter

LEITZ
EINS.
ZWEI
DRY
RHEINGAU RIESLING

Leitz

RÜDESHEIM, RHEINGAU (VDP)

Wer immer noch nicht davon überzeugt ist, dass es mit dem Rheingau oder mit den Weinmachern dieser Region und ihren Weinqualitäten längst aufwärts geht, oder dass die Weine der besten Winzer wie zum Beispiel hier bei Johannes Leitz in der weiten Welt für den guten Ruf der Rheingauer Rieslinge mitverantwortlich sind, dem ist einfach nicht zu helfen. Da ist selbst ein guter Rat, wo man denn am besten überall probieren sollte, fehl am Platze. Leitz hat quasi mit nichts vor 30 Jahren seinen ersten Wein im elterlichen Weingut gemacht, denn es war die Zeit noch vor seiner Meisterprüfung. 1989 standen ihm 1,4 Hektar Rebfläche zur Verfügung – heute kann er stolz auf 43 Hektar in den besten Rüdesheimer Weinlagen schauen. Anerkennung gebührt ihm aber auch angesichts der Qualitäten, die aus seinem Betrieb kommen. Meiner Erfahrung nach hat er in den letzten drei Jahren beeindruckende Weine produziert, Rheingauer Spitzen, die mit ihrer oft bestechenden Frische, unverblümten Dichte und Fülle den Nachbarn auf der gegenüberliegenden Rheinseite Paroli bieten können. Leitz zählt zu jenen Weinmachern der Region, von denen weiß Gott nicht behauptet werden kann, sie hätten die letzten Jahre der Entwicklung verschlafen oder könnten nicht mithalten. Nichts überlässt er dem Zufall oder schiebt es auf andere, er macht es selbst. Beeindruckend ist auch die zeitgemäße, clevere Präsentation seines Betriebes auf der Homepage. Alles auf einen Blick, ohne unnötige Sucherei, komplett und effizient. Das ist nicht mehr oder besser als bei anderen, aber interessant anders.

BESTE LAGEN / REBSORTEN

Rüdesheimer Berg Schlossberg, Berg Roseneck, Berg Rottland, Berg Kaisersteinfels / Riesling, Spätburgunder

WEINE

○ **2014 Eins-Zwei-Dry**
Riesling, trocken
€

Blasses Grüngelb. Melone, Apfel, Birne, auch kräutrige Töne im Duft. Saftig, klar, nahezu kristallin. Die milde Säure wirkt sanft, bleibt aber knallig frisch. Schlank am Gaumen, ohne die ganz anspruchsvolle Tiefe, glänzt aber als herrlich frischer Sommerwein, der als Zechwein viele Freunde finden wird.

○ **2014 Rüdesheimer „Magic Mountain"**
Riesling, trocken
€€

MM – Riesling ist in der Leitz'schen Qualitätshierarchie für mich der Mittelbau. Schon deutlich über der guten Basis, aber noch nicht in der Oberliga, die Johannes Leitz in den letzten Jahren regelmäßig präsentierte. „Magic Mountain" ist eine Cuvée aus Rüdesheimer Lagen. Im Duft verspielte Zitrusnoten, Grapefruit, Orangenschalen, Pfirsich, Äpfel. Gereifte Noten zeigen mit etwas Luft rauchige, würzige Aromen von Lorbeer und auch Thymian. Am Gaumen stoffig, reich, saftig und rund. Gut gebaute Struktur mit strammer Säure. In der Summe reicher, als der Alkohol vermuten lässt. Gutes Potenzial für mehr Reife.

○ **2013 Rüdesheimer Berg Roseneck**
Riesling, Katerloch, Großes Gewächs
€€€€

Ein Korb voll gelber Früchte vom Apfel, Banane, Birne, Mirabelle bis Aprikose und Ananas. Dabei kühl und frisch, super saftig im Mund mit griffiger, leicht kantiger Säure. Schönes Mundgefühl, angenehm trocken, pikant mit deutlich schmeckbarer Salzigkeit. Im Abgang leichtfüßig, was auf den moderaten Alkohol hinweist. Sehr gut gelungen, auch hier mit Zukunftspotenzial. Macht dem Rheingau alle Ehre.

Johannes Leitz im Schlossberg

Wegeler Gutshaus

OESTRICH-WINKEL, RHEINGAU (VDP)

Die Weingüter Wegeler wurden 1882 von Julius Wegeler gegründet, der im deutschen Weinbau seinerzeit eine herausragende Persönlichkeit war. Als Mitinhaber der Sektkellerei Deinhard und Eigentümer bedeutender Weinlagen im Rheingau hat er eine erstklassige Basis für die Wegeler Weingutsbetriebe geschaffen. Heute konzentriert sich der Besitz auf das Stammhaus in Oestrich-Winkel im Rheingau und das Gut in Bernkastel an der Mosel. Sowohl im Rheingau als auch an der Mosel hat man große Anteile an den besten Lagen.

Anja Wegeler-Drieseberg, die Tochter von Rolf Wegeler, kümmert sich heute mit ihrem Mann Dr. Tom Drieseberg, der auch die Geschäftsführung übernommen hat, um die Betriebe. Tom Drieseberg nahm einige Veränderungen vor, die relativ unspektakulär erscheinen, in der Öffentlichkeit aber sehr positiv wahrgenommen wurden. Seine glänzende Idee, die Etikettierung mit einer Vorlage aus alten Tagen umzugestalten, belebte die ganze Weinlinie und das Programm insgesamt. Besonderes Lob verdient meines Erachtens die Vintage-Collection, in der gereiftere Weine auf den Markt gebracht werden. Dabei geht es nicht um teure alte Einzelstücke, sondern um bezahlbare Qualität, um den Geschmack des reifen Weines und die Charakteristik seines Jahrgangs. Eine Idee, für die man sich durchaus Nachfolger wünscht.

Schon Rolf Wegeler ging mit dem trockenen Riesling Geheimrat „J" neue Wege in der Produktion und Vermarktung. Der ehemalige Kellermeister Norbert Holderrieth erkannte am Beispiel Bordeaux, dass große Weine auch durch eine Assemblage bester Weinlagen entstehen können. Nach diesem Vorbild entstand der Geheimrat „J" zum ersten Mal 1983 und wurde zur Benchmark des Hauses Wegeler. Der Wein verhalf in der damals sehr schwierigen Zeit in der Gastronomie zu glänzenden Geschäften und stand kurz danach in den Regalen der besten Feinkostläden, des Weinhandels und der besten Restaurants. Der „J" Rieslingsekt folgte. Die nachfolgende Generation hält an diesem Konzept fest, weil es einfach gut ist und der Wein nach wie vor überzeugt – wie die großen Verkostungen mit der ganzen Collection ja wiederholt gezeigt haben.

BESTE LAGEN / REBSORTEN

Rheingau: Rüdesheimer Berg Schlossberg, Berg Rottland, Winkeler Jesuitengarten, Geisenheimer Rothenberg; Mosel: Bernkasteler Doctor, Wehlener Sonnenuhr / Riesling

WEINE

○ **2010 Geheimrat „J"**
Riesling, Spätlese, trocken
€€€€

Der erste Geheimrat „J" wurde 1983 vinifiziert. Jahr für Jahr wird er aus Rüdesheimer und Geisenheimer Berglagen cuvéetiert und kommt frühestens 15 Monate nach der Ernte auf den Markt. Mit dem 2010er beginnt langsam das Trinkvergnügen, das sich dank der jahrgangsbedingten Säure über einige Jahre hinweg auf sehr frischem Level gehalten hat und weiter halten wird. Die komplexe, erstaunlich jugendlich gebliebene Nase offeriert Mirabellen, Marillen, Jonagoldapfel, Birnensaft. Im Mund immer noch erstaunlich lebendig, saftig, animierend in der Säure, die sogar zitrusähnliche Komponenten zeigt. Die Leichtigkeit und Sprungkraft auf der Zunge ist ein Erlebnis besonderer Art.

○ **2013 Bernkasteler Doctor**
Riesling, Großes Gewächs
Gutsabfüllung Geheimrat J. Wegeler, Mosel
€€€€€

Mit der Lage Bernkasteler Doctor werden oft sehr große Erwartungen verknüpft. Werden sie nicht immer erfüllt, ist die Enttäuschung entsprechend groß, weil die Preise sehr häufig jenseits der allgemeinen Vorstellungen liegen. Dass große Qualitäten aus Großen Lagen, Steillagen insbesondere, ihren Preis haben müssen, versteht sich von selbst. Das Große Gewächs der Wegelers aus 2013 gefällt mir trotz seiner Jugend schon ganz gut. In der Nase zeigen sich gelbe, reife, pralle Äpfel, Ananas, Litschi, Pomelos. Die frische Exotik wird von einer straffen, aber nicht unreifen Säure unterstützt. Im Mund wirkt der Wein dann wie ein roher Diamant. Einerseits schon wunderschön, aber die Gewissheit, dass er sich mit den Jahren zu einem feineren, geschliffenen Ganzen entwickeln wird, ist auch beruhigend.

Anja Wegeler-Drieseberg mit Ehemann Tom

Georg Breuer

RÜDESHEIM, RHEINGAU (VDP)

Mit Theresa Breuer hat das in letzter Zeit gern mal kritisierte oder bemitleidete Weinanbaugebiet Rheingau einen weiteren leuchtenden Nachwuchs-Stern am Himmel, der eindeutig zeigt, wo es langgeht und -gehen wird. Ich mache mir keine Sorgen um den Rheingau, im Gegenteil. Mir gefällt, wie viel sich hier in den letzten 15 Jahren positiv entwickelt hat und sich auch in Zukunft noch ändern wird. Der so frühe Einstieg der jungen Dame in das Weingut war dem plötzlichen Tod des Vaters 2004 geschuldet. Theresa Breuer hat den Sprung ins kalte Wasser gewagt und hat es geschafft, das ist mehr als bewundernswert und zeigt, dass sie ihrem Vater wohl in vielem ähnlich ist. Wenn sie ihm auch nicht direkt nacheifert, was die Verbandspolitik im Weinbau betrifft, sein Talent und Gespür für Wein hat sie sicher im Blut. Ihre Weine sind schon seit ein paar Jahrgängen mit an der Spitze im Rheingau und haben sich etabliert. Bei all den schwierigen Jahren, die es zu bewältigen gab, hat Theresa Breuer auch unter Beweis gestellt, dass sie für diese Aufgabe mehr als nur geeignet ist. Hier kann man auch sagen: Begabung und Berufung ergänzen sich. Sie ist allein verantwortlich für den Betrieb, die Familie und der langjährige Betriebsleiter Hermann Schmoranz unterstützen sie dabei. Mit den drei besten Lagen aus Rüdesheim, Roseneck, Rottland und Schlossberg, glänzt das Weingut Breuer in den letzten Jahren wieder mit trockenen Gewächsen, die dem Ruf des Hauses, ihrer Schöpferin und der Region alle Ehre machen. Keine Weine mit Starallüren, sondern echte Begleiter, besonders zu exzellenter Küche.

BESTE LAGEN / REBSORTEN

Rüdesheimer Berg Schlossberg, Berg Rottland, Berg Roseneck, Rauenthal Nonnenberg / Riesling, Spätburgunder, Grauburgunder

WEINE

○ **2014 Terra Montosa**
Riesling, trocken
€€€
Dieser köstliche Riesling hat etwas ganz eigenes an sich, das ich nicht einmal genau definieren kann, aber es gefällt und schmeckt mir immer wieder. Es mag seine betonte steinige Note sein, die ihm seinen prägnanten, salzigen Charakter gibt; die exotische Frucht ist jedenfalls nicht in jedem Jahr gleich stark wie 2014 ausgeprägt. Die spürbare frische Säure und füllige Saftigkeit im Mund sind ein richtiges Trinkvergnügen. Dafür, dass Montosa nur eine Cuvée aus Breuers großartiger Lagenkollektion ist, hat er jedenfalls ein sehr gutes Preis-Genussverhältnis.

○ **2013 Rüdesheimer Berg Schlossberg**
Riesling, trocken
€€€€€
Bei der Probe dieses herausragenden, trocken ausgebauten Rieslings wird man nachdenklich. Man fragt sich unweigerlich, wie ein solches Ergebnis in diesem nicht ganz einfachen Jahrgang 2013 möglich ist. Theresa Breuer und ihr Team haben darauf eine kurze, aber präzise Antwort: gutes Weinbergmanagement, selektive Weinlese. Ja, so ist dann der Schlossberg wieder einmal die Spitze der Breuers und sicher mit die Spitze dieses Jahrgangs in der Region. Strahlender Duft, glockenreine Frucht und Blütenaromen, eine Aufzählung gleich einer Perlenkette. Markant sind aber auch in diesem jugendlichen Entwicklungsstadium die Kraft und die Mineralik, die sich im Mund ausbreitet und leicht salzig auf den Lippen zu schmecken ist. Mit der Säure steht der cremige Charakter in bester Harmonie, gibt Frische und Trinkgenuss zugleich. Mein Tipp: ein paar Flaschen im Keller verschwinden lassen.

Theresa Breuer und der Weinkeller

LAGE - RHEINHESSEN

Im Rheinbogen zwischen Bingen, Mainz, Worms und Alzey

26.563 ha Gebiet

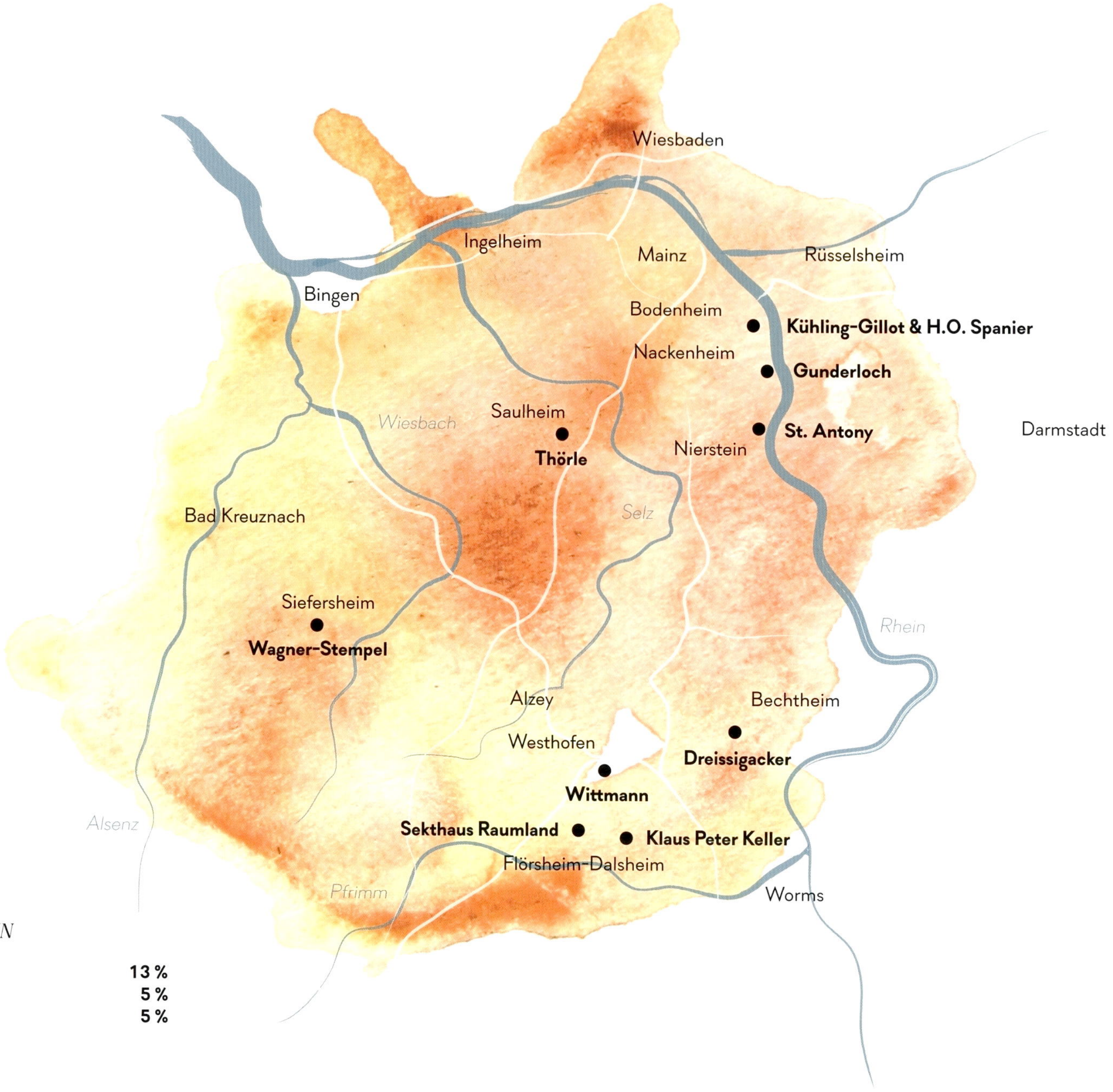

Wiesbaden
Ingelheim
Mainz
Rüsselsheim
Bingen
Bodenheim
Kühling-Gillot & H.O. Spanier
Nackenheim
Gunderloch
Saulheim
Wiesbach
Thörle
St. Antony
Nierstein
Darmstadt
Bad Kreuznach
Selz
Siefersheim
Wagner-Stempel
Rhein
Alzey
Bechtheim
Westhofen
Dreissigacker
Wittmann
Alsenz
Sekthaus Raumland
Klaus Peter Keller
Flörsheim-Dalsheim
Pfrimm
Worms

TOP 3 – ROTWEIN

Dornfelder	**13 %**
Spätburgunder	**5 %**
Portugieser	**5 %**

TOP 3 – WEISSWEIN

Riesling	**16 %**
Müller-Thurgau	**16 %**
Silvaner	**9 %**

BÖDEN

Löss, Sand, Mergel, Kalkstein, Ton, Rotliegend, Braunerde, Quarzit und Porphyr

RHEIN-HESSEN

Wer sich heute mit Qualitätsweinen aus Deutschland beschäftigt, kommt an Rheinhessen nicht mehr vorbei. Das ist weniger eine Frage der Größe des Anbaugebietes – es steht mit 23 500 Hektar unter Deutschlands Regionen an erster Stelle –, sondern eine Frage der Winzer, vor allem der zahlreichen Nachwuchstalente der letzten 15 Jahre. Sie haben der Region nicht nur in Deutschland ein neues Qualitätsimage verpasst, sondern nachhaltig dafür gesorgt, dass Weine aus Rheinhessen weltweit auf ein gesteigertes Ansehen, Vertrauen und Interesse stoßen. Man kann mit gutem Wissen behaupten, dass sich Rheinhessen in Bezug auf die Qualität um 180 Grad gedreht hat und mit seiner neuen Winzergeneration und deren trockenen Rieslingen zu einem der besten Weinproduzenten der Nation aufgestiegen sein dürfte. Wir sprechen hier über ernsthafte Weinmacher, deren Weine immer öfter neben den Großen Gewächsen von der Saar und der Mosel zu Höchstpreisen in Versteigerungskatalogen angeboten werden. Sie haben gezeigt, welches bisher ungenutzte Potenzial die Weinberge im Wonnegau haben, und erzeugen in den Lagen Morstein, Kirchspiel, Abtserde und Heerkretz Rieslinge, die in ihrer Kraft und Vielschichtigkeit, Dichte, Eleganz und Präzision ganz weit vorne stehen. Ich kann sie hier nicht alle beim Namen nennen, so viel sei aber gesagt: Im magischen Viereck Rheinhessens, von Mainz nach Bingen im Westen und dann nach Alzey und Worms im Süden ist viel zu verkosten, und jede Reise lohnt sich. Einziges Manko dabei ist, dass weitere Strecken zu fahren sind und es viel zu tun gibt, man braucht also etwas Zeit.

Mainz zählt zu dem kleinen, feinen Kreis der Great Wine Capitals, einem internationalen Netzwerk von acht bedeutenden Großstädten der Welt, allen voran Bordeaux. Mainz hat neben dem Wein viel Kultur und Weingeschichte zu bieten, zum Beispiel den Dom, in dem sieben Könige und Kaiser gekrönt wurden, das Gutenberg-Museum, die bezaubernde Altstadt mit ihren Kneipen und Gassen. Nicht zu verachten ist auch der romanische Dom in Worms. Er ist nicht nur seiner Schönheit wegen bekannt: Vor seinen Toren werden jedes Jahr die Nibelungenspiele aufgeführt. Die Liebfrauenkirche, deren Namen auch die weltbekannte Weinmarke trägt, steht ebenfalls in Worms, sie ist ein gotisches Meisterwerk.

Etwa 20 Prozent der Fläche des Landes sind mit Reben bepflanzt, das entspricht einer Größe von 26 000 Fußballfeldern, eindrucksvoll dokumentiert in einem Imagefilm des Deutschen Weininstituts auf der Infoseite für Tourismus. Annähernd 4000 Winzer produzieren über zwei Millionen Hektoliter Wein pro Jahr. Eine große Selektion von Rebsorten bietet den Weinfreunden eine entsprechende Auswahl. Bei den weißen Sorten ist flächenmäßig Müller-Thurgau der Star, in der Qualität sind es sicher die Rieslinge. Silvaner hat hier weltweit die Nase vorn, und viele Weinmacher der ganz jungen Generation haben das Potenzial der Rebsorte erkannt. Aber auch Scheurebe und die weißen Burgundersorten bringen wunderbare Ergebnisse. Dornfelder ist die am häufigsten angebaute rote Rebsorte, gefolgt von Portugieser und Spätburgunder. Diese Vielfalt wächst auf einem weiten Feld von Böden, die in unterschiedlichsten Formationen vorkommen. Löss, Sand, Kalkstein, Tonerde sowie das berühmte Rotliegende, bestes Beispiel ist der rote Hang direkt an den Ufern des Rheins. Nicht zu vergessen sind Gesteinsvarianten wie Quarzit und tiefgründiger Porphyr, hart wie Glas. Schon die Römer haben erkannt, welch guter Boden hier vorhanden ist, und pflanzten darauf ihre Reben. Außerdem wird für alle, die gern wandern, radeln, golfen oder das Wasser lieben, Natur pur geboten – sei es im Gebiet um die Weinreben oder nahe am Rhein.

An dieser Stelle möchte ich noch ein kleines Geheimnis lüften: Auch, wenn meine Milchflasche nicht schon mit rheinhessischen Edelbeerenauslesen angereichert war, meine ersten und regelmäßigen Weinerfahrungen daheim habe ich neben Weinen aus dem Burgenland mit vorzüglichen Vertretern aus Rheinhessen gemacht.

Julia und Klaus Peter Keller

Klaus Peter Keller

FLÖRSHEIM-DALSHEIM, RHEINHESSEN (VDP)

Über Klaus Peter Keller ist alles gesagt und auch schon alles geschrieben worden. Er hat in erster Linie mit seinen Rieslingen in weniger als einem Jahrzehnt in der lange verkannten Region Rheinhessen gezeigt, was auf den Böden möglich ist, die angeblich nur noch für Gemüse und Co tauglich sein sollten. Wer auch immer diesen Unsinn verbreitet hat: Die Geschichte stellt hier sprichwörtlich unter Beweis, wo der Bartl den Most holt. Klaus Peter Keller trat mit ein paar seiner Kollegen, auch Freunden wie den Wittmanns, aus der Reihe und hat mit viel Energie auf der elterlichen Basis aufgebaut. Auch wenn das alles schon x-mal erzählt und geschrieben wurde und man keine neuen Dinge hinzufügen kann, es sei an dieser Stelle trotzdem noch einmal betont, dass ich Klaus Peter Keller – mit Philipp Wittmann – für den besten Riesling-Erzeuger und Botschafter seiner Region halte. Das soll natürlich die großartige Leistung der anderen „Meister" nicht schmälern.

Was mir in Kellers Rückblicken und Interviews sehr imponiert, ist die Wertschätzung, die er seinen Eltern und deren Leistung entgegenbringt. Er steht dazu, welchen Schatz sie ihm anvertraut haben, und dass er und seine Frau Julia ohne die Eltern heute nicht da wären, wo sie sind. Ein Charakterzug, der vielen in der Szene der „Young Generation" leider fehlt. Keller ist auch einer der Gründer von „Message in a bottle", jener Gruppe junger Winzer, die ganz Rheinhessen rocken – alles junge Damen und Herren, die im Beruf des Winzers und im Handwerk eine Chance sehen. Klaus Peter Keller hat ganz besonders in seiner Heimat, der er trotz zahlreicher Auslandsreisen sehr verbunden bleibt, eine unschätzbare Vorbildfunktion. Er gilt schon heute mit seinen Rieslingen als lebende Legende, spornt andere an und zieht so die ganze junge Generation mit sich – auf einen Weg fort von dem einst schwer angeschlagenen Image Rheinhessens. Egal, was sich Neider und Besserwisser zuflüstern: Neben den ganz großen Rieslinglegenden von der Saar und der Mosel hat er eine neue, große Fangemeinde für den Riesling geschaffen und mitgeprägt – dafür sollten ihm zumindest die Rieslingfans danken. Ich schließe mich an!

Eine meiner Weinnotizen widme ich dem Jahrgang 2006. Sie erinnern sich? Fußball – WM – Sommermärchen! Und deshalb dieser Jahrgang, der nicht ganz easy war? Nein, 2006 hat Klaus Peter offiziell das Weingut übernommen. Seinen ersten Jahrgang in eigener Verantwortung vinifizierte er bereits 2001. Bei seinem glühendsten Verehrer unter den Weinhändlern, Tino Seifert von Pinard de Picard, fand ich folgende Beschreibung des 2006er von Keller, hier ein Auszug:

„Die Rieslingtrauben unserer Spitzenlagen Hubacker, Kirchspiel, Morstein und Abtserde (quasi unsere Jungfernernte von allerdings bereits fast knapp 30-jährigen Reben!) profitierten zudem enorm von den ersten kalten Oktobernächten: Bei Temperaturen nur knapp über dem Gefrierpunkt verbesserte sich die Aromenstruktur der kleinbeerigen Träubchen von Tag zu Tag. Die extraktreichen Moste unserer Filetstücke wiesen bei der Ernte zwischen 95 und 100° Oechsle auf bei Säurewerten um 8 g/l. Wir erwarten daher sehr hochwertige, finessenreiche trockene Rieslinge mit feinrassigem Säurespiel und prägnantem Bodengeschmack."

Ich kaufte zwölf Flaschen 2006er Riesling Kirchspiel Großes Gewächs. Zur Probe wurde eine der Letzten gemeinsam mit Wittmanns Morstein 2006 geköpft. Der fragwürdige Jahrgang hat mich belohnt. Nicht unbeachtet bleiben sollte aber auch Kellers Grüner Silvaner. Aus dem heimlichen Star unter Rheinhessens Rebsorten macht Klaus Peter einen köstlichen Wein für unzählige Gelegenheiten.

BESTE LAGEN / REBSORTEN

Westhofener Kirchspiel, Morstein, Abtserde, Dalsheimer Hubacker, Frauenberg, Bürgel, Niersteiner Pettenthal, Hipping / Riesling, Silvaner, Weißburgunder, Spätburgunder

WEINE

○ **2014 Grüner Silvaner**
trocken
€

Eine Ausbaumelange von Holzfass und Edelstahl. Dieser Basiswein war mir jahrelang ein treuer und sehr geschätzter Begleiter. Seine einfache und schnörkellose Art hat er behalten. Leicht kräutrig, hefig, vegetal. Eine mit frischem Heu und Birnenschalen sanft angelegte Säure. Für das unkomplizierte Flascherl vorab ist dieser knochentrockene Silvaner mal wieder ideal.

○ **2010 Riesling „RR"**
trocken
€€€

Sehr jung und frisch geblieben. Macht schon von der Farbe her dem säurebetonten Jahrgang alle Ehre. Ich erinnere mich noch an das Geschrei wegen der hohen Werte, über die ich heute glücklich bin. Selbst im großen Burgunderglas ist der Wein reich an Apfel, grünen Melonen und Quittenduft, Wiesenblumen im Frühjahr. Der Gaumen knallfrisch, immer noch mit der markanten, zitrigen Säure, aber dicht gestrickt. Wunderbar, aber doch kein Wunder: Die Reben dafür stammen aus dem Kirchspiel.

○ **2013 Dalsheimer Hubacker**
Riesling Großes Gewächs
€€€€€

Grünliches Zitronengelb, spannungsgeladenes Bukett, das auf den ersten Schluck richtig neugierig macht. Aber zunächst mal die Aromen. Reiche Exotik, Ananas und Karambole, Litschi, Limetten. Verschließt sich schnell, was bleibt, ist ein Hauch frischer Küchenkräuter. Im Mund voller Kraft, wieder dicht gestrickt, bekannt cremiger Touch mit Finesse und Eleganz zur gleichen Zeit. Zeigt große Länge mit perfekt balancierter Säure im ganz edlen Spiel. Die zarte Salznote verlangt noch viele Jahre Reife.

○ **2013 Westhofener AbtsE**
Riesling, Großes Gewächs
€€€€€

Aus der Lage Brunnenhäuschen, nach den früheren Ordensbrüdern vor Ort benannt. Auch hier im ersten Eindruck sehr viel Frucht, Konzentration und Fülle. Da kommt die weiße, steinreiche Unterlage eindeutig im Duft zum Vorschein. Auch leicht rauchige, speckige Töne. Insgesamt sicher eine sehr feine Aromatik, trotzdem ist der Wein noch viel, viel zu jung. Wer bei dem Preisniveau jetzt schon mehr erwartet, dem sei noch einmal gesagt, dass diese Spitzenweine ihre Zeit zur Reife brauchen wie das beste Stück vom Ochsen. Das lässt man ja schließlich auch in raffinierten Schränken reifen. Also, ab in den Keller mit dem Wein.

○ **2006 Westhofener Kirchspiel**
Riesling, Großes Gewächs
€€€€€

Kräftiges Strohgelb, tiefes, reiches, von erdigen und dezenten Petrolnoten geprägtes Bukett. Mandarinenschalen, Grapefruit, nussige Noten. Kompakter, stoffiger Wein, im Mund mit prägender Säure, die ihm heute noch seine Lebendigkeit schenkt. In Würde gereift und mit seiner dichten Textur ein komplexer Trinkgenuss. Da er sich aber nicht mehr nach oben verändern wird, empfehle ich, ihn in den nächsten zwei bis drei Jahren zu trinken. Der *Wineterminator* Achim Becker schrieb 2014 auf seiner Website zu diesem Wein: „Betörende Eleganz, sehr gute Länge, einfach perfekt, . (an)gereifter Traum – WT 95." Ich bin seiner Meinung, aber da sind wir wohl die Einzigen.

KELLER
2013
Hubacker
Riesling

Westhofener Kirchspiel

Philipp Wittmann und seine Frau Eva Clüsserath Wittmann

Wie so oft kann ich mich in Rheinhessen nicht entscheiden, welcher der beiden Platzhirsche der bessere Weinmacher ist oder wer die bessere Kollektion des letzten Jahrgangs im Keller liegen hat – Philipp Wittmann oder Klaus Peter Keller. Es ist immer eine Frage der Entwicklungsphase ihrer Weine, mal trinkt man den einen, mal den anderen zu früh. Ganz ehrlich, es ist auch nicht von Bedeutung. Ich finde sie beide extrem gut, auf Augenhöhe! Die beiden Jahrgänge 2013 und 2014 jetzt schon als trinkfertig zu beurteilen, ist nach meiner Vorstellung von großen Weinen sowieso Unsinn. Kein Mensch mit Weinverstand trinkt heute 2013er oder 2014er Jahrgänge weißer Premier Cru oder Grand Cru aus Burgund. So wage ich eine grobe Einschätzung des Jahrgangs und beschreibe von beiden ein Großes Gewächs aus 2006, aktuell verkostet.

Die Weinbautradition der Wittmanns lässt sich bis 1663 zurückverfolgen. Philipp Wittmann bewirtschaftet heute 25 Hektar Rebfläche, die hauptsächlich mit Riesling bepflanzt sind. Der elterliche Gemischtbetrieb wurde schon sehr früh von Günter und Elisabeth Wittmann auf ökologischen Weinbau umgestellt. Seit 2004 lässt Philipp streng biodynamisch bewirtschaften und verzichtet kompromisslos auf alle chemisch-synthetischen Pflanzenschutzmittel, was den Weinen eine weitere Dimension verleiht. Sein Vater, der täglich im Weinberg steht, ist für die Trauben von Anfang an bis zur Presse verantwortlich und hegt und pflegt fast schon Beere für Beere. Die Westhofener Spitzenlagen Aulerde, Kirchspiel, Brunnenhäuschen und Morstein sind der ganze Stolz der Familie. Sie sind über die Grenzen des Landes hin berühmt und zählen zu den gesuchtesten Rieslingpretiosen der Welt. Was will man mehr, möchte man meinen. Philipp Wittmann will noch sehr viel mehr, denn sein Herzensanliegen sind nicht nur seine Topweine. Schon die verführerischen Guts- und Ortsweine sind Freunde, die man gern

Wittmann

WESTHOFEN, RHEINHESSEN (VDP)

täglich trifft, am liebsten gut gekühlt in großen Gläsern. Unwiderstehlich die knallfrische Scheurebe 2014 mit ihrer Stachelbeeren- und Grapefruitnote oder der Silvaner mit der etwas herberen kräuterwürzigen Art. Er ist etwas dezenter im Säurespiel und ideal als sommerlicher Begleiter zu leichten Vorspeisen mit Blattsalaten. Und wer einen gehaltvollen anspruchsvolleren Burgunder sucht, bitte sehr: Wer einmal den Westhofener Weißburgunder mit Chardonnay gekostet hat, wird davon nicht mehr loskommen. Er vereint die Frische des Burgunders mit der Kraft und Neutralität des Chardonnay. Wittmann ist durch und durch eine Weinbank, auch bei seinem kleineren Riesling, dem Westhofener Ortswein 2014 eine ganz und gar zuverlässige Quelle.

Außerhalb des Betriebs ist er verbandspolitisch stark engagiert. Als Präsident des Regionalverbandes und Vize des VDP hat er viel Einfluss. Eines seiner zahlreichen Anliegen ist die Weiterentwicklung des Bezeichnungsrechts auf nationaler Ebene. Wir können gespannt sein, was er noch alles erreichen wird.

BESTE LAGEN / REBSORTEN

Westhofener Morstein, Kirchspiel, Aulerde, Brunnenhäuschen / Riesling, Weißburgunder, Silvaner, Chardonnay, Spätburgunder u. a.

WEINE

○ **2014 Westhofener Morstein**
Riesling, Großes Gewächs
€€€€€
Ein dickes Dankeschön für die Fassprobe. Eine alte Weisheit von mir bestätigt sich mal wieder: Was nicht von Anfang an gut riecht und schmeckt, daraus wird auch nie ein großer Wein. Was aber gut riecht und noch nicht so gut schmeckt, wird sich noch entwickeln, aber nie wirklich schlecht. Der Morstein 2014 riecht schon mal sehr gut mit allem, was ein unfertiger Wein zu bieten hat. Von hefigen und vegetalen Noten, von fruchtig dropsig mit reifer Ananas und Honigmelone. Ein kerniges Granny-Smith-Säurespiel mantelt sich im Gaumen auf. Poppig, knallig, schräg, dennoch in sich stimmig. Ich freu' mich drauf.

○ **2013 Westhofener Aulerde**
Riesling, Großes Gewächs
€€€€€
Blasses Grüngelb, im Duft insgesamt noch sehr verschlossen. Viele reife Äpfel, grüne, gelbe, rote. Honigmelone, Karambole, Steinobst. Dezente Pilz- und Bodennote. Straff und stramm die Säure, feine Extraktsüße, herrliches Spiel im Mund mit einem zarten Gerbstoffton. Sehr viel Eleganz, Spannung, Salzigkeit und Tiefe. Mit sehr gutem Reifepotenzial. Gern in drei bis vier Jahren wieder.

○ **2013 Westhofener Kirchspiel**
Riesling, Großes Gewächs
€€€€€
Hellgelb, grüne Reflexe. Wirkt etwas offener in seinem dezent exotischen Frucht-Bukett. Mit noch mehr Klarheit, Delikatesse, Dichte und Länge als die Aulerde. Die stramme Säure wirkt hier etwas knackiger. Die Dichte und Fülle werden mehr von Raffinesse, auch Tiefe im Spiel und seiner Säure getragen, der Druck im Mund wirkt sehr viel leichter. Natürlich auch noch ein blutjunges Geschöpf, das nach Zeit und Ruhe verlangt.

○ **2013 Westhofener Morstein**
Riesling, Großes Gewächs
€€€€€
Grüngelb, wirkt noch ganz verschlossen, schüchtern, vegetal mit sehr verhaltenen Fruchtnuancen, das ist eher eine Momentaufnahme des Buketts als eine feststehende Aussage. Viel Grip im Mund, eher schlank und eng gestrickt, aber auch mit mehr Spiel und vielschichtiger Frucht als seine beiden Vorgänger. Eine Säurestruktur und Potenzial für die nächsten 15 Jahre.

○ **2012 Westhofener Morstein**
Riesling, Großes Gewächs
€€€€€
Auch hier gibt es viele Widersprüche; ich zähle zu den Fans, die wissen, dass junge Wittmann-Gewächse keine Weine für Ad-hoc-Momente sind. Gehegt und gepflegt, im großen Glas. Aber dann dezente Frucht, noch exotisch mit Ananas, Maracuja, und rosa Pampelmusen. Klar und ausdrucksstark, brillante, lupenreine Textur. Noch etwas ungezähmt und wild, mit guter Länge auf dem besten Weg zu einem großen Wein.

○ **2006 Westhofener Morstein**
Riesling, Großes Gewächs
€€€€€
Ein Zitat aus dem Internet zu diesem Wein: „Über diesen Wein hüllen wir lieber den Mantel des Schweigens." So ein Unsinn! Eine Flasche habe ich in New York am 3. Januar 2015 genossen, eine gereiftere in München. Bei Menschen würde man sagen: Hat schon etwas mehr an Erfahrung. Fit wie ein Turnschuh auf der Zielgeraden. Zitronengelb mit strohgelben Reflexen. Powernase wie eine Schüssel Müsli voll frischer Früchte. Ja, auch getrocknete Aprikosen, Trauben und Bananenscheiben, aber so, so gut und lang im Abgang. Klangvoll wie eine Stimmgabel, die den Auftakt zum nächsten Stück ansagt.

St. Antony

NIERSTEIN, RHEINHESSEN (VDP)

Die St. Antony-Hütte in Oberhausen im Ruhrgebiet ist die Geburtsstätte der Ruhrindustrie: Hier floss 1758 erstmals Roheisen. Was hat das mit Wein oder dem Weingut St. Antony zu tun? Sehr viel sogar. Die Hütte ist auch die Geburtsstätte der GHH, Gutehoffnungshütte, und damit des MAN-Konzerns, der 1912 in Nierstein eine Kalksteingrube mit Weinbergen kaufte. Den ersten Weinjahrgang gab es 1920. Durch den Verkauf der Grube konnte in das Weingut weiter investiert werden, das 1986 auf den Namen St. Antony getauft wurde und 1990 als neues Mitglied in den VDP aufgenommen wurde. 15 Jahre später verkaufte MAN das renommierte Weingut mit allerbesten Weinlagen an die Familie Meyer, die 2006 mit Felix Peters als Geschäftsführer den Ruf des angeschlagenen Betriebes in Kürze aufpolieren konnte. Peters kam über den Genuss im Elternhaus zum Wein, was ich sehr gut nachvollziehen kann. Er startete als Restaurantfachmann, studierte Önologie und Weinbau und gelangte nach seiner Zeit als Betriebsleiter im Schlossgut Halbturn im Burgenland als Quereinsteiger zu St. Antony. Die Herausforderung, den alten Glanz des Weingutes wiederherzustellen, sah er als Chance – und diese hat er sehr gut umgesetzt. Inspiriert wurde er vom Engagement der Crème de la Crème des Weinbaus in Rheinhessen, Keller und Wittmann. Zu seinem Einstieg bei den Meyers verhalf ihm kein Geringerer als Roman Niewodniscansky vom Weingut Van Volxem an der Saar. Ich glaube, dass Peters als sehr guter Analytiker das Weingut und dessen Potenzial gut einschätzen konnte und deshalb erfolgreich ist. Er spricht überzeugend und ohne Esoterik von ökologischem Weinbau, macht hervorragende Marktanalysen, weiß dadurch, was der Kunde verlangt und reagiert dementsprechend im Weingut St. Antony. Ich konnte mir mein Urteil zwar nur auf der Basis von Fassproben bilden, aber auch damit hat er mich überzeugt. Die Weine aus den Spitzenlagen Brudersberg, Pettenthal, Hipping und Ölberg (aus der weltbekannten Serie der ehemals Heyl zu Herrnsheim) hat Peters wohlweislich wieder aufleben lassen und gibt ihnen ihre alte Klasse mit neuem Schliff, Glanz und Frische wieder. Dass sich Blaufränkisch hier am Niersteiner Roten Hang jemals wohlfühlen wird, hat außer ihm keiner geglaubt, inzwischen wird er um diese Köstlichkeit beneidet. Zeichen setzen ist Peters' Stärke. Ein großer Gewinn nicht nur für Familie Meyer.

BESTE LAGEN / REBSORTEN

Niersteiner Ölberg, Pettenthal, Orbel, Hipping, Brudersberg, Nackenheimer Rothenberg / Riesling, Spätburgunder, Blaufränkischer, Weißburgunder u. a.

WEINE

○ **2013 Niersteiner Orbel**
Riesling, Großes Gewächs
€€€€
Wird im Duft noch von dezenten Petrolnoten dominiert, was eine Frage der Entwicklung sein dürfte. Ausgeprägt ist die reife Frucht, insbesondere die exotische Note. Die kühle Mineralik, auch Salzigkeit und steinige Töne, spürt man förmlich auf der Zunge. Durch die kühle Position des Orbels sind die Trauben auch immer als letzte reif, was die momentane Verschlossenheit erklärt – das macht aber auch klar, welch großes Potenzial hier noch versteckt ist.

● **2013 Rothe Bach**
Blaufränkisch, trocken
€€€€€
Die Rothe Bach ist ein uralter Parzellenname. Das Rebmaterial zur Veredelung einer 35 Jahre alten Parzelle im Pettenthal stammt von Uwe Schiefer und Franz Weninger aus dem Burgenland. Ausgebaut wurde der Wein zwölf Monate in Burgunderfässern, zur Hälfte neu, und danach ins Stückfass gelegt. Nachtschwarz, tief und dicht bis zum Kern. Die würzige Aromatik in der Nase erinnert mich zunächst an große Syrah vom Rhônetal. Getrocknete Tomate, Chili, Süßkirsche, Gewürznelke, Zimt, schwarze Pfefferkörner. Mächtiges, feinkörniges Tannin. Dichter Stoff mit Tiefe, wunderbarer Länge und sehr großem Potenzial.

Thörle

SAULHEIM, RHEINHESSEN

Wo bitte liegt Saulheim? Saulheim ist ein kleines Winzerdorf zwischen Mainz und Alzey in Deutschlands größter Weinregion Rheinhessen. Vermutlich ist es nur weininteressierten Insidern bekannt, weil es die Heimat der Thörles ist. Das steil aufwärtsstrebende Weingut wird seit knapp einem Jahrzehnt von den Brüdern Johannes und Christoph Thörle geführt, nachdem die Eltern 2006 eine mutige Entscheidung trafen und den beiden damals noch recht jungen Herren kurzerhand die Führung des von ihnen aufgebauten Weinguts übergaben. Mit dieser guten Basis haben die Winzer einen großartigen Start geschafft; in kurzer Zeit waren ihre Weine nicht nur bei interessierten Weinjournalisten bekannt. Eine derartig schnelle Karriere von jungen Talenten ist in Rheinhessen nicht ungewöhnlich, was dieser Region in der deutschen Weinszene zu einem enorm großen Schritt nach vorne verholfen hat. Die Thörles arbeiten sehr intensiv und erfolgreich daran, das Image des eigenen Weinguts und das der Region ständig zu verbessern. Mit ihrem nicht ganz alltäglichen Weinstil, der mehr kann als nur vordergründig imponieren, haben sie viele neue Kunden und Weinfreunde gefunden. Rheinhessen ist das größte Anbaugebiet für die Rebsorte Silvaner; davon haben Thörles einen ganz besonderen.

Aus der Lage Probstey gilt dieser Silvaner derzeit für mich als Vorzeigeexemplar, zudem verschafft er der Rebsorte eine neue Autorität. Aber nicht nur Silvaner steht hier hoch im Kurs: Die Rieslinge sind top, Sauvignon Blanc, Grauburgunder, Chardonnay und Spätburgunder werden uneingeschränkt mit der gleichen Sorgfalt im Weinberg wie Keller bearbeitet. Die Brüder verstehen sich gut, bereits von Kindesbeinen an. Das verbindet, sie arbeiten Hand in Hand und das bekommt den Weinen sehr, sehr gut. Eine Reise nach Rheinhessen lohnt sich, auch in so unbekannte Flecken wie das Winzerdorf Saulheim.

BESTE LAGEN / REBSORTEN

Saulheimer Hölle, Schlossberg, Probstey / Silvaner, Riesling, Grau-, Weiß- und Spätburgunder, Sauvignon Blanc, Chardonnay u. a.

WEINE

○ **2014 Grauburgunder**
trocken
€
Ein Grauburgunder, wie ich ihn mag. Frisch und saftig schon vom ersten Eindruck in der Nase. Keineswegs auf die moderne säurereiche Schiene getrimmt. Feiner Birnen- und Quittenduft, reife Mango, Haselnuss und Mandeln. Im Mund füllig, aber mit betonter Frische. Keine spitze Säure, mehr ein cremiger Stil mit Textur und Tiefe. So macht der Wein in seiner harmonischen Art sehr viel Spaß und Trinkgenuss.

○ **2014 Saulheimer Probstey**
Silvaner, trocken
€€€
Erinnert an den besten Silvanerstil, der hin und wieder im Kaiserstuhl zu finden war, und hat die typischen Aromen von Steinobst, Honigmelone, Lindenblüten, Malz und Birnen. Der Wein hat Frische, Biss mit Kraft und Stoff. Ist dicht, lang und vor allem tief bis zum Kern strukturiert. Ich würde wetten: dieser extravagante Silvaner wird von Kennern nicht leicht erkannt, wenn überhaupt. Großartig!

● **2012 Saulheimer Hölle**
Spätburgunder, trocken
€€€€
Der Weinberg wurde vor sechs Jahren gekauft, die Rebstöcke waren 1976 auf den lehmigen Kalksteinböden gepflanzt worden. Helles Kardinalrot, strahlend, glanzvoll. Die Nase ist von typischen Pinot-Noten geprägt: kleine rote Beeren, Sauerkirsche, Walderdbeeren, Hagebutte. Leicht balsamisch, rauchiger Charakter, schwarzer Pfeffer. Noch fest und griffig, muskulös, feinkörniges, dichtes Tannin. Schön geschliffen, saftiger Stoff und trotz seiner Jugend schon ein Genuss.

Wagner-Stempel

SIEFERSHEIM, RHEINHESSEN (VDP)

Daniel Wagner

Siefersheim? Noch nie gehört? Verständlich, denn solch kleine Winzerdörfer lernt man erst kennen, wenn es dort etwas Besonderes gibt. Und das ist in Siefersheim nicht anders. Hier, in der rheinhessischen Schweiz, verdankt man dem Winzerhof seit Anfang der 90er Jahre ganz wunderbare Weine, die international ihre Verehrer haben. Hier hat Daniel Wagner seit seinem Einstieg, er vertritt mittlerweile die neunte Generation, auf ökologische Bewirtschaftung umgestellt und achtet ganz besonders auf reduzierte Erträge in seinen 18 Hektar Weinlagen. Er ist keiner, der laut auf die Pauke haut, um zu zeigen, was er drauf hat – und davon hat er jede Menge. Er ist ein Macher, der sich Tag für Tag von seinen Reben neu herausgefordert fühlt und sich diesen Anforderungen stellt. Damit ist er auch ein gutes Vorbild für sein Team, das er sehr zu schätzen weiß. In einem Familienbetrieb wie diesem sind Arbeit und Vergnügen eng miteinander verbunden, es ist von Bedeutung, dass man sich versteht und aufeinander verlassen kann.

Seine zwei besten Weinberge – der Höllberg liegt im nördlichen und der Heerkretz im südlichen Teil von Siefersheim – sind vulkanischen Ursprungs und unterscheiden sich im Weincharakter deutlich. Der Höllberg bringt kraftvolle, dichte und stoffige Weine mit fruchtig-würzigen Aromen. Der Heerkretz erzeugt mehr Rasse, Eleganz, feine, subtile Noten, einen salzigeren Geschmack und anregendere Säure.

BESTE LAGEN / REBSORTEN

Siefersheimer Heerkretz und Höllberg / Riesling, weiße Burgundersorten, Silvaner u. a.

WEINE

○ **2014 Weißburgunder**
trocken
€

Ausgeprägter, ansprechender Duft nach Bergwiesenkräutern, Klee, Brennnessel-Blüten, Forsythien, Rhabarbersaft. Sehr aromatisch, frisch, knackig und lebendig. Wunderschöne Balance, ausgewogen, schöne Dichte, Druck im Abgang. Anhaltende Frische und Säure. Trinkgenuss pur.

○ **2013 Siefersheimer Heerkretz**
Riesling, Großes Gewächs
€€€€€

Helles Strohgelb in der Farbe. Das Bukett hat gleich zu Beginn sehr viel zu bieten, die ganze Palette von Kernobst bis Steinobst, von reifem Apfel, Birne bis Aprikose, Quitte, Litschi, Mango. Saftige, schwerelose Textur mit vitaler Säure, reichlich salziger Mineralität, die dem Wein trotz enormer Kraft und Fülle in seiner tänzerischen Leichtigkeit ein festes Rückgrat gibt. Das schier endlose Finale mit Frische und Länge trägt den Wein über viele Jahre.

✳ **2006 Tirus Blanc et Noir „Cuvée brut"**
Sekt, klassische Flaschengärung
€€€

Dieser Sekt sucht in Deutschland außerhalb der *Raumlandkellerei* seinesgleichen. Ende 2013 wurde er degorgiert mit Null Dosage gefüllt. Chardonnay, Spätburgunder, Weißburgunder aus den besten Trauben vom Heerkretz, zu je einem Drittel im Holzfass ausgebaut, bilden die Basis für diesen Edelschäumer. Ganz zarter Hefeton, Brioche, Haselnuss, Mandel, Toast, Butterkuchen. Die Mousseux ist so dicht, wie Schaum kaum dichter sein kann. Gewaltige Struktur mit feinster Perlage, Cremigkeit und Schmelz im Gaumen. Reife, seidige Säure. Großartige Caudalie ohne Ende! In der Tat mehr als nur champagnerverdächtig!

Kühling-Gillot & H.O. Spanier

BODENHEIM, RHEINHESSEN (VDP)

Was für eine Freude – Caroline Spanier-Gillot ist „Winzerin des Jahres 2015". Herzlichen Glückwunsch! Mit einem guten Dutzend Jahrgänge in eigener Verantwortung hat es Carolin Spanier-Gillot geschafft, dieses Siegertreppchen zu erklimmen. 2002 hat sie ihren ersten Jahrgang gekeltert und seit dieser Zeit mit viel Mut zur Veränderung einen eigenen Wein voller Charakter entwickelt, den sie auch mit Stolz präsentiert. Ganz klar, Caroline Spanier-Gillot weiß, was sie will, aber auch was sie nicht will. Große Unterstützung erfährt sie von ihrem Mann, der Hausherr im erfolgreichen Weingut Battenfeld-Spanier nebenan ist. Gemeinsam ist es ihnen gelungen, gleichzeitig in beiden Betrieben eine vorbildliche Qualitätssteigerung durchzusetzen. Das Programm bei Kühling ist übersichtlich, und ganz nach den Regeln des VDP straff gegliedert. Auch in der Basis legt man großen Wert auf Qualität, und das schmeckt man. Für mich sind die Weine der Quinterra-Line eine echte Entdeckung. Bei Kühling-Gillot überzeugen auch die moderne Architektur der Vinothek und der Neubau des Veranstaltungscenters, beides edel, fein und dennoch dem Rahmen und der Zeit entsprechend gestaltet. Persönlich finde ich Veranstaltungskalender wohltuend. Es ist schön für mich zu lesen, dass ein Weingutsbesitzer erkannt hat, welche Vorteile es für ihn hat, wenn er seine Weine von erstklassigen Spezialisten – Sommeliers nennt man sie – gekonnt präsentieren lässt. Alles in allem: In jedem Fall einen Besuch wert!

Blick über den Rothenberg auf den Rhein

BESTE LAGEN / REBSORTEN

Niersteiner Pettenthal, Ölberg, Oppenheimer Kreuz, Nackenheimer Rothenberg, Bodenheimer Burgweg / Riesling u. a.

WEINE

○ **2014 Quinterra**
Scheurebe, trocken
€

Der Name Quinterra, verwendet für die Gutsweine des Hauses, ist ein lateinischer Begriff für fünf verschiedene Lagen aus fünf verschiedenen Orten, in denen Kühling-Gillot Weinberge besitzt. Mir haben Scheurebe und Grauburgunder gleichermaßen gut gefallen. Der duftigen, frisch-fröhlichen Scheurebe mit Cassis- und klaren Holundertönen gebe ich in der warmen Zeit des Jahres den Vorzug. Der Grauburgunder ist eher ein Alleskönner für etwas mächtigere, deftigere Speisen, auch für kühlere Tage.

○ **2014 Nackenheim**
Riesling, trocken
€

Mit der anspruchsvolleren Linie der Ortsweine werden die ersten Geschmacksnoten des Rotschiefers und Kalksteins präsentiert. Der 2014er ist trotz der schwierigen und hektischen Erntezeit sehr gut gelungen. Seinen ersten Zitrusanklängen folgen knackig-frische Äpfel und Küchenkräuter. Die kühl-herbe Aromatik passt gut zur feingliedrigen Struktur. Saftiges Trinkvergnügen.

○ **2014 Niersteiner Oelberg**
Riesling, Großes Gewächs
€€€

Der Ölberg der Kühling-Gillots trägt seinen Namen sicher zu Recht. Ich glaube, ihn an seinem etwas cremigeren, dichteren Geschmack zu erkennen. Er erinnert an frische Mandeln und Haselnuss. Getrocknete Früchte wie Aprikose und Bananenstücke, rauchig, speckig, Kürbiskerne. Opulenz und Stoffigkeit berühren den Gaumen, mit Grip und frischer Säure marschiert er über die Zunge, befüllt den ganzen Raum und verabschiedet sich mit hellen Tönen.

Caroline Spanier-Gillot und Ehemann Hans-Oliver Spanier

Gunderloch

NACKENHEIM, RHEINHESSEN (VDP)

Das Weingut Gunderloch hat unter der Regie von Agnes und Fritz Hasselbach seit 1980 eine bemerkenswerte Renaissance erlebt. Ihre Weine, insbesondere die edelsüßen Rieslinge aus ihrer Paradelage, dem Rothenberg, haben weit über die Landesgrenzen hinaus die Fahne des rheinhessischen Weinbaus hochgehalten. Sie haben schon früh unter Beweis gestellt, dass die Zeiten der pappig-süßen Blue Nun und ihrer ebenso grauenvollen Schwester Liebfrauenmilch nicht weitergehen müssen – wenn man ein hehres Ziel außer Profit hat. Das Potenzial der Böden, die Lagen, das Klima und die Rebsorten – allen voran der Riesling, Silvaner und Burgundersorten – sind ja vorhanden. Zwar gab es nicht viel davon, aber mit ihren beeindruckenden Beeren- und Trockenbeerenauslesen haben die Hasselbachs ihrer Generation Weine präsentiert, die wegweisend für das ganz große Potenzial der Weinregion Rheinhessen waren und es noch sind. Wer das Glück hat und die eine oder andere Flasche, nicht nur von den hochgelobten 100-Punkte-Raritäten, im Keller liegen hat, kann das heute noch nachvollziehen.

Johannes Gunderloch

2013 hat Junior Johannes sich nach seinem Studium und ausgedehnten Auslandsreisen entschlossen, das Weingut zu übernehmen. Er hat viel gesehen und viele Ideen nach Hause mitgebracht. Einige Veränderungen sind schon realisiert und schmeckbar, wie zum Beispiel sein komplexer trockener 2013er Riesling „Als wär's ein Stück von mir", den er Carl Zuckmayer gewidmet hat. Zuckmayer war Nackenheimer und dem Weingut in besonderer Weise verbunden.

BESTE LAGEN / REBSORTEN

Nackenheimer Rothenberg, Niersteiner Pettenthal und Hipping / Riesling, Silvaner, Burgunder

WEINE

○ **2014 „Als wär's ein Stück von mir"**
Riesling, trocken
€€
Der erste Eindruck spricht für Kraft und Würze, Steinobst, frische und getrocknete Kräuternoten. Ein erdiger, leicht steiniger Eindruck neben Frucht und Würze. Die stramme Säure ist noch im unruhigen Stadion, lässt den übrigen Komponenten noch etwas weniger Raum. Ihre Frische sorgt allerdings für eleganten Zug, Druck und feinen Charakter im Abgang. Gutes Potenzial zur Reife.

○ **2013 Nackenheimer Rothenberg**
Riesling, Großes Gewächs
€€€€
Wenn Agnes Hasselbach über den Rothenberg sprach oder sich ein Schlückchen zum Probieren gönnte, strahlte sie fast unmerklich über das ganze Gesicht, und ich konnte sehen, dass sie damit glücklich war. Mit dem 2013er bin ich es auch. Der klare, fruchtige, exotische und zugleich blumige Duft hat eine trinkanimierende Wirkung. Im Mund ist trotz des dezenten Alkohols von 12,5 Prozent eine enorme Fülle, Dichte, Frische, und Komplexität, die sich mit der salzigen Note sehr schön verbindet. Kein Barockengel, sondern eine kraftvolle, tanzende Fee.

○ **2013 Nackenheimer Rothenberg**
Riesling, Auslese
€€€
Der Rothenberg liegt am Nordende des Roten Hangs direkt am Rheinufer. Von den 20 Hektar besitzt die Familie 4,5 Hektar bester Parzellen auf den roten Tonschieferplatten, und die 30 bis 80 Prozent Hangneigung bieten beste Voraussetzungen. Hier werden Beere für Beere die höchsten Preziosen geerntet. Im Duft zuerst etwas verschlossen, dann klare Exotik, von Ananas, Cherimoya, Kumquat, Litschi bis Physalis, auch ein zarter Anklang von Champignons. Von allem etwas, von nichts zu viel. Säure und Süße treten im Gleichschritt auf, tanzen denselben Akkord im Gaumen und machen den Gesamteindruck irgendwie faszinierend.

GG
Rothenberg
2013er
Riesling trocken
GUNDERLOCH

Sekthaus Raumland

FLÖRSHEIM-DALSHEIM, RHEINHESSEN

Raumland ist kein erstklassiges Möbelcenter, wie der Name vermuten lassen könnte, sondern eine erstklassige Sektmanufaktur mit Premium-Sekten, die man getrost als die besten im ganzen Land bezeichnen kann. Es ist schon passiert, dass man auffällig gute Sekte irgendwo probiert und dann auf Nachfrage erfährt, dass bei Raumlands versektet wurde. Warum der deutsche Schaumwein oder auch Sekt – ehrlicherweise sind beides schreckliche Namen – von seinem einstigen Thron, auf dem er Ende des 19. Jahrhunderts noch saß, so tief gefallen ist, kann ich an dieser Stelle nicht detailliert ausführen. Ich bin aber ganz sicher, dass durch Volker Raumland der deutsche Sekt die Qualitätsstufe vieler Champagner bester Herkunft schon längst übertroffen hat und das auch in Zukunft mühelos tun wird. Die Raumlands sind sich dessen zwar bewusst, ruhen sich auf diesen Lorbeeren aber nicht aus. Wie gut Raumland-Sekte sind, wissen die anderen auch. Sie lieben die Perlen im Glas und nicht nur die eigenen, man kennt die Mitbewerber bestens, vor allem die Champagne.

Die Geschichte und der beispiellose Aufstieg dieses so überaus erfolgreichen Sekthauses sind geprägt von der Liebe und Leidenschaft zum Produkt selbst. Für Volker Raumland begann alles mit einer mobilen Sektkellerei nach einem erfolgreichen Studium an der Geisenheimer Weinbauschule. Sein Erfolg hat ihm Jahre später Spielraum für eine eigene Kellerei gelassen, die er in Flörsheim-Dalsheim, seiner rheinhessischen Heimat, mit seiner Frau Heide-Rose aufbaute. Die Villa Merkel wurde 1990 Sitz der Familie, die elterlichen Weinberge kamen etwas später mit dazu. 1991 wurde dann der erste Sekt aus eigenen Trauben gekeltert. Eigene Trauben, schonende Arbeit im Weinberg, sorgfältige Verarbeitung der Trauben, Pressung, Vergärung, langes Hefelager, das sind keine Besonderheiten, sondern Grundvoraussetzungen für beste Qualität.

Was aber letztendlich das Geheimnis für das Gelingen der einmaligen Sektkollektion Raumlands ist, darf für uns Liebhaber dieser edlen Perlen gern ein Rätsel bleiben – solange er nicht müde wird, sie für uns zu zaubern. Eintauchen und verführen lassen von der großen Produktpalette, das wäre mein Tipp.

BESTE LAGEN / REBSORTEN

Dalsheimer Bürgel und Hohen-Sülzer Kirchenstück / Spätburgunder, Chardonnay, Weißburgunder, Riesling, Portugieser, Schwarzriesling

WEINE

✳ Cuvée Marie-Luise
Blanc de Noir, Brut
€€

Aus Spätburgunder (Pinot Noir) hell gekeltert, Flaschengärung handgerüttelt. Zitronengelb, feine Schaumkrone. Die Nase voller Aromen mit großer Vielfalt. Reifer Apfel, Mandarinen- und Orangenschale, Toast, Brioche, Hefe. Im Mund betont trocken, sehr gehaltvoll mit viel Substanz. Die Perlage ist reich und dicht mit feinstem Spiel, kräftigem Druck am Gaumen und sehr lang mit gereiftem Nachklang. Das erste Glas ist für den Durst, das zweite für den Genuss.

✳ 2008 Chardonnay Prestige
Brut, Barrique
€€€€

Zitronengelb, mit feinster Schaumkrone. Im Duft sehr delikat, feinfruchtig, Mirabelle, Quitten, Birnen, Feigenconfit. Im Mund überrascht die sehr feine Mousseux mit kleinsten Perlen und kompakter Textur, die seidig, sanft und cremig schmeckt. Feinste Balance von Säure und Fruchtspiel, perfekte Frische. Davon trinkt man auch gern mehr, nicht nur zum Apero oder Gänseleberparfait. Darf in keinem Kühlschrank fehlen! Im Februar 2015 degorgiert.

Im Weingut Raumland

Blick vom Bechtheimer Geyersberg

Dreissigacker

BECHTHEIM, RHEINHESSEN

Die Geschichte des Weinguts Dreissigacker im rheinhessischen Bechtheim lässt sich bis ins Jahr 1728 zurückverfolgen, wobei Dynamik und Tempo in der Entwicklung der letzten zehn Jahre beeindruckend sind. Die beiden Brüder Jochen und Christian starteten ihre Karriere im Weingut gemeinsam, allerdings mit ganz unterschiedlichen Vorstellungen hinsichtlich der Betriebsphilosophie. Das ging nicht lange gut, und so hat Christian das Weingut Dr. Koehler übernommen. Jochen führte das elterliche Anwesen weiter und stellte alles auf den Kopf, um dem Betrieb letztlich ein völlig neues Image auf höchstem Qualitätsniveau zu geben. Er gehört zur rheinhessischen Gruppe junger Winzer mit dem Namen „Message in a bottle". Hier habe ich seine Weine vor ein paar Jahren erstmals auf der ProWein in Düsseldorf probieren können und entdeckt. Seitdem hat sich bei Dreissigacker viel getan, denn den voller Ideen und Tatendrang steckenden jungen Mann treibt es immer weiter vorwärts. Wenn man sein Portfolio der Weinbergslagen betrachtet – Morstein, Kirchspiel, Aulerde – weiß man sofort, hier sind die beiden absoluten Kultfiguren der Region, Klaus Peter Keller und Philipp Wittmann, nicht weit entfernt, denn aus diesen grandiosen echten deutschen Grand-Cru-Weinbergen produzieren die zwei Rebenflüsterer mit die begehrtesten trockenen Rieslinge Deutschlands. Die Dreissigackers haben sich diese Filetstückchen nach und nach zugelegt. In den Weinbergen wird eine der Zeit entsprechende Bodenreform durchgeführt – Jochen Dreissigacker sagt dazu Renaturierung – und meint insbesondere den strikten Verzicht auf Mineraldünger und kritische Spritzmittel. Natürliche ertragsreduzierende Maßnahmen sind ebenso selbstverständlich wie reifes Traubengut zum richtigen Zeitpunkt zu lesen und dann schonend im Keller zu verarbeiten. Wer dann noch weiß, dass hier die Devise gilt „so trocken wie möglich und das besonders dicht und reichhaltig", versteht gleich beim ersten Glas aus diesem Keller, wohin die Reise geht. Immer vorwärts und nach oben!

BESTE LAGEN / REBSORTEN

Bechtheimer Geyersberg, Hasensprung und Rosengarten, Westhofener Kirchspiel, Aulerde, Morstein / Riesling, Grauburgunder, Weißburgunder, Spätburgunder, Chardonnay

WEINE

○ **2014 Westhofener**
Chardonnay, trocken
€€€
Das ist ein Chardonnay, wie man ihn nicht oft im Glas hat. Reich und aromatisch, aber ohne die üblichen Barriquetöne und Vanillenoten. Zart gelbfruchtig, frische Haselnuss, geschmolzene Butter, Biskuit mit Limonenzesten. Saftig und viel Stoff auf der Zunge, gaumenfüllend, mit sanfter, cremiger Struktur. Ein barocker Typ mit Muskeln und frischem Schmelz. Jetzt schon großer Trinkspaß, der sich mit den Jahren steigern wird.

○ **2012 Bechtheimer Geyersberg**
Riesling, trocken
€€€€
Intensives Zitronengelb, kompaktes Bukett, das an eine Schale reifer Äpfel denken lässt. Steinobst, grüne Mandeln, Kokos. Enorme Frische mit bestens eingebundener Säure, dahinter zeigt sich eine wunderbare Balance, die dank der vollkommenen Trockenheit noch mehr Reiz bekommt. Komplex, sahnig und voller Exotik im mundfüllenden Charakter. Ein Boxer mit Samthandschuh.

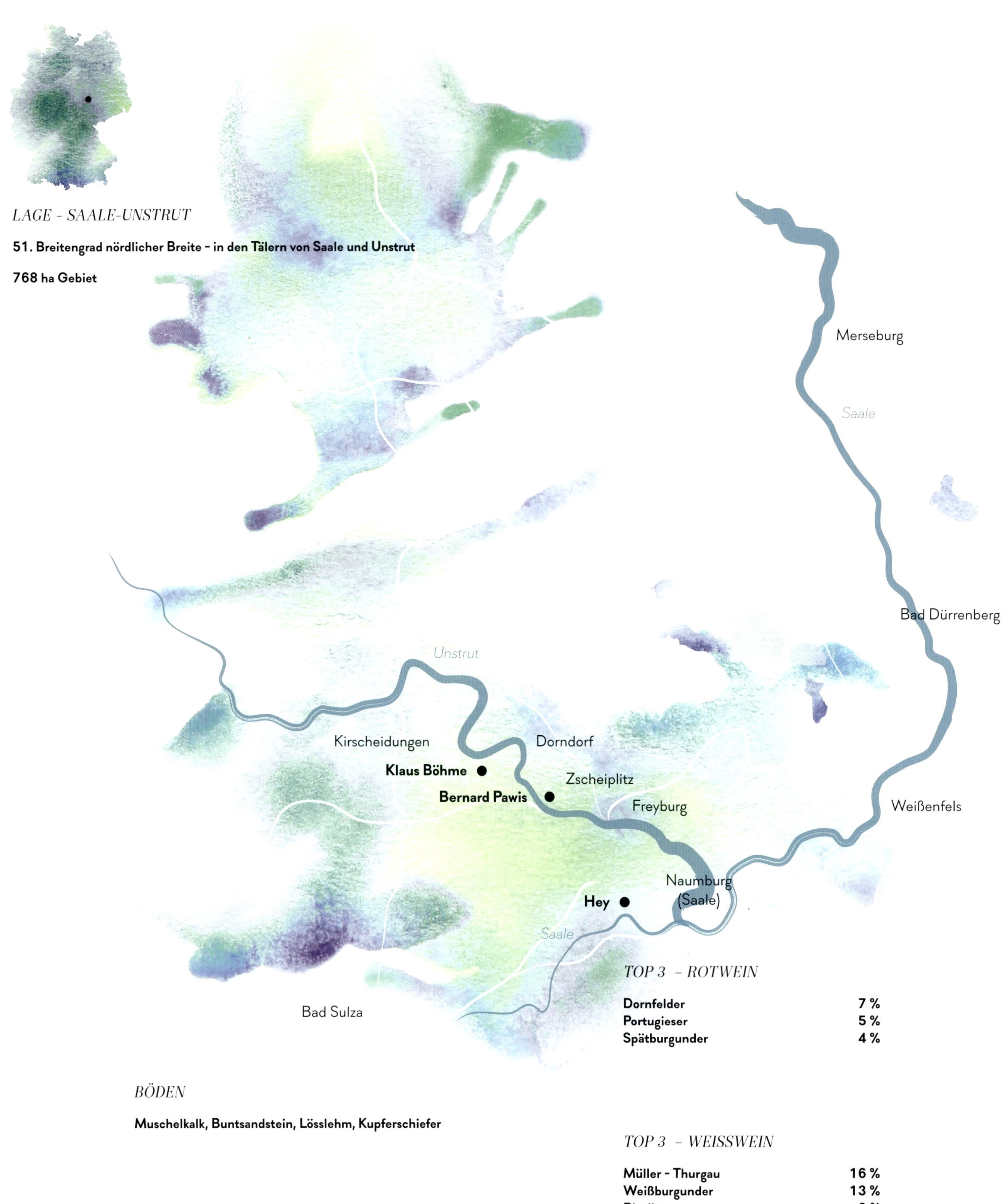

LAGE - SAALE-UNSTRUT

51. Breitengrad nördlicher Breite - in den Tälern von Saale und Unstrut

768 ha Gebiet

TOP 3 - ROTWEIN

Dornfelder	**7 %**
Portugieser	**5 %**
Spätburgunder	**4 %**

BÖDEN

Muschelkalk, Buntsandstein, Lösslehm, Kupferschiefer

TOP 3 - WEISSWEIN

Müller - Thurgau	**16 %**
Weißburgunder	**13 %**
Riesling	**9 %**

SAALE-UNSTRUT

Saale-Unstrut ist das Nordlicht unter den deutschen Weinanbaugebieten und gilt mit seiner Lage auf dem 51. nördlichen Breitengrad in ganz Europa als Grenzregion im Qualitätsweinbau. Hier sind nur noch in geschützten Lagen eindrucksvolle Ergebnisse zu finden. Zahlreiche Wetterkapriolen wie geringe Niederschläge, niedrige Durchschnittstemperaturen, ja sogar Tiefstpunkte von minus 30 Grad Celsius wie im Polarwinter 1986/87, erschweren jeder Rebsorte das Überleben. Höchstleistungen sind hier eigentlich ausgeschlossen. Dennoch zählte man im 16. Jahrhundert in dieser Region sagenhafte 10 000 Hektar Rebflächen, welche dann Kriegen, der Reblaus, schlechten Erntejahren oder wirtschaftlichen Umständen zum Opfer fielen. Die Fläche schrumpfte auf weniger als 100 Hektar, der Weinbau kam quasi zum Erliegen. Das Aufpfropfen auf reblausresistente amerikanische Unterlagsreben im Kampf gegen das Ungeziefer Nummer eins fand hier seinen Anfang, genau gesagt in der staatlichen Weinbauverwaltung Naumburg. Ein Glücksfall kurz vor dem Aus für den Weinbau in der Region, und zwar für den gesamten Weinbau in Europa.

Die Geschichte des Weinbaus kann hier über tausend Jahre zurückverfolgt werden. Letztendlich ist sie auch mitgeprägt von der traumhaft schönen Landschaft mit ihren terrassierten Weinbergen in Steillagen, die von jahrhundertealten Trockenmauern festgehalten beziehungsweise gestützt werden. Sie zeichnen mit den verträumt strahlenden Weinbergshäuschen und den Weingärten in den Lagen entlang der Flüsse Saale, Ilm und Unstrut das Gesamtbild der Weinregion, deren Rebflächen inzwischen wieder auf etwa 770 Hektar angewachsen sind.

An zahlreichen Orten von Jena bis Naumburg, Weißenfels, Merseburg an der Saale oder entlang der Unstrut von Freyburg bis Nebra sind nicht nur mittelalterliche Städtchen, wildromantische Burgen und kleine Schlösser als Zeitzeugen großer Kultur und Geschichte zu bewundern. Der Naumburger Dom, das Sonnenobservatorium von Goseck oder die Himmelsscheibe von Nebra sind allein drei Beispiele für zahlreiche Sehenswürdigkeiten. Entlang der Weinstraße Mansfelder Seen oder der Weinroute zwischen Gera und Leipzig, der Weißen Elster, gibt es zahlreiche Rad-, Wasser- und Wanderwege.

Seit der politischen Wende hat der Weinbau in den östlichen Bundesländern wieder an Fläche und Qualität gewonnen. Damals war es ein schwerer und risikoreicher Neuanfang, der oft belächelt wurde, aber die Ergebnisse von heute lassen sich schmecken.

Neben größeren ordentlichen Betrieben, wie dem Landesweingut Kloster Pforta, der Winzervereinigung Freyburg oder der Sektkellerei Rotkäppchen gibt es für meine Vorstellung erstaunlich viele kleine vielversprechende Privatweingüter, die als Haupterwerbsbetriebe geführt oder mit ebensoviel Enthusiasmus im Nebenerwerb betrieben werden. Topbetriebe sind keine Einzelfälle mehr, wenn auch ihre Rebflächen oft nur ein paar Hektar groß sind. Sie hier in angemessener Zahl gebührend zu beschreiben, ist leider nicht machbar. Für sie alle stellvertretend werden drei Betriebe, das Weingut Hey in Naumburg, Pawis bei Freyburg und Klaus Böhme aus Kirchscheidungen vorgestellt. Sie haben es geschafft, dass ihre Weine auf bedeutenden Weinkarten bester Restaurants stehen – und das nicht nur in ihrer östlichen Heimat von Leipzig bis Dresden oder Berlin. Im Osten wie Westen repräsentieren sie ihre Region und Kollegen.

In der Region Saale-Unstrut lassen die Bodentypen Muschelkalk, Buntsandstein, Lösslehm und Kupferschiefer eine bunte Mischung an Rebsorten zu.

Flächenmäßig ist Müller-Thurgau die Herrscherin des Geschehens. Die robuste, weniger klimaempfindliche Sorte fühlt sich hier im Norden immer noch wohl und bringt in guten Jahren sehr ordentliche Ergebnisse. Weiße Klassiker wie Silvaner, Gutedel, Weiß- und Grauburgunder, ja sogar Riesling, sind ebenfalls häufig vertreten, während die Sorten Auxerrois über Bacchus bis Kerner oder Muskateller nur kleine Flächen belegen. Bei den roten Rebsorten beherrschen in erster Linie Dornfelder, Portugieser und Blauer Zweigelt das Feld, selbst die empfindliche Diva Spätburgunder ist mit von der Partie.

Die letzten zwei Jahrgänge 2014 und 2013 wurden vom Wettergott nicht verwöhnt, gelten als schwach, in besten Fällen mit normalen Qualitäten. 2012 hingegen wird als gut, teilweise sogar als sehr gut eingestuft. Der Jahrgang 2010 zeigt sich nicht viel besser als 2014, 2009 gilt wieder als „normal" und konkurriert mit dem 2011er. So bleibt im Durchschnitt der letzten zehn Jahre nur ein Jahrgang, 2012, der Qualitäten mit wirklich guten Ergebnissen liefern konnte. Breitengrad 51 lässt somit grüßen – warten wir es ab, bis die Klimaerwärmung auch hier zum Tragen kommt und damit den Sachsen, Thüringern und Brandenburgern ein goldeneres Weinzeitalter prophezeit.

BERGSTERN
2014
RIESLING
WEINGUT KLAUS BÖHME

Das Weingut Klaus Böhme

Klaus Böhme

KIRCHSCHEIDUNGEN, SAALE-UNSTRUT

Das Weingut von Klaus Böhme liegt im nördlichen Teil des Unstruttals. Der traditionsreiche Bauernhof mit Weinbau hat eine stolze Vergangenheit, eine mehr als 300-jährige Geschichte. Klaus Böhme hat die Bewirtschaftung der Landwirtschaft und des Weingutes 1990 wieder aufgenommen und den Keller mit moderner Technik und Edelstahl so aufgerüstet, dass er ab 1994 alle Weine selbst verarbeiten konnte. Die Rebflächen wurden auf neun Hektar erweitert, das Sortiment ist bunt gemischt. Zur Betriebsphilosophie gehört, dass die Weine lagen- und sortenrein, traditionell trocken ausgebaut werden. Bei den Rotweinen wird auf Maischegärverfahren ohne Temperaturerhöhung gesetzt. Im Barrique waren nur die besten Rotweine. Auch wenn der Betrieb auf Biozertifikate verzichtet, so wie die besten von Böhmes Kollegen übrigens auch, werden die Muschelkalkverwitterungsböden nach naturnahen Prinzipien bearbeitet. Besondere Highlights im Programm sind Gut-edel und Weißburgunder. Bemerkenswert ist auch der wiederholte Sieg beim Badischen Gutedel-Cup im Markgräflerland, wo diese Sorte mit über 1000 Hektar die Spezialität der Region darstellt. Den Spitzenplatz im Wettbewerb trägt dann ein Nordlicht nach Hause, obwohl in der Region im Ganzen nicht mehr als 50 Hektar dieser Rebsorte gepflanzt sind.

BESTE LAGEN / REBSORTEN

Burgscheidunger Veitsgrube, Dorndorfer Rappental / Müller-Thurgau, Weißburgunder, Riesling, Silvaner, Gutedel, Kerner, Bacchus, Dornfelder, Frühburgunder

WEINE

○ **2014 Dorndorfer Rappental**
Bacchus, trocken
€

Im Auftakt interessante Noten von Johannisbeere, Holunderblüten, frischem Apfel, Kerbelblättchen. Im Mund knackig, süffig, dezente, dennoch präsente Säure. Ein leichter, fröhlicher Charakter, der jeden müden Gaumen erfrischen kann. Auch gut für ein Glas zwischendurch.

○ **2014 Schloss Neuenburg**
Weißburgunder, trocken
€

Ein reinsortiger Pinot Bianco, wie die Italiener ihn nennen, hat etwas Helles, Klares, Feinfruchtiges im Duft – vorausgesetzt er ist gut gemacht. Der 2014er Jahrgang ist glockenklar, mit weißen Flieder-, Apfel- und Kastanienblüten im Auftakt. Dann Honigmelone, Papayafleisch, erfrischend, saftig, eher schlanker Charakter mit durchaus lebendiger Säure. Ein Weißburgunder der feinen Art, der leichte Fischvorspeisen, roh oder mariniert, als Begleiter wünscht.

○ **2014 Dorndorfer Rappental „Bergstern"**
Riesling, Spätlese, trocken
€€€

Die Bezeichnung „Bergstern" wird nur Weinen mit mindestens 95 Grad Öchsle und höchster Qualität verliehen. Bezaubernder Duft reifer, gelber Fruchtnoten, die sich mit der Trinktemperatur immer wieder ändern. Ananas, Sternfrucht, grüne Feigen, Stachelbeere. Nussig, exotisch und erstaunlich intensiv mit hoher Reife im Mund und das trotz des geringen Alkohols von 12 Prozent. Kernige Säure in Harmonie zur mittelkräftigen Textur, für einen Riesling erstaunlich viel Schmelz. Der richtige Tropfen zu Huhn mit exotischen Früchten.

● **2013 Dorndorfer Rappental**
Frühburgunder, trocken
€€

Wie bei Frühburgunder typisch, zeigt die Farbe ein deutlich helleres Rubinrot als bei Spätburgunder. Wunderschöne Fruchtaromatik, eine ganze Tasse Früchtetee, von Sauerkirsche über Malvenblüten bis Preiselbeere. Weicher Gerbstoff, kein spürbares Tannin, leichte Textur, Anflüge von Holz. Sehr gut leicht gekühlt zu trinken zu Fischen vom Grill, Pasta mit Fleischragout, Kalbsleber mit Zwiebelringen – oder einfach so!

Hey

NAUMBURG, SAALE-UNSTRUT

Saale-Unstrut hat seinen Aufwärtstrend der letzten Jahre nicht nur mit den größeren Betrieben wie der Winzervereinigung Freyburg, dem Landesweingut Kloster Pforta oder dem Weinhaus zu Weimar fortgesetzt. Es sind auch ein paar kleine Weinbauern, welche mit kleinsten Rebflächen, teils mit weniger als einem Hektar, voller Hoffnung und Idealismus ihr Winzerdasein nach der Wende nicht einfach so beenden wollten, und andere, die bei Null zur rechten Zeit begonnen haben. Heute locken sie die interessierte Kundschaft und sorgen für Furore, wie zum Beispiel das Weingut Hey in der Domstadt Naumburg, das erst 2001 gegründet wurde. Mit dem Kauf einer Parzelle in der Naumburger Steillage Steinmeister und eines direkt am Fuß des Weinberges gelegenen Hofes schuf die Familie Hey die Basis für den mittlerweile immerhin fünf Hektar kleinen Winzerbetrieb. Sohn Matthias hat nicht nur ein Weinstudium in Geisenheim in der Tasche; seine Aufenthalte in Italien haben ihn vieles gelehrt, was er heute im Weingut verwirklicht oder auch dank Rückbesinnung und aus Erfahrung besser lässt. Sein Mut, auszuprobieren, was besser schmeckt, welche Art der Weinbereitung letztendlich seine wertvollen Lagen mit den Muschelkalk- und Buntsandsteinböden am besten zum Ausdruck bringen, hat wertvolle Erkenntnisse gebracht auf dem Weg zur Qualität. So sind lange Maischestandzeiten, Hefelager und gezielter Einsatz modernster Technik seine Philosophie. Seine Weine, die er leicht verständlich nach Herkunft und Qualität einteilt und nach Farben von der Basis bis zur Spitze „Breitengrad 51" sortiert, beweisen eindeutig, dass er auf dem richtigen Weg ist.

Blick vom Naumburger Steinmeister

BESTE LAGEN / REBSORTEN

Naumburger Steinmeister, Naumburger Sonneck / Müller-Thurgau, Gutedel, Silvaner, Riesling, Weiß-, Spätburgunder, Blauer Zweigelt, Portugieser

WEINE

○ **2013 Weißburgunder**
trocken
€

Opulenter Duft, Butterkuchen, Brotkruste, zarte Noten von Akazienhonig, gelbe Frühlingsblüte, leicht vegetale Anklänge, Kürbis, Zucchini, Erbsenschoten. Verhaltene Säure, schöne Textur, feiner Druck, angenehmer Abgang, leichter Trinkgenuss und das nicht nur auf der Terrasse oder zum Apero. Passend dazu Gemüse wie Fenchel, Spargel oder Sellerie, ein Stückerl Fisch ... fertig.

○ **2013 Naumburger Steinmeister Cuvée „Breitengrad 51"**
Grau- und Weißburgunder / Silvaner, trocken
€€€

Gelbfruchtig, voll und reich, vielfältig im Duft. Exotische Früchte, Ananas, Sternfrucht, Papaya. Sehr lebendige Säure, stoffig, ausgewogene Struktur, Holznoten, auch Vanille im langatmigen Nachklang. Blitzblank, sehr gut gemacht und als Essensbegleiter für Pasta mit Meeresgetier oder Risotto mit Pilzen ein idealer Partner.

● **2012 Naumburger Steinmeister**
Blauer Zweigelt, trocken, Barrique
€€

Extreme, reiche Würze im Duft, insbesondere schwarze Pfefferkörner, Wacholderkörner und Lorbeerblätter. Da fällt mir sofort ein Vergleich mit Syrah ein. Ebensolche Würze im saftigen, runden Geschmack. Rote Bete, eingelegter Kürbis, orientalische Gewürzmischung noch dazu. Ein total verrücktes Teil, gefällt mir aber in seiner stoffigen, griffigen Textur und Fülle ganz besonders. Tannin und Holz sind sehr gut integriert, erstaunliche Reife und Saftigkeit. Eine Top-Qualität, die jedes Wildragout oder einen Gaisburger Marsch adeln könnte.

Bernard Pawis

FREYBURG-ZSCHEIPLITZ, SAALE-UNSTRUT (VDP)

Grob eingeteilt liegt die Weinregion Saale-Unstrut auf der Tangente von Jena im Süden bis Halle im Nordosten, an der Saale entlang, in deren Mitte bei Naumburg die Unstrut, von Nordwesten kommend, einmündet. Die Weinberge sind etwas weiter verstreut als in der Nachbarschaft Sachsen. Das beeinflusst aber keineswegs die Qualitäten. Die Böden unterscheiden sich; an der Saale-Unstrut finden sich hauptsächlich Wellenkalk und roter Sandstein. Einer der neuen Starwinzer an der Unstrut ist Bernhard Pawis. Seit 1998 hat der junge Pawis mit seiner Frau Kerstin den gleich hinter Freyburg in Zscheiplitz liegenden Hobbybetrieb der Eltern von 0,5 Hektar Rebfläche auf 13 Hektar erweitern können. Er wurde 2001 in den Verband der deutschen Qualitätsweinwinzer aufgenommen und zählt seither zur Elitegruppe im deutschen Weinbau. Kellerei-Neubau und umfangreiche Sanierungsmaßnahmen im ehemaligen Kloster und Rittergut Zscheiplitz sind längst abgeschlossen, inzwischen konzentrieren sich die Pawis ganz auf ihre Weinqualitäten – und die sind vom Feinsten. Hier schmeckt man schon in den Basisweinen die Liebe und Sorgfalt, aber auch 20 Jahre Erfahrung im Umgang mit dem Rebstock und Wein. Selbstverständlichkeiten bei jeder Qualitätsstufe, wie die schonende und sorgfältige Pflege der Reben im Weinberg, geringe Erträge und danach die Arbeiten im Keller, tragen zum Gelingen dieser für mich erstklassigen Weine bei. Und das nicht erst seit heute. Wenn auch nur eine Spitzenlage, der Freyburger Edelacker als Großes Gewächs angeboten wird, für mich beginnt die Qualitätsbeurteilung eines Weinguts ganz unten an der Basis. Und da stimmt es bei Bernhard Pawis, und das setzt sich bis zur Spitze durch.

BESTE LAGEN / REBSORTEN

Freyburger Edelacker, Mühlberg / Riesling, Müller-Thurgau, Weiß- und Grauburgunder, Silvaner u. a.

WEINE

○ **2014 Müller-Thurgau trocken**
€

Vorweg gesagt: Ich bezahle gerne acht Euro für einen Müller-Thurgau, wenn er immer so schmeckt wie dieser. Stuart Pigott hat diesen Wein schon vor zehn Jahren gelobt und mir diesen Tipp gegeben, er hat damit Recht behalten – danke im Nachhinein. Der Duftreigen beginnt mit frischen Wiesenkräutern, Holunderblüten, Pfirsich und Mirabellensaft. Trinkfreudig, mit erfrischender Säure im Mund, saftig, mit feinem Druck und Zug. Fast gierig trinke ich einen weiteren Schluck.

○ **2014 Riesling „Buntsandstein"**
€€

Rieslinge gibt es im Gutsweinangebot zwei: diesen aus dem Buntsandstein, nicht mehr im ganz trockenen Bereich, mit für feine Zungen zart angedeuteter leichter Restsüße, und als zweites den auf Muschelkalk gewachsenen, der dann ganz trocken, unter vier Gramm Restzucker, ausgebaut wurde. Beide sind empfehlenswert und tipptopp, da entscheidet der Moment, wann, welcher, wofür, wozu.

Von frischen Äpfeln und Grapefruit bis hin zur Limette ist alles da, sogar Minze, und dann eine ganz feine Mineralik im Gaumen. Man spürt und schmeckt und freut sich darüber.

○ **2014 Zscheiplitzer Himmelreich Grauburgunder „Muschelkalk", trocken**
€€

Wer von diesem Grauburgunder (Pinot Grigio) eine Flasche erwischt, kann sich glücklich schätzen. Das Glück beginnt schon mit dem Riechen. Heimische Obstsorten bis hin zur Exotik, einfach wunderbar. Glasklare Frucht in einer sehr angenehmen Intensität. Keineswegs fett oder gar ölig, dafür aber dynamisch mit Speed und Länge, die in einem leichten Spiel ihr Ende findet. Ein wunderbares Beispiel für Liebhaber dieser Sorte und all jene, die von den teureren und regelmäßig ausdruckslosen Pinot Grigio abgelenkt werden müssen.

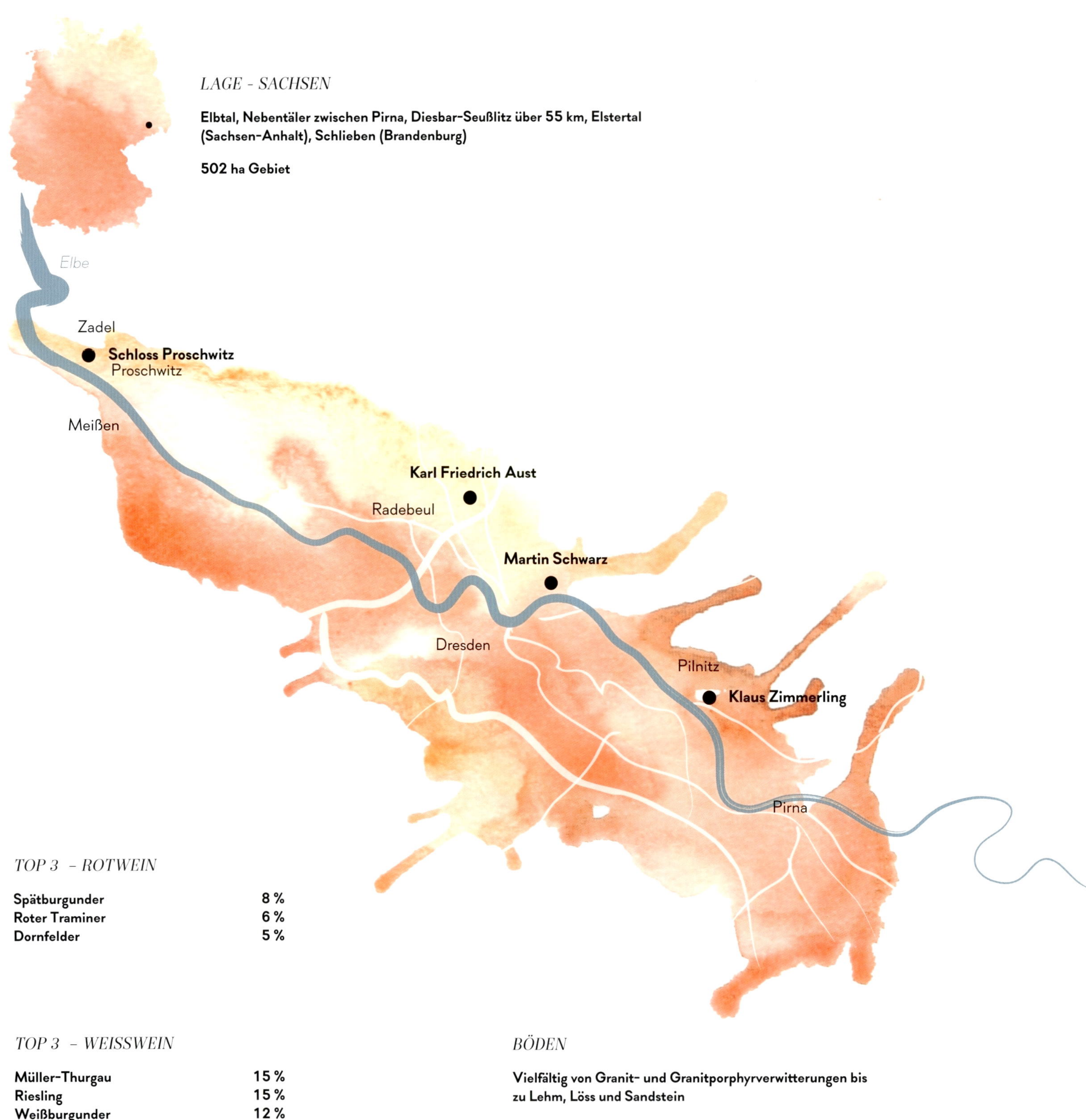

LAGE - SACHSEN

Elbtal, Nebentäler zwischen Pirna, Diesbar-Seußlitz über 55 km, Elstertal (Sachsen-Anhalt), Schlieben (Brandenburg)

502 ha Gebiet

TOP 3 – ROTWEIN

Spätburgunder	**8 %**
Roter Traminer	**6 %**
Dornfelder	**5 %**

TOP 3 – WEISSWEIN

Müller-Thurgau	**15 %**
Riesling	**15 %**
Weißburgunder	**12 %**

BÖDEN

Vielfältig von Granit- und Granitporphyrverwitterungen bis zu Lehm, Löss und Sandstein

SACHSEN

Müsste ich Sachsens Weine oder die Weinregion in ihrer Stilistik mit wenigen Worten beschreiben, würde ich es mit „Cool Climate Wines" versuchen. Was aber bedeutet das? Unter „Cool Climate Wines" verstehe ich frische, im Duft fruchtreduzierte Weine, die dennoch voller Energie und Intensität sind und mit Finesse sowie inneren Werten aufwarten – Ausgewogenheit mit natürlicher Balance. Kurz gesagt, Weine, die ihren Nimbus und ihre Kraft durch langsamere Reife beziehen.

Diese Beschreibung trifft die teils glasklaren, nahezu klirrenden Weintypen am ehesten und die Region ganz sicher. Die Winter sind teils bitterkalt, die Gefahr der Frühjahrsfröste ist groß, der Sommer kann teils sehr heiß werden und die Nächte wiederum ziemlich kühl. Das bedeutet für die Reben und die Menschen, die sie pflegen, viel Stress, kleine Erträge, Mühe und Entbehrung. Also kein einfaches Leben, aber das hatten die Menschen hier nie, und was die Rebstöcke betrifft, bleibt die Hoffnung auf bessere Zeiten mit der Klimaerwärmung.

Wenn Sie aber jemals Zeit und Interesse haben, im späten Frühjahr, Sommer oder bis in den Frühherbst hinein die sächsische Weinlandschaft entlang der Elbe zu bereisen: Fahren Sie auf einem Elbschiff die 20 Kilometer von Dresden bis Pirna oder aufwärts Richtung Meißen, Proschwitz, Seußlitz bis Diesbar. Ich kann versprechen, bei schönem Wetter wird es eine wundervolle, kurzweilige Weinreise. Mir bleibt diese Erlebnis aber nicht nur der guten Weine wegen im Gedächnis. Dresden liegt mit seinen wiederhergestellten architektonischen Schönheiten – man denke nur an die Frauenkirche und die Semperoper – direkt in der Mitte der sächsischen Weinberge. Das Porzellan der Weinstadt Meißen erreichte Weltruhm und ebensolche Preise, und jedes Kind weiß wohl, dank Karl May, von Radebeul zu berichten.

Sachsen ist dabei eine der kleinsten deutschen Weinbauregionen, nur die Hessische Bergstraße und der Mittelrhein haben noch weniger Fläche. Es liegt wie sein westlicher Nachbar Saale-Unstrut an der nördlichsten Grenze der deutschen Weinbaugebiete. Klein aber fein, könnte es kurz beschrieben werden.

Von 1989 ab, also der Zeit nach der politischen Wende, bis 2014, sind die damals verbliebenen 60 Hektar Rebfläche auf rund 500 angewachsen. Sie liegen sehr verstreut am linken wie am rechten Ufer der Elbe. Flächenmäßig sind Radebeul mit Schloss Wackerbarth und Meißen mit Schloss Proschwitz führend. Die kleinsten Betriebe zählen oft nicht mehr als zwei Hektar Reben, Winzer mit mehr als zehn Hektar gelten hier schon als Großgrundbesitzer.

Der Rebsortenspiegel ist ähnlich wie in Saale-Unstrut: Müller-Thurgau ist führend, gleich danach folgt Riesling, dann die Burgundersorten und in Kleinstmengen Traminer, Scheurebe, Kerner oder die sächsische Spezialität Goldriesling, deren ursprüngliche Heimat das Elsass ist. Die Rotweinproduktion gestaltet sich wegen der niedrigen Durchschnittstemperaturen auch hier sehr schwierig.

SKULPTUR: MALGORZATA CHODAKOWSKA

Klaus Zimmerling

DRESDEN-PILLNITZ, SACHSEN (VDP)

Was auch immer man vor 25 Jahren über Weine aus Sachsen gedacht oder gesagt haben mag: Man lag oft nicht ganz falsch mit der Meinung, die Weine seien dünn und säuerlich. Eine Ausnahme waren allerdings die damals schon in Gourmetkreisen bekannten Weine von Klaus Zimmerling. Mich haben die wenigen Flaschen, die ich zum Trinken oder auch nur Verkosten hatte, geschmacklich enorm angesprochen. Und ebenso angetan waren meine visuellen Sinne von den wunderschönen, für jeden Jahrgang neu gestalteten, künstlerischen Etiketten von der Bildhauerin Malgorzata Chodakowska, Klaus Zimmerlings Frau. Die Skulpturen, geformte oder geschnitzte „Schöne", behüten die Trauben im Weingarten und das göttliche Getränk im Keller – eben überall dort, wo sie präsentiert werden. Wein und Kunst in Wettstreit? Nein, beide sind gleichermaßen fantastisch, Kunstwerke zweier Menschen, deren Berufe ihre Leidenschaften sind und unsere Seelen berühren sollen.

Seit 1992 leben Klaus Zimmerling und Malgorzata Chodakowska am Fuße des königlichen Weinberges der Rysselkuppe, die sich einer stufigen Pyramide gleich hinter dem Haus und Weingut erhebt. Der Blick von dort oben, über das Elbtal, ist grandios, mit einer Flasche von Zimmerlings Weinen, eventuell mit musikalischer Begleitung von Ludwig Güttler – das ist ein bisschen Glück, das man erlebt haben sollte. Im berühmten Nikolaihof in Mautern bei der Familie Saahs hat Klaus Zimmerling gesehen und erlebt, was es bedeutet, Ökowinzer zu sein. Dort lebt man aus Überzeugung mit den Gestirnen und mit der Natur, und die Weine waren schon Bio, als noch keiner wirklich darüber gesprochen hat.

Der verwitterte Granit ist die Grundlage für Zimmerlings weiße Rebsorten, Riesling, Grauburgunder, Weißburgunder, Kerner, Gewürztraminer und Traminer. Abgefüllt werden sie ausnahmslos in 0,5-Literflaschen, damit mehr Menschen von der kleinen Produktion, den Kunstwerken, profitieren können. Der Kellerneubau wurde 2008 eröffnet. 2010 wurde das Weingut in den ehrenwerten Kreis des VDP aufgenommen.

BESTE LAGE / REBSORTEN

Pillnitzer Königlicher Weinberg / Riesling, Grauburgunder, Weißburgunder, Kerner, Gewürztraminer, Traminer

WEINE

○ **2013 Pillnitzer Königlicher Weinberg Weißburgunder**
€€€
Ein Wein mit einer erstaunlichen Nase für einen Weißburgunder. Im ersten Eindruck Birne und Quitte, Orangeat, Anis, Löffelbiskuit, Kokosnuss, Kernobst. Frisch im Ansatz, mittelkräftige Struktur. Zeigt ein schönes Süße-Säure-Spiel – insgesamt ein sanfter Stoff, ein rundum fülliges Trinkvergnügen mit exotischer Natur.

○ **2013 Pillnitzer Königlicher Weinberg Riesling „R"**
€€€
Goldgelbe Farbe, kandierter Apfel, Honigmelone, Mandarinenschale, kräuterwürzig. Im Mund saftiger Pfirsich, erfrischende Säure mit einem Touch Bitternote. Tiefliegende Frucht, brillant und fordernd. Am Gaumen eine zarte Süße, feinnervig, überaus frisch, mit viel Druck und Länge. Dennoch mehr auf der Seite gereifter, getrockneter Frucht, zum Beispiel Apfelschnitze. Kann ich mir mit Leber „Berliner Art" sehr gut vorstellen.

○ **2013 Pillnitzer Königlicher Weinberg Grauburgunder**
€€€
Heller Bernstein oder strohgelbe Farbe, die Mächtiges erwarten lässt. So kommt dann auch der barocke, vielschichtige Duft eindrucksvoll in die Nase. Von reifen Birnen, Quitten, Haselnüssen und Honignoten bis zu kandierten Früchten – alles da. Ganz sanft, vollmundig mit enormer Dichte gibt sich der Geschmack. Hier kommt ganz am Ende ein Spiel der Mineralität zum Ausdruck, die dem Wein das gewisse Extra und eine Eleganz verleiht, welche ihn letztendlich zu einem Klassewein werden lässt.

○ **2012 Pillnitzer Königlicher Weinberg Riesling**
€€€
Mehr Exotik im Duft, Ananas, Grapefruit, Sternfrucht, Kiwi, auch Kräuter wie Kerbel, etwas Thymian. Schöne stramme Säure, reich und vollmundig, süße Anklänge, dichte Struktur, feinwürziger Auftakt mit diskreten Bitternoten von Orangenschalen. Feines Spiel mit schlankem Finale, das durch die wunderschöne Säure dem Wein noch mehr Finesse verleiht. So viel Kraftstoff in einem Riesling hier oben im Norden ist etwas ganz Besonderes.

Blick vom Meißner Kapitelberg

Martin Schwarz und Frau

Martin Schwarz

DRESDEN, SACHSEN

Mit Martin Schwarz hat die Weinregion Dresden seit vielen Jahren sicher einen der versiertesten Weinmacher. Lange Jahre war er im fürstlichen Dienst von Schloss Proschwitz, wo er für die Kellerarbeit und Weinherstellung verantwortlich war. Mehr oder weniger im Nebenerwerb, sozusagen nach Feierabend, widmete er sich dann seinen eigenen kleinen Rebanlagen, die er nach und nach kaufen konnte. Nun pflegt er als stolzer Besitzer in besten Lagen ein buntes Gemisch von Rebsorten, die hier im nördlichen Klima auf Löss, Buntsandstein und verwittertem Granit wachsen. Schwarz gilt als Extremist, wenn es um Qualität im Weinberg oder in der Flasche geht, und dass er biodynamisch in seinen Weingärten arbeitet, versteht sich irgendwie von selbst. Er gilt mit den wenigen Flaschen, die er produziert – es sind jährlich rund 10 000 –, als die Spitzenklasse im Sächsischen Weinbau. Die Weine sind stets ausverkauft, und das zu sehr ambitionierten Preisen. Das Land hier ist ähnlich wertvoll wie vor den Toren der Stadt Bordeaux, Immobilienhaie zahlen für jeden Quadratmeter irrsinnige Preise. Da lobe ich mir die Kundschaft, die ohne rumzumeckern sächsischen Qualitätswein trinkt, ohne am Preis zu feilschen. Noch viel mehr Schwarz wäre wunderbar.

BESTE LAGEN / REBSORTEN

Meißner Kapitelberg, Radebeuler Goldener Wagen, Seußlitzer Heinrichsburg / Weißburgunder, Müller-Thurgau, Grauburgunder, Riesling, Traminer, Spätburgunder, Portugieser

WEINE

○ **2012 Meißner Kapitelberg**
Riesling, trocken
€€€
Mein erster Eindruck von diesem Riesling: ungewöhnlich, interessant, Donnerwetter! Immerhin, wir sind weder im Rheingau noch an der Mosel und auch nicht in der Wachau. Aber der Riesling scheint weit gereist, denn er hat so ein bisserl was von allem. Mal abgesehen vom Bukett mit leichten Gärtönen, aber das gibt sich mit der Reife. Die Mineralität und Frucht eines Rheingauers, die schlanken Formen eines Moselaners mit dem Hauch von Lieblichkeit und der stoffigen Art eines Wachauers. Im Gesamteindruck sehr gut!

○ **2012 Riesling und Traminer**
trocken
€€€
Wenn man die Namen dieser beiden Rebsorten liest, denkt man im ersten Moment an zwei ganz bestimmte Weintypen mit ihren eigenen Charakterzügen, aber an einen einzigen Wein, eine Cuvée? Neugierig steckte ich meine Nase tief ins Glas, und was mir da entgegenkam, war ein Strauß Blumen von Jasmin bis Rosen, mit exotischen Früchten. Im Mund trinkfreundliche Frische, ausgewogen, leichter Charakter ohne Ecken und Kanten. Ein Wein, blitzsauber, den man fröhlich vor sich hin trinkt.

○ **2012 Weißburgunder und Grauburgunder**
trocken, Barrique
€€€
Der reife, goldgelbe Farbton lässt schon beim Anblick an einen fruchtbetonten Wein denken. Im Duft animieren dann gelbe und weiße Blumenaromen gleichermaßen die Nasenflügel: eine Schale reifer Früchte wie Banane, Birne, Grapefruit, Honigmelone. Sehr angenehm, keinesfalls aufdringlich, liegt der Wein mit cremig-weichem Charakter im Mund – scheinbar lieblich, weil die Säure hier nur im Hintergrund agiert. Ein butterweicher, trocken schmeckender Wein – wenn auch anfangs der Eindruck von lieblich entstanden ist –, der lang im Gaumen stehen bleibt. Eine sehr ungewöhnliche Cuvée, die die Geister in mir weckt und Vergleiche suchen lässt. Das allerdings ist eine Aufgabe, auch für mich.

SCHWARZ
2012
RIESLING & TRAMINER

Schloss Proschwitz

ZADEL, SACHSEN (VDP)

Der wunderbare Blick von den Rebgärten der Einzellage Schloss Proschwitz auf die gegenüberliegende Albrechtsburg in Meißen hat etwas Märchenhaftes an sich, ist unglaublich schön und präsentiert sich bei Sonnenschein geradezu perfekt. Wer sich nach dieser Aussicht noch die Zeit und die Gelegenheit nimmt, das Weingut Schloss Proschwitz von Dr. Georg Prinz zur Lippe in Zadel zu besuchen, wird dafür reichlich belohnt – nicht nur mit guten Weinen. Das wunderbare Anwesen wurde bis ins kleinste Detail sehr geschmackvoll wiederhergestellt, der schöne, gepflegte Park, die Gärten und davor das Barockschloss, strahlend ockergelb am Tag und bei Nacht herrlich beleuchtet, ebenso der Vierseit-Weingutshof. Mit unvorstellbarem Engagement und enormem Kapitaleinsatz aus seinem Privatvermögen hat Prinz zur Lippe hier die letzten 25 Jahre etwas Großartiges geschaffen. Und gleichzeitig, das sollte nicht unterschätzt werden, gab er damit dem Land und seinen Bewohnern ein Schmuckstück und Kulturgut von unschätzbarem Wert. Respekt und Chapeau – wäre das alles in Bayern geschehen, wäre seine Hoheit vermutlich längst mit allen Orden des Freistaates geschmückt.

Das Weingut mit 90 Hektar Rebfläche ist das größte Privatweingut in Ostdeutschland und das älteste noch existierende in Sachsen. 1996 wurde Schloss Proschwitz als erstes sächsisches Weingut Mitglied des VDP, dem Verein der deutschen Prädikatsweingüter. Der junge Kellermeister Jacques du Preez kommt aus Südafrika und hat in sehr guten Betrieben gearbeitet, bis der Prinz ihn im Januar 2013 engagierte. Jetzt trägt er eine riesige Verantwortung, nicht nur für Weinberge und Keller, denn seit Anfang April 2015 ist er offiziell mit in der Geschäftsführung. Ich bin neugierig, was als nächstes auf Proschwitz erreicht werden wird, denn sicher ist, Dr. Georg Prinz zur Lippe ist noch lange nicht dort angekommen, wo er eigentlich hin möchte. Wenn auch das wichtigste Ziel seines Lebens erreicht sein dürfte: Schloss Proschwitz wieder in den Besitz der Familie zurückzuführen.

BESTE LAGEN / REBSORTEN

Schloss Proschwitz (50 Hektar, größte Einzellage in Sachsen), Kloster Heilig Kreuz / 17 Sorten von Auxerrois bis Zweigelt

WEINE

○ **2014 Weingut Schloss Proschwitz Scheurebe, trocken**
€€
Während meines Verkostungsmarathons habe ich einige Scheureben ganz unterschiedlicher Charakteristik probieren können. Zu dieser fällt mir spontan der Vergleich mit einer kühlen Blonden aus dem hohen Norden ein. Sortentypisches Bukett mit frischen Noten von Birnenschale, Cassis, Physalis, Limette, Grapefruit. Im Mund erfrischend, sehr schöne Harmonie der Säure, Frucht und Alkohol, mehr auf der leichten Seite. Ein trockener, sommerlicher Charakter, der für gute Trinklaune sorgt.

○ **2013 Schloss Proschwitz Weißburgunder, Großes Gewächs,**
€€€
Ein wunderbarer und sehr gelungener Weißburgunder, der die Bezeichnung Großes Gewächs wirklich verdient hat. Der Duft hat von Anfang an ein beeindruckendes Aroma, vielschichtig wie ein Baumkuchen. Ausgeprägt sind Quitten, Passionsfrucht, Akazienhonig, frische Haselnuss. Reife Säure, viel Schmelz und Stoff am Gaumen, ganz zarte Anklänge von Restsüße im Abgang. Ein erstklassiger Begleiter zu Edelfischen, gebraten oder im Ganzen aus dem Ofen.

● **2012 Weingut Schloss Proschwitz Spätburgunder, trocken**
€€€
Donnerwetter, signalisierte mir meine Nase bei der ersten Riechprobe. Spätburgunder mit so viel reifem Duft von roten Beeren, Hagebutten, Zwetschgen, Blüten wie Heckenrose, Hibiskus. Das muss auch an dem guten Jahrgang und den teils hohen Temperaturen liegen, die selbst an diesem Breitengrad Spätburgunder bis zur Vollendung reifen ließen. Die weichen Tannine werden von dezenter Holzaromatik umspült, wirken stramm im Gaumen, verlangen nach Fleisch, am besten Wildgeflügel, Tauben, Enten und wenn möglich Rotkraut.

Karl Friedrich Aust

RADEBEUL, SACHSEN

Karl Friedrich Aust, der 1996 eine Lehre als Steinmetz am Kölner Dom absolvierte und ebenfalls bei der Renovierung der Dresdner Frauenkirche mitgearbeitet hat, scheint nicht nur mit seinen Händen am Stein künstlerisch erfolgreich, sondern auch mit Nase und Gaumen im Weingut Karl Friedrich Aust. Hier ist er aufgewachsen, spielte als Kind in den Weinbergen hinterm Haus, in der Weinbergstraße 10. Den Geruch von gärendem Traubenmost und später des fertigen Weines hat er so intensiv wahrgenommen, dass er sich immer wieder daran erinnerte, draußen fern der Heimat.

In der Zeit nach der Wende bekommt der junge Aust von den Eltern 73 Reben geschenkt. Die stehen in der Spitzenlage des Radebeuler „Goldenen Wagen" auf kargem Syenit, einem echten Urgestein. „Nicht viel, dafür umso besser", scheint mir hier als Attribut durchaus angebracht, denn seit 2002 ist Aust vollberuflich Winzer, inzwischen mit knapp fünf Hektar Rebfläche. Ein unermüdlich fleißiger Arbeiter ist dieser Mann, er kauft neue Parzellen Rebland dazu, legt dieses neu an, setzt alte Terrassenanlagen seiner Weinberge instand, baut und investiert in eine moderne Kelteranlage mit nötigem Inventar wie pneumatischer Presse und Edelstahltanks. Die Weine werden von Jahr zu Jahr besser, finden auf ehrenwerten Weinkarten ihren Platz. Neben dem Aust'schen Weingut gibt es im renovierten Meinholdschen Turmhaus, welches samt Nebengebäuden unter Denkmalschutz steht, das Weinrestaurant *Aust*, das köstliche Küche anbietet und hauseigene Weine ausschenkt. Ein Weinlehrpfad, eine Kochschule, ein Atelier mit Malschule sind für einen sinnvollen Zeitvertrieb eingerichtet. Als ich mir meine Proben bestellte, waren die trockenen Weine bereits vorreserviert oder schon ausgetrunken.

Weingut Karl Friedrich Aust

BESTE LAGEN / REBSORTEN

Radebeuler Goldener Wagen, Steinbrück und Johannisberg / Spätburgunder, Riesling, Kerner, Weißburgunder, Müller-Thurgau, Goldriesling, Bacchus, Traminer

WEINE

○ **2012 Kerner**
Sächsischer Landwein, trocken
€

Eingangs duftiger Auftakt mit weißen Blüten, frischen Kräutern und vegetalen Aromen wie Gurke, grüner Spargel, Fenchel, Stangensellerie, aber auch Mandarine und Grapefruit. Sehr schöne, frische Säure, eher leichte Textur. Ein feiner Typ mit Riesling-Charme und angenehmem Nachdruck – insgesamt ein kerniger Bursche. Nicht nur geeignet als Apero, sondern auch der ideale Begleiter zu Antipasti oder vegetarischen Gerichten.

○ **2013 Radebeuler Goldener Wagen**
Traminer, Spätlese
€€

Ganz feiner, dezenter Duft von gelben Rosen, Muskattrauben und Würze, ausgeprägte Traminerlinie. Reife, süßliche gelbe Früchte, Honigmelone, Banane, Sternfrucht. Dezente Restsüße im schönen Spiel. Lebendig feine Fruchtsäure, eher leicht im Gaumen. Ein glasklarer, blitzsauberer Wein mit Suchtgefahr. Es ist durchaus möglich, dass man bei Gefallen nicht mehr von ihm lassen kann. Ideal zur Asiaküche, die nicht zu scharf ausfällt.

○ **2013 Radebeuler Goldener Wagen**
Riesling, Spätlese, halbtrocken
€€€

Ausgeprägter frischer gelber Apfel, rosa Grapefruit, Limette. Dezent, im Anklang frische Kräuter, fein und klar. Ausgeprägte Mineralik mit leichter Erdigkeit, fast fränkische Art. Deutliche, aber reife Säure und leichte Zitronennoten. Mittelkräftige Textur und Länge. Gaumenfreundlich, harmonisch – für mich ein authentischer Wein, der viel zu erzählen hat, und zwar lange Geschichten, ideal zur Lesestunde eines Literaturklassikers mit vielen Seiten. Und für diejenigen, die ein Landschaftsbild malen, liefert er eine ganze Bandbreite an Farben.

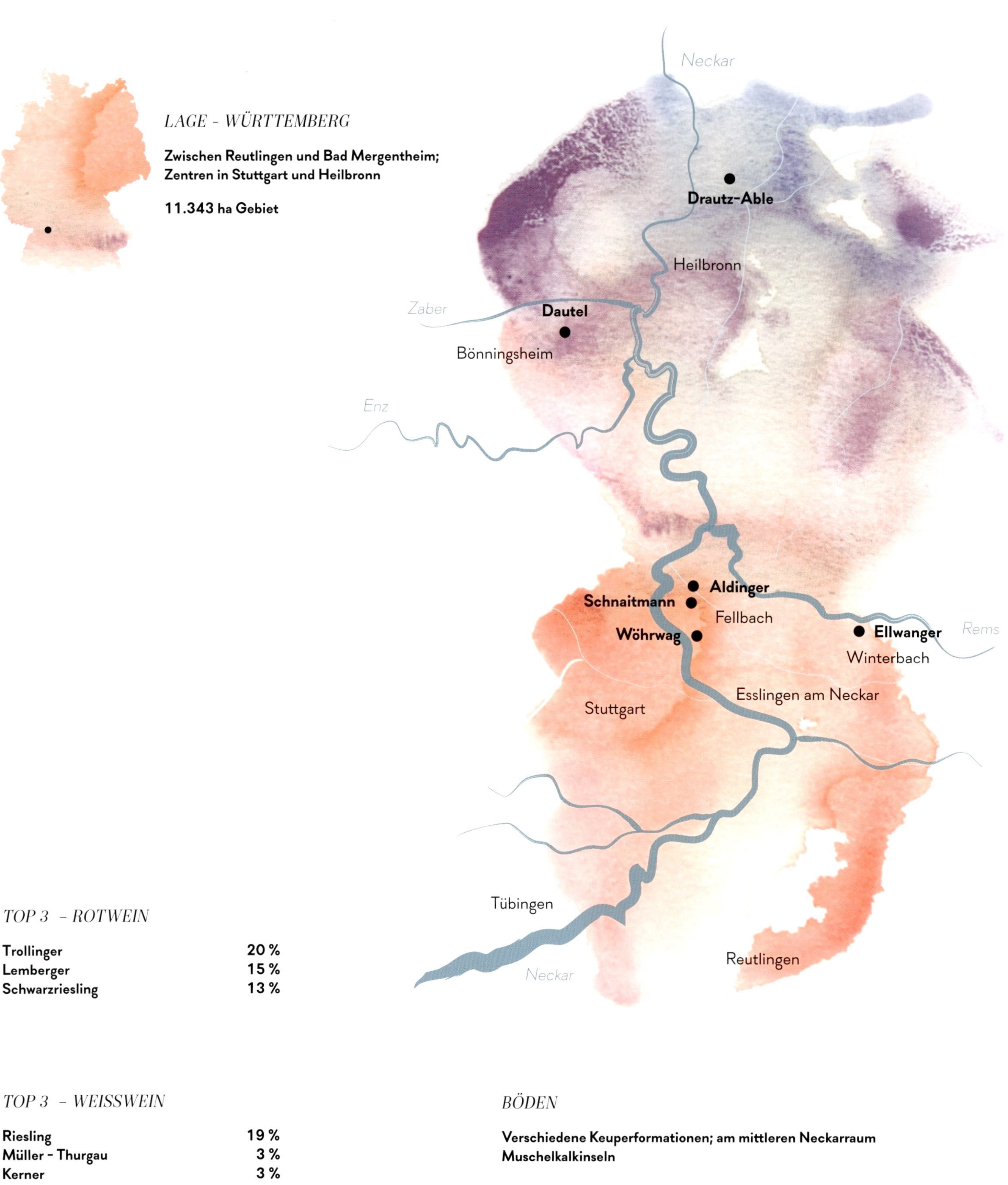

LAGE - WÜRTTEMBERG

Zwischen Reutlingen und Bad Mergentheim; Zentren in Stuttgart und Heilbronn

11.343 ha Gebiet

TOP 3 – ROTWEIN

Trollinger	**20 %**
Lemberger	**15 %**
Schwarzriesling	**13 %**

TOP 3 – WEISSWEIN

Riesling	**19 %**
Müller - Thurgau	**3 %**
Kerner	**3 %**

BÖDEN

Verschiedene Keuperformationen; am mittleren Neckarraum Muschelkalkinseln

WÜRTTEM-BERG

Chapeau, Chapeau den schwäbischen Winzern zu ihrem Erfolg in der Welt des Weines! Zu diesem Kompliment kommt es ganz sicher nicht, weil Schwaben auch meine Heimat ist, sondern aus Respekt vor der großartigen Leistung in den letzten 25 Jahren. Vor den Verdiensten all jener Winzer aus Württemberg, die sich im Gerangel um einen fairen Platz in der Weinszene, in Deutschland oder in der weiten Welt, im Handel, in Restaurants oder beim Weintrinker selbst, nicht einschüchtern ließen. Dass sie eben nicht auf den angebotenen letzten Reihen Platz genommen haben, ist ein Erfolg für alle, auch wenn viele Einzelkämpfer unter ihnen sind. Für die meisten von ihnen war es sicher kein leichtes Spiel, insbesondere für die Väter der jungen Generation, denn die Existenzfrage in den schwierigsten Momenten stand sicher öfters zur Debatte. Doch man gab nicht auf, und die Erfolge von heute sind auch Teil des Erfolges von morgen.

Die Menschen in Württemberg sind es gewohnt zu kämpfen, nicht nur in der Weinbranche. Hier agieren Firmen, die zu den führenden auf dem Weltmarkt gezählt werden. Wer im Maschinenbau etwas zu melden hat, kommt ebenfalls aus dem Ländle, von Liebherr und Würth bis zur Technologie ZF-Friedrichshafen. Robert Bosch, die Zentrale von Carl Zeiss, die Autobranche mit Daimler und Porsche mischen auf den vorderen Plätzen mit.

In der europäischen Weinbranche spielen aber vor allem die zahlreichen Genossenschaften eine bedeutende Rolle. Das liegt in erster Linie an den vielen zersplitterten Weinbergbesitzen, die es kleinen Weinbauern unmöglich machen, ihre eigenen wenigen Weine selbst auszubauen und zu vermarkten. Die Württemberger Winzergenossenschaften sind hier in allen sechs Bereichen wie Remstal-Stuttgart, Kocher-Jagst-Tauber, dem Oberen Neckar, dem Württembergischen Unterland sowie dem Württembergischen und Bayrischen Bodensee mal mehr oder mal weniger erfolgreich tätig, sie füllen ein ganzes Buch für sich.

Das Anbaugebiet ist mit 11 400 Hektar sehr groß und steht an vierter Stelle im deutschen Weinbau. Seine geografische Lage ist weit zerstreut, erstreckt sich von Reutlingen bis Bad Mergentheim, rund um die Zentren in und um Stuttgart und umfasst die Lagen am bayrischen Bodenseeufer. Mit seinen Nebenflüssen Rems, Enz, Tauber, Kocher und Jagst hat auch der Neckar großen Einfluss auf das Klima in den umliegenden Weinlagen. Vom Wind geschützt werden die Rebflächen durch den nahen Schwarzwald und die Schwäbische Alb. Die Sommer sind teils heiß und trocken, die Winter bringen Frost und lange Kälteperioden. Die Böden sind durch die räumliche Ausdehnung sehr unterschiedlich und bringen von felsigen Hängen, Muschelkalk, Keuper, Sand, Ton, Mergel bis zu vulkanischem Gestein alles mit, was einem ebenso vielfältigen Rebsortenmix als Grundlage dient. Das Ländle präsentiert sich von dieser Seite als Paradies für Weinliebhaber – wenn auch mehr als 70 Prozent mit roten Rebsorten bepflanzt sind, bei denen das Nationalgetränk der Württemberger, der Trollinger, immer noch den Löwenanteil der Flächen in Anspruch nimmt. Lemberger, Spätburgunder, Schwarzriesling, Samtrot, Muskattrollinger, einige Neuzüchtungen und internationale Sorten folgen. Es bleibt aber angesichts der Größe Platz genug für die weißen Sorten, bei denen Riesling den ersten Platz einnimmt. Kerner, Silvaner, Müller-Thurgau, Traminer, Muskateller, Weiß- und Grauburgunder sind mit von der Partie, ebenso wie internationale Sorten von Chardonnay bis Sauvignon Blanc. Wie schon erwähnt: Es gibt viel zu schlotzen und zu probieren im Schwabenland.

Wer über die Landschaft Württembergs mehr wissen will, sollte sich auf einen der endlosen Wanderwege begeben – hier ist Wein-Wandern vermutlich erfunden worden. Eine der zahlreichen Routen, sie mag auch zugleich die schönste sein, beginnt in Obertürkheim und hat dort auch ihr Ende. Ein Auf und Ab entlang des Neckars, vorbei an herrlichen Aussichtspunkten mit weitem Blick, so lange bis man am Ziel und wieder am Ausgangspunkt angekommen ist. Essen und Trinken ist auch dort selbstverständlich.

Gerhard Aldinger

FELLBACH, WÜRTTEMBERG (VDP)

Wer Württembergs Spitzenbetriebe einmal näher betrachtet, ihre Geschichte der letzten 30 Jahre zugrunde legt und versucht, dabei in die Karten der Zukunft zu blicken, wird feststellen, dass die Väter und Mütter der heutigen beziehungsweise nachfolgenden Generation extrem viel gearbeitet haben. Damit schufen sie eine wunderbare Basis für ihre Kinder, die scheinbar einfach an die Erfolge der Eltern anknüpfen können.

Im Weingut von Gerhard Aldinger sind die beiden Söhne Hansjörg und Matthias voll engagiert und integriert im Betrieb, so dass dem sehr aktiven Vater viel Zeit und Muße für andere Aktivitäten bleibt. Die Harmonie des Vater-Söhne-Trios überträgt sich auch auf die an sich schon seit vielen Jahren exzellente Qualität der Weine. Mir scheint, sie bekommen derzeit den letzten Schliff, den Kick zur Top-of-the-Top-Qualität, die in der Gesamtheit des Betriebs durch den häufig zu vordergründigen Holzeinsatz manchmal gefehlt hat. Mit viel Feingefühl und Gespür werden hier im Moment Weine vinifiziert, die bei Aldingers in dieser Finesse und Eleganz meiner Meinung nach noch nicht im Keller lagen. Für ein Weingut mit 29 Hektar Rebfläche und einer Jahresproduktion von etwa 200 000 Flaschen ist das Qualitätsniveau eine gewaltige Leistung.

2014 war auch hier kein Jahr für schwache Nerven. Enorme Aufwände im Weinberg waren nötig, die Weine sind aber in der Qualität unterm Strich besser als erwartet.

Das zeigt schon alleine der ausgesprochen feine Riesling aus dem Untertürkheimer Gips. Zart, feinfruchtig mit harmonischem Säurespiel. Ebenso das Riesling, Große Gewächs Marienglas. Eine reife exotische Frucht dominiert hier die vegetalen Töne.

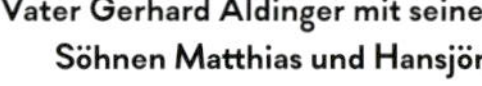
Vater Gerhard Aldinger mit seinen Söhnen Matthias und Hansjörg

BESTE LAGEN / REBSORTEN

Untertürkheimer Gips, Fellbacher Lämmler, Stettener Pulvermächer und Mönchberg / Riesling, Spätburgunder, Lemberger, Cabernet Sauvignon, Merlot, Sauvignon, Weißburgunder, Trollinger

WEINE

○ **2014 Sauvignon Blanc „Große Reserve" trocken**
€€€
Angenehmer, nicht zu intensiver Duft bekannter Sauvignon-Aromen von Cassis, Holunderblüte, Stachelbeere bis zu Kräuternoten wie Kerbel, Schnittlauch und Basilikum. Im Mund schmecke ich eingangs eine leichte restsüße Art, die im ersten Moment irritiert, aber der hohen Traubenreife geschuldet ist, am Ende wieder verfliegt und einen substanzreichen Geschmack im Gaumen hinterlässt. Hinter diesem Etikett steckt ein erstklassiges Mobil, dessen Pferdestärken noch im Stadium der Entwicklung sind. Im Herbst wird es Zeit für ein Rennen.

● **2012 Marienglas Spätburgunder, Großes Gewächs**
€€€€
Hochfeines, nobles und doch kompaktes Bukett. Vielschichtig, mit reifen Erdbeeren, Sauerkirschen, roten Hagebuttenblüten, Rosen. Im Mund anschmiegsam, saftig, schmackig und sehr fein im Trinkfluss. Ganz klar, transparent, reife Tannine, die präsent aber nicht störend sind. Das ist Genuss pur, für mich im Ländle in diesem Jahrgang der Sieger unter den Spätburgundern. Wer damit einen Festtagsbraten vom Wildgeflügel übers Kalb bis zum Reh begleitet, liegt auf der sicheren Seite.

● **2012 Bergmandel Lemberger Großes Gewächs**
€€€€
Dunkles, sattes, strahlendes Kirschrot. Viel Pfeffer, Lorbeer, Wacholder. Mächtiges Tannin, kühle Kräuterfrucht, dennoch reicher Körper im Gaumen. Süßes, reifes Tannin mit ordentlich Fleisch und Kraft. Ein stattlicher Vertreter seiner Sorte, der dem Trinker viel Respekt abverlangt. Ein stattlicher Vertreter der deutschen Rotweinkultur.

● **2012 Cuvée C „Große Reserve" trocken**
€€€€
Der Wein für diese Cuvée aus Cabernet Sauvignon und Cabernet Franc wurde zu 60 Prozent in neuem Holz ausgebaut. Nur durch strenge Ertragsreduzierung im Weinberg werden diese beiden Sorten reif, auch in einem großen Jahrgang wie 2012. Im Duft konzentrierte, reife dunkle Früchte mit noch jugendlicher, aber dezenter Holzaromatik. Schokolade, Vanille, feinste Röstnuancen, auf Klasse fokussiert. Noch blutjung, stramme, gereifte Tannine mit viel Kraft und Stoff für die Zukunft. Der muss in zehn Jahren mal wieder ins Glas und sorgt dann für allerhand Überraschung.

Bergmandel

Fellbacher Lämmler

Matthias Aldinger mit Ovum (Gärbehälter)

Besigheimer Wurmberg

Den Württembergern sagt man nach, dass sie ihren Wein lieber selber trinken, als ihn anderen zu gönnen. Das würde auch erklären, warum selbst erfahrene Weintrinker – es sei denn, sie sind Württemberger –, häufig nicht wissen, wie es im Ländle des berühmt-berüchtigten Trollingers in der Branche aussieht, was sich in den einzelnen Betrieben denn so ereignet, wer derzeit an der Spitze des Landes steht oder wer wem diese Position streitig macht. Um zu wissen, was hier passiert, muss man am Ball bleiben, das heißt probieren, weil in dieser so unterschätzten Region eine ganze Reihe von jungen Talenten die Betriebe ihrer Väter übernehmen und sich nicht auf deren Lorbeeren ausruhen, sondern richtig Gas geben.

Einer von ihnen ist Christian Dautel aus Bönnigheim, der Junior von Ernst und Hannelore Dautel, deren Weine mich den Großteil meiner Sommelierzeit begleitet haben. Als ich dem Junior zum ersten Mal begegnete, dem hochgewachsenen fröhlichen Typen mit seinen zu einem Pferdeschwanz zusammengebundenen Rastahaaren, hatte ich fast einen Flashback: Auf den Osterinseln war mir auf einer Biketour über die Insel genau so ein Typ auf dem Rücken eines Wildpferdes begegnet. Christian hat zwar viel gesehen auf seinen zahlreichen Studienreisen, die ihn in verschiedene Länder geführt haben, bevor er 2013 die Verantwortung für das elterliche Weingut übernommen hat, er hat mir aber versichert, nie auf den Osterinseln gewesen zu sein. Jetzt leitet er das Familienweingut zwischen Heilbronn und Ludwigsburg, das sein Vater 1974 nach seinem Austritt aus der örtlichen Genossenschaft mit einem Teil von Mutter Hannelores Mitgift gegründet hat. 13 Hektar Rebfläche

Ernst Dautel

BÖNNIGHEIM, WÜRTTEMBERG (VDP)

sind es heute, und mehr sollen es auch nicht werden. Die Eltern helfen täglich – man versteht sich ja bestens – und Christian weiß den Mut und Fleiß der beiden sehr zu schätzen.

Bei meinem letzten Besuch staunte ich nicht schlecht über den neuen Verkostungsraum und den Barriquekeller, den die Dautels auf ihrem Weingut gebaut haben, in Kürze soll noch ein neuer Gärkeller folgen. Ernst Dautel zählt zu den ersten Weinmachern im Land, die mit Barriquefässern experimentierten, er war auch Gründungsmitglied des ersten Barriqueforums „Hades" in Deutschland. Dafür musste er sich viel Spott und unprofessionelle Kommentare aus Kollegenkreisen gefallen lassen. Den ruhigen Ernst konnte das wenig erschüttern.

Seine Rotweine zähle ich seit Jahren zu den besten in Württemberg. Wie lange in der Top-Steillage „Wurmberg" allerdings noch Trollingerreben wachsen werden, weiß ich nicht genau, habe aber eine Ahnung, dass die letzten Jahre dort oben nahe sind. Der Weinberg und seine Reben stehen auch bei Sohn Christian im Vordergrund – trotz der vielen Technik und Arbeit mit Holzvarianten, die er schon gesehen hat. Er hat mir einen seiner Lieblingsvergleiche zum Thema Holz verraten, in Anlehnung an das „Salz in der Suppe": Ohne schmeckt sie fade – mit zu viel ist sie ungenießbar. Bingo! Die Dautels wissen, wie große Weine schmecken müssen, jung und gereift. Auf den vielen (Urlaubs-)Reisen, in erster Linie natürlich nach Frankreich, Italien und Österreich, haben sie viele Flaschen eingekauft und als Vorbilder in den heimischen Keller gelegt, natürlich auch für den Genuss. In der Familie ist man sich über die Weinlinie und Richtung der Zukunft einig – bestmögliche Qualität! Die zeigt sich auch im noch blutjungen 2013er Großen Gewächs Riesling Grübenstein mit seinen Gärnoten der Spontanvergärung und seiner noch verschlossenen Art, dennoch ist er muskulös, kompakt, straff und lang.

BESTE LAGEN /REBSORTEN

Bönnigheimer Sonnenberg, Besigheimer Wurmberg / Riesling, Spätburgunder, Lemberger, Weißburgunder u. a.

WEINE

○ **2014 Bönnigheimer Gipskeuper Weißburgunder, trocken**
€€
Weißburgunder kann Dautel ganz besonders gut, zumindest ist diese Sorte unter den Weißweinen seit vielen Jahren hier mein Liebling. Der Duft ist stets ausdrucksstark, herrlich blumig mit viel Frucht und blumigen Aromen, weiße Blüten, Wiesengräser, Birnen und Melone. Im Mund frisch, harmonisch, viel Saft, blitzblank und klar wie Bergwasser, druckvoll mit Zug und Kraft, herrliche Länge.

○ **2013 Chardonnay „S" trocken**
€€€
Hat den gleichen Ausbau wie der Weißburgunder, aber eben 100 Prozent BSA (biologischer Säureabbau), was bedeutet, dass der Wein weniger säurebetont ist, sich cremiger, weicher im Mund präsentiert. Facettenreicher Duft, ganz verhalten die Vanille, geröstete Holznote. Cremig, sanfter Ton von exotischer Art mit Kokos, Ananas, Karamell. Insgesamt nahezu mit Burgunderstil in ganz dezenter Art, auf alle Fälle jetzt noch viel zu jung.

● **2011 Bönnigheimer Lemberger „S" trocken**
€€€
Christian sagt über seinen Lemberger, der noch Vaters Handschrift trägt, dass er viel Ähnlichkeit mit den Syrah der Côte-Rôtie habe. Tiefdunkles Farbenspiel, viel Frucht und Würze. Holundersaft, Brombeere, schwarzer Pfeffer, Lorbeer, Wacholder, getrocknete Tomate, Lakritze, rauchige Noten von Holzkohle und Speck. Reichlich reifes Tannin, Schmelz ausgewogen, sehr gute Balance, viel Länge. Zu Wildbret mit Rotkraut oder ganz raffiniert.

Christian Dautel

Drautz-Able

HEILBRONN, WÜRTTEMBERG (VDP)

16 Hektar stemmt der frisch vermählte Markus Drautz junior mit seiner Frau Stephanie und der allgegenwärtigen guten Seele der Firma, Mutter Monika. Das Weingut am Stadtrand von Heilbronn, dessen Kellerwirtschaft sehr zum Vorteil des Unternehmens in die nahen Weinberge ausgesiedelt wurde, hat die Überholspur bereits verlassen und fährt in der Zielgeraden auf die Spitzenplätze zu. Markus Drautz hat sich inzwischen an seine Rolle als Oberhaupt des Weinguts gewöhnt – er wurde ja früh genug noch von seinem Vater an die Aufgabe herangeführt – und leitet den Betrieb gleichermaßen souverän durch ruhige wie stürmische Tage. Unter Insidern gilt er längst als vielversprechendes Nachwuchstalent der Region. Inzwischen ist er Präsident des VDP Württemberg.

Die Weinberge der Familie liegen in Heilbronn, Neckarsulm, Erlenbach, Brackenheim, Stetten und Laufen. Die am häufigsten angebaute Weißweinsorte ist Riesling, gefolgt von Sauvignon Blanc, der im Weingut einen besonderen Stellenwert genießt. Die ersten Reben wurden schon 1987 und 1991 gepflanzt, und das schmeckt man auch – in guten Jahren ist die im Barrique ausgebaute Variante exzellent und zählt gereift mit ihrem Bordeaux-ähnlichen Charakter zu den besten Sauvignon-Weinen des Landes. Zwei Drittel der Rebfläche sind mit roten Reben bepflanzt, vom Trollinger über Lemberger bis zum Schwarzriesling und Spätburgunder, ebenso Merlot und Cabernet Sauvignon.

Da die Familie 1986 Gründungsmitglied der HADES-Gruppe war und seit 1990 Mitglied dieses Barriqueforums ist, hat man viel Erfahrung im Umgang mit dem kleinen, 225 Liter fassenden Eichenholzfass, dem Barrique aus bester französischer oder auch heimischer Eiche. Vielen Verkostern wird dies allerdings immer wieder zum Verhängnis, weil jene Weine einfach Zeit zur Reife brauchen und eine entsprechende Beurteilung verlangen.

BESTE LAGEN / REBSORTEN

Heilbronner Stiftsberg und Wartberg, Neckarsulmer Scheuerberg / Lemberger, Trollinger, Spät- und Weißburgunder, Sauvignon, Schwarzriesling

WEINE

○ 2013 Sauvignon Blanc HADES
trocken
€€€
93 Grad Öchsle, 13,8 Prozent Alkohol, 0,6 Gramm Restzucker, 8,1 Prozent Säure: Ideale Daten für einen, wie ich meine, sehr guten Sauvignon Blanc mit bester Zukunft. Überhaupt ist man hier im Weingut Garant für gute und beste Sauvignons. Das Alter der Reben wie die lange Erfahrung im Umgang mit ihnen sprechen für sich. Die frischen, vegetalen Noten von Chicorée, Lauch, Fenchel bis Spargel sind hier typisch für die Jugend. Die fetzige Säure wirkt noch sehr vordergründig, bleibt kompakt und frisch mit gehaltvollem Körper im langatmigen Abgang. Hier wird einfach Zeit zur Reife verlangt. Der Jahrgang 2009 verspricht höchste Suchtgefahr.

● 2013 Trollinger „3 Tauben"
trocken
€
Unter dem 3-Tauben-Etikett präsentiert man im Weingut Drautz-Able stets zuverlässige Qualitäten auf einem sehr, sehr fairen Preisniveau. Das gilt nicht nur für den stets qualitativ führenden Trollinger, sondern auch für die anderen Rebsorten des Hauses. Mit 13 Prozent Alkohol und nur 1,8 Gramm Restzucker wirkt der sehr blasse Rotweintyp anfangs befremdlich. Man könnte durchaus auch einen Rosé dahinter vermuten. Die leichte Muskatwürze versöhnt dann wieder. Leicht orientalisch angehaucht (Schwarzkümmel), aber auch kleine rote Beerenfrüchte schweben über dem knalltrockenen, authentischen Urvieh der Württemberger Winzerkunst.

● 2011 Lemberger „3 Tauben"
trocken
€€
Kräftiges Rubinrot, Nase noch etwas reduziert, verschämt im ersten Eindruck, dann mit etwas mehr Luft im Glas viele dunkle Beeren, Holunder, Brombeere. Der Babyspeck mit seiner sanften Oberfläche steht dem fleischig, muskulösen Körper noch etwas im Wege. Wirkt zwar wie ein „Easy drinking"-Typ, kann seine Vorzüge aber noch nicht richtig ausspielen. Hier bringt die Zeit die Harmonie und Lust an viel Würze, Frucht und Fruchtsüße. Insgesamt hat der Wein richtig Power unter der Haube, wirkt ein wenig tiefgestapelt, weil er mehr auf der dezenten Linie daherkommt, aber das kann Weinfreunden nur recht sein.

● 2011 Jodokus HADES
trocken
€€€€
Die Fakten zu diesem Wein: Cuvée zu je einem Drittel aus Merlot, Cabernet Sauvignon, Lemberger, 24 Monate im Barrique gereift. Die Reben stehen in der Lage Löwenherz in der Heilbronner Gemarkung. Tiefes, dunkles, nahezu tintiges Schwarz-Rot, satt bis zum Kern. Schöne reife, duftige Frucht und Gewürze, Zimt, Nelke, dazu Bitterschokolade. Konzentriert, rund, Stoff ohne Ende. Im Moment noch sehr präsenter Gerbstoff, aber gut gereifter Art. Beste Balance, super Tiefe –, Wirkungsvoll im Ganzen und in frühestens fünf Jahren ein Hit.

Jürgen Ellwanger mit seinen Söhnen Jörg und Felix

Jürgen Ellwanger

WINTERBACH, WÜRTTEMBERG (VDP)

Jürgen Ellwanger senior kann sich heute zu Recht völlig entspannt in seinem Sessel zurücklehnen – was ihm allerdings nicht leichtfallen dürfte – und von dort aus mit Wohlwollen das Tun seiner drei Söhne beobachten. Jürgen Ellwanger hat das heutige Weingut, das 1949 von Gottlob Ellwanger gegründet wurde, in einer schwierigen Zeit für deutsche Weine nicht nur in Württemberg und Deutschland, sondern über die Grenzen hinaus bekannt gemacht. Seine Rotweine wurden vielfach ausgezeichnet und gelten als Paradebeispiele für gute deutsche Rotweine.

Mit seinen Söhnen Jörg und Felix kann der stets auf Qualität setzende Vater zufrieden sein und glücklich dazu, haben die beiden doch die Geschäftsführung übernommen und somit den Senior entlastet. So werden die Ellwangers, die immerhin schon seit 1514 mit dem Weinbau verbunden sind, weiter Geschichte schreiben. Dazu zählt dann unter anderem auch, dass hier die ersten Zweigeltreben in Deutschland gepflanzt wurden, man zu den Gründungsmitgliedern der HADES-Gruppe gehört und – nicht zu vergessen – die zahlreichen Preise der Fachpresse. Das Weingut rangiert stets auf den vordersten Plätzen oder gar auf Platz eins für den Deutschen Rotweinpreis. So darf man zu Recht feststellen: Nicht nur im Remstal, dem 780 Hektar zählenden Weingebiet östlich von Stuttgart, stehen die Ellwangers an der Spitze, sondern sie zählen generell zu den Spitzenbetrieben in Deutschland. Wenn auch die hohen Auszeichnungen in erster Linie den Rotweinen zufallen, so darf man die weißen hier nicht unterschätzen.

BESTE LAGEN / REBSORTEN

Winterbacher Hungerberg, Hebsacker Lichtenberg, Schnaiter Altenberg / Riesling, Lemberger, Trollinger, Spätburgunder, Zweigelt, Weiß- und Grauburgunder u. a.

WEINE

○ **2013 Schnaiter Altenberg**
Riesling, Großes Gewächs
€€€
Die Reben sind zwischen 25 und 32 Jahre alt und stehen hier auf Keuperböden mit Sandschicht. Im jugendlichen Stadium zeigt sich der Charakter stahlig, mineralisch, mit stoffig-salziger Art. Viel Frucht, Saft und Fülle. Ananas und Apfel. Straffgezogene Säure, erfrischend klar und mit druckvollem Abgang. Mit etwas Zeit, denke ich, kommt die verdeckte Riesling-Rasse mehr in den Vordergrund.

● **2011 Zweigelt HADES**
trocken
€€€
Bei der roten HADES-Serie schwanke ich immer wieder zwischen Lemberger und Zweigelt, wenn es darum geht, welchen der beiden ich denn bevorzuge. In 2011 gewann Zweigelt. Tiefes Schwarzkirschrot. Viel dunkle, beerige Frucht von Holundersaft über Blau- und Brombeere, Schattenmorellen. Insgesamt etwas kühlere Aromatik mit getrockneten Kräutern, aber sehr gut gemacht. Dankt es, wenn er mehr Zeit zur Entwicklung hat.

● **2012 Cuvée Nikodemus HADES**
trocken
€€€€
Im Bilderbuch-Jahrgang besteht die Cuvée aus zwei Dritteln Merlot, einem Drittel Cabernet Cubin. Tiefdunkles Kirschrot mit opulentem Duft, sehr nahe am französischen Charakter. Die Nase ist reizvoll fruchtig mit Eindrücken von schwarzer Johannisbeere und anderen dunklen Beeren. Zedernholz, Mokka, frisches Leder. Ein präsentes Säuregerüst wird vom fleischigen, reifen Tannin gedrosselt. Großzügige Üppigkeit im Gaumen, viel Kraft und druckvolles Finish. Wird in wenigen Jahren sicher eine Überraschung.

Rainer Schnaitmann

FELLBACH, WÜRTTEMBERG (VDP)

Was auch immer letztendlich Rainer Schnaitmann dazu bewogen hat, ein geplantes Architekturstudium zugunsten einer Winzerkarriere fallen zu lassen – es war mit Blick auf seine Erfolge der letzten 15 Jahre in jedem Fall die richtige Entscheidung. 1997 gründete er das Weingut Rainer Schnaitmann in Fellbach auf der Basis der elterlichen Weingärten. Immerhin blickt die Familie auf eine fast 500-jährige Tradition im Weinbau zurück, die Trauben wurden an die örtliche Genossenschaft abgeliefert. Mit den guten Lagen hatte der Junior auch eine der wichtigsten Voraussetzungen für seinen Erfolg, der dann ohne Vergleich in der württembergischen Weinszene war. Sein Spätburgunder aus der Lämmler Bergmandel hat über ein Jahrzehnt die Richtung für diese Rebsorte und ihr Qualitätspotenzial vorgegeben, diente vielen als Zielvorgabe. Wie ernst es Rainer Schnaitmann mit seinem Qualitätsanspruch meint, beweist seine Einstellung zum derzeit verfügbaren Spätburgunder: „Gut ist er ja – aber halt nicht so wie die Jahre davor." Das liegt, wie er sagt, an unterschiedlichen Gründen, allen voran am schlechten Wetter. Die Umstellung auf ökologische Bewirtschaftung forderte zudem erhebliches Engagement. Es ist, wie es ist; die Ernte 2014 war sehr schwierig, das Ergebnis aber gut.

BESTE LAGEN / REBSORTEN

Fellbacher Lämmler Bergmandel, Uhlbacher Götzenberg, Schnaiter Altenberg / Spätburgunder, Lemberger, Riesling, Trollinger, Sauvignon, Merlot, Cabernet Sauvignon

WEINE

● **2014 Muskattrollinger Rosé**
trocken
€
Allein schon der herrliche Traminerduft begeistert. Rosenblüten ohne Ende, frische Trauben, Anis, Muskatnoten. Der frische und zugleich knalltrockene Geschmack wird durch die stramme Säure unterstrichen. Erstaunlich gelungene Balance, ein wirkliches Trinkvergnügen, besonders in großen Schlucken nicht nur auf den Terrassen im Ländle.

○ **2013 Fellbacher Lämmler „Bergmandel"**
Riesling, Großes Gewächs
€€€€
Das vordergründige Bukett geht in dieser Reifephase noch in die vegetale Richtung. Fruchtansätze von Apfel, Birne, Mirabellen bestimmen die Kopfnote. Kräuterfrische mit zarten Bitternoten einer Grapefruit findet sich im Geschmack, der noch nach etwas mehr Reifezeit verlangt. Dieser etwas andere Typ Riesling, mal ohne vordergründige Frucht und Exotik, ist dank seines Säureabbaus auch als Speisenbegleiter ein idealer Partner.

● **2013 Steinwiege**
Trollinger, Deutscher Landwein, trocken
€
Knalliges, helles, strahlendes Kirschrot. Die Nase: Preiselbeere, Hagebutte, zarte Würze, Granatapfel, Muskatnuss. Saftig, lebendig frisch ohne Ecken und Kanten. Unfiltriert, gilt daher als Landwein, weil das Qualitätsweinsiegel für diesen Wein bei der Prüfung abgelehnt wurde.

● **2012 Simonroth**
Lemberger, trocken
€€€
Ein blendendes Beispiel für Lemberger mit all seinen besten Charakterzügen. Würzige Nase vom schwarzen Pfeffer bis Lorbeer und Wacholderbeeren, viel Kirschfrucht und reife Erdbeere. Erinnert in seiner ausgeprägten Frucht und weichen Charakteristik im Geschmack an Weintypen wie Merlot oder Gamay. Hat aber doch mehr Tiefe und Kraft sowie feines, elegantes Tannin. Der große Jahrgang hat hier definitiv Pate gestanden.

Wöhrwag

UNTERTÜRKHEIM, WÜRTTEMBERG (VDP)

Der ganze Stolz des 20 Hektar großen Familienbetriebs, der quasi vor den Toren der schwäbischen Hauptstadt Stuttgart liegt, ist die im Alleinbesitz befindliche Lage Untertürkheimer Herzogenberg. Auf dem steilen Südhang, der überwiegend aus Keuper- und Mergelböden besteht, haben die Wöhrwags ihre Weinberge mit weißen und roten Sorten bepflanzt. Zu den weißen Trauben zählen Riesling – er macht mit 40 Prozent den Löwenanteil aus –, Weiß- und Grauburgunder, Sauvignon Blanc und Müller-Thurgau. Die Roten werden dominiert von Lemberger, dann folgt Trollinger – ohne den es in Württemberg nun mal nicht geht. Mit 9 Prozent Anbaufläche gibt es erstaunlich viel Merlot, außerdem noch Cabernet Sauvignon.

Mir ist das Weingut seit etwa 25 Jahren bekannt, und ich kann mir Württemberg ohne die Wöhrwags und ihre Weine so gar nicht vorstellen. Hans Peter Wöhrwag kann den Verkauf getrost seiner Frau Christine überlassen, deren Professionalität ich auf meinen Verkostungstouren ganz besonders schätze. Klar und eindeutig, zielgerichtet erklärt sie Sorte für Sorte, jede Frage wird beantwortet. Die gleichmäßige Qualität des Weinguts schätze ich bis heute und bin von den letzten Jahrgängen überzeugt, wenn ich auch heimlich immer noch auf einen Ausreißer nach oben, genau gesagt auf einen Mercedes der Wöhrwags, spekuliere.

Hans Peter und Frau Christine Wöhrwag

BESTE LAGEN / REBSORTEN

Untertürkheimer Herzogenberg / Riesling, Lemberger, Trollinger, Spätburgunder u. a.

WEINE

○ **2014 Riesling „Mineral"**
trocken
€€
Das ist Riesling pur, ganz im Sinne der Württemberger Weinschmecker: Knalltrocken, ohne viel drumherum, strahlende Mineralik, feine gelbfruchtige Art, mit Spiel und leichter Textur, aber kerniger, fast drahtiger Säure. Gut gewachsen, ohne Schnickschnack – Trinkgenuss in Reinkultur, ein „Württemberger Riesling".

● **2014 Lemberger**
trocken
€€
Würze, wie sie für Lemberger nicht typischer sein könnte, vom schwarzen Pfeffer über Lorbeerblätter, Rosmarinnadeln, Tabakblätter bis Wacholderbeere. Kirschen und Heidelbeeren im saftigen, sehr frischen Andruck. Ein beachtenswerter Basiswein, ein frischer Typ Rotwein der wirklich einfachen, aber trockenen Art. Ein angenehmer Gegensatz zu vielen anderen des Typs „rot und süffig", wovon es leider Unmengen als Standard gibt.

● **2012 Kreidenstein**
Pinot Noir, Großes Gewächs
€€€€
Der Jahrgang 2012 war ein Geschenk, fürs Familienalbum sozusagen, das wird in 2013 schwierig werden. Im sehr duftigen Gesamtbild findet man Pfingstrose und reife, süßliche Frucht. Kühle Kräuternoten, delikate Tanninstruktur, mollig, sanft im Ganzen, aber mit raffiniertem Fruchtsäurespiel und angenehmem Nachhall. Womöglich wird das doch noch ein Paradewein der Wöhrwags.

REBSORTEN WEISS

AUXERROIS

Typ: Leicht bis mittelkräftig, dezenter Duft, relativ frische Säure, im Alkohol etwas geringer, meist trocken.
Die Sorte zählt eindeutig zu den Burgundersorten und ist dem Weißburgunder sehr ähnlich. Es handelt sich um eine Kreuzung aus Pinot und Heunisch. Ihre Ansprüche an Lage und Böden sind hoch, auch neigt sie stark zur Verrieselung und bringt dadurch relativ geringe Erträge. Die Herkunft vermutet man in Elsass-Lothringen. Mit ihrer leichten und frischen Art eignet sich die Sorte sehr gut für das Entree eines Menüs. Ein guter Begleiter zu sommerlichen Salaten, Gemüsegerichten, Fischpasten, Sülzen, Quiche, Flussfischen gedämpfter Art, Muscheln im Sud.

Anteil an der bestockten Rebfläche in Deutschland (102‘ Hektar gesamt): 229 Hektar.

Hefe Klenzenbirnen Sellerie
sandiger Lehm Weissdorn Haselnuss
Rheinhessen Honig Sandsteinverwitterungsböden
Kokosnuss Mandelmilch Pfirsich
Nahe kiesiger Ton Baden
Akazienblüten Pfalz

CHARDONNAY

Typ: Ohne Barrique eher neutral, im ungünstigen Fall belanglos. Mit Holzausbau würzig, säurearm, voluminös, sahnig, cremig, toastig, viel Schmelz, weich und rund. Üppig und opulent.

Der Ursprung der Rebsorte wird in Vorderasien vermutet, von dort kam sie nach Frankreich, wo sie heute noch in der Bourgogne die besten Ergebnisse bringt. Wenn sie auch sehr genügsam ist und auf jedem Kraut- und Rübenacker gedeiht, entstehen in meinen Augen die besten Chardonnay immer noch auf den kalkreichen Böden in den burgundischen Gemeinden Puligny- und Chassagne-Montrachet. Ausnahmen bestätigen die Regel. Keine andere weiße Rebsorte gewinnt durch den Ausbau in Holzfässern mehr als sie. In warmen Lagen wird sie schnell breit, fett und alkoholisch, weil sie relativ wenig Säure hat und durch den Ausbau im Barrique zusätzlich der biologische Säureabbau vonstatten geht.

Ideal zu Meeresgetier aller Art wie Krustentieren und Muscheln, aber auch Tarte mit Gemüse sowie Pasta mit Sahne passen gut dazu.

Anteil an der bestockten Rebfläche in Deutschland (102' Hektar gesamt): 1600 Hektar.

Sellerie Kalkhaltig Karamel
Butter geschmolzen tiefgründig
Exotische Früchte Baden Toast
Butterscotch weiße Blüten
Nuss Williamsbirne Rauch Banane
warme nicht zu kühle Lagen
Litchi Kaffee Pfalz Ananas Honig
Vanille Mango Rheinhessen Haselnuss

GRAUBURGUNDER

Pfalz Nuss Speckig
Kalkböden Champignon Mango
Rheinhessen Mandel Brot
Vulkangstein Orange Banane
Braune Butter Rosen verblüht
Lössterrassen Trockenobst
Hessische Bergstrasse Nahe Honig Toast
Weissdorn Württemberg
Feigen Mittelrhein Baden Rauchig
Mandarine

Typ: Klassischer Art, säurearm, sehr gehaltvoll von frisch bis sahnig, buttrig weich. Vielschichtig, würzig, je nach Ausbau im Edelstahl oder Holzfass von komplex bis opulent.
Der Grauburgunder ist eine Mutation des blauen Spätburgunders und zählt inzwischen zu unseren besten Rebsorten. Als Ruländer fristete er lange ein armseliges Dasein, um dann unter dem Synonym Grauburgunder, in Italien Pinot Grigio, als Shootingstar die deutsche Gastronomie zu erobern. Schade, dass der aus Italien bekannte und beliebte Pinot Grigio leider in mehr als zweifelhaften Qualitäten auf dem Markt wie Wasser angeboten wurde. Bei uns in Deutschland sind viele gute Grauburgunder auf dem Markt. Bedauerlich ist allerdings der Trend zu säurereich ausgebauten Varianten, die dann wie unreife Äpfel schmecken. Es wird sich zeigen, wie lange das gut geht. Großartige Weine dieser Sorte gibt es im Elsass unter dem Synonym Tokay d'Alsace.

Passt zu der ganz großen Fischküche oder regional geprägten Rezepten, gekochtem oder gepökeltem Fleisch, Weißkraut, Linsen, Birnen, Bohnen und Speck. Wunderbar auch zu Wild, Wildgeflügel, Lammstelzen und Blauschimmelkäse.

Anteil an der bestockten Rebfläche in Deutschland (102' Hektar gesamt): 5600 Hektar, Tendenz steigend.

GUTEDEL

Typ: Frisch und feinduftig, leicht, säurearm, einfacher bis – als Ausnahme – kräftiger Charakter mit einer vorteilhaften Neutralität im Geschmack

Gutedel ist mit 5000 Jahren Geschichte eine der ältesten Kulturreben der Welt und unter dem Synonym Chasselas weit mehr bekannt, vor allem in der Schweiz. Ihr Ursprung liegt vermutlich im Libanon. Über Ägypten, später Spanien und Italien gelangte sie ins französische Rhônetal und von hier aus nach Deutschland – in die Schweiz schaffte sie es erst wesentlich später. Im südbadischen Markgräflerland, wo sie fast ausschließlich angesiedelt ist, gilt sie als Spezialität der Region. In der Regel werden die Weine trocken ausgebaut und wirken sehr leicht und säurearm – mit einer berühmten Ausnahme aus dem Hause Ziereisen. Ein guter Partner zur leichten Küche, insbesondere Seefischen, auch roh mariniert, zum Lunch und Apero, aber auch passend zum Frühschoppen und zur Vesper mit cremigem, mildem Käse.

Anteil an der bestockten Rebfläche in Deutschland (102‘ Hektar gesamt): etwa 1100 Hektar.

Weißdorn Kurkuma
Muskat Karotte Kamille Saale-Unstrut
Akazie Gesteinsverwitterung
Möglichst tiefgründige Kürbis
Laktisch Kerbel Kalk Quitten Buttermilch Fenchel
Birne Sesam Haselnuss Apfel
Nicht zu trocken Baden

MÜLLER-THURGAU

Typ: Leicht, duftig, blumig, frisch, säuremild, zugänglich, einfach und jung zu trinken
Ein Schweizer, Prof. Hermann Müller aus dem Kanton Thurgau, forschte an der Geisenheimer Lehranstalt nach einer Rebsorte, die den Winzern in der Zeit um 1850 bis 1927 ihre Not mit kleinen Erntemengen, Frost etc. lindern könnte. Wichtig waren: große Erntemengen, Frühreife, Widerstand bei Kälte und Frost. Eine erfolgreiche Sorte war die Müller-Thurgau-Rebe. Nach den neuesten Untersuchungen handelt es sich um eine Kreuzung von Riesling und Madeleine Royale. In unserer Zeit wurde sie dann so überstrapaziert, dass sie zu Recht lange Zeit missachtet wurde. Aber diese Missbilligung und den Missbrauch hat sie nicht verdient. In Franken, der Pfalz, wie am Bodensee finden sich besonders frische, duftige Exemplare, die herrlich als „easy drinking"-Weine einfach so, als Apero oder auch mal als Weinschorle Trinkvergnügen bereiten. Zu frischen Blattsalaten mit leicht geräucherten Forellen, Aal, lauwarmem Lachs.

Anteil an der bestockten Rebfläche in Deutschland (102' Hektar gesamt): 12 800 Hektar.

RIESLING

Liebstöckel
Pfirsich Rheinhessen Mirabelle
Petrol Aprikose Buntsandstein Limette weiße Blüten
Nuss- und Mandelvarianten (in hohem Alter) Nahe Zitrone
Honigmelone Schiefer Grapefruit Rheingau
balsamisch (mit beginnender Reife) Muschelkalk kühl-mineralisch
Gelbe und grüne Äpfel Wiesenblumen
Mandarine
Vulkan leicht Mosel/Saar/Ruwer
Pfalz Birne

Typ: Jung sehr frisch, von ganz leicht bis kräftig und gereift; sehr komplex, trocken bis edelsüß, frische jugendliche Säure bis betont reif. 7,5 bis 13,5 Volumenprozent

Riesling ist ohne Zweifel der Champion unter den weißen Rebsorten – nicht nur in Deutschland. Keine andere Sorte kann all das, was Riesling von trocken bis edelsüß abzudecken vermag. Seine unverkennbare Frische mit der markanten Säure, Finesse, Rasse, Leichtfüßigkeit und auch Langlebigkeit, woran man jeden sehr guten Riesling erkennt, ist ein Grund für diesen Titel. Ein weiterer liegt in seiner unerreichten Transparenz in Duft und Geschmack, seiner Mineralität, die seine Herkunft oft eindeutig widerspiegelt. Glockenklare Frucht und finessenreiches Spiel, Eleganz mit Flügeln sind weitere besondere Eigenschaften. Seine Herkunft scheint bis heute nicht bewiesen. Die früheste urkundliche Erwähnung des Rieslings wurde in einer Rüsselsheimer Kellerei mit einer Rechnung aus 1435 für den Kauf von Rieslingsetzreben dokumentiert. Trinken kann man Riesling vom Apero bis zum Dessert. Leicht fruchtig mit 7,5 Volumenprozent sind Mosel und Nahe unschlagbar. Ideale Sommerweine zur leichten, frischen Salatküche bis Große Lagen, Große Gewächse gereift zu edlen Süßwasser- und Meeresfischen, Fleischgerichten, Wild, Regionalem auch mit Sauerkraut. Lieblich bei Frischkäse, süß bei gereiften Sorten, Dessertauswahl ist grenzenlos.

Anteil an der bestockten Rebfläche in Deutschland (102' Hektar gesamt): 23 300 Hektar.

SAUVIGNON

Typ: Ausgeprägt fruchtiger, blumiger Duft, große Aromenvielfalt. Saftig, feine, betonte Säure, mittelkräftig bis extraktreich
Die Rebsorte Sauvignon Blanc hat ihre Heimat in Frankreich an der Loire. Von dort trat sie bereits vor 30 Jahren ihre Reise in andere Länder an. Weltweit steht sie mit 80 000 Hektar im Anbau an erster Stelle. In Deutschland erhielt sie ihre Zulassung erst Ende der 90er Jahre. Offizielle Zahlen des DWI in Mainz belegen, dass 2001 die Rebfläche noch 30 Hektar betrug und sich bis 2014 auf 849 Hektar steigerte, das bedeutet in 13 Jahren ein Wachstum von fast 3000 Prozent. Bis dato hat das keine andere weiße Rebsorte erreicht. In deutschen Restaurants und im Handel hat man die Sorte als Sancerre oder Pouilly Fumé schätzen gelernt. Ihr Duft kann, wenn er gut gemacht ist, umwerfend fein und elegant sein, im negativen Fall aber genauso schlecht. Säurebetont und knallfrisch aus dem Edelstahl, komplex, dicht und tief strukturiert aus dem Holzfass. Passt gut zu Edelfischen, rohem oder mariniertem Thunfisch in Salaten oder kurzgebraten, Kräutersalaten, weißem Spargel in allen Varianten, Gazpacho, Gemüsepfanne, Pasta mit Gemüse oder Sahnesauce, Hummer, Langustinen sowie Ziegenkäse.

Anteil der bestockten Rebfläche in Deutschland (102‘ Hektar gesamt): Etwa 800 Hektar.

Erbse
Frische Kräuter Pfalz Basilikum
Pfirsich Cassis Rheinhessen Senfmehl
Baden
Sandig, karg, tiegründig
Spargel Württemberg Sauerampfer Bohnen
Leichte wasserdurchlässige Böden Heu
Brennessel Tomatenblätter Wiesenkräuter
Zitronenmelisse
Holunder & Blüten Saale-Unstrut
Paprika grün

SCHEUREBE

Typ: Fruchtig, saftig, harmonisch, mit feiner betonter Säure, mittelkräftig bis kräftig
Lange galt die Scheurebe als unbedeutende Neuzüchtung, die von Georg Scheu aus einer Kreuzung von unbekannter Wildrebe und Riesling entstanden ist. Sie gilt für mich leider immer noch als unentdeckter Star, obwohl ihr inzwischen etwas mehr Wertschätzung entgegengebracht wird. Sie ist spätreifend, daher sind ihr anspruchsvolle Lagen gerade gut genug. Wird sie dann reif geerntet, erinnert sie stark an Sauvignon Blanc und etwas Riesling. Mit ihrer rassigen Fruchtsäure, mittelkräftigen Struktur und Intensität, im Edelstahl oder großen Holzfass ausgebaut, mit moderatem Alkohol, passt sie je nach Ausbau, ganz trocken bevorzugt, aber auch mit einem Hauch Restsüße, zur sommerlichen Küche.
Mit knackigen Salaten, kurz gegarten Fischen mit leichten Fonds, Sommergemüse in Begleitung mit Pasta oder Risotto, Asiacuisine. Restsüße Vertreter sind mit Fruchtdesserts, die man auch im Duft der Sorte finden kann, ideal. Vorsicht bei den Früchten – sie müssen reif sein.

Anteil der bestockten Rebfläche in Deutschland (102‘ Hektar gesamt): 1400 Hektar.

Efeu Rosen Flieder
Pfirsich Sellerie Maracuja Pfeffer
Drops Baden Mango Franken Sachsen Lössböden
Schwarze Johannisbeere
Holunderblüten Stachelbeere Mandarine
Rheinhessen Aprikosen Pfalz Heu Birne
Kalkhaltiger Untergrund

SILVANER

Pfalz Geranie
Honigmelone Saale-Unstrut Nahe
Lehm Muschelkalk Rhabarber
Lorbeer
Rheinhessen Apfelreif
Württemberg Baden
Heu Lindenblüte Jute Stachelbeere
Verwitterungsböden
Quitte Franken Grapefruit
Anis Zitronengras Stein nass
Champignon Birne

Typ: Jung oder gereift, saftig, harmonisch, milde, teils auch ausgeprägte Säure, leicht bis mittelkräftig
Silvaner ist eine alte, vermutlich aus Österreich stammende, zufällige Traminerkreuzung. Leider wird sie immer noch zu Unrecht vernachlässigt, aber ihre Renaissance ist spürbar. Der Silvaner gilt als frühreif, ist ertragsreich und eignet sich bestens für Neuzüchtungen. Ihr neutrales Bukett ist von Vorteil, zugleich aber auch ein Problem. Die Zurückhaltung im Duft wird durch seinen sehr feinen, teils gehaltvollen Geschmack wieder ausgeglichen. Die Säure ist mild bis ausgeprägt, meist jedoch auf der milden Seite. Mittelschwer im Charakter, immer trocken, teils sogar sehr trocken ausgebaut.
Ideal zu Gemüsen wie Spargel, Fenchel, Zwiebeln, Kartoffeln, Gemüseeintopf, Auflauf mit Auberginen, Zucchini, leicht zubereiteten Süßwasserfischen, gekochtem oder gebackenem Huhn im Ganzen, Kalb als Piccata, Roulade, Filet.

Anteil an der bestockten Rebfläche in Deutschland (102‘ Hektar gesamt): 5000 Hektar.

TRAMINER

Typ: Sehr blumig, aromatisch, körperreich und gehaltvoll mit milder Säure. Hochfein und elegant von trocken, cremig, ölig bis aromatisch, edelsüß, rosiniert

Die Streitereien um Alter sowie Herkunft des Traminers sind noch nicht beigelegt. Feststeht allerdings, dass es sich um eine der ältesten noch angebauten Rebsorten handelt. In Baden wird sie auch Clevner genannt, in Sachsen firmiert sie unter Roter Traminer, eine Spezialität der Region. Leider stehen die sogenannten Bukett-Rebsorten – mit Ausnahme von Sauvignon Blanc – nicht sehr hoch in der Beliebtheitsskala. Eigentlich sind sie gar nicht mehr gefragt, bis auf wenige Ausnahmen wie Traminer, Gewürztraminer, da und dort noch ein Muskateller. Sie sind die eindeutigen Verlierer auf dem Markt. Ich finde es sehr gut, dass es noch Winzer gibt, die solche Sorten pflegen. Was gibt es denn Schöneres als einen cremigen, sanften Traminer zu trinken und dazu ein Stück Gänseleber, egal ob Paté oder gebraten. Oder ein Stück würzigen Käse, ein echter Stinker wie Münster. Ein zartes Küken mit Traminertrauben ...

Anteil an der bestockten Rebfläche in Deutschland (102‘ Hektar gesamt): 900 Hektar.

Orange Litschi Tiefgründig
Senfsamen Franken Veilchen Rettich
Nahe Kumquat Curry Artischocke Sachsen
Anis Baden Marzipan
Rosenblüten Kardamon Fenchelsamen
Safran Akazienblüten Safran Pfalz Kümmel
wärmere und schwere

WEISSBURGUNDER

Mosel
Kohl Apfel Weissdorn Sesam
Franken
Baden Muskatnuss Kürbis Birne
Haselnuss kräftige und warme Fenchel
Kamille Möglichst tiefgründige
Quitten Butterblume Nahe
Kerbel Rheinhessen
Aprikosen Akazien Zwiebel
Piment trocken
Pfalz

Typ: Frisch und feinduftig, blumig, leichter bis mittelkräftiger, im Holz ausgebaut mächtiger Charakter. Säurebetonter, etwas leichter als Grauburgunder

Weißburgunder gilt immer noch als kleiner Bruder des Grauburgunders. Auf deutschen Weinkarten war er vor 20 Jahren wenig präsent. Mit dem Grauburgunder zählt er allerdings im Rebsortenspiegel zu den Gewinnern der letzten Jahre. Deutschland ist mittlerweile nach Italien das Land mit der größten Weißburgunder-Rebfläche. Die Hochburg des Weißburgunders ist hier immer noch Baden. Ansprüche an Boden und Klima sind hoch und lassen die Verwandtschaft zum Spätburgunder erkennen.

Idealer Partner bei Tisch, da er in seiner feinblumigen, duftigen und sehr ausgewogenen Art vielseitig einsetzbar ist. Ein Menübegleiter schlechthin. Von den Vorspeisen bis zum Käse – ein mittelkräftiger Pinot Bianco passt immer. Gut auch zu Käsespätzle mit Zwiebeln.

Anteil an der bestockten Rebfläche in Deutschland (102‘ Hektar gesamt): 4800 Hektar.

REBSORTEN ROT

LEMBERGER

Typ: Ist sehr farbintensiv, oft schwarzrot bis dunkelrubin. Von der Lage und dem Erntezeitpunkt abhängige Reife: leicht und fruchtig bis rustikaler, gerbstoffreicher Charakter. Komplexität und Stoffigkeit ist markant, mittelkräftig bis gehaltvoll, teils gerbstoffreich
Die Heimat des Lemberger wird in Österreich vermutet, wo er unter dem Namen Blaufränkisch als die Rebsorte des Landes gefeiert wird. Im Burgenland, Mittelburgenland, insbesondere um Eisenberg verzeichnet sie zu Recht sehr große Erfolge. Auch im nahen Ungarn ist sie als Kékfrankos stark verbreitet. Im schwäbischen Württemberg kommt Lemberger immer dann ins Glas, wenn gehaltvoller Wein oder auch etwas Besseres als leichter Trollinger gewünscht ist. Seine Qualität und sein Charakter hängen stark von geernteten Mengen und der Ausbauart im Keller ab. Entsprechend unterschiedlich ist er im Geschmack, in der Intensität und im Preis.
In der schwäbischen Küche passt er zu Zwiebelrostbraten, Schmorgerichten, Haarwild, Käsespatzen, Wildgulasch, Eintopf mit Fleisch und Gemüsen, Landpastete, Vesper.

Anteil an der bestockten Rebfläche in Deutschland (102‘ Hektargesamt): 1800 Hektar.

Leder
Rheinhessen Waldbeeren
Schwarzkirsche Lehm Banane
Waldpilze
Cassis Heidelbeere Löss Unterholz Moos
Rauch Tanne Baden Württemberg Holunder
Holzausbau Vanille-Eiche Pfalz
Tiefgründig und schwer
Blaubeere

SPÄTBURGUNDER FRÜHBURGUNDER

Typ: Jung mittelkräftig, fruchtbetont und harmonisch oder aber gehaltvoll, opulent, körperreich sowie samtig weich bis gerbstoffbetont
Der Spätburgunder ist in seiner Qualität und Klasse seiner weißen Konkurrenz, dem Riesling, durchaus vergleichbar. Die beiden stehen in der Weinwelt mit gemäßigtem Klima an der Spitze der Qualitätspyramide und gelten als die Royals der Rebsorten. Bei der Wahl des Standorts stellt der Spätburgunder ebenso hohe Ansprüche wie seine Königin. Genetischen Untersuchungen zufolge handelt es sich bei Spätburgunder um eine natürlich Kreuzung aus Traminer und Schwarzriesling. Die Quellen seines Ursprungs sind unterschiedlich, in Burgund wird die Rebsorte in ihren Anfängen schon ab dem 4. Jahrhundert erwähnt. Geschätzt wird Spätburgunder von vielen Weinfreunden ganz besonders, weil er alle Attribute eines perfekten Rotweins verkörpern kann. In der Farbe von hellem Rubinrot bis zu reifem Granat und Ziegelrot. Im Geschmack mit Tendenzen zu feinkörnigem Tannin, kernig straff bis samtig weich, leicht und frischfruchtig bis körperreich, tiefgründig, vollmundig und unvergleichlich fein. Am besten leicht gekühlt zwischen 16 und 18°C servieren, Barrique- varianten dekantieren. Ideal für helles und dunkles Geflügel, Coq au vin, Braten, Reh und Hirsch sowie Seefische oder Krustentiere vom Grill. Für eine klassische Käseauswahl vom Brie bis zum reifen Hartkäse ist er ebenfalls ein guter Begleiter.

Anteil an der bestockten Rebfläche in Deutschland (102‘ Hektar gesamt): 11 800 Hektar.

TROLLINGER

Typ: Jung und hell, leicht mit wenig Gerbstoff, ähnlich einem Beaujolais. Frisch und saftig, nur jung zu trinken

Ausgerechnet bei den Württembergern, deren Nationalgetränk der Trollinger ist, ähnlich wie bei den Bayern das Bier, ist die Anbaufläche des Trollingers rückläufig. Das hängt vermutlich auch damit zusammen, dass die Sorte oft in guten Lagen steht, in denen eigentlich Riesling angepflanzt werden könnte, die Qualität des Trollingers jedoch sehr viel geringer ausfällt. Sein Ursprung findet sich in Südtirol, im Trentino, allerdings wird inzwischen auch die Lombardei vermutet. Obwohl flächenmäßig unbedeutend, gilt der Muskat-Trollinger als Spezialität, deren duftiges Aroma an Muskatblüten erinnert und in guten Jahren respektable Weine erzeugt. Man sollte ihn leicht gekühlt bei 12 bis 14°C genießen, zur leichten Brotzeit, Pasta mit Fleischragout, geräucherten Forellen, Zwiebelkuchen, Quiche, Maultaschen, leichte suppige Eintöpfe wie Pichelsteiner oder einfach so zwischen durch.

Anteil an der bestockten Rebfläche in Deutschland (102‘ Hektar gesamt): 2300 Hektar.

Lakritze Pflaume Moos Kümmel
Württemberg Unterholz
Geräuchertes
Pfingstrose Erdbeere Baden
Himbeere Muschelkalk Karotte
Gewürznelke
Rote Beete Sauerkirsche
Muskatnuss
Johannisbeere Keuper

REZEPTE

TR

Krabbencocktail

Der Krabbencocktail war als kleiner Junge eines meiner Sehnsuchtsgerichte, er war in einer Kristallschale angerichtet und stand in der Auslage für Meerestiere in der Feinschmeckeretage des KaDeWe. Einmal im Jahr, zwischen Weihnachten und Silvester, ging ich mit meiner Mutter dorthin und durfte mir drei Petitessen aussuchen. Der Krabbencocktail war jedesmal dabei, und ich hielt die Kristallschale wie einen Siegerpokal in meinen Händen.

Für 4 Personen

SAUCE

75 g Mayonaise (siehe Seite 260)
25 g Ketchup
25 g Milch
2 g Sriracha-Chilisauce
3 g Worcestershiresauce
10 g Tomatenmark
8 g Limettensirup
2 g Piment d' Espelette
1 g Salz

Alle Zutaten miteinander mischen und glatt rühren.

GARNELEN

20 Garnelen (8/12), geschält und Därme entfernt
Zitronenöl
Salz

Die Garnelen in Zitronenöl marinieren und etwas salzen. Dann vakuumieren und bei 82 °C 3 Minuten im Wasserbad garen. Anschließend in Eiswasser abkühlen.

ANRICHTEN

Filets von 1 Orange
60 g ausgestochene Perlen von 1 Melone (Cantaloupe)
60 g ausgestochene Perlen von 1 Apfel (Granny Smith)
4 rohe Champignons, dünn gehobelt
6 Kopfsalatblätter, in grobe Streifen geschnitten
1 Chicoréestaude
1 unbehandelte Limette, geviertelt (zum Aufträufeln)

PAULAS TIPP

○ 2014 Scheurebe
trocken
Acham Magin, Pfalz
€€
Seite 134

Der Krabbencocktail hat im Gegensatz zu früher ebenso beliebten Gerichten wie Königinpastetchen oder Toast Hawaii bis heute in allen Auslagen der Feinkostgeschäfte überlebt. Auf Speisekarten hat er seine Freunde wie eh und je. Mit Wein ist er recht einfach zu begleiten, obwohl er höchste Ansprüche stellen kann. Ein delikater Weißburgunder, ein saftiger Riesling Kabinett mit dezenter Restsüße passt ebenso wie ein duftiger Sauvignon Blanc, der nicht zu dominant in seinen Aromen auftritt. Am liebsten kombiniere ich ihn mit einem Typ Wein, der in den Aromen an reife Früchte erinnert - ähnlich dem Sauvignon Blanc, aber einen Hauch reifer. Die Scheurebe von Acham Magin hat es mir angetan: ein Aromenfest von Pfirsich, Aprikose, Holunder, Koriander und ein Gaumenschmaus mit diesem Krabbencocktail.

Kopfsalat

Es hat 39 Jahre meines Lebens gedauert, bis ich bereit war, freiwillig Salat zu essen, und das dank dem Rezept für Petersiliendressing, in das wir in diesem Fall den Kopfsalat tränken. Und der Kopfsalat ist so köstlich, wenn nur ein paar Aromenblitze an seiner Seite sind.

Für 4 Personen

PETERSILIENDRESSING

20 ml Limettensirup
100 ml Rapsöl
20 ml Nuoc-Mam-Sauce
6 g weißer Reisessig
10 g grüner Tabasco
2 g weißer Muscovado-Zucker
2 g Senf
2 g Salz
¼ Bund Blattpetersilie, gezupft

Alle Zutaten mit dem Mixstab vermixen und anschließend durch ein Sieb passieren.

ANRICHTEN

1 kleines Glas feinste Kapern
Eingemachte Zitrone
40 ml Zitronensaft
40 g Zucker
Zesten von 1 unbehandelten Zitrone (ohne das Weiße), in sehr feine Streifen geschnitten

Zitronensaft und Zucker zusammen aufkochen, die Streifen hineingeben und 3 Minuten leicht darin köcheln lassen. Anschließend 2 Stunden im Kühlschrank ziehen lassen.

Zwiebeln
50 g Honig
100 g Edelsaurer P.X.-Essig
6 kleine Zwiebeln (Tropea), geschält

Den Honig erhitzen und leicht karamellisieren, dann mit dem Essig ablöschen. Die Zwiebeln 5 Minuten darin köcheln lassen und bis zur Verwendung über Nacht ziehen lassen. Zum Anrichten in Scheiben schneiden.

PAULAS TIPP

○ **2014 Birnauer**
Müller-Thurgau, trocken
Markgraf von Baden, Baden
€
Seite 49

Kopfsalat wächst in der fruchtbaren Region des Bodensees wie Kraut und Rüben und wird auf der Insel Reichenau besonders geschätzt. Mit einem feinen Kräuter-Dressing werden die hellgrün-gelben Herzblätter zur Delikatesse. Unverständlich, warum dieser herrliche Salat zugunsten des oft bitteren Raukengrüns von den Speisekarten verschwunden ist. Dazu ein köstliches Glas Müller-Thurgau, einfach, aber trocken ausgebaut, am liebsten auch vom See. Und zwar von der besten Lage, der Birnauer Kirchhalde, und die Welt des alltäglichen Genusses ist für kurze Zeit in Ordnung. Verspielter Duft frischer Äpfel und Muskatblüten, mit knackig frischer Säure und einem fetzigen Charakter.

Rehpastete

Eine Pastete ist nichts für Anfänger, und dieses Rezept ist handwerklich eine Herausforderung. Da Pasteten aber nahezu von den Speisekarten verschwunden sind, wollten wir gegensätzlich zum Trend eine zeigen. Wir haben zwei Wochen an dem Rezept gearbeitet, und es ist einer der absoluten Bestseller auf der Speisekarte. Pasteten sind aufwändig in der Zubereitung, einfach in der Präsentation und aromatisch enorm vielschichtig durch die vielen zusammen verarbeiteten Gewüze und Aromen. Ich habe nach meiner Ausbildung in einem traditionellen Sternerestaurant gearbeitet, auf dem Vorspeisenposten, und von acht Vorspeisen waren fünf Terrinen oder Pasteten. Die Produktion hat mich manchmal wahnsinnig gemacht, die Arbeit ist vergleichbar mit der eines Bastelfreaks. Schicht für Schicht entsteht etwas, das man erst wirklich sehen kann, wenn es in der Form über Nacht durchgekühlt ist und angeschnitten wird. Und wehe, man hat eine Reihe Bohnen nicht exakt gerade gelegt! Sowas habe ich dann später mit einer Miniwasserwaage ausgemessen! Dann war die Pastete aus Trüffel, Bohnen und Kalbsbries ein abstraktes Kunstwerk!

Für 4 Personen

FÜLLUNG

180 g schierer Rehrücken (ohne Knochen und Fett), eiskalt und gewolft
260 g Sahne, eiskalt
30 g Sweet-Chili-Sauce, passiert
80 g Pistazien, geschält
3 Wacholderbeeren, fein gemörsert
25 g grüne frische Pfefferkörner
20 g Salz
1 g weißer Pfeffer, gemahlen

Rehrücken und Sahne in der Küchenmaschine zu einer feinen Masse (Farce) pürieren und durch ein feines Sieb streichen. Die restliche Zutaten untermischen und sofort wieder kalt stellen.

PASTETE

300 g Mehl
1 Ei
150 g Butter
35 g Wasser
4 g Salz
10 Scheiben Lardo, hauchdünn geschnitten
10 Dörraprikosen
1 Rehfilet à 150 g, pariert
neutrales Pflanzenöl
Butter für die Form

Mehl, Ei, Butter, Wasser und Salz zu einem Teig kneten und diesen auf 3 mm Stärke ausrollen. Eine gebutterte Pastetenform am Boden und den Seiten mit dem Teig auskleiden, sodass etwa 1 cm davon an den oberen Rändern nach außen überlappt. Einige Lardoscheiben auf dem Teig auslegen und etwa 1/3 der Farce in die Form geben; dabei darauf achten, dass keine Luftlöcher vorhanden sind. Ein dünne Schicht aus Dörraprikosen auf der gesamten Farce verteilen, darauf eine 1 cm dicke Schicht der Farce streichen.

Das Rehfilet von allen Seiten in Öl anbraten, dann mittig in die Form legen und so viel von der Farce einfüllen, bis das Filet etwas 1 cm hoch bedeckt ist. Eine zweite Schicht Aprikosen einlegen und mit der restlichen Farce auffüllen. Obenauf mit einer Schicht Lardoscheiben abschließen. Einen passenden Deckel aus dem übrig gebliebenen Teig schneiden, auf die Lardoschicht legen und leicht andrücken. Die überlappenden Seiten mit dem Deckel verbinden und 2 Luftlöcher von etwa 5 mm in den Deckel einschneiden. Bei 195 °C 35–45 Minuten bis zu einer Kerntemperatur von 80 °C backen und auskühlen lassen.

100 ml Geflügelfond
0,5 g Agar-Agar
½ Gelatineblatt

Den Geflügelfond aufkochen und das Agar-Agar einrühren, dann vom Herd nehmen. Die Gelatine in etwas kaltem Wasser einweichen und ausdrücken und in der Geflügelfond-Agar-Mischung auflösen. Wenn die Pastete durchgekühlt ist, den Fond durch die Luftlöcher einfüllen, damit sich entstandene Hohlräume füllen. Nochmals 30 Minuten kalt stellen.

ANRICHTEN

Quittengelee
rote Zwiebeln
Friséesalat
Essig-Öl-Dressing zum Marinieren des Salates

PAULAS TIPP

○ **1999 Scharzhofberger**
Riesling, Auslese
Egon Müller Scharzhof, Mosel
€€€€€
Seite 89

Helle, grüngelbe Farbe. Der Duft gleicht einem Strauß von Aromen, die bei Aprikose beginnen, sich über Birne, Lindenblüte, Limone bis Galiamelone fortsetzen. Filigran im ganzen Körper, aber mit unheimlicher Spannung, feinster, klirrender Säure, großer Mineralität und ausgeprägter Salzigkeit, großer Dichte und Konzentration. Restsüße und Säure tanzen leichtfüßig mit der Pastete einen heißen Rhythmus. Jung, frisch, sehr gut!

Zwiebeltarte

Nichts spornt uns so sehr an, wie aus deftigen Wuchtbrummen wie einem Zwiebelkuchen eine feine Delikatesse zu machen. Die Zwiebeltarte ist ein wunderbarer Snack zum Beginn eines Abendessens und eignet sich auch super als Fingerfood.

Für 4 Personen

SALZIGER MÜRBTEIG

150 g Mehl
75 g Butter
1 Eigelb
2 g Salz

Alle Zutaten zu einem Teig verkneten, diesen auf 3 mm Stärke ausrollen und rund (8 cm Durchmesser) ausstechen. Bei 180 °C 8 Minuten backen.

ZWIEBELCREME

400 g Zwiebeln (Borretane), fein gehackt
100 g Butter
100 g Sahne
15 g Meersalz
1 Lorbeerblatt
4 g weißer Pfeffer, gemahlen

Die Zwiebeln in der Butter anschwitzen, Sahne aufgießen und zerkochen lassen. Abschmecken und durch ein feines Sieb streichen, eventuell abbinden mit hellem Soßenbinder.

KNOCHENMARK

6 Rindermarkscheiben, gefroren
Meersalz

Das Rindermark auf ein Blech legen und mit einem kleinen Bunsenbrenner rundherum gleichmäßig rösten, dann im Ofen bei 55 °C 15 Minuten ziehen lassen. Im Anschluss in 3 mm dicke Scheiben schneiden und mit Meersalz würzen.

GEFLÄMMTE ZWIEBELN

12 Perlzwiebeln
150 g Butter
Salz

Die Zwiebeln schälen, mit der Butter und etwas Salz vakuumieren und bei 100 °C für 2 Stunden im Dämpfer oder in einem Wasserbad garen. Herausnehmen, abkühlen lassen und mit einem kleinen Bunsenbrenner rundherum abflämmen.

ANRICHTEN

Den Mürbeteigboden mit der Zwiebelcreme bestreichen und mit Knochenmarkscheiben und Zwiebeln belegen.

Taubnesselblütenblätter
Brennnessel

PAULAS TIPP

○ **2013 Weiler Schlipf Gutedel „CS"**
trocken
Claus Schneider, Baden
€
Seite 47

Wenn die Zeit der Weinlese beginnt, ist es auch wieder Zeit für frischen Zwiebelkuchen, Maronen, Bratäpfel und neuen Wein. Der neue Wein wird in unterschiedlichen Geschmacksrichtungen getrunken, von super frisch, total trüb, noch im Moststadium, bis leicht angegoren, noch süß und trüb, und dann immer mehr vergoren, also weniger süß, aber alkoholreicher. Eine in ihrer Wirkung nicht zu unterschätzende Spezialität in allen Weinregionen, wo sie unterschiedliche Namen trägt. Von Federweißer über Sturm, Suser, Reißer oder einfach neuer Wein. Zum Zwiebelkuchen ein ideales und herrliches Getränk. Zur feinen Zwiebeltarte empfehle ich eine einfache Weinspezialität aus dem Markgräflerland, im Süden Deutschlands, der Grenzregion zur Schweiz. Mit dem sehr milden, säurearmen, aber völlig trocken ausgebautem Gutedel hat die Zwiebeltarte einen sehr guten Partner. Die Süße der Zwiebel kommt mit dem leicht hefigen, nussigen und cremigen Charakter des Gutedels bestens zurecht, sie ergänzen sich nahezu. Dank der Leichtigkeit kann es auch ein Glas mehr sein.

Hühnersuppe

Die Idee ist eine intensive Hühnersuppe. Mit Hilfe des Galgant aus der thailändischen Küche bekommt diese Suppe eine neue aromatische Dimension; lässt man es weg, hat man einfach eine sehr gute Hühnersuppe. Das Hühnchenfleisch pulen wir übrigens ab und machen daraus mit etwas Mayonnaise, Apfel, Walnuss und Muskatblüte einen beliebten Salat fürs Personal.

Für 4 Personen

SUPPE

5 Hühnerkeulen
1 Bund Suppengrün, klein geschnitten
1 kleine Knolle Galgant, klein gehackt
1 Liebstöckel-Zweig
10 weiße Pfefferkörner
2 Lorbeerblätter
5 Eiweiß
Salz

Alle Zutaten bis zu den Lorbeerblättern mit 1 Liter Wasser in einen verschließbaren Beutel geben und bei 83 °C 3 Stunden im Wasserbad garen. Sobald die Keulen zart sind, Brühe durch ein Sieb passieren. Die Keulen von der Haut befreien und das Fleisch vom Knochen zupfen. Die Brühe mit dem Eiweiß klären, dann durch ein Tuch passieren und bei Bedarf mit etwas Salz abschmecken.

EINLAGE

Eingemachte Zitrone
40 ml Zitronensaft
40 g Zucker
Zesten von 1 unbehandelten Zitrone (ohne das Weiße), in sehr feine Streifen geschnitten

Zitronensaft und Zucker zusammen aufkochen, die Julienne hineingeben und 3 Minuten leicht darin köcheln lassen. Anschließend 2 Stunden im Kühlschrank ziehen lassen.

Karotten
80 g Karotten

Mit einem Kugelausstecher ausstechen und blanchieren.

Lauchstange
½ Lauchstange
Butter
Salz

In 5 mm dicke Ringe schneiden, waschen und auf einem Blech verteilen. Mit Butter bestreichen, leicht salzen und im Ofen bei 90 °C bissfest garen.

ANRICHTEN

4 g Meerrettich, frisch gerieben
2 g frischer Galgant, in sehr feine Würfel geschnitten
5 g Schnittlauch, in feine Röllchen geschnitten

PAULAS TIPP

○ **2013 Bacharacher Hahn**
Riesling, trocken
Toni Jost, Mittelrhein
€€
Seite 76

Die eiserne Regel oder alte Mähr „kein Wein zur Suppe", hatte früher gute Gründe. Traditionell haben die Engländer die Vorliebe, zu einer Consommé Sherry oder Madeira servieren zu lassen, wenn dieser auch die Suppe bereicherte. Das Argument „Keine heiße Suppe zu kaltem Getränk" spielt mit den vielen Kreationen der neuen, modernen Küchenpraxis keine Rolle mehr. Heute wird serviert, was schmeckt, was gefällt und nicht gänzlich schräg erscheint. So habe ich im Weingut Jost eine wunderbare Bouillon serviert bekommen, die zu den Rieslingen des Hauses keineswegs verkehrt gewesen ist, ganz im Gegenteil, ich fand die Kombination überraschend gut, jederzeit wiederholbar. Zu Tim Raues Hühnersuppe würde ich je nach Schärfe der Brühe, also mit oder ohne Galgant, der ähnlich scharf wie Ingwer ist, die Restsüße des Weines anpassen. Wer's gerne scharf hat, kann auch die Auslese wählen.

Pellkartoffeln & geräucherte Butter

Wenn wir nicht alle paar Wochen Pellkartoffeln mit Quark zum Personalessen machen, gibt es einen Sturm der Entrüstung unter den Mitarbeitern. Die geräucherte Butter und die knusprig frittierte Pellkartoffelhaut macht dieses Gericht komplexer, lässt es aber weiterhin einfach lecker sein.

Für 4 Personen

KARTOFFELN

450 g Kartoffeln (Bamberger Hörnchen)
35 g Salz
250 ml Leinöl
15 g Salz
150 ml flüssige Butter
Rapsöl

Die Kartoffeln waschen und in 1 Liter Wasser mit 20 g Salz gar kochen, anschließend schälen und die Schalen zur weiteren Verwendung zur Seite stellen. Das Kartoffeln in einer Mischung aus Leinöl, flüssiger Butter sowie 15 g Salz einlegen und die Schalen in auf 140 °C erhitztem Rapsöl knusprig ausbacken und leicht salzen. Auf Küchenkrepp legen und trocknen lassen.

QUARK

300 g Quark
100 g Crème fraîche
1 Salatgurke
30 g feinste Kapern
½ Bund Kerbel, fein gehackt
1 EL Anis-Samen, gemörsert
2 rote Zwiebeln, in sehr feine Würfel geschnitten
Limettensirup
Salz
weißer Pfeffer

Quark und Crème fraîche vermengen, die Gurke halbieren und die eine Hälfte schälen. Dann reiben und unter die Quarkmischung heben. Die Kapern dazugeben sowie etwas Kapernwasser, Kerbel, Anis und die Hälfte der Zwiebelwürfel. Mit Limettensirup, Salz und weißem Pfeffer abschmecken. Die andere Hälfte der Gurke vom Kerngehäuse befreien und das feste Fleisch in feine Würfel schneiden.

GERÄUCHERTE BUTTER

5 g Räuchermehl
150 ml gesalzene Butter

Das Räuchermehl in einem Topf erhitzen, bis es raucht, die Butter dazugeben, 10 Minuten ziehen lassen und durch ein Tuch passieren.

ANRICHTEN

Feldsalatspitzen

PAULAS TIPP

○ **2014 Birkweiler**
Chardonnay, trocken
Dr. Wehrheim, Pfalz
€€
Seite 137

Pellkartoffeln mit oder ohne Quarkspeise war in unseren Köpfen nicht selten ein „Arme-Leute-Essen", allenfalls noch für einen fleischlosen Tag in der Woche gedacht, aber mit Begeisterung eher von Kindern und Jugendlichen gegessen. Ich habe schon beim Schälen der heißen Knollen vorneweg ein Stückchen kalte Butter, eine Prise Salz dazu geschätzt. Heute ist es eine gewisse Herausforderung für mich, zu den in geräucherter Butter geschwenkten Kartoffeln mit Kräuterquark den entsprechenden Wein zu wählen. Bei Butter und Quark denke ich spontan an Chardonnay der Basisqualitäten, aber doch im Holz (Barrique) vergoren. Dadurch werden die Weine aufgrund des Biologischen Säureabbaus (BSA) sahniger, cremiger und erhalten oftmals einen joghurtähnlichen Geschmack, durch das Holz zusätzlich leichte Röst- und Butternoten. Dieser Chardonnay passt zu den Geschmackskomponenten der Kartoffeln, und auch das Preisgefüge Speise und Wein stimmt.

Spätzle & Mängisch

Käsespätzle hatte ich das erste Mal als Achtjähriger, ich hatte das Vergnügen, zwei Jahre lang südlich von Stuttgart zu wohnen, und neben meiner Zuneigung für den Fußballer Karl-Heinz Förster ist die Liebe zu Käsespätzle das Prägendste, das mir geblieben ist. Die Preiselbeeren bringen ein feines Süße-Säurespiel in diese Kalorienbombe.

Für 4 Personen

SPÄTZLE

500 g Mehl, gesiebt
6 Eier
200 ml Milch
20 g Butter
Salz
Butter zum Anbraten

Alle Zutaten zu einem glatten Teig vermengen und schlagen, bis er Blasen schlägt. Dann 20 Minuten ruhen lassen. Den Teig vom Brett schaben oder mithilfe einer Spätzlepresse in leicht kochendes Salzwasser geben, garen und in Eiswasser abschrecken. Mit etwas Butter in einer Pfanne hellbraun anbraten.

SCHLUPPEN

2 Frühlingszwiebeln

Die Frühlingszwiebeln waschen, der Länge nach halbieren und nochmals quer halbieren.

GESCHMOLZENE ZWIEBEL

80 g Schalotten
30 g Butter
Salz

Die Schalotten schälen und in Ringe schneiden. Mit der Butter in einer Pfanne bei schwacher Hitze glasig schwitzen und leicht salzen.

ANRICHTEN

120 g Mängisch (Rohmilch-Bergkäse aus dem Allgäu), gerieben zum Überbacken
40 g Preiselbeeren
frischer grüner Thaipfeffer

PAULAS TIPP

● **2013 Trollinger 3 Tauben**
Trocken
Drautz-Able, Württemberg
€€
Seite 196

Mit diesem Nudelgericht kann man Menschen entweder für immer begeistern oder aber zu totalen Gegnern dieser schwäbischen Leibspeise machen. Eine bedeutende Rolle spielt dabei der Käse, der mehr oder weniger intensiv im Duft sein kann. Als Weinbegleitung gibt es etliche Möglichkeiten, weiß, rot oder rosé. Wichtig ist, dass sie alle frisch und knackig sind, also säurebetont, um dieser fettreichen Kalorienbombe entgegen zu wirken. Wählt man das Urvieh der schwäbischen Winzerkunst, den Trollinger, sollte er mit etwas mehr Power, Würze und Frucht ausgestattet sein, als übliche, einfache Exemplare zu bieten haben. Die „3 Tauben" mit ihrer Würze, Muskat, Kümmel und der zartbitteren Noten sind ideal.

Spargel

Ich teile die Begeisterung der Massen für Spargel nicht, das liegt nicht an dem Geschmack dieses feinen Stangengemüses, sondern an dem Trauma aus meiner Ausbildung. In der Spargelzeit standen stets mindestens 120 Kilo Spargel zum Schälen bereit, von sieben Uhr morgens bis 23 Uhr abends habe ich tagelang nichts anderes gemacht als Spargel zu schälen. Und ich gehe bis heute mit einem flauen Gefühl an Marktständen mit Dutzenden von Spargelkisten vorbei.

Für 4 Personen

SPARGEL

1 l Wasser
100 g Butter
30 g Zucker
30 g Meersalz
500 g weißer Spargel, geschält

Das Wasser mit Butter, Zucker und Meersalz aufkochen. Den Spargel einlegen und gar ziehen lassen. Er sollte noch leichten Biss haben.

HOLLANDAISE

200 ml Scheurebe
100 ml Estragonessig
100 ml Bio-Hausessig pur
40 g Schalotten, geschält und fein gehackt
1 Lorbeerblatt
10 weiße Pfefferkörner
20 g Honig
1 Estragonzweig
4 Bio-Eigelb
120 ml geklärte Butter
1 Spritzer Tabasco
Salz

Flüssigkeiten und Gewürze aufkochen, zusammen auf 100 ml reduzieren. Dann den Estragon dazugeben und 15 Minuten ziehen lassen, anschließend abkühlen lassen. Die Eigelbe in einen Kessel geben und die erkaltete Reduktion hinzufügen. Über einem Wasserbad aufschlagen, bis die Masse etwa 75 °C und einen festen Stand erreicht hat. Dann nach und nach die Butter unterschlagen, mit Tabasco und Salz abschmecken.

ANRICHTEN

6 grüne kernlose Trauben, in feine Scheiben geschnitten
1 türkische, dunkelgrüne scharfe Paprikaschote, in dünne Scheiben geschnitten
150 ml geklärte Butter zum Marinieren des Spargels
Grüner Oxalis (Sauerklee)

PAULAS TIPP

○ **2014 Muskateller**
trocken
Ökonomierat Rebholz, Pfalz
€€
Seite 123

Es müssen nicht immer Klassiker wie Sauvignon Blanc, Silvaner oder Riesling zu Spargel sein. Die Kombination mit einer so duftintensiven Rebsorte wie Muskateller ist verführerisch. Ein frischer, leichter und völlig trocken ausgebauter Typ schafft hier jede Menge neue Liebhaber für diese größtenteils falsch eingeschätzte Sorte. So klar und schnörkellos, wie dieses Spargelgericht präsentiert wird, ebenso bedingungslos puristisch ist dieser brillante Muskateller von Hansjörg Rebholz. Sicher kein Großes Gewächs, aber ein unverschämt guter Wein. Ein Strauß voller Düfte und Aromen, Rosen, Flieder, Kastanien, Muskattrauben. Eine sanft anmutende Schönheit für sich: Federleicht, saftig, frisch, strahlend und duftig wie ein Rosenstrauß. Damit wird das beste Stangengemüse in seiner einfachsten Zubereitung, aber mit einer deliziösen Sauce, geadelt.

Maultaschen

Bei diesem Gericht kombinieren wir eine chinesisch anmutende Schweinebrühe mit schwäbischen Maultaschen. In Hongkong werden die so genannten Dim Sum sehr gern in Brühe serviert, und die Maultaschen sind die deutlich größere Version eines Dim Sum. Somit bringen wir einen asiatischen Hauch in den schwäbischen Süden.

Für 4 Personen

MAULTASCHENTEIG

300 g Mehl, gesiebt
2 Eier
50 ml Wasser
10 ml Rapsöl
1 Prise Muskatblüte, gemahlen
1 g Salz

Mehl und Eier mischen und unter Zugabe von Wasser und Rapsöl zu einem glatten Teig verarbeiten. Muskatblüte und Salz einarbeiten und 20 Minuten ruhen lassen.
Den Teig anschließend auf etwa 2 mm Stärke ausrollen, die Füllung (s.u.) gleichmäßig aufstreichen und einrollen.

FÜLLUNG

40 g Schalotten, sehr fein gewürfelt
200 g Blattspinat
neutrales Pflanzenöl
250 g gemischtes Hackfleisch
1 Ei
25 g Pankomehl (oder normales Paniermehl)
1 TL Senf
Salz
frisch gemahlener schwarzer Pfeffer

Schalottenwürfel und Spinat in etwas Öl anschwitzen, dann kalt stellen. Nach dem Auskühlen fein hacken. Anschließend mit Hackfleisch und den restlichen Zutaten vermischen und abschmecken.

SCHWEINE-INGWER-BRÜHE MIT SENFSAAT

1 Spanferkelhaxe à 300 g
50 g Karotte, klein geschnitten
50 g Zwiebel, geschält und klein geschnitten
35 g frischer Ingwer
1 Lorbeerblatt
5 weiße Pfefferkörner
10 g Meersalz
30 g helle Senfsaat

Alle Zutaten, bis auf die Senfsaat, vakuumieren oder in einen Beutel mit möglichst wenig Lufteinschluss geben, schließen und 4 Stunden bei 90 °C im Wasserbad garen. Dann abpassieren und die Senfsaat 7 Minuten darin kochen.

KAROTTEN

200 g Karotten, geschält
25 ml Orangenöl
25 ml Rapsöl
2 g Zucker
1 g Salz

Die Karotten zusammen mit Ölen und Gewürzen in einem Gefrier- oder Vakuumbeutel bei 80 °C 2 Stunden im Wasserbad garen, herausnehmen, abtropfen lassen und in 5 mm dicke Scheiben schneiden.

ANRICHTEN

Feldsalatspitzen

PAULAS TIPP

● **2014 Muskattrollinger Rosé**
QbA, trocken
Rainer Schnaitmann, Württemberg
€
Seite 200

Maultaschen in der Rezeptur zu verändern mag einer Majestätsbeleidigung gleich kommen, bei Tim Raues Variante merkt man, wie sehr es sich lohnt. Den schwäbischen Nationalwein Trollinger habe ich mutig durch eine Variante und Spezialität, den Muskattrollinger ersetzt. Allein schon der herrliche Traminerduft begeistert. Die Anis und Muskatnoten gefallen mir zu der Brühe besonders gut, da kommt mit der Harmonie richtig Freude auf. Der frische und zugleich knalltrockene Geschmack wird mit diesen Maultaschen in ihrer süßlich pikanten Art, zum echten Trinkvergnügen, machen diesen so unkomplizierten Wein zu einem Genusserlebnis.

Solei mit Kartoffelsalat

Das Solei ist ein Berliner Klassiker der Eckkneipe, ich bin mit Eckkneipen groß geworden, in denen auf dem Tresen ein Teller Buletten neben zwei Gläsern standen, eines mit sauren Spreewaldgurken und eines mit Soleiern. Bei diesem Rezept haben wir einfach den schlotzigen Kartoffelsalat aus dem schwäbischen Süden mit dem kühlen Solei des Nordens verbunden.

Für 4 Personen

TROLLINGER EI

4 Eier
400 ml Trollinger

Die Eier 7 Minuten kochen und anschließend in Eiswasser abschrecken. Danach die Schale aufbrechen, ohne sie vom Ei zu entfernen. Den Trollinger einmal aufkochen, die Eier dazugeben und 3 Stunden darin ziehen lassen.

KARTOFFELSALAT

500 ml Geflügelfond
110 g Schwarzwälder Schinken
2 Lorbeerblätter
15 ml Apfelessig
500 g Kartoffeln (Bamberger Hörnchen)
Kümmel
Salz

Geflügelbrühe und Schinken mit den Lorbeerblättern aufkochen und 15 Minuten ziehen lassen. Zum Schluss den Apfelessig dazugeben. Die Kartoffeln in Salzwasser und Kümmel bissfest kochen, dann schälen und in Scheiben von 5 mm Dicke schneiden. Den heißen Sud durch ein Sieb passieren und nach und nach unter vorsichtigem Rühren dazugeben, dabei löst sich die Stärke der Kartoffeln und es entsteht eine leichte Bindung.

ANRICHTEN

1 Frühlingszwiebel, in feine Scheiben geschnitten
8 Scheiben Schwarzwälder Schinken, hauchdünn geschnitten
Guter Heinrich (Wilder Spinat)

PAULAS TIPP

○ 2013 Saulheimer Probstey
Silvaner, trocken
Thörle, Rheinhessen
€€€
Seite 169

Nicht alle regionalen Spezialitäten sind locker mit Wein kombinierbar. Das erkennt man häufig daran, wenn man Menschen in Gasthäusern beobachtet und darauf achtet, was sie wozu trinken. Bei Solei, Räucherschinken und Kartoffelsalat wählt man Bier oder einen Schoppenwein wie Müller-Thurgau, Gutedel oder Silvaner. Ich meine, wenn schon Wein, dann muss das ein kraftvoller, dichter, markanter sein. Einer, bei dem man auch mal über den Tellerrand schaut, das Glas vor Freude hebt und einfach genießt. Der Probstey Silvaner hat das Zeug dazu. Was für ein Wein, dachte ich bei meinem ersten Schluck. Der Wein hat Frische, Biss mit Kraft und Stoff, Terroir, ist dicht, lang und vor allem tief bis zum Kern strukturiert. Passt doch, oder?

Reiberdatschi mit Gurkensalat & geräuchertem Wels

Ich habe in meinem ganzen Leben nur ein einziges Mal geangelt, und die Ausbeute eines ganzen Tages war ein Wels. Ein ziemlich kleiner Wels, ich war zwölf Jahre alt und wir machten Urlaub in Bayern. Mein Vater bestand darauf, dass ich den Fisch töte, und wollte ihn als Abendmahlzeit essen. Daraus wurde nix, ich ließ den Wels frei, und wir gingen in ein Gasthaus, in dem wir Lachs mit Reiberdatschi und Gurkensalat aßen. Ich war der Überzeugung, dass der Patron ebenfalls nur kleine Welse gefangen hatte und deshalb Lachs servierte, der schmeckte mir damals viel besser.

Für 4 Personen

WELSFILET

400 g Welsfilet
100 g Zucker
100 g Salz
etwa 100 g Buchenräuchermehl

Das Welsfilet mit Zucker und Salz einreiben und 3 Stunden beizen, danach vorsichtig abwaschen. Fest in Klarsichtfolie einrollen und mit einer Nadel mehrfach einstechen.
Das Buchenräuchermehl in einen Topf geben, straff mit Alufolie abdecken, die Folie mit Löchern versehen und das Welsfilet darauflegen. Wiederum mit Alufolie abdecken und 20–30 Minuten auf kleinster Flamme bzw. bei geringer Hitze räuchern.

GURKENSALAT

1 Salatgurke, dünn geschält
40 g Schalotten fein gewürfelt, blanchiert
30 g weißer Reisessig
80 g Rapsöl
30 g grüner Tabasco
30 g Limettensirup
10 g Zucker
5 g Salz
1 g weißer Pfeffer
10 g Dill, fein gehackt

Alle Zutaten zu einem pikanten Salat vermengen.

FRISCHKÄSECREME

200 g Frischkäse
55 g Meerrettich, frisch gerieben
20 g Limettensirup
2 g grüner Tabasco
4 g Salz

Alle Zutaten miteinander verrühren.

REIBERDATSCHI

400 g festkochende Kartoffeln, geschält
8 g Salz
1 g Muskatblüte, gemahlen
Butter

Alle Zutaten miteinander vermengen und gut ausdrücken. Die Masse in einer Pfanne mit Butter etwa 4 mm dick flach drücken und von beiden Seiten goldgelb ausbraten. Auf Küchenkrepp legen und das überschüssige Fett vorsichtig abtupfen. Mit einem runden Ausstecher (2 cm Durchmesser) rund ausstechen.

ANRICHTEN

Dillblütenzweige

PAULAS TIPP

○ **2014 Auxerrois**
trocken
Im Zwölberich, Nahe
€€
Seite 119

Bei fettreicheren Speisen eignen sich Weine mit prägnanter Säure, sie sollten aber keine Ecken und Kanten haben. Mit geräuchertem Wels und Gurken im Salat ist Riesling weniger verträglich. Daher paßt ein weniger markanter, dennoch säurebetonter Typ der Rebsorte Auxerrois, dem Weißburgunder verwandt. Leicht hefig im Duft, Brotkruste, Nuss, Honig, auch Akazienblüten, frisch wie eine Wiese. Die saftige Aromatik und durchaus lebendige Säure machen den Wein ungemein trinkfreudig, mit einem süffigen, vegetabilen Finale.

Birne, Bohne & Speck

Diesen norddeutschen Klassiker haben wir als herrlich frischen Salat interpretiert. Die gelben Wachsbohnen legen wir süß-sauer ein und servieren sie kalt. Den Speck gibt es als zartschmelzenden Lardo, und das Dressing machen wir aus Dashi, einem japanischen Sud, der aus Kombu-Algen und getrockneten Thunfischflocken gekocht wird, und ein sattes – warum auch immer – Räucherspeckaroma hat.

Für 4 Personen

WEISSES BOHNENPÜREE

225 g weiße Bohnen, gekocht
100 g Sahne
4 g Bohnenkraut, gezupft
1 Knoblauchzehe, geschält
45 g Crème fraîche
3 g Salz

Alle Zutaten in einen Topf geben, miteinander aufkochen, bis die Bohnen zerkocht sind, dann pürieren und durch ein Sieb streichen, um ein sämiges Püree zu erhalten

GELBE BOHNEN

160 ml weißer Reisessig
70 ml Wasser
45 g Akazienhonig
5 g Koriandersaat
7 g grüner Pfeffer
5 g Salz
150 g gelbe Bohnen, geputzt

Alle Zutaten, bis auf die Bohnen, zusammen aufkochen. Anschließend die gelben Bohnen in den heißen Sud einlegen und bis zur Verwendung 48 Stunden ziehen lassen.

DRESSING

¼ Bund Bohnenkraut, gezupft
30 g Shirodashi (flüssiges, asiatisches Würzmittel)
30 g weißer Traubensaft
50 g Zitronensaft
15 g Honig
10 g Senf
40 g Zitronenöl
120 g Rapsöl

Zuerst Bohnenkraut, Shirodashi, Traubensaft, Zitronensaft, Honig und Senf miteinander vermixen, dann Zitronenöl und Rapsöl dazugeben und ebenfalls untermixen, bis ein homogenes Dressing entstanden ist.

ANRICHTEN

½ Birne (Abate), in sehr feine Streifen geschnitten
100 g Lardo, in dünne Scheiben geschnitten
1 Friséesalat, die gelben inneren Blätter
Bohnenkraut, gezupft

PAULAS TIPP

○ **2014 Westhofener**
Chardonnay, trocken
Dreissigacker, Rheinhessen
€€€
Seite 175

In dieser Zubereitungsart kennen die norddeutschen Fans ihren Klassikers BBS sicher noch nicht. So ist er aber sehr zu empfehlen, und leichter ist das Ganze auch. Dennoch hat es so viele Aromaten, beim Dashi angefangen bis zum Bohnenkraut, Koriander, Honig, Zitronenöl, dass der Wein einiges bieten muss. Ich habe im La Soupe populaire Dreissigacker-Weine auf der Karte gesehen und probiert; der Chardonnay aus Westhofen hat weder mit der Bohne noch der Birne oder dem Speck ein Problem. Er begleitet sie mit seiner Muskelkraft, als ginge es um sein Leben. Reich und aromatisch, aber ohne die üblichen Barriquetöne und Vanillenoten. Zart gelbfruchtig, frische Haselnuss, geschmolzene Butter, Biskuit mit Limonenzesten. Saftig und mit viel Stoff auf der Zunge, gaumenfüllend, mit sanfter, cremiger Struktur. Ein barocker Typ mit Muskeln und frischem Schmelz, ein Chardonnay, wie man ihn nicht oft im Glas hat.

Blutwurst mit Kartoffelpüree, Apfel & Majoran

In Berlin-Neukölln gibt es die Blutwurstmanufaktur, in der Marcus Benser eine hinreißend luftige und zarte Blutwurst herstellt, die vielfach prämiert wurde. Wir huldigen seiner Wurst mit diesem Rezept und sind stolze Kunden seiner Manufaktur.

Für 4 Personen

SUD VON DER SCHMORZWIEBEL

500 g weiße Zwiebeln, fein gehackt
100 g Butter
1 l Geflügelfond
10 g Estragonessig
1 Knoblauchzehe
5 g ganze Kümmelsamen
4 frische Majoranzweige
3 frische Lorbeerblätter
8 g Meersalz
15 g weiße Pfefferkörner

Die Zwiebeln in der Butter anschwitzen, mit dem Geflügelfond ablöschen und mit den restlichen Zutaten etwa 20 Minuten köcheln lassen. Dann durch ein Sieb passieren.

PERLZWIEBELN

30 g heller Muscovado-Zucker
50 ml roter Portwein
50 ml Apfelsaft
50 ml Apfelessig
100 g frische Perlzwiebeln, geschält
1 frisches Lorbeerblatt

Den Muscovado-Zucker in einer Pfanne karamellisieren lassen und mit Portwein, Apfelsaft und Apfelessig ablöschen. Dann Zwiebeln und Lorbeerblatt dazugeben, einmal aufkochen und über Nacht ziehen lassen.

MAJORANÖL

50 ml Pflanzenöl
50 g frischer Majoran, gezupft

Das Öl mit dem Majoran in einen Topf geben, auf 70 °C erwärmen, 1 Stunde ziehen lassen, dann durch ein Sieb passieren.

BLUTWURST

300 g Blutwurst, in Scheiben geschnitten
Mehl
Butter

Die Blutwurst in Scheiben schneiden, leicht mehlieren und in Butter kross anbraten.

KARTOFFELPÜREE

200 g mehligkochende Kartoffeln
80 ml Sahne
80 g Butter
Muskatblüte, gemahlen
Salz

Die Kartoffeln kochen und noch heiß von der Schale befreien. Mit den restlichen Zutaten zu einem glatten Püree verarbeiten.

ROTE ZWIEBELCHIPS

1 rote Zwiebel
Meersalz
schwarzer Pfeffer, grob zerstoßen

Die Zwiebel schälen und in 1 mm dünne Scheiben schneiden. Dann auf einem mit Backpapier belegten Backblech verteilen und mit Meersalz und schwarzem Pfeffer bestreuen. Bei 47 °C 48 Stunden trocknen lassen.

ANRICHTEN

Majoranspitzen

PAULAS TIPP

○ **2014 Oberhäuser Brücke**
Riesling, Spätlese
Hermann Dönhoff, Nahe
€€€€€
Seite 110

Blutwurst und reifer Spätburgunder passt wunderbar zusammen. Eine Kombination mit dieser zartsüßen, Säurefrischen Spätlese bleibt in Erinnerung, wird sogar unvergesslich. Dicht gewebtes, breitgefächertes Fruchtkorsett, glasklar, vielschichtig, konzentriert. Die Süße und Säure tänzeln einen Drahtseilakt auf der Zunge, das Spiel mit Harmonie und Balance ist einfach gnadenlos gut.

Linsen süß-sauer

Linseneintopf stand ganz oben auf unserer Liste für dieses Buch. Wir haben uns für einen Kompromiss aus den gelben Linsen, die im Norden beliebt sind, und den süß-sauren Linsen des Südens der Republik entschieden. Angereichert mit einem Hauch Exotik, einer Prise gelben Curry.

Für 4 Personen

LINSEN

16 g gelbes Currypulver
30 ml Rapsöl
600 ml Geflügelfond
400 ml Sahne
250 g gelbe Linsen, eingeweicht
100 g Crème fraîche
50 ml Shirodashi (flüssiges, asiatisches Würzmittel)
10 ml Orangenöl
15 ml weißer Balsamicoessig

Das gelbe Currypulver in Rapsöl anschwitzen und mit Geflügelfond sowie Sahne ablöschen. Dann die Linsen zugeben und köcheln lassen, bis sie weich geworden sind. Anschließend pürieren und mit den restlichen Zutaten abschmecken.

GELBER RETTICH

200 ml weißer Reisessig
50 g japanischer Senf
1 TL Senfsaat
1 Prise Salz
1 kleiner weißer Rettich, geschält und in Würfel von 5 x 5 mm geschnitten

Den Essig mit Senf und Gewürzen aufkochen, dann die Rettichwürfel dazugeben, nochmals aufkochen und 48 Stunden ziehen lassen.

EINLAGE

150 g gelbe Linsen, gekocht
80 g gelber Rettich, in Würfel von 5 x 5 mm geschnitten
80 g Dörraprikosen, in Würfel von 5 x 5 mm geschnitten
80 g Staudensellerie, blanchiert und in Würfel von 5 x 5 mm geschnitten
100 g Wildschweinsalami, in Würfel von 5 x 5 mm geschnitten

ANRICHTEN

Hunds-Kerbel

PAULAS TIPP

2014 Toujours
Spätburgunder Rosé, trocken
Deutzerhof, Ahr
€
Seite 23

Die schwäbische Variante der Linsen mit Spätzle und Wiener Würstl scheint ein höchst anrüchiges Gericht zu sein, denn selbst auf den Speisekarten der Gastronomen im Ländle ist dieses wohlschmeckende Tellergericht verschwunden. Wir haben früher dazu Weißherbst vom Bodensee getrunken, der ist heute oft nur noch süß.
Fündig wurde ich an der Ahr: Ein reiner Spätburgunder Rosé, der nicht nur seiner schönen rosaroten Farbe wegen ansprechend wirkt und begeistert. Mit „Toujours 2014" haben wir einen Rosé mit ernsthaftem Charakter, den man ernst nehmen darf, der sich ideal zu süß-sauren Speisen kombinieren lässt. Seine zarte Aromatik ist eindeutig rotfruchtig, Himbeeren-, Johannisbeeren- und Sauerkirschnote. Fein balancierte Fruchtsäure, die zu den süß-sauren Linsen passt. Leicht rauchig und völlig trocken ausgebaut.

Pilze, Spinat & Blauschimmelkäse

Ich habe nach Jahrzehnten wieder angefangen, hin und wieder zuhause zu kochen, eine Geschmackserinnerung meiner Jugend. Einigen Besuchen beim Italiener um die Ecke habe ich die Verbindung von Pilzen, gefüllt mit sautiertem Spinat und Blauschimmelkäse, zu verdanken. In Italien habe ich diese Variante nie serviert bekommen, in Deutschland sind die Produkte so präsent, dass ich mich entschloss, meinen „Zuhause-Klassiker" zu offenbaren.

Für 4 Personen

PILZE

50 g Pfifferlinge
8 Steinpilze
50 g Austernpilze
50 g Steinchampignons
500 ml Rapsöl
20 g weiße Pfefferkörner
4 Lorbeerblätter
1 Knoblauchzehe
20 g Salz

Die Pilze putzen. Das Öl mit Pfeffer, Lorbeerblättern, Knoblauch und Salz auf 80 °C erhitzen und 1 Stunde ziehen lassen. Dann durch ein Sieb passieren. Das aromatisierte Öl mit den Pilzen in einen Topf geben und im Backofen bei 90 °C etwa 10 Minuten garen. Herausnehmen und die Pilze abtropfen lassen.

SPINAT

300 g Babyspinat
50 g Butter
5 g Knoblauch, geschält und fein gehackt
20 ml Gemüsefond
3 g Salz

Den Spinat waschen, die Butter mit Knoblauch in einer Pfanne leicht erhitzen, den Spinat dazugeben, den Gemüsefond angießen, einige Male schwenken, salzen und aus der Pfanne nehmen.

KARTOFFELPÜREE

200 g mehligkochende Kartoffeln
80 ml Sahne
25 g Butter
80 g Frischkäse
Salz
weißer Pfeffer

Die Kartoffeln schälen und in Salzwasser weich kochen, abgießen und trocken dämpfen. Dazu die Kartoffeln im Topf auf den Herd stellen und bei kleiner Hitze schwenken, bis sie gut getrocknet sind. Die Sahne mit der Butter aufkochen und zu den Kartoffeln geben. Gründlich durchrühren, bis ein Stampf entstanden ist, dann den Frischkäse unterrühren und das Püree mit Salz und Pfeffer abschmecken.

ANRICHTEN

300 g Blauschimmelkäse zum Überbacken

PAULAS TIPP

● **2012 Bergmandel Lemberger**
Großes Gewächs
Gerhard Aldinger, Württemberg
€€€€
Seite 192

Reicher Duft, Waldboden, Unterholz, viel Pfeffer, Lorbeer, Wacholder. Festes Tannin, kühle Kräuterfrucht, stoffiger Körper. Im Mund süße, schwarze Früchte mit Fleisch, Saft und Kraft. Ein starker Vertreter seiner Sorte, der mit dem Käse und den sautierten Pilzen eine gelungene Bindung eingeht.

Bratwurst

Ich werde nie vergessen, wie mein Küchenchef Jaeger vor Jahren versucht hat, Bratwürste selbst zu machen. Er besorgte eine manuelle Wurstmaschine und wässerte Hunderte Meter Wurstdarm. Das damalige Ergebnis kann man mit der aktuellen Version nicht vergleichen, wie es halt so schön heißt: „Übung macht den Meister."

Für 4 Personen

KARTOFFEL-GURKEN SALAT

500 ml Geflügelfond
110 g Schwarzwälder Schinken
2 Lorbeerblätter
15 ml Apfelessig
500 g Kartoffeln (Bamberger Hörnchen)
Kümmel
1 Salatgurke, in dünne Scheiben gehobelt
Salz

Geflügelfond und Schinken mit den Lorbeerblättern in einen Topf geben und aufkochen, dann 15 Minuten ziehen lassen. Zum Schluss den Apfelessig dazugeben.
Die Kartoffeln in Salzwasser mit etwas Kümmel bissfest kochen, schälen und in 5 mm dicke Scheiben schneiden. Den heißen Sud nach und nach unter vorsichtigem Rühren dazugeben, dabei löst sich die Stärke der Kartoffeln und es entsteht eine leichte Bindung. Dann die Gurkenscheiben unterheben und 1 Stunde ziehen lassen. Bei Bedarf nachsalzen.

PFLAUMENSENF

50 g Pflaumenmus
20 g süßer Senf
15 g Senf (mittelscharf)
1 g Salz

Alle Zutaten miteinander vermischen.

WÜRSTCHEN

4–8 Bratwürstchen vom Metzger des Vertrauens

Die Würstchen in heißes Wasser geben, etwa 7 Minuten ziehen lassen, bis sie heiß sind.

ANRICHTEN

Frühlingszwiebelringe
Schafgarbe

PAULAS TIPP

○ 1994 Wallufer Walkenberg
Riesling, Kabinett, trocken
J.B. Becker, Rheingau
€€
Seite 148

Kartoffelsalat mit Bratwurst ist ganz klar keine Speise, die nach Wein verlangt. Auf die Idee, welchen zu bestellen, kommen sicher auch nicht sehr viele. Wenn, würde ich dazu einen würzigen Riesling trinken, am liebsten leicht, ganz trocken mit etwas Reife. Besonderes Augenmerk sollte auf den Senf oder Ketchup gelegt werden. Je schärfer, desto mehr Restsüße im Wein wäre mein Vorschlag. Diese trockene Variante liefert zuverlässig Hajo Becker aus dem Rheingau. Reifes, grünliches Strohgelb, komplexe Nase von Waldhonig und gemahlenen Nüssen. Mandel, Äpfel wie Boskop, gereift und trotzdem frisch im komplexen, dichten Körper, der sich leicht und harmonisch präsentiert. Ein knalltrockener Stoff mit Klasse, kein Ladenhüter, sondern mit System zurückgehalten, was für ein Luxus!

Grünkohl & Topinambur

Grünkohl mit Pinkel mussten wir mal vor langer Zeit für einen Event eines niedersächsischen Unternehmers kochen. Da die Grünkohl- und die Wildsaison nahezu parallel verlaufen, haben wir von unserem Metzger Wildwürstchen machen lassen, die enorme Würze des Gerichtes mildert dann der Topinambur ab. Das Gericht ist was für ganz kalte und harte Tage!

Für 4 Personen

GRÜNKOHL

1 kg frischer Grünkohl
10 g Schweineschmalz
100 g Schweinebauch, klein geschnitten
400 ml Gemüsefond
300 g Topinambur
100 g Buchweizen
50 g Senf (mittelscharf)
10 ml Shirodashi (flüssiges, asiatisches Würzmittel)
schwarzer Pfeffer

Den Grünkohl waschen und vom Stiel zupfen. Schweineschmalz und Schweinebauch in einen Topf geben und anschwitzen, dann den Kohl dazugeben, ebenfalls anschwitzen und mit dem Gemüsefond ablöschen. Topinambur schälen, in walnussgroße Stücke schneiden und mit dem Buchweizen zum Kohl in den Topf geben. Alles etwa 25 Minuten leicht köcheln lassen und zum Schluss mit Senf, Shirodashi und etwas schwarzem Pfeffer abschmecken.

TOPINAMBURPÜREE

300 g Topinambur
100 ml Sahne
30 g Butter
1 g Salz

Topinambur schälen und klein schneiden, mit Sahne und Butter in einen Topf geben und kochen, bis alles weich ist. Mithilfe eines Mixstabes pürieren und mit Salz abschmecken.

WÜRSTCHEN

200 g (4 Stück) Wildwürstchen vom Metzger des Vertrauens
neutrales Pflanzenöl

Die Würstchen in einer Pfanne in etwas Öl anbraten und anschließend in schräge Scheiben schneiden.

ANRICHTEN

Perlzwiebeln, in Portwein mariniert

PAULAS TIPP

○ **2012 Herrenberg**
Frühburgunder, Großes Gewächs
Jean Stodden, Ahr
€€€€
Seite 20

Grünkohl hat einen kräftigen, leicht bitteren, auch erdigen und sehr deftigen Geschmack. Der Charakter dieses Kohlgemüses bestimmt dann auch die Beilage der würzigen Würstchen und die Zubereitung mit viel Schmalz und Lardo. Dementsprechend die Getränkebegleitung. Neben einem Bier, bitte kein Pils das wäre zu bitter, kann ein komplexer, kräftigen Rotwein ohne süßliche, überreife Komponenten, geschmacklich ein guter Begleiter sein. Jung mit fruchtigen Noten Biss und Gripp. Zu dieser Gruppe zählen auch Frühburgunder, die gewöhnlich 2-3 Wochen vor den Spätburgundern reif sind. Jean Stodden ist einer der wenigen Winzer, die diese Mimose noch hegen und pflegen, aber immer sehr gute Ergebnisse erzielen. 2012 passt in seiner Jugend zu diesem Gericht. Ausgerüstet mit viel Terroir, Schiefer und Tannenholz ist der erste Eindruck des frischen Duftes. Im Zentrum kleine rote Früchte. Der Geschmack bleibt in seiner Textur fein, komplex, in sich geschlossen. Im Abgang ausgeprägte Länge, viel Zug mit Biss und Schliff.

Forelle Sashimi

Die Forelle ist ein sehr feiner Fisch, sie zu entgräten eine dauerhafte und filigrane Herausforderung, ihr rohes Fleisch ist enorm delikat. Ich hatte eine Veranstaltung für ein japanisches Unternehmen, das mich bat, ein japanisches Menü mit deutschen Zutaten zu kochen. Ich wählte Forelle für den Sashimi -Gang, und es gab standing ovations. Denn das Fleisch der Forelle vereint feine Struktur mit saftigem Schmelz.

Für 4 Personen

FORELLENFILET

4 Forellenfilets, entgrätet
100 g heller Muscovado-Zucker
50 g Salz
weißer Pfeffer

Die Filets mit Zucker, Salz und Pfeffer einreiben, 50 Minuten beizen, dann abspülen. Anschließend fest in Klarsichtfolie einwickeln, sodass alles dicht verschlossen ist, und bei 38 °C 6 Minuten im Wasserbad ziehen lassen, dann kalt stellen.

MARINADE

100 ml Holunderblütensaft
40 ml grüne Chilisauce, passiert
100 ml Verjus (oder sehr milder Essig)
Abrieb von ½ unbehandelten Limette
4 g Salz
2 g Xanthan (Verdickungsmittel)

Alles Zutaten, bis auf das Xanthan, mischen, anschließend das Xanthan kalt einrühren.

FRÜCHTE

1 Apfel (Granny Smith)
½ Melone (Galia)

Die beiden Früchte mit einem Kugelausstecher zu Parisienne von 5 mm ausstechen.

ANRICHTEN

Dillzweige

PAULAS TIPP

○ 2014 Scheurebe „ob dem See" 470 ü.M. trocken
Aufricht, Baden
€€
Seite 48

Ein zarter Fisch wie die Forelle, roh dazu, verlangt einen Wein, in dem sie sich ohne anzuecken räkeln kann. Im Rezept ist durch den Holunderblütenfond ein klarer Akzent auf die zu ergänzende Aromatik gesetzt. Wer könnte das in dezenter Form besser als eine gut gereifte Scheurebe. Sie ersetzt den oft zu lauten und fruchtigen Sauvignon, der mit seinem Duft hier zu dick auftragen würde. Diese Scheurebe hat von allem etwas weniger, Cassis, Holunderblüten, Tomatenblätter, Basilikum, Spargelfond. Im Mund frisch, animierend, aromatisch mit zarter Säure, so hat das Sashimi eine gute Chance. Ein Sprung ins Wasser könnte nicht erfrischender sein. 470 ü. M. bedeutet über dem Meeresspielgel, die Höhe, auf der die Reben gewachsen sind.

Dorsch & Schmorgurken

Eines der ersten Gerichte, die wir für das La Soupe Populaire entwickelt haben. Wir lassen bei den Schmorgurken den Speck weg und ersetzen ihn durch Dashi, eine japanische Brühe, die aus getrockneten Thunfischflocken und Kombu Algen gekocht wird und ein dichtes Speckaroma hat. Klingt komisch, ist aber so. Damit ist dieses Gericht fleischfrei, und die Kombination mit dem ätherischen Estragonpüree hat es zu einem Klassiker gemacht.

Für 4 Personen

DORSCH

4 Dorschfilets à 100 g
2 EL Zitronenöl

Die Dorschfilets mit dem Zitronenöl marinieren und im Dämpfer für 6–7 Minuten garen.

SCHMORGURKEN

80 ml Dashibrühe (erhältlich im Asiamarkt)
4 EL Zitronensaft
4 EL Estragonessig
250 g Schmorgurken, in Würfel geschnitten

Einen Sud aus Dashibrühe, Zitronensaft und Estragonessig herstellen. Die Schmorgurkenwürfel einlegen und 4 Stunden ziehen lassen. Im Anschluss einmal aufkochen, auskühlen lassen und durch ein Sieb passieren. Den Sud zur weiteren Verwendung aufbewahren.

GURKENSUD

150 ml Schmorgurkensud (s.o.)
100 ml Sahne
80 g Butter
2 EL süßer Senf
Speisestärke

Alle Zutaten miteinander aufkochen und auf diese Weise leicht binden.

SELLERIECREME

200 g Knollensellerie, fein gewürfelt
50 g Butter
60 g Estragonblätter
Zuckersirup (1:1)
Salz
weißer Pfeffer

Den Knollensellerie etwa 90 Minuten in Salzwasser kochen, dann den Kochsud abpassieren und im Mixer mit der Butter zu einer glatten Masse pürieren.
Die Estragonblätter 10 Sekunden in Salzwasser blanchieren, dann fein hacken und zur Selleriemasse in den Mixer geben. 20 Minuten mixen, anschließend durch ein Sieb streichen. Zum Schluss mit Zuckersirup, etwas Salz und weißem Pfeffer abschmecken.

ANRICHTEN

Taubnesselzweige und -blütenblätter

PAULAS TIPP

○ **2014 Sauvignon Blanc 500**
trocken
von Winning, Pfalz
€€€€€
Seite 125

Der Dorsch verlangt durch den speckigen Fond, den Estragon und die Schmorgurken nach einem ganz besonderen Wein. Die speckige Note braucht Holzfassausbau, Kräuter wie Estragon passen gut zu reifem Sauvignon und Schmorgurke ebenso. Alles zusammen verbinde ich mit dem 500-Volt-Sauvignon von Stephan Attmann aus dem Weingut von Winning. Mehr und besseren Sauvignon Blanc haben wir in Deutschland nicht – zumindest kenne ich ihn nicht.
Die Jahrgänge 2010 und auch 2014 sind besser als die meisten Sauvignon Blanc aus ganz Frankreich. Die Nase bietet in erster Linie klare, saubere Frucht, eindeutige Sauvignon-Aromen ohne Wenn und Aber. Cassis pur, Holunderblüte, Grapefruit, Stachelbeere, weißer Spargel, Korianderblätter, dezentes Holz und noch vieles mehr. Von der Mineralität, seiner Salzigkeit, muss man begeistert sein, der Abgang ist eine minutenlange Zugabe in Frische und Tiefgang. Das Ganze ist sicher nicht gratis, aber den Wert eines Weines sollte man an der vermittelten Emotion messen – und die ist in Kombination mit diesem besonderen Gericht garantiert.

Räucheraal

Geräucherter Aal ist eine absolute Delikatesse, sein fettiges und saftiges Fleisch sollte lauwarm serviert werden, dann entfaltet es seine gesamte vielschichtige Geschmackswelt. Ich mag ihn besonders gern ganz schlicht auf einer Scheibe geröstetem Sauerteigbrot und gehobelter Rote Bete mit reichlich frischem Meerrettich, eine grandiose Stulle! Das Rezept unten ist aus dem La Soupe Populaire und hat mehr Klasse als eine Stulle, aber die mag ich manchmal einfach lieber.

Für 4 Personen

AAL

2 TL Peking-Duck-Sauce (erhältlich im Asia-Markt)
2 TL Rapsöl
4 Räucheraalfilets à etwa 100 g
Fenchelsamen, gemahlen

Die Peking-Duck-Sauce mit dem Rapsöl vermischen, die Aalfilets damit marinieren, mit Frischhaltefolie abdecken und bei 70 °C 4 Minuten erhitzen, anschließend mit den Fenchelsamen abschmecken.

AAL-BRANDADE MIT GRÜNEM PFEFFER

100 ml Fischfond
4 EL Räucheraal, fein gehackt
4 EL Kartoffelpüree (siehe Seite 248)
1 EL frische grüne Pfefferkörner, zerstoßen
2 EL Salzbutter
1 Prise Salz

Den Fischfond aufkochen, alle weiteren Zutaten einrühren und mit Salz abschmecken.

HIMBEERESSIG-GELEE

100 g frische Himbeeren
1 Limettenblatt
20 g heller Muscovado-Zucker
200 ml Himbeeressig
3 g Agar-Agar

Himbeeren, Limettenblatt und Muscovado-Zucker im Himbeeressig aufkochen. Dann das Agar-Agar einrühren und unter ständigem Rühren 2 Minuten köcheln lassen. In eine Schüssel passieren, erst abkühlen lassen und im Anschluss 2 Stunden in den Kühlschrank stellen. Das Gelee in der Küchenmaschine zu einer homogenen Masse verarbeiten.

ANRICHTEN

32 ausgestochene Perlen von 1 gekochter Roter Bete, mit dem Himbeeressig-Gelee mariniert
4 Himbeeren, geviertelt
Micro-Blutampfer
frische grüne Pfefferkörner, halbiert

PAULAS TIPP

○ **2014 Zscheiplitzer Himmelreich „Muschelkalk"**
Grauburgunder, trocken
Bernard Pawis, Saale-Unstrut
€€
Seite 181

Die Duft- und Geschmacksnoten von Geräuchertem, sei es Fisch oder Fleisch, verlangen nach einem kraftvollen, würzigen, leicht rauchigen Partner, idealerweise im Barrique ausgebaut als Ausgleich. Wem das aber zu viel wird, der findet in der Rebsorte Grauburgunder viele Varianten als Alternative. Vorsicht nur bei den ganz modernen Typen der Machart Pinot Grigio, die einen Säurepegel haben, der entweder auf zu früh geerntete Trauben schließen lässt, oder im Keller manipuliert wurde. Grauburgunder kann und darf frisch sein, frisch schmecken, niemals aber sauer. Ein Paradebeispiel lieferte Bernard Pawis. Das Glück beginnt schon mit dem Riechen. Heimische Obstsorten bis hin zur Exotik, einfach wunderbar. Glasklare Frucht in einer sehr angenehmen Intensität. Keineswegs fett oder gar ölig, dafür aber dynamisch mit Speed und Länge, die dennoch mit dem Aal ein leichtes Ende findet.

Heringssalat

Der Vater von Küchenchef Michael Jaeger beherrschte, nach hundertmaliger Anleitung durch seine Mutter, genau ein Rezept: Häckerle bzw Heringssalat. Natürlich nicht in der Form wie in diesem Rezept, aber doch so gut, dass er es zwei, manchmal auch dreimal pro Jahr für die Familie kochen darf. Er hat wahrlich andere Talente.

Für 4 Personen

MATJES

4 Matjesdoppelfilets, in Würfel von 1 x 1 cm geschnitten

MAYONNAISE

1 Eigelb
200 ml Rapsöl
Salz
frisch gemahlener schwarzer Pfeffer

Das Eigelb in ein hohes Gefäß geben und mit den Schneebesen des Handrührgerätes verrühren. Dann einen kleinen Teil des Öls zugeben und erneut vermischen, bis sich alles zu einer glatten Creme verbunden hat. Den Rest des Öls in einem feinen Strahl einlaufen lassen und so lange rühren, bis eine homogene Masse entstanden ist. Zum Schluss mit Salz und Pfeffer abschmecken.

MARINADE

60 g Mayonnaise (s.o.)
8 g grüner Tabasco
6 g Senf (mittelscharf)
10 g süßer Senf
15 g Türkischer Joghurt
15 g Crème fraîche
1 g Sriracha-Chilisauce
1 Spritzer Limettensirup
1 Spritzer Worcestersauce

Alle Zutaten miteinander verrühren und die Matjesfiletwürfel beim Anrichten damit marinieren.

GRÜNES APFELPÜREE

10 g grünes Apfelpüree
3 Spritzer grüner Tabasco
1 Prise Salz

Alle Zutaten miteinander verrühren.

PETERSILIENÖL

50 ml Rapsöl
60 g Blattpetersilie
1 Prise Ascorbinpulver

Alle Zutaten miteinander mixen, vakuumieren und bei 82 °C 3 Minuten ziehen lassen. Dann sofort kalt abschrecken und durch ein Sieb passieren.

ANRICHTEN

2 Kartoffeln (Bamberger Hörnchen), gekocht und gepellt
1 Apfel (Granny Smith)
1 Apfel (Pink Lady)
1 Birne (Abate)
Cornichons

Die Kartoffeln in feine Scheiben schneiden und mit Meersalz würzen. Alle weiteren Zutaten in feine Streifen schneiden oder hobeln.

ZUSÄTZLICH:

4 Kerbelzweige, fein gezupft
2 Estragonzweige, die Blätter fein gezupft

PAULAS TIPP

○ 2014 Laumersheimer vom Kalksteinfels
Weißer Burgunder, trocken
Philipp Kuhn, Pfalz
€
Seite 135

Die Weinempfehlung zu einem Heringssalat ist ungefähr gleich schwierig wie zu einem Schweinebraten mit Kümmel. Alle denken an Bier, aber nicht jeder liebt den Gerstensaft und fragt daher nach Wein. Ich empfehle dazu Qualitäten der Basisweine, Orts- oder Gutsweine der Rebsorten Silvaner, Müller-Thurgau, Kerner oder Weißburgunder. Davon gibt es in Deutschland viele, sehr gute bis exzellente, zu denen Kuhns Kalksteinfels zählt. Duftig, aromatisch, mit fruchtigen, auch blumigen Anklängen. Fein gegliedert, mittelkräftige Struktur. Im Mund klar und frisch, brillant, ohne jeden Makel. Ein Weißburgunder, wie man ihn gern im Glas hat, auch zum Heringssalat mit den feinen Kräutern, den ich viel mehr als Tatar vom Hering genossen habe.

Zander & Beurre blanc

Michael Jaeger und ich haben in unseren gemeinsamen fünf Jahren auf dem Fisch- und Fleischposten im Swissôtel Berlin zwei Grundsätze zum Thema Fisch für uns definiert. 1. Wir dämpfen weißen Fisch. 2. Wir kochen den Sud nicht aus Fischkarkassen. Wenn weißer Fisch, wie Zander, Kabeljau, Dorsch, Steinbutt oder auch Seeteufel von bester Qualität ist, mögen wir ihn gedämpft, denn dann ist er wie die Textur des Meeres: fein, salzig und hauchzart. Warum aus den Karkassen einen Fischsud kochen, wenn das Fleisch selbst gar nicht fischig schmeckt? Also haben wir uns entschlossen, generell Hühnerfond für die Fischsaucen zu nehmen.

Für 4 Personen

BEURRE BLANC

250 ml Geflügelbrühe
150 ml Spätlese
200 g kalte Butter
40 ml Sahne
10 g frischer Ingwer
1 Limettenblatt
1 TL Saucenbinder hell

Geflügelbrühe und Spätlese einmal aufkochen und mit dem Mixstab nach und nach kalte Butter und Sahne einmixen. Ingwer und Limettenblatt dazugeben und nach 15 Minuten wieder entnehmen und mit dem Saucenbinder andicken.

ZANDER

600 g Zanderfilet (ohne Haut und Gräten), Stücke à 150 g portioniert
100 ml Zitronenöl
Cornish Sea Salt

Die Zanderfiletportionen in Zitronenöl wenden, auf ein Blech legen und 4 Minuten bei 83 °C in den vorgeheizten Ofen schieben. Danach mindestens 15 Minuten bei 63 °C ruhen lassen und vor dem Anrichten leicht mit Cornish Sea Salt würzen.

DRESSING

Abrieb von ½ unbehandelten Limette
10 ml Limettensaft
10 ml Limettensirup
3 g Salz
10 ml Ahornsirup
2 g japanischer Senf
2 g grüner Tabasco
50 ml Pflanzenöl

Alle Zutaten mit einem Mixstab zu einem glatten Dressing verarbeiten.

ANRICHTEN

1 mittelgroßer Kopfsalat, nur die inneren weißen Stiele
100 g grüne Erbsen
10 g frischer Ingwer, geschält und in feine Würfel geschnitten
Malvenblätter

PAULAS TIPP

○ 2014 Wawerner Goldberg
Riesling
Van Volxem, Mosel
€€€
Seite 91

Ein Rezept, das ganz und gar auf den Geschmack des Zanders ausgerichtet ist; daher sollte dann auch der Wein keineswegs in irgendeine Richtung ausschlagen, sondern fließend begleiten, einfach dabei sein und untermalen, was vorhanden ist.
Die Beurre blanc verlangt etwas mehr Stoff und Schmelz, cremige Anklänge. Goldberg bietet das alles, inklusive der salzigen Noten.
Strahlende, glänzende Frucht und durch und durch große Frische, mit reichlich Grapefruit, Limetten, Minze, Kerbel, viel Apfel, Steinobst, Quitte. Ausgeprägt die mineralische Salzigkeit, die auf den Lippen steht. Wunderschön im Gleichgewicht sind Säure und Fruchtsüße, bilden insgesamt einen herrlichen Trinkfluss – trotz der Jugend und der noch frischen, oberflächlichen Säure. Starker Abgang mit langem Zug.

Scholle

Bei einem unserer Besuche im Asiamarkt haben wir das Paniermehl Panko entdeckt, eine japanische Version von gestiftetem Weißbrot, das nach dem Frittieren extrem knusprig ist. Wir mischen für Schnitzel normales Paniermehl mit Panko, für die Scholle gibt es 100 Prozent Knusprigkeit!

Für 4 Personen

SCHOLLE

8 Schollenfilets
Salz
2 Eier
50 g Mehl
200 g Pankomehl
Butter

Die Schollenfilets leicht salzen, dann in Eiern und der Mehlmischung panieren und in flüssiger Butter goldgelb braten.

ZITRONENDRESSING

20 ml Limettensirup
100 ml Rapsöl
6 g weißer Reisessig
20 ml Nuoc-Mam-Sauce
10 g grüner Tabasco
2 g Senf
Abrieb von ½ unbehandelten Zitrone
2 g weißer Muscovado-Zucker
2 g Salz

Alle Zutaten mit dem Mixstab mixen und durch ein Sieb passieren.

ZITRONENSCHEIBE

50 g Wasser
50 g heller Muscovado-Zucker
1 unbehandelte Zitrone

Wasser und Muscovado-Zucker in einen Topf geben, aufkochen und abkühlen lassen. Die Zitrone mit Schale 1 mm dick aufschneiden, durch das Zuckerwasser ziehen und auf einem mit Backpapier ausgelegten Blech verteilen. Im Anschluss 48 Stunden bei 40 °C im Ofen trocknen lassen.

RADIESCHEN

200 ml Wasser
30 ml weißer Reisessig
8 Radieschen, mit dem Kugelausstecher zu Parisienne ausgestochen

Wasser und Reisessig mischen, 3 Eiswürfel dazugeben und die Radieschenperlen 2 Stunden darin ziehen lassen.

SCHWEINEBAUCHWÜRFEL

100 g Bauchspeck

Den Bauchspeck in kleine Würfel schneiden und in einer Pfanne knusprig auslassen.

ANRICHTEN

50 g Nordseekrabben, gekocht und gepult (Feinkostabteilung)
Malvenblätter
Dill

PAULAS TIPP

○ 2013 Dottinger Castellberg „GC"
Chardonnay, trocken
Martin Wassmer, Baden
€€€€€
Seite 47

Scholle mit Speck, und das noch paniert. Das Gericht verlangt einen gehaltvollen Wein, möglichst im Barrique ausgebaut, weniger Säure, cremig und rund, denn dann ergänzen sich die geschmacklichen Nuancen vom getoasteten Holzfass mit den gebackenen Röstaromen der knusprigen Panko-Panade. Ein großer Chardonnay hat hier seinen Auftritt, dafür müssen es nicht immer Hummer, Langusten oder Steinbutt sein. Im Süden Badens, nahe Bad Krotzingen, gibt es eine extreme Steillage, den Dottinger Castellberg mit steinreichem Untergrund. Hier hat Martin Wassmer auch Chardonnay gepflanzt, der dank Mini-Erträgen immer extrem konzentriert, vielschichtig und aromatisch ist. Für mich steht dieser Wein auch bei internationalen Vergleichen sehr gut da. Er ist noch etwas jugendlich und frisch, aber mit allem Wichtigen ausgestattet. Neben exotischer Frucht wie Mango, Kokosnuss, Walnuss, Haselnuss, Toast und geschmolzener Butter zeigt er eine erstaunlich frische Säure, die ihn luftiger erscheinen lässt. Langatmig, mit wunderschönem Nachspiel, das sich buttrig, sahnig zu großer Länge dehnt. Kein alltäglicher Wein, der die Scholle ganz besonders adelt.

Miesmuscheln

Wer mag schon Muscheln? Ich! Und Miesmuscheln waren immer meine Favoriten, auch nach Hunderten von Tellern kann ich die Angst vor diesen wundbaren Kreaturen nicht verstehen, man muss ihnen mit Respekt begegnen und sie sehr sorgfältig putzen und wässern, dafür wird man dann mit der Essenz des Meeres beschenkt. Unser Rezept greift die Idee der Muscheln in Weißwein und Knoblauch aus der mediterranen Küche auf, der Lorbeer gibt dem Ganzen aber eine eindeutig deutsche Note, und die Eleganz kommt durch die Tapiokaperlen. Sie verlängern die Aromen und geben dem Ganzen eine besondere Note.

Für 4 Personen

ROTE ZWIEBELN

100 ml Himbeeressig
50 ml Apfelessig
50 ml Wasser
1 rote Zwiebel (Tropea)

Alle flüssigen Zutaten in einen Topf geben und miteinander aufkochen. Die Zwiebel schälen und in 16 Spalten schneiden. Dann in den heißen Sud einlegen und über Nacht ziehen lassen.

MUSCHELN

1 kg Miesmuscheln

Die Muscheln in kaltem klaren Wasser stehen lassen, damit sie sich selbst filtern und Sand und andere Verschmutzungen ausspülen, das dauert etwa 2 Stunden. Die seitlich an der Schale herausragenden Bärte abzupfen.

GEMÜSE

120 g Staudensellerie
100 g Knollensellerie
100 g Karotten

Das Gemüse putzen bzw. schälen und in Rauten von 1 x 1 cm schneiden.

SUD

1 l Gemüsefond
500 ml Geflügelfond
1 Knoblauchknolle, geschält und in einzelne Zehen zerteilt
300 ml Riesling Auslese
4 Lorbeerblätter
10 g weißer Pfeffer
½ unbehandelte Zitrone
50 g Butter
50 g Tapiokaperlen

Alle Zutaten, bis auf die Tapiokaperlen, aufkochen und 15 Minuten ziehen lassen, dann durch ein Sieb passieren. Die Tapiokaperlen dazugeben und weich kochen, bis sie durchsichtig sind. Anschließend das Gemüse (s.o.) dazugeben, leicht köcheln lassen und, kurz bevor es gar ist, die Muscheln ebenfalls dazugeben und gar ziehen lassen.

ANRICHTEN

Staudenselleriblätter

PAULAS TIPP

○ **2014 Piesporter Goldtröpfchen**
Riesling, Auslese
St. Urbans-Hof, Mosel
€€€
Seite 101

Miesmuscheln, in Weißwein mit Wurzelgemüse gekocht, sind eine Rheinische Spezialität. Dabei wird in der Regel ein nicht ganz trocken ausgebauter Riesling für den Sud verwendet, im besten Fall sogar eine nicht zu süße Auslese, die den Fond zu einer Delikatesse abrundet. Wer es ganz perfekt haben will, serviert den gleichen Wein später auch als Begleiter. Ich habe schon viele Weine dazu ausprobiert, von Chardonnay bis Sauvignon blanc, aber Riesling bleibt der wahre König. Ein stoffiger Weißburgunder hat noch eine Chance als Alternative, für diejenigen die Riesling gar nicht mögen.
Hier paßt eine geschmacksintensive und zugleich leichte Auslese vom St. Urbans-Hof aus einem schwierigen Jahr. Sehr dezenter Duft mit Fruchtansätzen wie Apfel, Sternfrucht, grüne Feigen, Stachelbeere. Die vegetale süßliche Richtung geht in Karotte und Sellerie. Im Gaumen mittelkräftig strukturiert mit wohldosierter Süße, die ihr Gleichgewicht mit der cremigen Säure bestens hält. Im druckvollen Abgang bleiben leicht mineralische, salzige Noten.

Leipziger Allerlei

Das erste Gericht, das mir in meiner frühen Karriere in Sternerestaurants als Interpretation begegnet ist. Und wie bei vielen Dingen ist es in seiner Urform als Eintopf am besten: Die Süffigkeit und die totale Vermengung aller Aromen ist die Essenz des Frühlings, aus dem Wasser, vom Land und aus dem Boden.

Für 4 Personen

MORCHELRAHM

50 g getrocknete Spitzmorcheln
1 l Sahne
100 g Schalotten, in feine Würfel geschnitten
50 g Butter
100 ml Sherry
100 ml Grundjus (siehe Seite 298)
Salz
frisch gemahlener schwarzer Pfeffer

Die getrockneten Morcheln in 500 ml Wasser einweichen, bis sie weich geworden sind. Anschließend mehrmals gründlich in stehendem Wasser waschen, bis das Wasser klar bleibt und zur Seite stellen. Die Sahne in einen Topf geben und auf 400 ml Flüssigkeit reduzieren. Die Schalottenwürfel in der Butter anschwitzen und mit dem Sherry ablöschen. Den Alkohol verdampfen lassen, dann die Jus sowie die reduzierte Sahne dazugeben und kurz köcheln lassen. Die Morcheln ebenfalls dazugeben und 5 Minuten köcheln lassen. Zum Schuss mit Salz und schwarzem Pfeffer abschmecken.

FLUSSKREBSE

12–16 frische Flußkrebse
1 Lorbeerblatt
15 g Salz
½ unbehandelte Zitrone

Die Flußkrebse in 2 Liter kochendes und mit Lorbeer, Salz und der halben Zitrone versetztes Wasser geben und 5 Minuten darin ziehen lassen. Herausnehmen und in Eiswasser abschrecken. Sobald die Krebse abgekühlt sind, aus der Schale brechen.

KALBSBRIES

200 g Kalbsbries, geputzt
Mehl
Butter
Salz

Das Kalbsbries in walnussgroße Stücke schneiden und leicht melieren. Dann in Butter goldgelb braten und zum Schluss salzen.

SPARGEL

150 g weißer Spargel, geschält
50 g Butter
3 g Zucker
3 g Salz

Etwas Butter in einem kleinen Topf schmelzen und Zucker sowie Salz darin auflösen. Die Mischung zusammen mit dem Spargel in einen Vakuumbeutel geben und in 95 °C heißem Wasser etwa 12 Minuten ziehen lassen. Dann herausnehmen und in Form schneiden. Das Wasser für die Karotten zur Seite stellen.

ERBSEN

50 ml Gemüsefond
20 g Butter
150 g grüne Erbsen
3 Minzblätter, gehackt
1 Spritzer Zitronensaft
Salz

Den Gemüsefond mit der Butter erhitzen, dann die Erbsen dazugeben. Ebenfalls erhitzen und erst zum Schluss Minze und Zitronensaft zufügen. Mit 1 Prise Salz abschmecken.

KAROTTEN

3 Karotten, geschält
50 ml Orangenöl
50 ml Rapsöl
3 g Salz
1 Prise Piment d'Espelette

Alle Zutaten miteinander vakuumieren und im Spargelwasser (s.o.) etwa 25 Minuten garen. Dann herausnehmen und in Form schneiden.

ANRICHTEN

Wiesenkerbel

PAULAS TIPP

○ **2012 Scharzhofberger „P" Pergentsknopp Riesling**
Van Volxem, Mosel
€€€€
Seite 90

Das betörende Weinparfüm eines mediterranen Gemüsemarktes passt zu diesem sommerlichen Gericht. Kräuter, Gewürze, Fenchel, Staudensellerie, Anis, Muskatblüte, Scheiben von Zitrusfrüchten. Ein überwältigender Duft, keineswegs laut, ganz einfach wunderbar und ständig im Wechsel. Im Mund dicht mit Balance und gereifter Säure. Hier geht eine Weinschönheit über den Laufsteg mit Ausstrahlung, Rasse, Eleganz und Kraft.

Spanferkelhaxe

Das Berliner Eisbein ist eine fettige und vor allem schwabblige Angelegenheit, die weder gut aussieht noch knusprig ist, ganz im Gegenteil zur bayrischen Haxe. Die hat nur den Nachteil, dass sie ziemlich groß daherkommt. Um eine sinnvolle Portionsgröße zu erhalten, haben wir es mit Spanferkelhaxe versucht. Großer Erfolg! Das Fleisch ist zart und saftig, die Haut nicht krachend, sondern zart knusprig. Eine grandiose Schweinerei ...

Für 4 Personen

SPANFERKELHAXE

4 mild gepökelte Spanferkelhaxen vom Metzger, vakuumiert
200 ml Knoblauchöl
10 g Kümmel
30 g Salz

Die Spanferkelhaxen bei 83 °C 4,5 Stunden im Dampf garen. Alternativ das Fleisch in einem Vakuum- oder Gefrierbeutel luftdicht verschließen und im Wasserbad ebenfalls bei 83 °C 4,5 Stunden garen. Abkühlen lassen und aus dem Vakuumbeutel nehmen. Die restlichen Zutaten mischen und die kalten Haxen bei 200 °C 40 Minuten in den Ofen geben und alle 10 Minuten mit der Marinade bepinseln.

SENFSAUCE

200 g süßer Senf
70 g Senf (mittelscharf)
4 TL Akazienhonig

Alle Zutaten miteinander vermengen.

MARINADE FÜR MIXED PICKLES

150 ml weißer Reisessig
300 ml Wasser
30 ml Himbeeressig
15 g Salz
5 g schwarze Pfefferkörner
15 g frischer Ingwer, geschält
3 Lorbeerblätter

Alle Zutaten einmal aufkochen und 15 Minuten ziehen, dann abkühlen lassen.

MIXED PICKLES

8 gelbe Pattison-Kürbisse, ganz
8 Blumenkohlröschen, etwa 2,5 cm Durchmesser, blanchiert
½ Bund Radieschen, halbiert
8 Babymöhren, die Schale leicht abgerieben

Das Gemüse 12 Stunden in der kalten Marinade ziehen lassen.

ANRICHTEN

Pimpernelle

PAULAS TIPP

● **2013 Blauschiefer**
Spätburgunder, trocken
Meyer-Näkel, Ahr
€€€
Seite 18

Zu einer deftigen Schweinshaxe ist natürlich ein frisch gezapftes Bier eine gute Wahl, ebenso aber ein kräftiger Weißwein oder ein gehaltvoller Rotwein. Das entscheiden die Situation oder die jeweiligen Vorlieben. Beim Rotwein würde ich einen würzigen, jungen Vertreter wählen, mit Frucht und Säure. Er ist wegen des hohen Fettanteils etwas tanningeprägter, dadurch wird das Essen besser verträglich. Meyer-Näkels „Blauschiefer" macht hier eine super Figur. Frische Waldfrüchte, jugendliche, knackige Säure, terroirgeprägt - ganz besonders von dem Schieferboden, auf dem die Reben stehen. Kernig, saftig, schöner fleischiger Trinkfluss mit feinkörnigem Tannin. Etwas kühler, bei 15 bis 16 Grad, serviert, ist das ein herrlicher Rotweingenuss.

○ **2013 Iphöfer Julius-Echter-Berg**
Silvaner, Großes Gewächs
Hans Wirsching, Franken
€€€€
Seite 60

Als kräftige Weißwein-Variante mit Muskeln ist die immer noch verkannte Sorte Silvaner, in Franken und Bayern zu Schäufele oder Haxen sehr beliebt. Das Kraftpaket der Wirschings mit seiner würzigen, salzigen Terroirnote, dem üppigen Geschmack, ohne breit zu sein hat dafür reichlich Potential.

Traminerhuhn

In Frankreich wird Geflügel grundsätzlich gern im Ganzen serviert, und da ich in meinen jungen Jahren bei den Dreisterneköchen Frankreichs oft zu Gast war, ist das definitiv hängen geblieben. Unser Traminerhuhn ist ein Sonntagsessen zum Teilen. Am besten macht man einen Ofen voll davon und lädt seine Liebsten zu sich ein.

Für 4 Personen

SUD

500 ml Traminer
1 Schalotte, geschält und grob klein geschnitten
500 ml Geflügelfond
25 g frischer Ingwer, klein geschnitten
5 g weiße Pfefferkörner
10 g frische grüne Pfefferkörner
2 Lorbeerblätter

Den Wein mit der Schalotte aufkochen, damit der Alkohol verdampft, dann die restlichen Zutaten dazugeben und etwa 1 Stunde ziehen lassen. Zum Schluss leicht mit Meersalz abschmecken und abkühlen lassen.

STUBENKÜKEN

4 Stubenküken (ohne Innereien)
Salz

Die Küken nur gut von innen salzen, die Haut vorerst nicht. Die Tiere dann mit der Brust nach oben nebeneinander in eine Form mit Deckel oder einen Topf legen, den Sud angießen (die Küken sollen zur Hälfte im Sud liegen) und dicht abdecken. Im vorgeheizten Ofen bei 83 °C etwa 25 Minuten garen. Die Küken im Anschluss auf ein Blech legen und den Sud passieren. Zur weiteren Verwendung (s.u.) zur Seite stellen.

MARINADE FÜR STUBENKÜKEN

250 g Butter, zerlassen
Abrieb von 1 unbehandelten Limette
5 g grüner Pfeffer, zerstoßen
Salz

Alle Zutaten gut mischen. Den Ofen auf 200 °C vorheizen, die Küken gut damit einpinseln, in den Ofen schieben und etwa 8 Minuten im Ofen braten, bis die Haut knusprig und braun geworden ist, gegebenenfalls zwischendurch nochmals bepinseln.

FOND

5 Eiweiß
etwa 1 l passierter Sud (s.o.)

Die Eiweiße in den kalten Sud rühren, bei mittlerer Hitze unter ständigem Rühren einmal aufkochen lassen und anschließend durch ein Tuch in einen weiteren Topf gießen.

GEMÜSE

2 Kohlrabi, geschält und geachtelt
300 g grüne Erbsen
Limettensaft
Salz
grüner Pfeffer, grob gemörsert

Die Kohlrabi-Achtel in den Sud einlegen, gar ziehen lassen, dann die Erbsen dazugeben und zum Schluss mit etwas Limettensaft, Salz und grünem Pfeffer abschmecken.

ANRICHTEN

Frühlingszwiebelringe
Micro-Blutampfer

PAULAS TIPP

○ **2011 Wehlener Klosterberg *****
Pinot Blanc, trocken
Markus Molitor, Mosel
€€€€
Seite 92

Die ausgeprägten blumigen Noten des Traminers werden beim Kochen etwas reduziert, der runde Geschmack mit süßlicher Textur bleibt. Um beides nur zu unterstreichen, wähle ich hier nicht die gleiche Rebsorte, sondern einen vergleichbaren Wein mit etwas weniger von allem. Völlig trocken, mit Toastnoten, da er im Holzfass ausgebaut ist. Ein Pinot Blanc von Molitor. Ein gewichtiger Wein, Birne, Banane, Haselnuss und Kokos dominieren den weichen und runden Geschmack. Die geballte Kraft und Tiefe überraschen, dezente Röstaromen, Toast und Komplexität verbinden sich, werden von einem Hauch scheinbarer Süße getragen und zu guter Letzt vom lebendigen Säurespiel raffiniert umzingelt.

Königsberger Klopse

Königsberger Klopse waren eines der ersten preußischen Gerichte, die ich selbst kochen konnte. Das Besondere für mich ist zum einen die Rote Bete, die so modrig schmecken kann und die durch die Süße und die Säure der Zutaten in einem neuen aromatischen Geschmacksbild erscheint. Das Rückgrat eines guten Gerichts ist für mich aber die Sauce, die wird mit ordentlich Butter und vor allem einer feinen Riesling Auslese erst so richtig hinreißend.

Für 4 Personen

KLOPSE

500 g mageres Kalbshack
50 g gekochte Kalbszunge, fein gewürfelt
100 g gekochte Kalbskopfmaske, fein gewürfelt
100 g gekochtes Kalbsbries, fein gewürfelt
3 Eigelb
6 EL süßer Senf
2 EL scharfer Senf
150 g Weißbrot, frisch gerieben
50 ml Milch
50 g feinste Kapern
50 g rote Zwiebelwürfel, in Butter glasig gegart
20 g Kerbel, fein geschnitten
Fleur de Sel
Paniermehl

Kalbfleisch, Eigelbe und beide Senfsorten miteinander vermengen. Das Weißbrot mit der Milch verrühren und anschließend unter die Fleischmasse rühren. Kapern, Zwiebelwürfel und Kerbel in die Fleischmasse einarbeiten. Zum Schluss mit Fleur de Sel abschmecken und die Struktur mit etwas Paniermehl festigen. 12 Klopse daraus formen und zur Seite stellen.

SUD/SAUCE

1 l Geflügelfond
0,375 l Riesling Auslese
150 ml Sahne
Saucenbinder hell
100 g Butter

Geflügelfond und Wein in einen großen Topf geben und aufkochen. Die Klopse in Portionen von 3–4 Stücke garen, dadurch verdichtet sich das Aroma des Sudes. Dazu die Klopse jeweils in den kochenden Sud geben; dann die Temperatur auf die niedrigste Stufe herunterschalten und die Klopse bei geschlossenem Deckel 7 Minuten ziehen lassen. Mit einer Schaumkelle herausnehmen und warm stellen. Wenn alle Klopse gekocht sind, den Sud durch ein Haarsieb passieren.
Den Sud anschließend mit der Sahne aufkochen und mit dem Saucenbinder zu einer sirupartigen Konsistenz binden. Zum Schluss die Butter in den heißen (nicht kochenden) Sud einrühren.

ROTE BETE

50 ml Himbeeressig
50 g Johannisbeergelee
400 g gekochte Rote Bete, fein geraspelt
200 g Apfel (Pink Lady), in feine Scheiben gehobelt
3 EL grüner Tabasco
weißer Pfeffer

Den Essig mit dem Johannisbeergelee in einem Topf erhitzen, bis das Gelee sich aufgelöst hat. Wieder erkalten lassen, dann mit den restlichen Zutaten mischen, mit weißem Pfeffer abschmecken und vor dem Servieren mindestens 6 Stunden kalt stellen. Bitte darauf achten, die Bete immer kalt zu servieren.

KARTOFFELPÜREE

40 ml Milch
40 ml Sahne
500 g mehligkochende Kartoffeln; gestampft
80 g gesalzene Butter

Milch und Sahne in einen Topf geben und aufkochen. Mit der Butter unter die Kartoffelmasse rühren, bis ein homogenes Püree entstanden ist.

ANRICHTEN

Pankomehl, geröstet
Wiesenkerbel

PAULAS TIPP

○ **2014 Oestricher Lenchen**
Riesling, Spätlese
P. J. Kühn, Rheingau
€€€
Seite 150

Wie das Rezept halte ich mich an die Sorte Riesling, aber an die trockenere Variante, eine Spätlese. Auf Wunsch gibt es auch die Beerenauslese. Die Fleischklöße und Rote Bete werden schon mit der großen Spätlese, die voller Frucht, floraler Substanz und Frische ist, zu einem Gedicht. Die Leichtigkeit des Weines mit dem abwechslungsreichen Spiel der Säure ergänzt diesen Teller bravourös.

Coq au Vin

Huhn in Rotwein mit Speck, Petersilie und Zwiebeln: Schon beim Lesen dieser Zutaten läuft mir das Wasser im Mund zusammen. Es gibt diese Gerichte, die einen magisch anziehen, das Rotweinhuhn ist für mich so ein Magnet. Damit es geschmacklich nicht zu dünn wird, sollten Sie einen mächtigen Rotwein nehmen.

Für 4 Personen

POULARDENKEULEN

350 g Karotte, in Würfel von 2 x 2 cm geschnitten
300 g Sellerie, in Würfel von 2 x 2 cm geschnitten
300 g Schalotten, geschält und gewürfelt
neutrales Pflanzenöl
200 g Speck, in Würfel von 1x 1 cm geschnitten
100 g Tomatenmark
500 ml Rotwein Cuvée (Typ Bordeaux)
5 Lorbeerblätter
5 g schwarze Pfefferkörner
4 Maispoulardenkeulen
Geflügelfond (nach Bedarf)
150 g Butter
Salz

Das Gemüse in einem großen Topf in etwas Öl leicht anschwitzen. Den Speck und das Tomatenmark zugeben, den Rotwein angießen, Lorbeerblätter und Pfefferkörner dazugeben, einmal aufkochen, dann abkühlen lassen. Die Maispoulardenkeulen in den Fond einlegen und 48 Stunden marinieren. Dann beides in einen Topf mit Deckel geben und langsam etwa 1,5 Stunden köcheln lassen, gegebenenfalls etwas Geflügelfond nachgießen. Wenn die Keulen zart geworden sind, aus dem Sud nehmen, die Sauce mit der Butter abbinden und mit etwas Salz abschmecken.

BRIOCHE

250 g Mehl, gesiebt
½ TL Salz
11 g Frischhefe
35 g weißer Muscovadozucker
3 Eier
140 g Butter, Zimmertemperatur
Butter für die Form
Butter zum Rösten

Mehl und Salz miteinander sieben und verrühren. Die Hefe zerbröckeln, mit dem Zucker vermischen und cremig rühren.
Die Eier verquirlen, die Hefe-Zucker-Mischung dazugeben und anschließend zum Mehl geben. In einer Küchenmaschine verkneten und schrittweise die 140 g Butter einarbeiten, bis ein glatter Teig entstanden ist. Diesen abdecken und über Nacht kalt stellen. Am nächsten Tag durchkneten und ebenfalls abgedeckt an einem warmen Ort 3 Stunden gehen lassen. Den Backofen auf 150 °C vorheizen. Den Teig in eine gebutterte Kastenform geben und auf mittlerer Schiene im vorgeheizten Ofen backen. Anschließend auskühlen lassen, aus der Form nehmen, das Innere beliebig zupfen oder schneiden und in etwas Butter goldgelb rösten.

DRESSING FÜR FELDSALAT

100 ml Rapsöl
5 g Apfelessig
4 g Senf (mittelscharf)
2 g weißer Muscovado-Zucker
20 g Limettensirup
2 g Salz
2 Spritzer grüner Tabasco

Alle Zutaten mit einem Pürierstab zu einem Dressing mixen.

ANRICHTEN

etwa 40 g Feldsalat, gewaschen und gezupft
knusprig ausgelassene Speckscheiben

PAULAS TIPP

● **2011 Cuvée N°5**
trocken
Wilfried Völcker, Pfalz
€€€€
Seite 131

In der französischen Küche hat Coq au vin einen ganz hohen Stellenwert. Verstanden habe ich das erst, als ich erkannte, dass die Weinqualität die Besonderheit für diese Rezeptur darstellt. So entscheide ich mich an dieser Stelle auch für das Besondere, die Bordeaux-Cuvée „Wilfried Privat", die in neuer französischer Eiche ausgebaut wurde. Das zarte, helle Fleisch des Hähnchens ruft förmlich nach einem ausgereiften, reichhaltigen Wein, dessen Frucht über allem strahlt. Die elegante Tanninstruktur lässt den Gockel zu einem Festtagsbraten werden. Die tiefgründige Eleganz, Reife und Klarheit dieses Weines ist umwerfend gut.

Falscher Hase

Dieses Gericht werde ich immer mit meiner Großmutter verbinden, es war mein absolutes Lieblingsgericht, jedesmal, bevor ich sie besuchte, fragte sie mich, was sie für mich kochen solle. Ich wollte nichts anderes, sie versuchte mich mit neuen Kreationen zu locken, aber ich blieb stets unnachgiebig. Unser Rezept ist ganz nah an ihrer Version, sie ließ die namensgebenden Eier weg, nur die getrockneten Steinpilze aus der Tschechei von Tante Erna, ihre Geheimzutat, ist nicht enthalten.

Für 4 Personen

HASE

600 g gemischtes Hackfleisch
1 Ei (Größe L)
20 g Senf (mittelscharf)
15 g Ketchup
25 g Pankomehl
30 g Röstzwiebeln
3 EL frischer Majoran, fein gehackt
Salz
schwarzer Pfeffer
Fett für die Form

Alle Zutaten miteinander vermengen und in eine gefettete Kastenform füllen, dabei darauf achten, dass keine Luftlöcher entstehen. Im vorgeheizten Ofen 15 Minuten bei 220 °C und 30 Minuten bei 140 °C backen.

PILZRAHM

20 g Schalotte, sehr fein gewürfelt
25 g Butter
20 ml dunkler Sherry
500 ml Sahne
15 g getrocknete Steinpilze
15 g getrocknete Pfifferlinge
2 TL Fischsauce, passiert
1 Prise Salz

Die Schalottenwürfelchen in Butter anschwitzen, mit dem Sherry ablöschen und einmal aufkochen. Dann Sahne, Steinpilze und Pfifferlinge dazugeben und bis auf etwa 300 ml Flüssigkeit einköcheln lassen. Mit Fischsauce und Salz abschmecken.

KAROTTENPÜREE

300 g Karotten, geschält und klein geschnitten
50 ml Orangenöl
1 Msp. Piment d' Espelette
1 g heller Muscovado-Zucker
1 g Salz
30 g Butter

Alle Zutaten, bis auf die Butter, in einen Vakuum- oder Gefrierbeutel geben, vakuumieren oder mit möglichst wenig Lufteinschluss dicht verschließen. Bei 90 °C 3 Stunden im Wasserbad garen, dann entnehmen und in einem Mixer unter Zugabe der Butter fein pürieren. Bei Bedarf mit Salz und Zucker nachschmecken.

ERBSEN

30 g Butter
30 ml Gemüsefond
3 ml Zitronenöl
1 Spritzer grüner Tabasco
Salz
200 g grüne Erbsen

Butter und Gemüsefond zusammen aufkochen, das Zitronenöl dazugeben und mit Tabasco sowie Salz abschmecken. Die Erbsen in der Mischung schwenken, bis sie heiß sind.

KAROTTEN

200 g Karotten, geschält
25 ml Orangenöl
25 ml Rapsöl
2 g Zucker
1 g Salz

Die Karotten zusammen mit den Ölen sowie den Gewürzen in einem Gefrier- oder Vakuumbeutel einschweißen und im Wasserbad bei 80 °C etwa 2 Stunden garen. Dann herausnehmen, abtropfen lassen und in 5 mm dicke Scheiben schneiden.

ANRICHTEN

Franzosenkraut (Kleinblütiges Knopfkraut)

PAULAS TIPP

○ **2013 Ruländer „R"**
Spätlese, trocken
C. & R. Schneider, Baden
€€
Seite 29

Prachtvoll, verschnörkelt, barock. Dieser Typ Ruländer, besser bekannt als Grauburgunder, ist so trocken ausgebaut, dass er sich als erstklassiger Begleiter für viele Teller in der deutschen Küche eignet. Er ist vollmundig, stoffig, man kann auch voluminös sagen, mit nussigen Aromen, ausgewogen und frisch, mit vielen vegetalen Noten, betont in der Säure mit Frucht und Würze. Vielschichtig, voller Rundungen, wo sie erlaubt sind. Die Fülle ist irgendwie genial, weil sie erfüllend ist.

Dornfelder Hasenragout

Hase ist in Berlin beliebt, ich habe immer so ein bisschen damit gefremdelt, vor allem, weil ich in meiner Ausbildung ein paar Exemplare zerlegen durfte, die erst eine Woche abhingen und denen das Fell noch abgezogen werden musste. Das war kein Spaß – als sanft gekochtes Ragout mit süß-säuerlicher Aromatik macht sich Hase allerdings ziemlich gut.

Für 4 Personen

HASENRAGOUT

4 ausgelöste Hasenkeulen à etwa 800 g
neutrales Pflanzenöl
400 g weiße Zwiebeln, in Würfel von 2 x 2 cm geschnitten
10 g scharfes Paprikapulver
1 EL Tomatenmark
300 ml Dornfelder
400 ml Grundjus (siehe Seite 298)
20 Pimentkörner
2 frische Lorbeerblätter
5 g schwarze Pfefferkörner
180 g Dörraprikosen, in Würfel von 5 x 5 mm geschnitten
100 g Pistazienkerne
100 g Butter

Das Hasenfleisch in walnussgroße Stücke schneiden und in Öl scharf anbraten, die Zwiebelwürfel dazugeben und leicht anrösten. Mit Paprikapulver bestäuben und etwas anschwitzen lassen. Dann das Tomatenmark zugeben, leicht bräunen lassen, mit dem Wein ablöschen, 1-mal aufkochen und die Jus sowie alle Gewürze zugeben. Abdecken und bei 80 °C im Backofen etwa 5 Stunden garen, bis das Fleisch zart ist. Eventuell zwischendurch etwas Jus nachgießen. Kurz vor dem Anrichten die Dörraprikosen und Pistazien dazugeben und mit der Butter abrunden.

STECKRÜBE

1 Steckrübe
Piment d' Espelette
50 ml Orangenöl
Meersalz

Die Steckrübe schälen und in Würfel von 1,5 x 1,5 cm Kantenlänge schneiden. Mit Piment d'Espelette und etwas Orangenöl marinieren und leicht salzen. Möglichst nebeneinander in eine flache Form legen. Etwas Wasser angießen (etwa 5 mm hoch) und abgedeckt im Backofen bei 90 °C 90 Minuten garen.

ANRICHTEN

geschälte Pistazien
Bronzefenchel
Blütenblätter vom Wiesenschaumkraut

PAULAS TIPP

● **2011 Zweigelt Hades**
trocken
Ellwanger, Württemberg
€€€
Seite 197

Zweigelt ist die meistverbreitete Rotweinsorte Österreichs. Sie ist eine Kreuzung aus Blaufränkisch und St.Laurent und ergibt dunkelrote bis nachtschwarze Weine. Die Qualitätspalette reicht von sehr fruchtig und weich bis im Barrique ausgebaut, streng und mit reichlich Gerbstoff, von früh zu trinkenden Basisqualitäten bis zu sehr anspruchsvollen, tiefgründigeren Weinen. Ich mag die in überwiegend neuen Eichenfässern ausgebauten Exemplare am liebsten, weil die von Haus aus vorhandene Würze und Gewürze noch ergänzt und unterstrichen werden. Mich erinnert Zweigelt an Typen aus Südfrankreich, besonders Syrah vom Rhônetal. Mit ihrem wilden Bouquet und dem speckigen, rauchigen Charakter sowie der enormen Würze sind sie ideale Partner für Wildgerichte, Ragouts, dunkel gegrilltes Fleisch und würzige Käsesorten. Jahrgang 2011 ist tief Schwarzkirschrot. Im Duft dunkelbeerig, Früchte von Holunder über Blau- und Brombeere, bis zu Schattenmorellen. Vollmundig, sehr gehaltvoll und stoffig.

Kartoffelklöße & Entenklein

Kurz nach meiner Ausbildung arbeitete ich ein halbes Jahr in einem kleinen Restaurant, es war eigentlich keine besonders berauschende Erfahrung, aber ich habe dort meine erste Begegnung mit Entenklein, Magen und Herzen gehabt, und meine Begeisterung dafür ist bis heute ungebrochen.

Für 4 Personen

ENTENKLEIN

250 g Entenmägen, geputzt
300 ml Pflanzenöl
5 g weiße Pfefferkörner
2 Lorbeerblätter
60 g Salz

Alle Zutaten zusammen vakuumieren und für 14 Stunden bei 79 °C im Ofen garen.

250 g Entenherz, geputzt
80 ml geklärte Butter
Meersalz
frisch gemahlener weißer Pfeffer

Die Herzen in der geklärten Butter rosa braten, dann mit Meersalz und weißem Pfeffer würzen.

ENTENFOND

700 g Entenkeulen, zerkleinert
80 ml Pflanzenöl
100 g Karotten, grob gewürfelt
100 g Knollensellerie, grob gewürfelt
100 g rote Zwiebeln, grob gewürfelt
50 ml Rotwein
10 g Knoblauch, ungeschält
80 g Champignons
40 g Thymian
50 g Butter
Meersalz

Die Entenkeulen im Öl anrösten. Dann das Gemüse dazugeben und mit anrösten. Mit Rotwein ablöschen und Knoblauch sowie Champignons dazugeben. Mit 1,5 l Wasser aufgießen und für etwa 2 Stunden köcheln lassen. Den Thymian dazugeben und nochmals 30 Minuten ziehen lassen. Durch ein Sieb passieren und den Fond auf 300 ml reduzieren. Mithilfe eines Mixstabes mit der Butter aufschlagen und mit etwas Meersalz abschmecken.

KLÖSSE

75 ml Milch
200 g Kartoffeln roh, gerieben und ausgepresst
200 g Kartoffeln, weich gekocht und gerieben
Muskatblüte, gemahlen
Salz

Die Milch aufkochen, die Kartoffeln dazugeben und glatt rühren. Mit Salz und gemahlener Muskatblüte abschmecken und auskühlen lassen. Von der Masse kleine Klöße abdrehen, in heißem Salzwasser gar ziehen lassen, dabei nicht kochen. Mit einer Schaumkelle herausnehmen und bis zum Anrichten warm halten.

ANRICHTEN

4 Trockenfeigen, geachtelt
1 TL Thymianblätter, gezupft
grüne Chiliringe, hauchdünn geschnitten
Shiso Kresse

PAULAS TIPP

● 2010 Laumersheimer Mandelpfad
Spätburgunder
Knipser, Pfalz
€€€€
Seite 129

Ente ist nicht nur in der asiatischen oder französischen Küche sehr beliebt. Auch bei uns hat dieser Vogel seine Freunde, gerne kross gebraten mit Rotkohl und Kartoffelklößen. Als Wein einen Spätburgunder, weil sein sanfter Stoff und die üppigen Fruchtaromen sich sehr gut eignen. Spätburgunder liebt kalkreichen Untergrund, ‚dort entstehen harmonische, sanfte Pinot Noir. Bester Herkunft sollte er noch sein, was auch Dank anderer Winzer wie Heger, Huber und Co heute kein Problem mehr ist. Der Festtagsbraten ist gesichert. Hier mit Sauerkirscharomen und roter Johannisbeere. Die noch sehr frische Fruchtsäure wird von den würzigen, süßlich anklingenden Holznoten getragen, der Abgang ist druckvoll und lang.

Wirsingroulade

Bei Oma Jaeger gab es gern und oft Kohlroulade, ganz wichtig war die Paprikasauce dazu und dass die Rouladen je nach Kohlsaison aus Weißkohl, Spitzkohl und eben auch Wirsing gemacht wurden.

Für 4 Personen

ROULADE

8 große, dunkelgrüne Wirsingblätter
1 kg Schweinehackfleisch
2 Eier
25 g Pankomehl
40 g frischer Ingwer, geschält und fein gehackt
25 g Senf (mittelscharf)
Salz
frisch gemahlener schwarzer Pfeffer
Rapsöl zum Anbraten

Die Wirsingblätter in Salzwasser blanchieren und je 2 Blätter zu ⅓ überlappend übereinanderlegen. Das Hackfleisch mit den restlichen Zutaten vermengen und auf 4 Rouladen aufteilen. Wirsing und Hackfeisch wie eine Tasche fest einrollen, im Ofen bei 83 °C etwa 40 Minuten garen und vor dem Servieren in etwas Rapsöl anbraten. Zum Anrichten in Scheiben schneiden.

SAUCE

300 g rote Paprikaschoten, in Stücke geschnitten
70 g Butter
20 g fermentierte Paprikapaste
10 g getrocknete Paprikaflocken
750 ml Geflügelfond
70 ml Limettensirup
Saucenbinder hell

Die Paprikastücke leicht in etwas Butter anrösten, die Paprikapaste dazugeben und leicht anschwitzen. Den Fond angießen und köcheln lassen, bis die Paprikastücke sehr weich sind. Dann pürieren, durch ein Sieb passieren und mit Salz und etwas Limettensirup abschmecken. Zum Schluss leicht mit etwas Sacucenbinder abbinden.

SÜSSKARTOFFELPÜREE

600 g Süßkartoffeln, geschält und in Würfel von 1 x 1 cm geschnitten
100 ml Sahne
100 g Butter
12 g Honig
10 g Meersalz

Kartoffeln mit Sahne und Butter abgedeckt zerkochen, fein mixen und abschmecken.

PAPRIKA

1 rote Paprikaschote, geviertelt
50 ml Orangenöl
50 ml Reisessig
5 g Salz

Alle Zutaten vakuumieren und bei 80 °C im Wasserbad garen, bis sie weich sind. Abkühlen lassen, die Paprikaviertel von der Haut befreien und in 3 mm breite Streifen schneiden.

WIRSING

35 g Butter
10 g Paprikaflocken
200 g innere Wirsingblätter, blanchiert

Die Butter in einer Pfanne erhitzen, die Paprikaflocken dazugeben und den Wirsing darin schwenken.

ANRICHTEN

Vogelmiere

PAULAS TIPP

○ **2014 Sauvignon Blanc**
trocken
Karl H. Johner, Baden
€€€
Seite 45

Dieser Sauvignon ist nicht dominant grasig, grün und vegetal, das ist kein schriller Überflieger. Im Duft ist er stimmig, die Balance von Frucht, Säure und Körper scheint perfekt. Als Begleitung zu Gerichten mit Gemüse wie Kohl und Paprika eignet sich ein solcher Typ Sauvignon bestens. Seine Kräuter, Kerbel und Basilikumnoten unterstreichen das Ganze, verbinden das Gericht mit dem Wein. Im Gaumen herrscht eine super Stimmung. Die Säure, der straffe Körper – keine athletische Textur, aber mit Schmelz und Raffinesse, was will man mehr?

Schäufele

Ich mag Schmorgerichte, vielleicht gerade deswegen, weil ich weder in meiner Ausbildung noch danach jemals wirklich gelernt habe, wie man sie kocht. Erst spät in meiner Karriere erlebten diese Gerichte ein Revival, und ich konnte mich daran versuchen. Das aus Süddeutschland stammende Schäufele ist ein wunderbares Schmorstück, es braucht Zeit und Zuwendung für solche Gerichte, die es einem am Gaumen mit samtigen Saucen und zart zerfallendem Fleisch danken.

Für 4 Personen

BRATEN

etwa 1,5 kg Schaufelbraten ohne Knochen
neutrales Pflanzenöl
Cornish Sea Salt
frisch gemahlener weißer Pfeffer

Das Fleisch von allen Seiten in Öl anbraten, mit Cornish Sea Salt und weißem Pfeffer würzen, dann vakuumieren und bei 80 °C 8 Stunden im Dämpfer garen (oder einen Topf mit Wasser mit in die Backröhre geben, so wird ebenfalls Wasserdampf erzeugt). Alternativ das Fleisch in einem Vakuum- oder Gefrierbeutel luftdicht verschließen und im Wasserbad bei gleichen Temperaturangaben und Stunden garen. Zum Servieren in Stücke schneiden.

LORBEERJUS

100 g Schalotten, fein gehackt
60 g Butter
40 g heller Muscovadozucker
200 ml Spätburgunder
500 ml Bratensaft aus dem Vakuum (s.o.)
500 ml Grundjus (siehe Seite 298), auf 250 ml reduziert
10 frische Lorbeerblätter
4 g bunter Pfefferschrot
1,5 EL dunkler Saucenbinder

Die Schalotten in der Butter anschwitzen, mit dem Muscovadozucker karamellisieren und mit dem Spätburgunder ablöschen. Bratensaft und Grundjus angießen und 30 Minuten bei geringer Hitze leicht köcheln lassen. Dann Lorbeerblätter und Pfefferschrot dazugeben und 15 Minuten ziehen lassen. Die Sauce durch ein Sieb passieren und mit etwas Saucenbinder abbinden.

TOPINAMBURPÜREE

500 g Topinambur, geschält
150 ml Sahne
70 ml weißer Traubensaft
20 g Butter
Salz
Pfeffer
Muskatblüte, gemahlen

Die Topinambure klein schneiden, mit den restlichen Zutaten in einen Topf geben und weich kochen. Dann mithilfe eines Mixstabes pürieren und durch ein Sieb streichen.

ROTKOHL

500 g Rotkohl, in feine Streifen geschnitten
150 ml Johannisbeeressig
15 g Salz
25 g heller Muscovado-Zucker
100 g Schalotten, sehr fein gehackt
80 g Butter
100 g rotes Johannisbeergelee
50 g Kumquats, klein geschnitten
2 frische Lorbeerblätter
2 Nelken
5 g Quatre-épices (französisches Viergewürz)

Den Rotkohl über Nacht mit Johannisbeeressig, Salz und Zucker marinieren.
Die Schalotten in der Butter anschwitzen, dann den Rotkohl mit dem entstandenen Sud dazugeben und mit den restlichen Zutaten aufkochen lassen. Weitere 30 Minuten sanft köcheln lassen, bis der Kohl weich, aber noch bissfest ist.

ANRICHTEN

Lorbeer, in feine Streifen geschnitten
Kumquatviertel

PAULAS TIPP

○ **2014 Rödelseer Küchenmeister**
Sylvaner, trocken
Paul Weltner, Franken
€€
Seite 61

Die Franken trinken zu diesem zarten Stück Fleisch gerne Silvaner, weil die meisten ihrer Rotweine ordentlich Gerbstoff haben und das zarte Fleisch damit überlagern würden. Weltners Silvaner zählen zu den Puristen der Region, mit Abwechslung für Nase und Mund. Kühle Mineralik mit mega-strammer Säure. Überzeugend leichter Trinkfluss, köstlich.

Rheinischer Sauerbraten

Seitdem das politische Geschäft von Bonn nach Berlin gezogen ist, haben wir ziemlich viele Rheinländer vor Ort, die die Speisen ihrer Heimat vermissen. Der Sauerbraten gehört zu den Gerichten, das schon oft angefragt wurde. Unsere Begeisterung hielt sich stets in Grenzen, da für das originale Rezept Pferdefleisch verwendet wird. Deswegen gibt es das Gericht bei uns nur mit Rindfleisch.

Für 4 Personen

1,5 kg Rinderschaufel ohne Knochen
Rapsöl

MARINADE

400 ml weißer Traubensaft
300 ml Estragonessig
1,5 l Wasser
200 g Knollensellerie, gewürfelt
200 g Karotten, gewürfelt
200 g Schalotten, fein gehackt
4 frische Lorbeerblätter
20 Nelken
10 Pimentkörner
10 Wacholderbeeren
10 g schwarze Pfefferkörner
30 g Cornish Sea Salt
50 ml Sud von Cornichons

Alle Zutaten in einen Topf geben und 30 Minuten köcheln lassen. Dann abkühlen lassen, das Rindfleisch von allen Seiten in Öl anbraten und 4 Tage in den Sud einlegen. Anschließend in der Marinade bei 90 °C etwa 6 Stunden in einem Topf ohne Deckel garen (je nach Fleischqualität). Die Marinade zur Weiterverarbeitung beiseitestellen.

SAUCE

600 ml Grundjus (siehe Seite 298)
300 ml Marinade (s. o.)
17 ml weißer Apfelessig
50 ml weißer Traubensaft
2 Lorbeerblätter
5 Wacholderbeeren
100 g weiße Rosinen
150 g Butter

Die Grundjus auf 300 ml reduzieren. Dann die Marinade dazugeben und mit den restlichen Zutaten, bis auf die Butter, abschmecken. Vor dem Anrichten die Butter mithilfe eines Mixstabes einarbeiten.

ROTKOHLSALAT

Saft von 1 Zitrone
10 g Salz
8 g Zucker
300 g frischer Rotkohl, in feine Streifen geschnitten
80 g Apfel (Pink Lady), gerieben
30 g Korianderstiele, fein geschnitten
16 Apfelscheiben (Granny Smith), 2 mm dick

Zitronensaft, Salz und Zucker in den Rotkohl einmassieren und 1 Stunde ziehen lassen. Im Anschluss den geriebenen Apfel und die Korianderstiele dazugeben.
Je 2 Apfelschreiben leicht überlappend auslegen, mit Rotkohlsalat füllen und einrollen.

KLÖSSE

75 ml Milch
200 g Kartoffeln roh, gerieben und ausgepresst
200 g Kartoffeln, weich gekocht und gerieben
Muskatblüte, gemahlen
Salz
Pankomehl, geröstet

Die Milch aufkochen, die Kartoffeln dazugeben und glatt rühren. Mit gemahlener Muskatblüte und Salz abschmecken und auskühlen lassen. Von der Masse kleine Klöße abdrehen, in Salzwasser gar ziehen lassen, dabei nicht kochen. Mit einer Schaumkelle herausnehmen und bis zum Anrichten warm halten, dann in Pankomehl wälzen.

LEBKUCHENSCHAUM

1 l Geflügelfond
1 g Lebkuchengewürz
1 Prise Salz
1 g Lecithin

Den Geflügelfond auf 250 ml reduzieren, mit den restlichen Zutaten vermengen und vor dem Anrichten mit dem Mixstab aufschäumen.

ANRICHTEN

Brennesselblätter

PAULAS TIPP

● 2012 Jaspis
Syrah trocken
HP Ziereisen, Baden
€€€€€
Seite 44

Der rheinische Sauerbraten verlangt einen fleischigen, muskulösen und würzigen Wein. Der Syrah schafft das in der Regel, Ziereisens allemal. Würze von Kardamon, getrocknete Provencekräuter, Pfeffer, Lakritze, Wacholderbeeren. Keine Marmeladentöne, aber viel dunkle Frucht. Die kühle, mineralreiche Textur erscheint schlank und rassig, sehnig wie ein Rennpferd.

Berliner Leber

Die Verbindung aus süßem Apfel, würziger Zwiebel und pfeffriger Sauce überlagert ein wenig das Eigenaroma der Leber, von daher ist es wichtig, die Proportionen so anzuordnen, dass die Leber im Mittelpunkt stehen kann. Leber zu braten ist nicht einfach, sie ist schnell durch, da sie eigentlich keine direkte Hitze mag, Sous-vide-Garen ist aber keine Alternative, da die Leber bei diesem Vorgang schmierig wird. Nehmen Sie sich Zeit und garen Sie bei mittlerer Hitze in der Pfanne.

Für 4 Personen

LEBER

4 Kalbslebern à 120 g
4 EL Mehl
Salz
Butter

Die Lebern mehlieren und mit etwas Salz würzen. Anschließend bei mittlerer Hitze in Butter rosa anbraten.

KARTOFFELPÜREE

40 ml Milch
40 ml Sahne
500 g mehligkochende Kartoffeln, gestampft
80 g gesalzene Butter

Milch und Sahne in einen Topf geben. Aufkochen und mit der Butter unter die Kartoffelmasse rühren, bis ein homogenes Püree entstanden ist.

SAUCE

300 ml Geflügelfond
¼ Bund frischer Majoran
15 g Röstzwiebeln
1 TL bunter Pfeffer, geschrotet
dunkler Saucenbinder
20 ml Apfelsaft
5 ml Malzessig
3 Spritzer grüner Tabasco
15 g Butter

Zuerst den Geflügelfond aufkochen, dann Majoran, Röstzwiebeln und Pfeffer dazugeben und 20 Minuten ziehen lassen. Durch ein Sieb passieren und leicht mit Saucenbinder abbinden. Zum Schluss mit Apfelsaft, Malzessig und Tabasco abschmecken und mit der Butter aufschlagen.

APFEL

100 g heller Muscovadozucker
100 ml Calvados
500 ml Apfelsaft
3 Lorbeerblätter
4 Nelken
2 Äpfel (Pink Lady)

Den Muscovado-Zucker in einer Pfanne karamellisieren und mit Calvados ablöschen. Einmal aufkochen, dann Apfelsaft, Lorbeerblätter und Nelken dazugeben und die Flüssigkeit um ⅓ reduzieren. Die Äpfel schälen und mit einem Kugelausstecher Parisienne abstechen, diese in den heißen Sud legen und vor der Verwendung 24 Stunden marinieren lassen.

ROTE ZWIEBELN

100 ml Himbeeressig
50 ml Apfelessig
50 ml Wasser
1 rote Zwiebel (Tropea)

Alle flüssigen Zutaten in einen Topf geben und miteinander aufkochen. Die Zwiebel schälen und in 16 Spalten schneiden. Dann in den heißen Sud einlegen und über Nacht ziehen lassen.

ANRICHTEN

Guter Heinrich (Wilder Spinat)

PAULAS TIPP

○ 2010 Geheimrat J
Riesling, Spätlese, trocken
Wegeler, Rheingau
€€€€
Seite 160

Gereifter Riesling mit Apfelnoten, wenn trocken, dann auf keinen Fall sauer, saftig und mit Schmelz, das verlangt eine Leber Berliner Art. Der „J" hat alles zu bieten. In der Nase gelbfruchtig, Jonagoldapfel, Birnensaft. Im Mund trocken, gereifte Säure, dennoch sehr frisch, saftig und lebendig, animierende Leichtigkeit mit Sprungkraft auf der Zunge. Ein Erlebnis klassischer Art. Die schmeckbare süße Note ist auf die Reife des Weines zurückzuführen und nicht als Restzucker zu verstehen.

Saure Zipfel

Wir haben in unserem Restaurant einen fränkischen Weißwein, den unser Sommelier André Macionga mit einem Weingut kreiert hat. Der Wein ist enorm körperreich und kräftig. Bei der Präsentation des Weines wollten wir André ein bisschen foppen und haben zum Spaß einen Teller Saure Zipfel zwischen all die anderen Gerichte gestellt, die er nutzen wollte, um uns zu zeigen, wie wunderbar der Wein unsere Angebote begleiten kann. Was als Scherz gedacht war, entpuppte sich als echtes Leckerchen.

Für 4 Personen

SUD

500 ml Wasser
300 ml Limettensirup
200 ml Estragonessig
30 g Salz
10 g schwarze Pfefferkörner
5 Nelken
2 Lorbeerblätter
1 großer Liebstöckelzweig
10 Wacholderbeeren
3 EL helle Senfsaat
300 g Suppengrün, in Würfel von 1,5 x 1,5 cm geschnitten
100 g rote Paprikaschoten, rund ausgestochen (Durchmesser 2 cm)
150 g Schmorgurke, geschält und der Länge nach geviertelt
50 g rote Zwiebeln, geschält und in sehr feine Streifen geschnitten

Alle Zutaten in einen Topf geben und einmal aufkochen, dann 30 Minuten ziehen lassen.

ZIPFEL

20 Nürnberger Bratwürstchen, möglichst roh

Die Würstchen in den kochenden Sud legen, vom Herd nehmen und 10 Minuten ziehen lassen.

ANRICHTEN

Liebstöckelblätter

PAULAS TIPP

○ **2014 Escherndorf**
Müller-Thurgau, Kabinett, trocken
Horst Sauer, Franken
€
Seite 57

Schon die erste Nase bei diesem scheinbar einfachen Wein begeistert, lässt sofort an reife Trauben und gelbes Kernobst denken. Mit unterschiedlichen Zitrusnoten und den noch hefigen Anklängen präsentiert dieser Müller mit seiner Frische das pure Leben. Weniger Säure ist ja nicht negativ, solange die vorhandene genügend Frische bietet. Ein verspielter Typ, dem man ohne Reue durchaus auch mal mehr zusprechen kann.

Kutteln in Apfelessig

Kutteln sind bei uns in Berlin sehr selten zu finden, auf Speisekarten stehen sie nur, wenn schwäbische Restaurants sie servieren. Wir haben uns schon mehrmals an verschiedenen Zubereitungen versucht, die größte Herausforderung ist es, die Kutteln gar zu kochen, der dabei entstehende Geruch ist sehr speziell. Fragen Sie Ihren Metzger, ob er sie auch vorgekocht verkauft, das haben wir auch gemacht, und seitdem beschweren sich die Köche nicht mehr, wenn Kutteln auf der Speisekarte stehen …

Für 4 Personen

SUD

200 ml klarer Apfelsaft
1 l Geflügelfond
50 g Schalotten
7 g frischer Ingwer
80 g Karotten, gewürfelt
40 g Champignons
100 ml Apfelessig
4 Spritzer grüner Tabasco
3 Lorbeerblätter
15 weiße Pfefferkörner
1 Estragonzweig
1 EL Honig

KUTTELN

400 g geputzte und gekochte Kutteln (vom Metzger), in dünne Streifen geschnitten

Alle Zutaten für den Sud in einen Topf geben, auf die Hälfte reduzieren und 1 Stunde ziehen lassen. Dann durch ein Sieb passieren. Die vorbereiteten Kutteln in diesem Sud erwärmen.

ANRICHTEN

50 ml geklärte Butter, mit 2 Lorbeerblättern aromatisiert
16 frische grüne Pfefferkörner
1 Apfel (Granny Smith), geschält und mit einem Kugelausstecher Parisienne (kleine Kugeln) abgestochen
150 g Staudensellerie, geschält und blanchiert, in kleine Stücke geschnitten
Koriander, frisch gezupft

PAULAS TIPP

○ **2012 Riesling & Traminer**
trocken
Manfred Schwarz, Sachsen
€€€
Seite 186

Kutteln sind nicht jedermanns Sache – ich habe auch nicht gleich hurra gerufen –, aber in dieser Rezeptur liegen durchaus Reize, es doch zu probieren. Mit diesem verführerischen Wein allemal. Schon alleine die Kombination der beiden Rebsorten ist verlockend. Wenn man ihre Namen liest, denkt man ja an zwei bestimmte Weintypen mit ihrem jeweils eigenen Duft und Geschmack. Wer kommt auf die Idee einer Cuvée? Ich steckte meine Nase neugierig tief ins Glas. Bravo, was mir da entgegen kommt, sind zwei Aromensträuße, einer mit Blüten und einer voll mit exotischen Früchten. Im Mund trinkfreundliche Frische und Saftigkeit. Ein ideales Paar im Wechselspiel mit dem Apfelfond.

Gulasch & Semmelknödel

Wir hatten im Swissôtel Berlin einen österreichischen Direktor, der uns anfangs sehr gefordert hat und unser Mentor wurde. Mit ihm sind wir hin und wieder um die Häuser gezogen, und am Tag danach half einem dieses würzige Gulasch wieder in die Spur.

Für 4 Personen

GULASCH

1,5 kg Rinderbrust, in Würfel von 3 x 3 cm geschnitten
Pflanzenöl
20 g Salz
800 g weiße Zwiebeln, in Würfel von 3 x 3 cm geschnitten
40 g Paprikaflocken, getrocknet
100 ml Rotwein
2 l Grundjus (siehe Seite 298)
1 Knoblauchzehe, geschält
3 g Kreuzkümmel, gemahlen
5 g Zitronenöl
roter Tabasco
10 g Piment d'Espelette
schwarzer Pfeffer
200 g scharfe Knackwurst (möglichst roh), Scheiben von 3 mm geschnitten

Das Rindfleisch in Öl scharf anbraten und salzen, die Zwiebelwürfel dazugeben und mit anrösten. Mit den Paprikaflocken bestreuen und diese leicht anschwitzen lassen, dann mit dem Rotwein ablöschen und auf etwa 1/3 reduzieren lassen. Anschließend mit der Jus auffüllen, den Knoblauch zugeben und abgedeckt bei schwacher Hitze köcheln lassen, bis das Fleisch zart ist. Abkühlen lassen und über Nacht kalt stellen. Am nächsten Tag den Knoblauch entnehmen, den Rest vorsichtig erwärmen, parallel dazu die geschmorten Paprikaschoten (s.u.) leicht anrösten, zum Gulasch geben und darin erwärmen. Mit den restlichen Zutaten abschmecken und die Wurstscheiben dazugeben.

GESCHMORTE PAPRIKA

500 g rote Paprikaschoten
50 ml Rapsöl

Die Paprikaschoten waschen, halbieren und putzen. Mit der Hautseite nach oben auf ein Blech legen und mit dem Rapsöl bestreichen. Bei 200 °C 10 Minuten im Backofen garen, die Haut abziehen und in Stücke schneiden.

SEMMELKNÖDEL

300 g altbackene Brötchen
250 ml Milch
50 g Schalotten, sehr fein gehackt
50 g Speck, sehr fein gewürfelt
4 Eier
50 g Blattpetersilie, gehackt
Muskatblüte, gemahlen
Salz
weißer Pfeffer aus der Mühle
Butter

Die Brötchen in Würfel schneiden. In der Zwischenzeit die Milch aufkochen und mit den Brötchenwürfeln vermengen, dann kalt stellen. Schalotten und Speck in einer Pfanne anschwitzen und zur Masse geben. Die Eier verquirlen und mit der Petersilie unterrühren und mit den Gewürzen abschmecken.
Kleine Klöße formen und diese in Salzwasser garen; es darf nicht kochen. Vor dem Servieren in einer Pfanne mit etwas Butter warmschwenken.

ANRICHTEN

Petersiliensetzlinge
Blütenblätter von der Goldnessel

PAULAS TIPP

● **2013 Rothe Bach**
Blaufränkisch trocken
St. Antony, Rheinhessen
€€€€€
Seite 168

Dass „Blaufränkisch" am Niersteiner Hang zu besonderer Qualität taugt, hat außer dem Geschäftsführer von St. Antony, Felix Peters, dort keiner geglaubt. Inzwischen wird er beneidet. Und das Gulasch verlangt auch nach der Stärke, der Würzigkeit dieses großen Weines. Nachtschwarz, tief und dicht bis zum Kern. Getrocknete Tomate, Chilli, Gewürznelke, schwarze Pfefferkörner. Mächtiges, feinkörniges Tannin. Dicht mit Tiefe und großer Länge.

Schweinekinn & Sauerkraut

Das Schweinekinn habe ich in Österreich kennengelernt, es heißt dort Goderl. So perfekt marmoriert wie japanisches Wagyu-Rind, ist es ein herausragend zartes, saftiges Stück, das natürlich ordentlich Säure zur Balance braucht, in dem Fall durch Sauerkraut.

Für 4 Personen

GRUNDJUS

Für etwa 1 Liter
500 g Kalbsknochen, in kleine Stücke gesägt
500 g Rindermarkknochen, in kleine Stücke gesägt
Rapsöl
200 g Karotten, geschält und grob geschnitten
200 g Knollensellerie, gut gewaschen und grob geschnitten
200 g Gemüsezwiebeln, geschält und grob geschnitten
1 EL Tomatenmark
2 Lorbeerblätter
10 g schwarze Pfefferkörner
50 g Champignons
1 Fleischtomate, grob geschnitten

Die Knochen in Rapsöl anrösten, dann das Wurzelgemüse dazugeben und mitrösten. Wenn alles gut angeröstet ist, das Tomatenmark hinzufügen und leicht bräunen. Anschließend 2 Liter Wasser aufgießen und Gewürze sowie Champignons und Tomate dazugeben. Bei schwacher Hitze köcheln lassen, bis die Flüssigkeit auf etwa 1 Liter reduziert ist. Durch ein Sieb passieren und weiterverarbeiten.

SCHWEINEKINN

400 g Schweinekinn (Papada Bellota vom Iberico-Schwein), mild gepökelt vom Metzger

Vakuumieren und 6 Stunden bei 89 °C im Dampf garen. Alternativ das Fleisch in einem Vakuum- oder Gefrierbeutel luftdicht verschließen und im Wasserbad garen.

KREUZKÜMMELSAUCE

1 l Grundjus
100 ml Sud von Schweinekinn (s.o.)
2 g Kreuzkümmel, gemahlen
1 Spritzer Orangenöl
1 Spritzer roter Tabasco
2 Knoblauchzehen
1 EL Röstzwiebeln
frisch gemahlener weißer Pfeffer
Speisestärke (nach Bedarf)

Die Grundjus auf 400 ml reduzieren und mit den restlichen Zutaten aufkochen. Durch ein Sieb passieren und bei Bedarf leicht mit Speisestärke binden.

SAUERKRAUT

400 g Weißkohl, in feine Streifen geschnitten
50 g Meersalz
50 g heller Muscovado-Zucker
100 g Schalotten, sehr fein gewürfelt
100 g Schweineschmalz
400 ml Geflügelfond
2 frische Lorbeerblätter
5 Wacholderbeeren
4 Mandarinen, geschält und filetiert
80 ml Zitronensaft

Den Weißkohl mit Salz und Zucker verkneten und über Nacht ziehen lassen. Die Schalottenwürfel im Schweineschmalz anschwitzen, den Weißkohl dazugeben und mit dem Fond ablöschen. Lorbeerblätter und Wacholderbeeren dazugeben und köcheln lassen, bis das Kraut noch leichten Biss hat. Mandarinen zugeben und mit Zitronensaft abschmecken.

KNÖPFLE

250 g Mehl, gesiebt
3 Eier
3 g Salz
10 ml Mineralwasser mit Kohlensäure
0,2 g Muskatblüte, gemahlen
100 g Pankomehl, geröstet
80 g Butter

Alle Zutaten, bis auf Pankomehl und Butter, miteinander verkneten und kräftig schlagen. Für 20 Minuten ruhen lassen und mit einer Knöpflereibe in kochendes Salzwasser reiben. Kurz darin ziehen lassen und im Anschluss in Eiswasser abschrecken. Vor dem Servieren mit geröstetem Pankomehl in Butter anschwenken.

BRÖSELBUTTER

40 g Butter
100 g Pankomehl
Salz
weißer Pfeffer

Die Butter in einer Pfanne erhitzen und das Pankomehl ähnlich wie Croûtons leicht darin rösten. Mit Salz und Pfeffer abschmecken und auf Küchenkrepp abtropfen lassen.

ANRICHTEN

Petersiliensetzlinge

PAULAS TIPP

● **2014 Suez Rosé**
trocken
Reichsrath von Buhl, Pfalz
€€€
Seite 133

Aufwändige Rezepte verlangen einfach gestrickte Weine, die sehr gut sein müssen. Komponenten wie Kreuzkümmel, Lorbeer, Wacholder, Muskatblüte, Zwiebeln kann der Wein für sich sprechen lassen und einfach dabei sein. Beeindruckende Farbe, viel Frucht, rote Beeren, sehr frisch, knalltrocken, mit großer Fülle und Nachdruck.

Handkäse & Musik

Mein hessischer Freund Sven Elverfeld vom Dreisterne-Restaurant Aqua in Wolfsburg hat den Handkäs mit Musik in molekulare Sphären zerlegt, das hat ihn fein und elegant gemacht, und meine kurze Zeit in einem Kaff in der Nähe von Frankfurt hat mir neben der „Grünen Sauce" auch den Handkäs mit in meine kulinarische Wiege gelegt. Wir haben daraus ein hauchzartes Gericht gemacht, das zwar einfach aussieht, aber handwerklich eindeutig eine Herausforderung ist! Sie werden allerdings mit einem wunderbaren Käsegang belohnt ...

Für 4 Personen

KÄSEMOUSSE

10 g Schalotten, sehr fein gewürfelt
10 g Butter
150 ml Geflügelfond
80 ml Apfelessig
5 g ganze Kümmelsamen
1 Prise Salz
150 g Harzer Roller
2 Gelatineblätter
200 g Sahne, geschlagen
40 g geschlagenes Eiweiß

Die Schalotten in der Butter weich dünsten und mit Geflügelfond, Apfelessig Kümmel und Salz aufkochen. Den Harzer Roller in den noch warmen Sud einlegen und mindestens 48 Stunden ziehen lassen. Dann abgießen und die Marinade auffangen. 250 ml abmessen und mit dem Käse glatt rühren, bis sich der Käse vollständig aufgelöst hat. Die Gelatine in etwas kaltem Wasser einweichen, dann ausdrücken und unter die leicht erwärmte Käsemasse rühren. Etwas abkühlen lassen, dann Sahne und Eischnee unterheben und vor dem Servieren 4 Stunden kalt stellen.

KNOBLAUCH-KÜMMEL-HIPPEN

50 g Mehl
50 g Butter
10 g Zucker
2 g Knoblauch, gerieben
1 g Kümmel, gemahlen
2 g Salz

Alle Zutaten zu einem Teig vermengen, diesen etwa 2 mm dick auf eine Silikonbackmatte ausstreichen und bei 160 °C 4 Minuten anbacken. Dann mit einem runden Ausstecher Kreise (3 cm Durchmesser) herstellen und diese 6–10 Minuten fertig backen. Bis zum Anrichten auskühlen lassen.

PX-ESSIGSUD

100 g Schalotten, fein gewürfelt
200 ml Verjus
50 ml Edelsaurer P.X.-Essig
50 g Rapsöl
30 g Apfelsaft
20 g Geflügelfond
35 g Salz

Schalotten und Verjus auf 50 ml reduzieren und gut ausdrücken. Dann die Flüssigkeit mit den restlichen Zutaten vermischen.

ANRICHTEN

Grüner Oxalis

PAULAS TIPP

○ **2014 Sulzfelder**
Müller-Thurgau, trocken
Zehnthof Luckert, Franken
€
Seite 64

Bei Handkäs denke ich an die zahlreichen Kneipen in Hessen, in und um Frankfurt. Dort hat man zur Handkäs-Spezialität mit Zwiebeln Apfelwein getrunken. Dabei handelt es sich um einen durchgegorenen Apfelmost, rustikal, deftig, aber er schmeckt dazu ganz ok. Ich ziehe einen trockenen Wein aus der unterschätzten Rebsorte Silvaner vor. Und zwar am liebsten aus Franken, dort gibt es richtige Silvaner-Profis wie die Familie Luckert, bei denen diese Sorte die erste Geige spielt. Feinduftig, mehr auf der reduzierten Seite ist sein Aromenprofil. Kräutrig, vegetal, auch leicht hefig, erdig mit ausdrucksvollem Geschmack. Mit Muskeln und Würze ergänzt er dieses raffinierte Handkäs-Rezept.

Rote Grütze

Die Rote Grütze ist ein wunderbares Gericht, das man heute eigentlich nur noch im Discounterregal findet. Die Veilchensahne gibt der Speise einen feinen duftigen Hauch, und wir haben den Gang auch etwas aparter angerichtet und ihn aus seiner gestalterischen Schmuddelecke geholt.

Für 4 Personen

GRANITÉ

1 Flasche (0,75 l) Rhababersaft
200 ml Ahornsirup
100 ml Limettensirup
3 Rhabarberstangen, klein geschnitten

Alles Zutaten zusammen vakuumieren und 10 Minuten bei 82 °C im Wasserbad garen. Dann durch ein Sieb passieren und auf die Hälfte einkochen. Die Schüssel ins Gefrierfach geben und in regelmäßigen Abständen mit einem Schneebesen verrühren, bis alles zu feinen Kristallen gefroren ist.

BEERENSAUCE

400 g Waldbeerenmix (tiefgekühlt)
200 g Erdbeerpüree
200 g Ahornsirup
1 Vanilleschote

Alle Zutaten in einen Topf geben, auf die Hälfte einkochen lassen, dann durch ein Sieb passieren und kalt stellen.

FRISCHE BEEREN

12 Erdbeeren
20 Himbeeren
20 Brombeeren
12 Schattenmorellen
100 g rote Johannisbeeren
100 g Blaubeeren

Die Früchte waschen und – wenn nötig – entsteinen und etwas zerkleinern, vor allem die Erdbeeren.

VEILCHENSAHNE-ESPUMA

15 g Crème fraîche
20 g Milch
10 g Honig
60 g Sahne
3 Tropfen Veilchenaroma (Sosa)
Sahne-Siphon + 2 Sahnekapseln

Alle Zutaten, bis auf das Aroma, miteinander aufkochen. Dann das Veilchenaroma eintropfen und abschmecken. In den Sahne-Siphon füllen und mit 2 Kapseln begasen.

ANRICHTEN

Veilchenblüten

PAULAS TIPP

● 2014 Spätburgunder Rosé
trocken
Manfred Aufricht, Baden
€
Seite 48

Nicht immer ist die süße Weinvariante bei Desserts die einzig gute Möglichkeit, nur weil sie die bekannteste ist. Früchtedesserts wie diese so köstliche Interpretation einer roten Grütze gehen mit dieser badischen Spezialität, einem Rosé aus Spätburgunder, auch als Weißherbst bekannt, eine sehr gute Verbindung ein. Frucht und Frucht ergänzen sich, die Säuren bleiben in der Waage.

● 2013 Dorndorfer Rappental
Frühburgunder, trocken
Klaus Böhme, Saale-Unstrut
€€
Seite 179

Auch Rotwein wie dieser helle Frühburgunder, warm und weich im Gerbstoff, mit einem Bouquet reich wie ein Früchtetee, hat mit einem Dessert von Waldbeeren und Roten Früchten, selbst mit den Blüten seinen Spaß. Oft steht die Flasche Rotwein ja noch vom Hauptgericht nicht ganz ausgetrunken auf dem Tisch, was tun damit? Ein Dessert wie dieses rettet den Rotwein, sprich die Situation.

Rohrnudeln

Backen ist nicht meine Stärke, von daher habe ich das entspannte Vergnügen gehabt, über die Rezeptierungsphase hinweg, es immer wieder mit Wonne zu probieren. Das Obst können Sie natürlich je nach Jahreszeit variieren, es sollte allerdings eingekocht sein, um texturell eine Verbindung mit den Rohrnudeln einzugehen.

Für 4 Personen

ROHRNUDELN

70 ml Milch
18 g frische Hefe
30 g heller Muscovado-Zucker
200 g Mehl
70 g weiche Butter
1 Ei
Abrieb von ½ unbehandelten Zitrone
5 ml Rum
Butter für die Form

Alle Zutaten zu einem glatten Teig kneten und an einem warmen Ort 45 Minuten gehen lassen. Dann 16 Quadrate à etwa 25 g ausstechen und in eine gut gebutterte Kastenform einsetzen. Bei 160 °C 12 Minuten backen.

VANILLECREME

200 ml Milch
3 Eigelb
50 g Akazienhonig
12 g Stärke
½ Vanilleschote, ausgekratzt
50 g Butter

Alle Zutaten mischen und auf einem Wasserbad zur Rose abziehen. Dazu so lange mit einem Holzlöffel rühren und gleichmäßig erwärmen, bis sich rosenartige Ringe bilden, wenn man auf den Löffel pustet. Dies ist bei etwa 85 °C der Fall.

WEINBERGPFIRSICH

2 Weinbergpfirsiche
50 g Honig
100 g Ahornsirup
100 g Pfirsichlikör
5 grüne Kardamomkapseln

Die Pfirsiche mit kochendem Wasser überbrühen, dann häuten, halbieren und entsteinen. Aus den restlichen Zutaten einen Fond kochen, die Pfirsiche einlegen und bei etwa 82 °C 3 Minuten ziehen lassen. Im Anschluss abgießen, abkühlen lassen und achteln.

ANRICHTEN

Puderzucker
Eisenkrautblätter, hauchfein geschnitten

PAULAS TIPP

○ 2013 Durbacher Plauelrain
Traminer, Auslese
Andreas Laible, Baden
€€
Seite 42

Der glockenklare, blumige und fruchtige Duft eines Traminers ist eigentlich ein Dessert für sich. In Verbindung mit einem luftigen Gebäck oder Hefeteig und seinen zarten Vanillenoten schmeckt beides noch viel besser. Eine Leichtigkeit, die es mehr auf Harmonie und Balance abgesehen hat. Der feine sahnige, leicht schmalzige Charakter des Traminers verbindet sich wunderbar mit dem Geschmack des Hefegebäcks.

○ 2005 Saarburger Rausch
Riesling, Trockenbeerenauslese
Forstmeister Geltz Zilliken, Mosel
€€€€€
Seite 105

Dieses außergewöhnliche Feuerwerk einer Riesling TBA zeigt Karamell, Mandeln, Trockenobst und bildet in Kombination mit den Buchteln eine Ergänzung der Pfirsichnoten, des Likörs, des Honigs sowie der Röstaromen des Gebäcks. Die Kraft diese Weines mit seiner unendlichen Säure hebt die luftigen Buchteln in einen schwebenden Zustand.

Süßwein-Apfel

Die Familie von Michael Jaeger hat eine Winzerfreundin in Erbach, einem wunderschönen Städtchen im Rheingau, in ihrer dortigen Straußwirtschaft gab es Äpfel, die in Riesling Auslese eingemacht waren. Lauwarm auf der Terrasse mit einem Glas Rheingauer Auslese serviert, ist dieses Duett wie ein kleiner Ausflug nach Erbach.

Für 4 Personen

STREUSEL

100 g Mehl
50 g kalte Butter
35 g Eigelb
70 g Vanillezucker
Abrieb von 1 unbehandelten Orange

Den Backofen auf 180 °C vorheizen. Alle Zutaten miteinander vermengen und in Bröseln auf einem Backblech verteilen. Etwa 8–10 Minuten im vorgeheizten Backofen goldbraun backen. Beiseitestellen und abkühlen lassen.

MINZÖL

20 g Minzblätter, blanchiert
60 ml Pflanzenöl
1 Msp. Ascorbinpulver

Alle Zutaten miteinander mixen und durch ein Sieb passieren.

SUD FÜR DIE ÄPFEL

750 ml Riesling Auslese
10 Pimentkörner
10 Kapseln grüner Kardamom
1 Zimtstange
70 g Zucker
Abrieb und Saft von ½ unbehandelten Zitrone

Alle Zutaten miteinander aufkochen, 30 Minuten ziehen lassen und durch ein Sieb passieren.

ÄPFEL

4 kleine rote Äpfel (z.B. Elstar)

Die Äpfel schälen und von der Unterseite vorsichtig aushöhlen. In den Sud einlegen, 1-mal aufkochen und 10 Minuten bei kleiner Hitze abgedeckt pochieren. Anschließend im Sud auskühlen lassen.

CLOTTED CREAM

500 ml Sahne
10 ml Minzöl (s.o.)

Die Sahne in ein 70 °C heißes Wasserbad geben und 8–10 Stunden darin stehen lassen. Danach etwa 12 Stunden kalt stellen. Dann die Schicht, die sich an der Oberfläche abgesetzt hat, vorsichtig abheben und mit dem Minzöl aufschlagen.

ANRICHTEN

frische Minzblätter

PAULAS TIPP

○ 2013 Nackenheim Rothenberg
Riesling, Auslese
Gunderloch, Rheinhessen
€€€
Seite 172

Säure und Süße treten bei diesem Wein im Gleichschritt auf, tanzen denselben Akkord im Gaumen und machen den Gesamteindruck irgendwie faszinierend. Damit sich dieser Akkord in der Kombination Wein und Dessert wiederholen kann, kommt es ganz besonders auf die Sorte und den Reifegrad des Apfels an. Der buttrige, karamellisierte Charakter der Brösel wird durch die lebendige Säure des Rieslings – sowohl in der Sauce als auch im Glas – positiv in den Vordergrund gerückt.

Sekt Pinot Rosé
brut
Barth, Rheingau
€€
Seite 156

Mit einer prickelnden Variante kommen ganz andere Komponenten mit ins Spiel. Hier entsteht zunächst im Mund durch den Schaum ein angenehmer, gewünschter Kontrast zum Dessert, der insgesamt erfrischend wirkt. Dabei überzeugt die harmonische Säure dieses Schaumweins, hier könnte nämlich zusammen mit dem Apfel leicht ein Zuviel entstehen.

Sauerkirschen & Schokolade

Schwarzwälder Kirsch stand bei diesem Rezept Pate, allerdings ohne Kirsch und Kuchenteig, denn grundsätzlich versuchen wir Weizenprodukte zu vermeiden, wenn sie nicht nötig sind, und bei der Vermählung von reifen Kirschen und feinster Schokolade steht alles andere sonst nur im Weg!

Für 4 Personen

KIRSCHEN

100 ml Kirschsaft
1 Lorbeerblatt
40 g Rohrzucker
20 ml Kirschwasser
200 g Sauerkirschen, entsteint

Den Kirschsaft mit dem Lorbeerblatt und dem Rohrzucker in einen Topf geben und aufkochen. Das Kirschwasser dazugeben und die Sauerkirschen in den noch heißen Sud einlegen. Über Nacht ziehen lassen.

SCHOKOLADENSAHNE

370 ml Sahne
35 g schwach entöltes Kakaopulver
50 g Vollmilchkuvertüre
50 g dunkle Kuvertüre (mind. 72 % Kakaogehalt)

Die Sahne aufkochen und die restlichen Zutaten auf einmal dazugeben. Die Masse kalt rühren und in der Küchenmaschine aufschlagen.

ANRICHTEN

2 frische Lorbeerblätter, in feinste Würfel geschnitten

PAULAS TIPP

● 2013 Spätburgunder
trocken
Shelter Winery, Baden
€
Seite 43

Die Zusammenstellung Kirschen und Schokolade mit Wein macht mir besonders viel Spaß, ich genieße sie auch sehr gerne. Warum man nicht schon viel früher die trockene Rotweinvariante gewagt hat, weiß ich nicht. Ein sanfter, fruchtbeladener Spätburgunder mit angenehm frischer Fruchtsäure ergänzt das Dessert-Paar ausgezeichnet. Raffiniert dabei ist das rotbeerige Bouquet, das wie eine weitere Zutat wirkt.

Zwetschgenknödel

Knödel sind Kalorienbomben, und unser Zwetschgenknödel steht dem in nichts nach, eindeutig ein wunderbares Herbstessen an einem Sonntagmittag mit dem anschließenden, von uns Kindern so gehassten Spaziergang. Und das alles, weil der Rest der Familie sich wünscht, sich die Pfunde gleich wieder abzulaufen.

Für 4 Personen

PISTAZIEN-VANILLESAUCE

4 Eigelb
75 g Milch
1 g Stärke
1 Vanilleschote, ausgekratzt
175 g Sahne
30 g Pistazienöl

Eigelbe, Milch, Stärke und das Vanillemark zusammen über einem Wasserbad warm aufschlagen. Die Sahne aufkochen, die Eigelbmasse dazugeben und so lange mit einem Holzlöffel rühren und gleichmäßig erwärmen, bis sich rosenartige Ringe bilden, wenn man auf den Löffel pustet. Dies ist bei etwa 85 °C der Fall. Zum Schluss das Pistazienöl darunterziehen.

ZWETSCHGENKNÖDEL

250 g Quark
60 g Butter
20 g Honig
1 Ei
80 g Mehl
20 g Paniermehl
Mark von 1 Vanilleschote
Abrieb von ½ unbehandelten Orange

Den Quark in einem Tuch (am besten über Nacht) gut abhängen, mit Butter und Honig aufschlagen, das Ei dazugeben und ebenfalls unterschlagen. Die restlichen Zutaten dazugeben und zu einem glatten Teig verkneten. Golfballgroße Stücke abnehmen, mit einem Teelöffel der Zwetschgenmasse (s.u.) füllen, rund drehen und in leicht siedendes Wasser geben, bis die Knödel an der Oberfläche schwimmen. Mit einer Schaumkelle entnehmen, abtropfen lassen und in den Pankobröseln (s.u.) wenden

FÜLLUNG

3 große Zwetschgen
150 ml Ahornsirup
100 ml Pflaumenwein

Die Zwetschgen entsteinen und in Würfel von 5 x 5 mm schneiden. Den Ahornsirup einkochen, bis er karamellisiert, und mit dem Pflaumenwein ablöschen. Die Zwetschgenwürfel dazugeben und zu einem leicht bissfesten Ragout dünsten.

PANKOBRÖSEL

100 g Pankomehl
30 g Butter
30 g Puderzucker

Die Butter in einer Pfanne zerlassen, das Pankomehl dazugeben, leicht bräunen und den Puderzucker unterrühren.

PISTAZIENÖL

50 g Pistazien
50 g Rapsöl

Die Pistazien mit dem Rapsöl fein mixen und durch ein Sieb passieren.

ANRICHTEN

Johanniskrautblüten

PAULAS TIPP

○ **2013 Pillnitzer Königlicher Weinberg**
Grauburgunder
Zimmerling, Sachsen
€€€
Seite 185

Die Knödel mit der Vanillesauce sind in der Tat ein pfundige Sache und benötigen einen adäquaten Partner, der sowohl mit der Teigmasse und der sahnigen Sauce als auch mit den frischen Zwetschgen ein stimmiges Nebeneinander bildet und nicht durch zu viel Süße dominiert. Dieser Grauburgunder mit seiner klassischen Ausbauart, einem Kuss von Restsüße und seiner barocken Fülle erinnert an den früheren Ruländer, wie Grauburgunder im Badischen einst genannt wurde. Vielleicht eine nicht alltägliche Kombination, aber eine köstliche.

Milchreismousse

Milchreis ist wohl eines der bekanntesten Gerichte unserer Republik, egal ob im Norden oder im Süden – und wohl auch im Kühlregal. Ich mag Milchreis nur kalt, warm ist er mir zu mächtig. Wer unter die kalte Variante noch Schlagsahne unterhebt, bekommt eine Mousse von ganz zarter Angelegenheit.

Für 4 Personen

RHABARBERGELEE

250 ml Erdbeersaft
1 l Rhababersaft
30 g Honig
2 g Agar-Agar

Den Erdbeersaft aufkochen und auf 200 ml reduzieren. Dann Rhabarbersaft, Honig und Agar-Agar dazugeben, aufkochen und 1 Minute köcheln lassen. Anschließend durch ein feines Sieb passieren. Dünn auf ein Blech ausgießen und auskühlen lassen.

MILCHREISMOUSSE

15 g weißen Muscovado-Zucker
45 g Sahne
75 g Milch
15 g Milchreis
12 g Butter
9 g Pro Espuma (für kalte Espumas, Sosa)
1 g unbehandelter Mandarinenabrieb
Sahnesiphon + 2 Sahnekapseln

Muscovadozucker, Sahne, Milch und Milchreis in einem Topf geben und unter ständigem Rühren 1 Stunde bei 90 °C garen, dann abkühlen lassen. Mandarinenabrieb und Pro Espuma dazugeben, in einen Sahne-Siphon füllen und mit 2 Sahnekapseln begasen. In tiefe Teller einspritzen, glatt streichen und bis zum Anrichten kalt stellen.

ANRICHTEN

250 g Walderdbeeren
Waldmeisterspitzen

PAULAS TIPP

○ **2013 Radebeuler Goldener Wagen**
Traminer, Spätlese
Karl Friedrich Aust, Sachsen
€€
Seite 189

Damit werden Kindheitsträume wach, entweder man liebte dieses Süßspeise oder aber nicht mehr, weil dieses einfache und preiswerte Gericht in vielen Familien zu oft aufgetischt wurde. Mit der Schlagsahne und der ebenso cremigen Textur des Traminers wird diese Mousse zu einem Fest. Von den traminer-typischen Aromen, Rosen und Muskattrauben, lassen sich Walderdbeere, Rhabarber und Waldmeister in den Himmel der süßen Verführung heben.

Bienenstich

Den Bienenstich haben wir in dieser Form erst vor ein paar Wochen für unser Restaurant La Soupe Populaire entwickelt. Durch das Aprikosensorbet bekommt es eine feine frische ohne sein dichtes, süßes Aroma zu verlieren. Die Mandeln sind knusprig.

Für 4 Personen

MANDELKARAMELL

30 ml Milch
70 g Butter
80 g Zucker
1 g Pektin
100 g Mandeln, gehobelt

Milch und Butter in einem Topf aufkochen, dann Zucker sowie Pektin einrühren und kochen, bis eine sämige Masse entstanden ist. Die gehobelten Mandeln einrühren, auf eine Silikon-Backmatte gießen, flach streichen und im Ofen bei 160 °C so lange backen, bis die Masse goldbraun ist. Dies dauert etwa 8 Minuten. Anschließend aus dem Ofen nehmen und mit einem Metallring 4 Kreise mit 12 cm Durchmesser ausstechen. Erkalten lassen und bis zur Verwendung trocken lagern.

TEIG

250 g Mehl
½ TL Salz
80 ml Milch
20 g Hefe
65 g + 1 TL Zucker
4 Eier
4 Eigelbe

Mehl und Salz miteinander sieben und verrühren. Dann die Milch in einem Topf erhitzen, und Hefe sowie 1 TL Zucker darin auflösen. Eier, Eigelbe und 65 g Zucker zusammen kalt aufschlagen, bis die Masse schaumig geworden ist. Dann die Mehlmischung, die Hefemilch und die Eiermasse in einer Küchenmaschine zu einem Teig verarbeiten.
Den Teig auf ein mit Backpapier ausgelegtes Backblech geben und gleichmäßig darauf verteilen. Etwa 40 Minuten gehen lassen und im Anschluss bei 180 °C 20–22 Minuten backen. Dann auskühlen lassen und mithilfe eines Metallringes mit 10 cm Durchmesser 4 Kreise ausstechen.

APRIKOSENEIS

4 Aprikosen, entsteint und gehäutet
60 ml Passionsfruchtsaft
1 Prise Safranpulver

Alle Zutaten mixen und in einer Eismaschine nach Herstelleranleitung gefrieren. Dann mit zwei Teelöffeln Nocken abstechen und diese bis zum Anrichten einfrieren.

VANILLECREME

200 ml Sahne
800 ml Milch
180 g Muscovado-Zucker
100 g Honig
Mark von 2 Vanilleschoten
60 g Stärke
40 g Eigelb
3 Eiweiß
3 EL Zucker

Sahne, Milch, Muscovado-Zucker, Honig und Vanillemark in einen Topf geben und miteinander aufkochen. Die Stärke mit etwas kaltem Wasser anrühren, zur Sahnemischung geben und aufkochen, um eine Bindung zu erzielen. Die kochende Masse vom Herd ziehen, einige Minuten abkühlen lassen und das Eigelb einrühren. Anschließend im Kühlschrank auskühlen lassen. In der Zwischenzeit die Eiweiße steif schlagen, dabei zum Schluss den Zucker einrieseln lassen. Den Eischnee unter die erkaltete Creme ziehen und in einen Spritzbeutel füllen.

PAULAS TIPP

○ **2013 Brauneberger Juffer Sonnenuhr Riesling, Beerenauslese**
Fritz Haag, Mosel
€€€€€
Seite 95

Eine junge Beerenauslese ohne Botrilysnoten hat etwas Verführerisches an sich. Wer einmal daran genascht hat, weiß, was ich damit meine. Die Haags beherrschen die Disziplin großer Süßweine exzellent. Hier tanzen die Kellergeister förmlich auf der Zunge. Die teils cremigen und teils knusprigen Eindrücke im Mund, zusammen mit dem zartschmelzendem Pfirsicheis, sind eine Herausforderung für den Wein. Nicht für diese Beerenauslese – mit strammer, aber reifer Säure, delikater Süße und begeisternder Harmonie.

Weinbergpfirsich

Ich hatte einen Event auf Capri und kochte für eine kleine Gesellschaft in einem bezaubernden Fünfsternehotel. Am Ende des Abends erfrischte ich mich im Pool und hatte dort das Glück, auf den Chef-Barkeeper zu treffen. Wir kamen ins Gespräch, und irgendwann fragte er, was ich trinken wolle. Ich antwortete, das, was er mir am liebsten zubereiten möchte. Er stieg aus dem Pool, pflückte einen Pfirsich vom Baum, ging zur Poolbar, pürierte den Pfirsich mit ein paar Himbeeren, dekorierte den Drink mit Zitronenverbene und goss ihn mit Champagner auf. Das war seine Version des Bellini, und die schmeckte grandios! Dieses Dessert ist meine Interpretation, und wir verwenden dafür Weinbergpfirsiche von der Mosel.

Für 4 Personen

PFIRSICH

4 Weinbergpfirsiche
600 ml Himbeersaft
100 g heller Muscovado-Zucker
Abrieb und Saft von 1 unbehandelten Limette

Die Pfirsiche mit heißem Wasser übergießen, die Schale abziehen, die Früchte halbieren und den Stein auslösen. Die restlichen Zutaten in einen Topf geben, aufkochen und durch ein Sieb passieren. Die halbierten Pfirsiche bei etwa 83 °C etwa 5 Minuten in dem Sud ziehen lassen, danach herausnehmen und kalt stellen.

PRÄLAT-GELEE

400 ml Riesling von der Mosel
1,8 g Agar-Agar

Den Wein auf 200 ml reduzieren und abkühlen lassen. Das Agar-Agar dazugeben und unter Rühren aufkochen. Dann gleichmäßig dünn auf ein Blech gießen und durchkühlen lassen.

VANILLECREME

2 Eigelb
200 g Milch
60 g heller Muscovado-Zucker
Mark von ½ Vanilleschote
12 g Akazienhonig
250 ml Sahne, geschlagen

Alle Zutaten, bis auf die Sahne, mischen und auf einem Wasserbad zur Rose abziehen. Dazu so lange mit einem Holzlöffel rühren und gleichmäßig erwärmen, bis sich rosenartige Ringe bilden, wenn man auf den Löffel pustet. Dies ist bei etwa 85 °C der Fall. Zum Schluss die Sahne unterheben.

HIMBEERSTREUSEL

500 g Himbeeren, geviertelt
Läuterzucker (1:1)

Die Himbeeren mit etwas Läuterzucker bepinseln und im Ofen 24 Stunden bei 52 °C trocknen lassen. Klein bröseln.

ANRICHTEN

Zitronenverbene
Blütenblätter vom Stiefmütterchen

PAULAS TIPP

○ **2004 Wehlener Sonnenuhr**
Riesling, Spätlese
Joh. Jos. Prüm, Mosel
€€€€
Seite 86

Gehen wir einmal davon aus, dass wir perfekt gereifte, saftigste Pfirsiche von wo auch immer in dieser verlockenden Bellini-Interpretation haben. Das Gelee aus einer frischen Riesling-Spätlese oder Auslese, am besten aus derselben, die Sie dann dazu genießen, ergibt eine sündhaft gute „Götterspeise". Die noch total frische 2004er Spätlese der Prüms vereint alle Vorzüge des perfekten Moseljahrgangs in sich. Nach zehnjähriger Reife konzentriert, reduziert, auf den Punkt gebracht. Reizvoll, anregend wie die geschälten Pfirsiche selbst. Dass die gereiften Fruchtsäuren aus dem Hintergrund beleben, ist ebenso natürlich wie begeisternd zugleich.

Erdbeeren & Rosé

Michael Jaeger gehörte schon als Kind zu den Schlitzohren, und die besten Erdbeeren gab es im Nachbarsgarten, also hat er es in einem Jahr geschafft, fast die komplette Ernte allein zu vertilgen, was ihm erstmal eine satte Erdbeerallergie einbrachte. Die Erdbeeren aus dem Familiengarten wurden zu Bowle verarbeitet, und er hat aus beiden Kindheitserinnerungen dieses Dessert kreiert. Prost!

Für 4 Personen

ROSA PFEFFERBAISER

20 ml Erdbeersaft
3 g Zitronensaft
1 g rosa Pfefferbeeren, gemahlen
10 g heller Muscovado-Zucker
1 Prise Salz
5 g Trockeneiweißpulver

Erdbeer- und Zitronensaft mischen, die Gewürze zugeben, darin auflösen und mixen. Dann mit dem Trockeneiweißpulver steif schlagen. Die Masse in einen Spritzbeutel füllen und in Tupfen von 4 mm Durchmesser auf ein mit Backpapier belegtes Blech spritzen. Die Baisers über Nacht im Ofen bei 50 °C trocknen.

ROSÉ-SEKT-GRANITÉ

300 ml Rosésekt, auf 100 ml reduziert
200 ml Rosésekt
10 ml Zitronensaft
30 g Honig

Alle Zutaten in einer Schüssel gründlich miteinander verrühren. Die Schüssel ins Gefrierfach geben und in regelmäßigen Abständen mit einem Schneebesen verrühren, bis alles zu feinen Kristallen gefroren ist.

ANRICHTEN

8 Erdbeeren, als Fächer aufgeschnitten
Basilikumkresse

PAULAS TIPP

2005 Schlossberg Rosé
Sekt, Brut nature
Bernhard Huber, Baden
€€€
Seite 28

Vorweg gesagt, zähle ich zu den Menschen, die gerne den Wein oder Sekt zu einer Speise trinken, der für die Zubereitung des Rezeptes verwendet wurde. Das zahlt sich ganz besonders aus, wenn von dem Wein nicht die ganze Menge erhitzt wurde, dadurch bleibt der pure Geschmack, bleiben auch die Perlen erhalten. Und was gibt es Köstlicheres als Erdbeeren mit Sekt oder Champagner? Wenn das Granité beim Genuss langsam schmilzt und sich mit dem fruchtigen Rosé verbindet, entsteht im Gaumen ein bekannter Knalleffekt, ein gewisser Moment des Aha, den man nie wieder missen möchte.

WEINGÜTER VON A BIS Z

Weingut Acham-Magin, Seite 134
Weinstraße 67
67147 Forst an der Weinstraße, Pfalz
Tel. 06326 315
info@acham-magin.de
www.acham-magin.de

Weingut Adeneuer, Seite 22
Max-Planck-Straße 8
53474 Bad Neuenahr-Ahrweiler, Ahr
Tel. 02641 34473
JJAdeneuer@t-online.de
www.adeneuer.de

Weingut Gerhard Aldinger, Seite 194
Schmerstraße 25 / Ecke Lutherstr.
70734 Fellbach, Württemberg
Telefon: (0711) 581417
info@weingut-aldinger.de
www.weingut-aldinger.de

Weingut Alte Grafschaft, Seite 65
Rathausgasse 5
97892 Kreuzwertheim, Franken
Tel. 09342 5500
info@AlteGrafschaft.de
www.altegrafschaft.de

Weingut Aufricht, Seite 48
Höhenweg 8
88719 Stetten bei Meersburg/
Bodensee, Baden
Tel. 07532 2427
info@aufricht.de
www.aufricht.de

Weingut Karl Friedrich Aust, Seite 191
Weinbergstraße 10
01445 Radebeul, Sachsen
Tel. 0351 893 90100
kontakt@weingut-aust.de
www.weingut-aust.de

Wein- und Sektgut Barth, Seite 156
Bergweg 20
65347 Eltville-Hattenheim, Rheingau
Tel. 06723 2514
mail@weingut-barth.de
www.weingut-barth.de

Weingut Friedrich Becker, Seite 136
Hauptstraße 29
76889 Schweigen-Rechtenbach, Pfalz
Tel. 06342 290
wein@friedrichbecker.de
www.friedrichbecker.de

Weingut J.B. Becker, Seite 148
Rheinstraße 6
65396 Walluf, Rheingau
Tel. 06123 74890
h.j.becker@justmail.de

Weingut Klaus Böhme, Seite 181
Lindenstraße 42
06636 Kirchscheidungen, Saale-Unstrut
Tel. 034462 20395
weingut.boehme@t-online.de
www.weingut-klaus-boehme.de

Weingut Georg Breuer, Seite 161
Grabenstraße 8
65385 Rüdesheim am Rhein, Rheingau
Tel. 06722 1027
info@georg-breuer.com
www.georg-breuer.com

Weingut Reichsrath von Buhl, Seite 132
Weinstraße 18-24
67146 Deidesheim, Pfalz
Tel. 06326 965019
info@von-buhl.de
www.von-buhl.de

Bürgerspital zum Hl. Geist, Seite 59
Theaterstraße 19
97070 Würzburg, Franken
Tel. 0931 3503441
weingut@buergerspital.de
www.buergerspital.de/weingut

Weingut Clemens Busch, Seite 97
Kirchstraße 37
56862 Pünderich, Mosel
Tel. 06542 1814023
weingut@clemens-busch.de
www.clemens-busch.de

Weingut Chat Sauvage, Seite 157
Hohlweg 23
65366 Geisenheim / Johannisberg,
Rheingau
Tel. 06722 9372586
pinot@chat-sauvage.de
www.chat-sauvage.de

Weingut A. Christmann, Seite 127
Peter Koch Straße 43
67435 Gimmeldingen, Pfalz
Tel. 06321 66039
info@weingut-christmann.de
www.weingut-christmann.de

Weingut Ansgar Clüsserath, Seite 99
Spielesstraße 4
54349 Trittenheim, Mosel
Tel. 06507 2290
weingut@ansgar-cluesserath.de
www.ansgar-cluesserath.de

Weingut Dautel, Seite 197
Lauerweg 55
74357 Bönnigheim, Württemberg
Tel. 07143 870326
info@weingut-dautel.de
www.weingut-dautel.de

Weingut Deutzerhof, Seite 23
Deutzerwiese 2
53508 Mayschoß, Ahr
Tel. 02643 7264
info@deutzerhof.de
www.deutzerhof.de

Weingut Hermann Dönnhoff, Seite 109
Bahnhofstraße 11
55585 Oberhausen, Nahe
Tel. 06755 263
weingut@doennhoff.com
www.doennhoff.com

Weingut Dr. Crusius, Seite 117
Hauptstraße 2
55595 Traisen, Nahe
Tel. 0671 33953
info@weingut-crusius.de
www.weingut-crusius.de

Weingut Dr. Heger, Seite 30
Bachenstraße 21
79241 Ihringen, Baden
Tel. 07668 99511 0
info@heger-weine.de
www.heger-weine.de

Weingut Drautz-Able, Seite 198
Faisststraße 23
74076 Heilbronn, Württemberg
Tel. 07131 177908
info@drautz-able.de
www.drautz-able.de

Weingut Dreissigacker, Seite 177
Untere Klinggasse 4
67595 Bechtheim, Rheinhessen
Tel. 06242 2425
info@dreissigacker-wein.de
www.dreissigacker-wein.de

Weingut Jürgen Ellwanger, Seite 199
Bachstraße 27
73650 Winterbach, Württemberg
Tel. 07181 44525
info@weingut-ellwanger.de
www.weingut-ellwanger.de

Weingut Eva Fricke, Seite 153
Suttonstraße 14
65399 Kiedrich, Rheingau
Tel. 06123 703658
info@evafricke.com
www.evafricke.com

WEINGÜTER VON A BIS Z

Weingut Rudolf Fürst, Seite 53
Hohenlindenweg 46
63927 Bürgstadt am Main, Franken
Tel. 09371 8642
info@weingut-rudolf-fuerst.de
www.weingut-rudolf-fuerst.de

Weingut Gunderloch, Seite 174
Carl Gunderloch Platz 1
55299 Nackenheim, Reinhessen
Tel. 06135 2341
info@gunderloch.de
www.gunderloch.de

Weingut Fritz Haag, Seite 95
Dusemonder Hof
54472 Brauneberg, Mosel
Tel. 06534 410
info@weingut-fritz-haag.de
www.weingut-fritz-haag.de

Weingut Hey, Seite 182
Weinberge 1a
06618 Naumburg, Saale-Unstrut
Tel. 0176 24059325
kontakt@weinguthey.de
www.weinguthey.de

Weingut Heymann-Löwenstein, Seite 96
Bahnhofstraße 10
56333 Winningen, Mosel
Tel. 02606 1919
info@hlweb.de
www.hlweb.de

Weingut Huber, Seite 27
Heimbacher Weg 19
79364 Malterdingen, Baden
Tel. 07644 9297220
info@weingut-huber.com
www.weingut-huber.com

Weingut Joh. Jos. Prüm, Seite 85
Uferallee 19
54470 Bernkastel-Wehlen, Mosel
Tel. 06531 3091
info@jjpruem.com
www.jjpruem.com

Weingut Karl H. Johner, Seite 45
Gartenstraße 20
79235 Vogtsburg – Bischoffingen, Baden
Tel. 07662 6041
info@johner.de
www.johner.de

Weingut Toni Jost, Seite 75
Oberstraße 14
55422 Bacharach, Mittelrhein
Tel. 06743 1216
weingut@tonijost.de
www.tonijost.de

Franz Keller Schwarzer Adler, Seite 33
Badbergstraße 44
79235 Vogtsburg – Oberbergen, Baden
Tel. 07662 93300
keller@franz-keller.de
www.franz-keller.de

Weingut Keller, Seite 165
Bahnhofsstraße 1
67592 Flörsheim-Dalsheim, Rheinhessen
Tel. 06243 456
info@keller-wein.de
www.keller-wein.de

Weingut August Kesseler, Seite 149
Lorcher Straße 16
65385 Assmannshausen, Rheingau
Tel. 06722 2513
info@august-kesseler.de
www.august-kesseler.de

Weingut Knipser, Seite 128
Hauptstraße 47
67229 Laumersheim, Pfalz
Tel. 06238 742
mail@weingut-knipser.de
www.weingut-knipser.de

Weingut Holger Koch, Seite 35
79235 Vogtsburg-Bickensohl, Baden
Tel. 07662 912258
hk@weingut-holger-koch.de
www.weingut-holger-koch.de

Weingut Kühling-Gillot & H.O. Spanier, Seite 173
Oelmühlstraße 25
55294 Bodenheim, Rheinhessen
Tel. 06135 2333
info@kuehling-gillot.de
www.kuehling-gillot.de

Weingut Peter Jakob Kühn, Seite 150
Mühlstraße 70
65375 Oestrich-Winkel, Rheingau
Tel. 06723 2299
info@WeingutPJKuehn.de
www.weingutpjkuehn.de

Weingut Philipp Kuhn, Seite 135
Großkarlbacher Staße 20
67229 Laumersheim, Pfalz
Tel. 06238 656
info@weingut-Philipp-Kuhn.de
www.weingut-philipp-kuhn.de

Weingut Künstler, Seite 144
Geheimrat-Hummel-Platz 1a
65239 Hochheim am Main, Rheingau
Tel. 06146 83860
info@weingut-kuenstler.de
www.weingut-kuenstler.de

Weingut Andreas Laible, Seite 42
Am Bühl 6
77770 Durbach, Baden
Tel. 0781 41238
info@weingut-laible.de
www.weingut-laible.de

Weingut Leitz, Seite 159
Theodor-Heuss-Straße 5
65385 Rüdesheim, Rheingau
Tel. 06722 48711
johannes.leitz@leitz-wein.de
www.leitz-wein.de

Weingut Dr. Loosen, Seite 93
St. Johannishof
54470 Bernkastel, Mosel
Tel. 06531 3426
vertrieb@drloosen.de
www.drloosen.de

Weingut Zehnthof Theo Luckert, Seite 64
Kettengasse 3-5
97320 Sulzfeld am Main, Franken
Tel. 09321 23778
luckert@weingut-zehnthof.de
www.weingut-zehnthof.de

Weingut Markgraf von Baden, Seite 49
Schloss Salem
88682 Salem, Baden
Tel. 07553 81284
weingut@markgraf-von-baden.de
www.markgraf-von-baden.de

Weingut Rudolf May, Seite 62
Im Eberstal 1
97282 Retzstadt, Franken
Tel. 09364 5760
info@weingut-may.de
www.weingut-may.de

Weingut Meyer-Näkel, Seite 17
Friedenstraße 15
53507 Dernau, Ahr
Tel. 0 26 43/16 28
weingut@meyer-naekel.de
www.meyer-naekel.de

Weingut Markus Molitor, Seite 92
Haus Klosterberg
54470 Bernkastel-Wehlen, Mosel
Tel. 06532 954000
info@markusmolitor.com
www.markusmolitor.com

Weingut Matthias Müller, Seite 79
Mainzer Straße 45
56322 Spay, Mittelrhein
Tel. 02628 8741
info@weingut-matthiasmueller.de
www.weingut-matthiasmueller.de

WEINGÜTER VON A BIS Z

Weingut Ökonomierat Rebholz, Seite 123
Weinstraße 54
76833 Siebeldingen, Pfalz
Tel. 06345 3439
wein@oekonomierat-rebholz.de
www.oekonomierat-rebholz.de

Weingut Pawis, Seite 183
Auf dem Gut 2
06632 Freyburg OT Zscheiplitz, Saale-Unstrut
Tel. 034464 28315
info@weingut-pawis.de
www.weingut-pawis.de

Weingut Ratzenberger, Seite 80
Blücherstraße 167
55422 Bacharach, Mittelrhein
Tel. 06743 1337
weingut-ratzenberger@t-online.de
www.weingut-ratzenberger.de

Sekthaus Raumland, Seite 176
Alzeyer Straße 134
67592 Flörsheim-Dalsheim, Rheinhessen
Tel. 06243 908070
info@raumland.de
www.raumland.de

Weingut Reichsgraf von Kesselstatt, Seite 100
Schlossgut Marienlay
54317 Morscheid, Mosel
Tel. 06500 91690
info@kesselstatt.de
www.kesselstatt.com

Weingut Johann Ruck, Seite 63
Marktplatz 19
97346 Iphofen, Franken
Tel. 09323 800880
post@ruckwein.de
www.ruckwein.de

Weingut Salwey, Seite 36
Hauptstraße 2
79235 Oberrotweil am Kaiserstuhl, Baden
Tel. 07662 384
weingut@salwey.de
www.salwey.de

Weingut Horst Sauer, Seite 57
Bocksbeutelstraße 14
97332 Escherndorf, Franken
Tel. 09381 4364
mail@weingut-horst-sauer.de
www.weingut-horst-sauer.de

Weingut Schäfer-Fröhlich, Seite 114
Schulstraße 6
55595 Bockenau, Nahe
Tel. 06758 6521
info@weingut-schaefer-froehlich.de
www.weingut-schaefer-froehlich.de

Weingut Egon Müller Scharzhof, Seite 88
54459 Wiltingen / Saar, Mosel
Tel. 06501 17232
egon@scharzhof.de
www.scharzhof.de

Weingut Gregor & Thomas Schätzle, Seite 40
Heinrich-Kling-Straße 38
79235 Vogtsburg – Schelingen, Baden
Tel. 07662 94610
info@weingutschaetzle.de
www.weingutschaetzle.de

Domäne Weingut Schloß Johannisberg, Seite 147
Fürst von Metternich Winneburg'sche
65366 Geisenheim-Johannisberg, Rheinberg
Tel. 06722 70090
info@schloss-johannisberg.de
www.schloss-johannisberg.de

Weingut Schloss Lieser, Seite 94
Am Markt 1-5
54470 Lieser, Mosel
Tel. 06531 6431
info@weingut-schloss-lieser.de
www.weingut-schloss-lieser.de

Weingut Schloss Proschwitz Prinz zur Lippe, Seite 190
Dorfanger 19
01665 Zadel über Meißen, Sachsen
Tel. 03521 76760
weingut@schloss-proschwitz.de
www.schloss-proschwitz.de

Schloss Vollrads, Seite 152
Vollradser Allee
65375 Oestrich-Winkel, Rheingau
Tel. 06723 660
info@schlossvollrads.com
www.schlossvollrads.com

Schlossgut Diel, Seite 116
Burg-Layen 16
55452 Rümmelsheim, Nahe
Tel. 0672196950
schlossgut@diel.eu
www.diel.eu

Weingut Rainer Schnaitmann, Seite 200
Untertürkheimer Straße 4
70734 Fellbach, Württemberg
Tel. 0711 5746 16
info@weingut-schnaitmann.de
www.weingut-schnaitmann.de

Weingut Claus Schneider, Seite 47
Lörracher Straße 4
79576 Weil am Rhein, Baden
Tel. 07621 72817
info@schneiderweingut.de
www.schneiderweingut.de

Weingut Reinhold & Cornelia Schneider, Seite 39
Königschaffhauser Straße 2
79346 Endingen am Kaiserstuhl, Baden
Tel. 07642 5278
info@weingutschneider.com
www.weingutschneider.com

Weingut Emrich-Schönleber, Seite 113
Soonwaldstraße 10a
55569 Monzingen, Nahe
Tel. 06751 2733
weingut@emrich-schoenleber.de
www.emrich-schoenleber.de

Weinbau Martin Schwarz, Seite 188
Alaunstraße 70
01099 Dresden, Sachsen
Tel. 0351 8956072
kontakt@schwarz-wein.de
www.schwarz-wein.de

Shelter Winery, Seite 43
Salzmatten 1
79341 Kenzingen, Baden
Tel. 07644 927663
espe@shelterwinery.de
www.shelterwinery.de

Weingut Simon-Bürkle, Seite 69
Wiesenpromenade 13
64673 Zwingenberg, Hessische Bergstraße
Tel. 06251 76446
info@simon-buerkle.de
www.simon-buerkle.de

Weingut St. Antony, Seite 170
Wilhelmstraße 4
55283 Nierstein am Rhein, Rheinhessen
Tel. 06133 509 110
info@st-antony.de
www.st-antony.de

Weingut Kloster Eberbach, Seite 154
65346 Eltville, Rheingau
Tel. 06723 9178100
stiftung@kloster-eberbach.de
www.kloster-eberbach.de

Weingut Jean Stodden, Seite 20
Rotweinstraße 7-9
53506 Rech, Ahr
Tel. 02643 3001
info@stodden.de
www.stodden.de

Weingut Tesch, Seite 118
Naheweinstraße 99
55450 Langenlonsheim, Nahe
Tel. 06704 93040
info@weingut-tesch.de
www.weingut-tesch.de

WEINGÜTER VON A BIS Z

Weingut Thörle, Seite 171
Ostergasse 40
55291 Saulheim, Rheinhessen
Tel. 06732 5443
info@thoerle-wein.de
www.thoerle-wein.de

Weingut St. Urbans-Hof, Seite 101
Urbanusstraße 16
54340 Leiwen, Mosel
Tel. 06507 93770
info@urbans-hof.com
www.urbans-hof.de

Weingut Van Volxem, Seite 90
Dehenstraße 2
54459 Wiltingen / Saar, Mosel
Tel. 06501 16510
office@vanvolxem.com
www.vanvolxem.com

Weingut Völcker, Seite 130
An der Eselshaut 15
67435 Neustadt-Mußbach, Pfalz
Tel. 06321 66050
info@weingut-voelcker.de
www.weingut-voelcker.de

Weingut von Hövel, Seite 102
Agritiusstraße 6
54329 Konz-Oberemmel, Mosel
Tel. 06501 15384
info@weingut-vonhoevel.de
www.weingut-vonhoevel.de

Weingut von Winning, Seite 124
Weinstraße 10
67146 Deidesheim, Pfalz
Tel. 06326 966870
weingut@von-winning.de
www.von-winning.de

Weingut Wagner-Stempel, Seite 172
Wöllsteiner Straße 10
55599 Siefersheim, Rheinhessen
Tel. 06703 960330
info@wagner-stempel.de
www.wagner-stempel.de

Weingut Martin Waßmer, Seite 46
Am Sportplatz 3
79189 Bad Krozingen-Schlatt, Baden
Tel. 07633 15292
wassmer-krozingen@t-online.de
www.weingut-wassmer.de

Weingüter Geheimrat J. Wegeler, Seite 160
Friedensplatz 9-11
65375 Oestrich-Winkel, Rheingau
Tel. 06723 99090
info@wegeler.com
www.wegeler.com

Weingut Dr. Wehrheim, Seite 137
Weinstraße 8
76831 Birkweiler, Pfalz
Tel. 06345 3542
wein@weingut-wehrheim.de
www.weingut-wehrheim.de

Weingut Robert Weil, Seite 141
Mühlberg 5
65399 Kiedrich Rheingau, Rheingau
Tel. 06123 2308
info@weingut-robert-weil.com
www.weingut-robert-weil.com

Weingut Weingart, Seite 81
Mainzer Straße 32
56322 Spay am Rhein, Mittelrhein
Tel. 02628 8735
mail@weingut-weingart.de
www.weingut-weingart.de

Weingut Weltner, Seite 61
Wiesenbronner Straße 17
97348 Rödelsee, Franken
Tel. 09323 3646
info@weingut-weltner.de
www.weingut-weltner.de

Weingut Hans Wirsching, Seite 60
Ludwigstraße 16
97346 Iphofen, Franken
Tel. 09323 87330
info@wirsching.de
www.wirsching.de

Weingut Wittmann, Seit 169
Mainzer Straße 19
67593 Westhofen bei Worms, Rheinhessen
Tel. 06244 905036
info@wittmannweingut.com
www.weingutwittmann.de

Weingut Wöhrwag, Seite 201
Grunbacher Straße 5
70327 Stuttgart-Untertürkheim, Württemberg
Tel. 0711 331662
info@woehrwag.de
www.woehrwag.de

Weingut Ziereisen, Seite 44
Markgrafenstraße 17
79588 Efringen-Kirchen, Baden
Tel. 07628 2848
kontakt@ziereisen.de
www.weingut-ziereisen.de

Weingut Forstmeister Geltz Zilliken, Seite 104
Heckingstraße 20
54439 Saarburg, Mosel
Tel. 06581 2456
info@zilliken-vdp.de
www.zilliken-vdp.de

Weingut Klaus Zimmerling, Seite 187
Bergweg 27
01326 Dresden, Sachsen
Tel. 0351 2618752
info@weingut-zimmerling.de
www.weingut-zimmerling.de

Weingut im Zwölberich, Seite 119
Schützenstraße 14
55450 Langenlonsheim, Nahe
Tel. 06704 9200
info@zwoelberich.de
www.zwoelberich.de

REZEPTE

REZEPTE

DANK

Mit herzlichem Dank für die Unterstützung:
Martin Müller
Steve Karlsch
Partrick „Timo" Thiele
Shoko Homma
Weihe GmbH
Frischeparadies Berlin

Alle Angaben und Zahlen zu Regionen, Böden und Lagen mit freundlicher Genehmigung des Deutschen Weininstituts (DWI), Mainz.

Die Rezepte entstanden in Zusammenarbeit von Tim Raue mit Michael Jaeger, Küchenchef des La Soupe Populaire.

Michael Jaeger, Küchenchef des La Soupe Populaire

IMPRESSUM

Streitfeldstraße 35, 81673 München
www.callwey.de
E-Mail: buch@callwey.de

2. Auflage 2015

Bibliografische Information der Deutschen Nationalbibliothek
Die Deutsche Nationalbibliothek verzeichnet diese Publikation in der Deutschen Nationalbibliografie; detaillierte bibliografische Daten sind im Internet über <http://dnb.d-nb.de> abrufbar.

ISBN 978-3-7667-2174-7

Projketleitung: Caroline Ditting
Lektorat: Anne-Kathrin Funck
Gestaltung: Schmid + Widmaier, München
Druck und Bindung: Druckerei Uhl GmbH & Co. KG, Radolfzell

Printed in Germany

Bildnachweis:
Vorsatz, Umschlag, S. 6, S. 8 Wolfgang Stahr, Berlin; S. 11 Emil Levy Z. Schramm, Berlin; S. 17,18 über Meyer-Näkel; S. 20 über Jean Stodden; S. 22 oben über Adeneuer; S. 23 unten über Deutzerhof; S. 26, S. 27, S. 28, S. 31 über Dr. Heger; S. 32, 33 über Franz Keller; S. 35 über Holger Koch; S. 36 links, S. 37 über Salwey, S. 39 über Reinhold & Cornelia Schneider; S. 40 über Georg Schätzle; S. 42 über Andreas Laible; S. 43 oben über Shelter Winery; S. 45 über Johner; S. 46 über Waßmer; S. 48 über Aufricht; S. 49 über Markgraf von Baden; S. 52, 53, S. 54 über Rudolf Fürst; S. 56 über Horst Sauer; S. 59 über Bürgerspital zum Hl. Geist; S. 60 über Wirsching; S. 61 über Paul Weltner; S. 62 über Rudolf May; S. 63 unten über Johann Ruck; S. 64 unten über Zehnthof Theo Luckert; S. 65 unten über Alte Grafschaft; S. 69 Andreas Durst; S. 70 über Simon Bürkle; S. 74, S. 75, S. 76 über Toni Jost; S. 79 über Matthias Müller; S. 80 oben über Ratzenberger; S. 84, S. 86 über J.J. Prüm; S. 85 Andreas Durst; S. 88, S. 89 Andreas Durst; S. 91 über Van Volxem; S. 92 über Markus Molitor; S. 94 links, S. 95 unten über Schloss Lieser; S. 97 über Clemens Busch; S. 98 links und unten S. 98; S. 100 links über Reichsgraf von Kesselstatt; S. 101 rechts über S. Urbans-Hof; S. 103 über von Hövel; S. 105 über Forstmeister Geltz Zilliken; S. 108, 109 Andreas Durst über Hermann Dönnhoff; S. 113 über Emrich-Schönleber; S. 114 über Schäfer-Fröhlich; S. 116 oben Andreas Durst über Schlossgut Diel; S. 118 rechts über Martin Tesch; S. 119 unten über Im Zölberich; S. 125 oben, links, unten über Von Winning; S. 127 über A. Christmann; S. 128 über Knipser; S. 130, S. 131 über Völcker; S. 132, S. 133 links und unten über Reichsrat von Buhl; S. 134 unten über Acham-Magin; S. 135 unten über Philipp Kuhn; S. 136 oben über Friedrich Becker; S. 137 über Dr. Wehrheim; S. 140, S. 141, S. 142 über Robert Weil; S. 144 links Andreas Durst; S. 146 über Schloss Johannisberg; S. 148 oben über J.B. Becker; S. 149 oben über August Kessler; S. 150, S. 151 oben Andreas Durst; S. 152 über Schloss Vollrads; S. 153 über Eva Fricke; S. 154 unten über Kloster Eberbach; S. 155 unten Schloss Reinhartshausen; S. 156 unten Barth; S. 157 unten über Kühn; S. 159 über Leitz; S. 160 über Wegeler Gutshaus; S. 161 unten über Georg Breuer; S. 165, S. 166 über Klaus-Peter Keller; S. 168 über Wittmann; S. 171 unten über Thörle; S. 172 oben über Wagner-Stempel; S. 173 unten über Kühling-Gillot; S. 174 über Gunderloch; S. 176 unten über Sekthaus Raumland; S. 177 oben über Dreissigacker; S. 181 über Böhme; S. 183 oben über Hey; S. 187 unten über Klaus Zimmerling; S. 188 über Martin Schwarz; S. 190 oben über Schloss Proschwitz; S. 191 über Karl Friedrich Aust; S. 194, S. 195 oben, rechts, unten über Gerard Aldinger; S. 196 oben, S. 197 Andreas Durst über Ernst Dautel; S. 199 über Jürgen Ellwanger; S. 201 oben über Wöhrwag, Karten illustriert von Olga Denk.

Alle weiteren Bilder stammen von Joerg Lehmann, Berlin